인권 관점에서 보는 ^{3판}

장애인복지

SOCIAL WELFARE FOR
PEOPLE WITH DISABILITY

유동철 저

학지사

🌺 3판 머리말

무릇 모든 제도가 그러하듯 장애인복지는 허공에서 만들어진 것이 아니라 장애인계의 끊임없는 도전과 사회의 응답으로 형성되어 왔다. 장애인복지를 인권 관점에서 재구성하겠다는 의욕을 앞세운 지 꽤 많은 시간이 흘렀고, 그동안 수많은 도전과 응답이 있었다. 「교통약자의 이동편의 증진법」(2005) 제정을 시작으로, 「장애인차별금지 및 권리구제 등에 관한 법률」(2007), 「장애인연금법」(2010), 「장애인활동 지원에 관한 법률」(2011), 「장애아동 복지지원법」(2011), 「발달장애인 권리보장 및 지원에 관한 법률」(2014), 「한국수화언어법」(2015), 「장애인 건강권 및 접근성 보장에 관한 법률」(2015), 「점자기본법」(2016) 등 다양한 법률이 새로 제정되었을 뿐만 아니라 장애인에게 큰 영향을 미치는 「국민기초생활 보장법」 등 많은 법률이 개정되었다. 이에 더해 장애인권리보장법과 탈시설지원법 제정에 대한 논의도 활발하게 이루어지고 있다.

이러한 변화는 정책뿐만 아니라 실천 현장에서도 이어졌다. 거주시설의 역할에 큰 변화가 있었고, 기관중심 서비스 실천에서 개인중심 서비스 실천으로 이어지는 흐름이 더 강하게 형성되었다. 특히 오랫동안 논란만 거듭해 온 '개인예산제'에 대한 구체적 실행 방안과 시범사업까지 진행되어 곧 구체적인 모습을 드러낼 예정이다.

장애인 운동 또한 훨씬 역동적이고 다양한 모습으로 나타났다. 장애인권리예산 보장을 목적으로 진행되는 지하철 시위는 수많은 찬반 논란 속에 전국적 관심을 이끌어 내었다.

제2판에 이어 제3판 개정도 이러한 변화를 반영하기 위한 것이다. 그래서 제3판에는 다음과 같은 사소한 몇 가지 변화가 있다.

첫째, 장애인의 실태 변화를 보여 주기 위해 장애인실태조사를 포함한 거의 대부분의 자료를 최신 자료로 수정하였다. 자료를 찾기 위한 독자의 수고를 덜어 주기 위해 각종 구체적 수치를 제공하려고 했는데, 생각보다 시간이 오래 걸리는 작업 중의 하나였다.

둘째, 장애인복지정책의 변화를 최대한 반영해서 수정하였다. 장애인 관련 새로운 법률을 추가적으로 설명했을 뿐만 아니라 국민기초생활보장제도 등 장애인의 삶에 큰 영향을 미치는 정책의 변화를 장애인의 인권 관점에서 해석하려고 노력하였다.

셋째, 장애인탈시설 운동 등 새로운 실천 현장을 소개하고자 하였다. 이 책이 교재의 성격을 띠고 있으므로 지금의 주도적인 패러다임을 뒤로하고 새롭고 도전적인 패러다임으로 전폭적인 대체를 할 수는 없었으나 보충적인 설명은 필요하다고 생각하였다.

개정판을 준비하면서 '학자들은 현실을 변화시키기는커녕 현실의 변화를 쫓아가기도 바쁘다'는 사실을 다시 확인할 수밖에 없어 안타까웠다. 다음에는 변화될 미래와 그 변화의 원동력을 함께 고민하고 제안할 수 있는 책을 만들 수 있기를 희망할 뿐이다.

장애인의 인권은 인간의 주체적인 노력에 의해서만 확장되고 전환될 수 있다. 장애인이 인간으로서 존중받을 수 있는 세상을 만드는 데 보잘것없는 이 작업이 작은 도움이라도 되기를 바란다.

장애인권리보장법 제정을 기원하며

2023년 8월

유동철

🌸 1판 머리말

장애인복지를 전공하겠다고 마음먹은 건 예상치 못한 우연 때문이었다. 노동복지라는 새로운 지평을 열어야 한다는 사명감에 사활을 걸고 대학원에 인생을 투자했던 나를 돌려세운 건 그야말로 작은 우연이었다. 박사과정을 수료하고 잠시 한국노동연구원에서 연구보조원으로 일했던 것이 그 우연한 계기를 제공해 주었다.

그 시절 노동부는 산재병원을 민영화할 요량으로 그 타당성에 대한 연구를 노동연구원에 의뢰했고, 나도 그 연구를 돕게 되었다. 전국의 산재병원을 돌아다니며 병원의 원장들과 산재노동자들을 만났다. 산재를 입은 노동자, 곧 장애라는 큰 짐을 지게 될 그들의 어깨는 너무도 힘이 없었다. 산소호흡기를 하고 있는 진폐노동자의 절규는 너무도 안타까웠다.

그때부터 마음이 아파 왔다. 늘 큰 그림만 쫓아다니던 내 머리를 누가 큰 망치로 사정없이 내리치는 느낌이었다. 왜 나는 인간을 보지 못했을까? 사회복지를 하려는 내가 왜 인간의 마음속 깊은 곳을 응시할 여유가 없었을까? 그런 질문들이 나를 괴롭혔다.

그렇게 살았었다. 숲만 보고 나무는 보지 못하는, 도로를 시속 80킬로미터로 달리면서 그 도로 옆에 허덕이며 걷고 있는 늙은 노파를 흘려 버리는 그런 태도로 살아왔던 것이다.

그런 생각 끝에 공부인생으로서는 늘그막에 장애인복지를 하겠다고 무턱대고 달려들었다. 그때 나를 이끌어 주신 분이 지금 성공회대학교의 김용득 교수님이었다. 그땐 그냥 선배였다. 막무가내로 장애인복지를 하겠다고 달려드는 후배를 따뜻이 그리고 끝까지 챙겨 주었다. 내 인생에 매우 소중한 분이다. 그것을 계기로 장애인복지통합모형연구모임(이하 장통모)이 만들어졌고, 나중에 장통모가 확대, 재편되어 한국장애인복지학회로까지 이어졌다.

장애인복지를 공부하는 동안 내 생각의 기저에는 항상 인권이라는 틀거리가 또아리 틀고 있었다. 장애인의 인권을 위해 내가 무엇을 할 것인가를 늘 고민했던 것 같다. 여하튼 그런 생각으로 장애인복지를 공부하고 가르치고 실천하면서 정리했던 생각들을 묶어 책으로 만들어 볼 생각을 했다. 사실 아산사회복지재단의 지원이 없었다면 이런 용기를 내지 못했을지도 모른다. 그런 점에서 고맙지 않을 수 없다.

이 책은 크게 3부로 나뉜다. 제1부는 장애인복지의 이념과 개념에 관한 생각들을 묶어 놓았고, 제2부는 장애인복지의 거시적 접근법으로 관련 법률과 정책을 다루려고 하였다. 제3부에서는 장애인복지 실천에 관한 내용들을 묶었다. 분류하기 모호한 것들은 그냥 2부로 밀어 넣었다.

1장에서는 왜 인권의 이념을 토대로 장애인문제를 풀어야 하는지를 설명했다. 설명이라기보다 강변에 가깝다는 생각을 지울 수 없으나 그래도 내 생각을 풀지 않을 수는 없었다. 2장에서는 인권의 중요성을 확인하기 위해 장애인 인권이 확대되어 온 역사적 맥락을 고찰했다. 그중에는 각종 인권선언과 권리협약이 중요한 자리를 차지하고 있다. 1장과 2장이 인권에 방점이 있다면, 3장과 4장은 장애의 개념과 범주에 대한 설명이다. 개념과 범주에 대한 설명이 주가 되지만, 개념과 범주가 확대되어 사회성을 띠게 되는 과정들을 설명하면서 여기에도 장애인 인권의 관점이 중요한 영향을 미쳤음을 말하려 했다.

상대적으로 거시적인 영역을 다룬 2부의 첫 장인 5장에서는 기존 법률들의 한계를 설명하면서 장애인복지 관련 법의 정비 방안을 제시하였다. 6장에서는 장애인 생존권, 즉 소득보장에 관한 여러 제도와 정책 대안을 제시해 보았으며, 7장에서는 장애인 노동권의 현 실태와 보장방안, 8장에서는 접근권을 보장하기 위한 방법을 통해 유니버설 디자인의 필요성을 중심으로 논의하였다. 그리고 2부의 마지막 장인 9장에서는 장애여성의 삶을 살펴보는 데 할애하였다.

인권 관점의 책이라고 하면서 여성을 두고 지나간다는 것은 있을 수 없는 일이기 때문이다.

장애인복지 실천 영역을 다루고 있는 3부의 첫 장인 10장에서는 인권을 고민하면서 장애인복지 실천을 하기 위하여 지켜야 할 원칙과 몇 가지 과제를 제시하였다. 11장에서는 개인별 지원계획, 또는 사례관리에 대한 필요성과 과정들을 설명하였다. 12장에서는 지역사회재활시설의 대표적인 시설인 장애인복지관에 대해 집중적으로 살펴보았다. 사례관리의 전반적인 흐름 속에서 현재의 상황과 개선되어야 할 점들을 제기해 보았다. 13장에서는 최근 가장 뜨거운 화제가 되고 있는 자기결정권과 자립생활센터에 대한 다양한 측면을 소개했으며, 14장에서는 장애인을 위한 주거복지서비스에 대한 현황과 실천 방안을 제시해 보았다. 마지막 장인 15장에서는 장애인복지 전문가가 아니라 장애 대중에 의해 이끌려 온 장애인 인권 운동에 대해 살펴보았다. 이는 장애 실천 영역에서 매우 중요한 영역이 아닐 수 없다.

인권의 관점으로 모든 논의를 재편해 보고자 했으나 아직도 역량 부족인 것 같다. 기존의 논의들을 끌어들이지 않을 수 없었고, 어떻게 보면 모호하게 편집했다는 인상도 지울 수 없다. 앞으로 더 성숙해지면 아주 자연스럽게 인권으로 쓰는 장애인복지를 구성해 볼 수 있지 않을까 한다.

마지막으로 이 책의 출판을 도와주신 아산사회복지재단과 학지사 관계자분들께 다시 한번 감사드리고, 책이 잘 마무리될 수 있도록 도와준 장명희 선생에게 감사의 마음을 전한다. 특히 늘 지켜보고 기다려 주는 내 가족에게 특별한 감사를 전하고 싶다.

차별 없는 세상을 기원하며

유동철

🌸 차례

◯ 3판 머리말 _ 3
◯ 1판 머리말 _ 5

제1부
장애인복지의 이념

제1장 인권 이념의 필요성 · 15

1. 장애인 인권의 근거 _ 15
2. 왜 인권인가 _ 22

제2장 장애인 인권의 역사와 인권선언 · 41

1. 장애인 인권의 역사 _ 41
2. 인권선언과 장애인 권리협약 _ 57

제3장 장애의 개념 · 65

1. 장애와 장애인 _ 65
2. 장애의 개념 _ 68
3. 장애의 개념적 모델 _ 69
4. 장애 개념의 분류와 변화 _ 73

제4장 **장애의 범주와 특성 • 79**

1. 우리나라의 장애 범주 _ 79

2. 장애유형과 특성 _ 85

제 2 부

장애인 인권 실현을 위한 정책적 모형

제5장 **법적 모형 • 119**

1. 법적 구성의 검토 _ 119

2. 기존 법률에 대한 비판적 고찰 _ 121

제6장 **장애인 생존권의 현실과 대안 • 149**

1. 장애인 생존권의 현실 _ 149

2. 장애인 소득보장제도 _ 151

제7장 **장애인과 노동권 • 181**

1. 장애인 노동권의 현실 _ 182

2. 장애인 노동권 확보를 위한 기본 전략 _ 183

3. 장애인 고용환경 개선 사업 _ 191

4. 직업재활과정 및 과제 _ 195

5. 장애인 노동권 확보를 위한 과제 _ 200

제8장 **접근권과 유니버설 디자인 • 209**

1. 접근권의 개념 _ 209

2. 유니버설 디자인 _ 210

3. 접근권의 실태 _ 218

4. 접근권 보장 대책 _ 221

제9장　장애여성의 인권과 삶 • 223

1. 장애여성의 삶 _ 224

2. 장애여성의 인권 향상을 위한 과제 _ 228

제3부
장애인 인권 실현을 위한 실천 모형

제10장　인권 기반 장애인복지 서비스 실천 원칙 • 233

1. 주요 원칙 _ 233

2. 구체적 실천과제 _ 236

제11장　개인별 지원을 위한 서비스 실천 • 245

1. 사례관리의 필요성 및 정의 _ 246

2. 팀접근의 적용 _ 248

3. 사례관리의 과정 _ 249

제12장　장애인복지관의 서비스 현황과 실천 대안 • 257

1. 장애인복지관의 기능 _ 259

2. 장애인복지관의 조직 _ 259

3. 서비스의 절차와 내용 _ 260

4. 개인별 프로그램 계획 _ 275

5. 서비스 제공 _ 280

6. 서비스 평가 _ 282

7. 서비스 종결 및 사후관리 _ 283

8. 서비스 실천과정의 과제 _ 284

제13장 **자기결정권과 자립생활센터 · 289**

1. 자기결정권의 의미 _ 289

2. 자립생활센터의 운영원칙 _ 292

3. 자립생활의 등장과 확산 _ 295

4. 자립생활센터의 서비스 _ 298

5. 우리나라 자립생활의 현황과 과제 _ 300

제14장 **거주 서비스 현황과 인권 기반 실천 방안 · 309**

1. 주거공간과 삶의 질 _ 309

2. 거주시설의 유형과 현황 _ 311

3. 장애인공동생활가정 _ 314

4. 거주시설의 발전 방향 _ 320

제15장 **장애인 인권 운동 · 327**

1. 장애인 운동의 역사 _ 328

2. 장애인 인권 운동의 성과와 과제 _ 359

○ 부록 _ 365

○ 참고문헌 _ 377

○ 찾아보기 _ 385

제1부

장애인복지의 이념

제1장 인권 이념의 필요성

제2장 장애인 인권의 역사와 인권선언

제3장 장애의 개념

제4장 장애의 범주와 특성

사회복지의 중심 철학이 인간의 존엄성이듯 장애인복지의 핵심 철학도 인간의 존엄성이 되어야 한다. 인간 존엄성의 현실적 언어가 인권이다. 제1부에서는 인권이라는 이념적 지표가 왜 필요한지 생각해 보고, 장애인의 인권 역사를 조망한다. 그리고 인권의 관점에서 장애의 개념을 어떻게 정의내릴 수 있는지 살펴보고, 현실적인 장애의 범주와 특성을 고찰한다.

제1장

인권 이념의 필요성

1. 장애인 인권의 근거

1) 장애인은 존엄한가

사회복지 최대의 가치와 철학은 인간의 존엄성을 구현하는 것이다. 사회복지 정책이나 구체적인 실천현장에서 인간의 존엄성은 가장 기초적인 가치로 이야기되어 왔다. 장애인복지의 최대 목표 또한 '인간으로서의 평등한 사회참여'라고 주장된다. 특히 최근에는 장애인의 '인권'에 대한 주장들이 매우 큰 목소리로 들려오고 있다. 가로막힌 장애인의 인권을 되찾는 것이 최대의 목표이자 가치라는 것이다. 결국 인간의 존엄성을 지키면서 사회참여 기회를 평등하게 가지는 것이 장애인복지 최대의 목표인 셈이다.

그렇다면 먼저 이런 질문을 던져 보도록 하자. "장애인은 존엄한 존재인가?"라고 말이다. 이런 질문에 대부분의 사람은 "그렇다."라고 말한다. 그리고 "장애인도 인간이기 때문에 그렇다."라고 이유를 덧붙인다. 결국 삼단논법을 따라 '인간은 존엄하다. 장애인도 인간이다. 따라서 장애인은 존엄하다.'라는 논리를 구사하고 있는 것이다.

그렇다면 다시 이런 질문을 던져 보도록 하자. '인간은 존엄한 존재인가?'라고 말이다. 이 질문에 대해서는 더 이상 삼단논법을 전개할 방법이 없다. 그렇다면 우리는 '왜 인간이 존엄한지'에 대한 근원적인 답을 찾아야만 한다. 도대체 인간은 왜 존엄한 존재일까? 장애인복지에 대한 글을 이 질문으로 시작해 보고자 한다.

앞서 말한 바와 같이, 우리는 '인간은 존엄하다. 장애인도 인간이다. 따라서 장애인도 존엄하다.'라는 삼단논법을 따라 장애인의 존엄성을 주장해 왔다. 그러나 장애인을 포함한 인간이 존엄한 근거와 이유를 밝히는 데는 인색했다. 인간의 존엄성은 선험적(a priori)인 것으로 간주되어 왔으며, 인간의 존엄성은 말 그대로 누구도 부정할 수 없고 조건을 달 수 없는 정언명령(categorical imperatives)이었다.

그러나 "인간이 왜 존엄한가? 장애인은 왜 존엄한가?"라는 물음에 선험적인 답변을 하는 것은 인간 존엄성의 확대 역사를 직시하지 못하는 몰역사적 답변이다. 그렇다면 이제 "장애인이 왜 존엄한가?"라는 물음에 구체적인 답변을 시도해 보자. 이를 위해서는 먼저 인간 일반의 존엄성에 대한 논의들을 살펴보는 것이 도움이 될 것이다.

2) 자연법 및 자연권 사상

자연법 사상은 인간 존엄성을 천부인권설로 설명한다. 즉, 인간은 태어나면서부터 존엄한 존재라는 것이다. 이러한 자연법은 고대 그리스를 중심으로 꽃피웠던 도시공동체 폴리스(police)가 몰락하고, 알렉산드로스 치하의 헬레니즘 문명의 개화를 계기로 역사에 등장한 것으로 알려져 있다(이봉철, 2001: 108). 즉, 폴리스라는 작은 도시공동체가 해체되고 거대한 제국으로 발전해 나가는 과정 속에서 인간의 협소한 시민적 유대가 파괴되자 인간 개인의 개별자적 존재를 인식하지 않을 수 없었고 이를 토대로 개인의 자유의식이 확대될 수

밖에 없었던 것이다. 그리고 그 질서의 바탕에 깔려 있는 생각은 인간이 공통
적인 본성을 지니고 있는 형제 같은 존재로서 모두 비슷한 하나의 인간일 따름
이라고 생각하는 유적(類的) 유대감이었다(이봉철, 2001: 110).

그리고 이러한 요구에 의해 나타난 것이 로마법 전통의 자연법이다. 이 자
연법 사상에 의하면, 정의는 자연적인 것이고 인간은 자연적으로 정의로울 수
밖에 없다. 따라서 인간은 모두 비슷하게 존귀한 존재이고 이는 자연스럽게 만
민평등사상을 포함하게 된다. 따라서 어떤 사람이 '인간이 서로 평등하지 않
다.'라고 생각하는 것은 자연적 정의를 인정하지 않는 것이 된다.

이러한 자연법 전통은 자연권 사상으로 자연스럽게 연결되는데, 자연법이
'정의 그 자체'에 관심을 가졌다면 자연권 사상은 '인간의 능력이나 힘'을 중심
으로 생각을 발전시켰다. 홉스(Hobbes)와 로크(Locke)를 거치면서 발전한 자
연권 사상은 자연법 사상이 지니고 있던 도덕적 정당성이라는 차원을 벗어나
인간의 자유 혹은 능력이라는 개념을 주요한 개념으로 간주하게 되었다.

인간만이 가질 수 있는 특유의 권리는 그 어디에도 양도할 수 없다는 새로운
사상이 제기되었고, 이러한 사상은 당시의 절대군주와 종교적 위계질서에 저
항할 수 있는 새로운 이념적 무기를 제공해 주었다. 절대군주의 정치사회 현실
과 종교적 위계질서를 부정하기 위해서는 이들보다 더 초월적이고 궁극적인
존재에 대한 믿음이 있어야 하는데, 이것이 바로 자연권으로서의 인권[1]으로
나타난 것이다.

자연법 사상에 의하면, 자연은 인간의 발명품이 아니라 '자연적으로' 생겨난

---

1) 인권이라는 용어는 페인(Paine, 1953)의 저서 『인간의 권리(Rights of Man)』에서 처음 쓰였으며 이
는 그가 사용한 '인간의 권리'에 그 유래를 두고 있다. 그리고 『인간의 권리』는 프랑스 혁명(1789) 이
후 프랑스 의회가 1789년 8월 26일 헌법 서문으로 채택한 '인간과 시민의 권리에 대한 선언'을 영어
로 번역·소개한 것으로, 페인이 사용한 인간의 권리라는 용어는 프랑스 인권선언 원문에 나타나
있는 '자연권'에 대한 번역이다. 따라서 오늘날 사용하는 인권 개념은 태어날 때부터 인간에게 부여
되었다고 여겨지는 절대권으로서의 전통인 자연권 개념에 그 유래를 두고 있다고 할 수 있다(이봉
철, 2001: 105-106).

것이다. 따라서 어떠한 개인적인 지배자의 의사나 국가의 의도에 의해서 바뀔 수 있는 것이 아니다. 이러한 면에서 자연법 사상은 결국 절대주의 왕권에 비해 인간의 권리를 우위에 놓으려는 시도의 일환이었으며, 이후 수많은 근대 혁명의 사상적 진원지가 된다. 하여튼 자연법 사상과 자연권 사상(특히 로크)은 인간의 존엄성을 초월적인 그 무엇으로부터 찾으려 한다는 점에서 동일하다고 할 것이다.

그러나 이러한 시도, 즉 인간의 존엄성을 신이나 하늘, 자연 등과 같은 초월적 준거들에서 찾으려는 노력은 이미 상당한 설득력을 잃어 가고 있다. 그 이유를 현실 상황과 역사적 시점에서 찾아보도록 하자.

먼저, 현실 상황에서의 근거다. 천부인권설이 옳다면 모든 개인은 모두 동등하게 인간다운 삶을 살아가야 한다. 모든 인간은 태어나면서부터 똑같이 존엄하기 때문이다. 그러나 현실은 그렇지 않다. 현재 우리나라의 장애인들 중 많은 이가 버스를 탈 수 없다. 저상버스가 충분히 도입되어 있지 않기 때문이다. 법에서 정하고 있는 무상의 의무교육을 받기도 힘들다. 특수교육기관이 부족하고 교육을 해 줄 수 있는 인력도 충분히 배치되어 있지 않기 때문이다. 하늘에서 내려 준 권리라면 모든 인간이 같은 권리를 누려야 함에도 불구하고 현실에서는 그렇지 않다. 다수의 사람이 누리는 권리를 소수자들은 누리지 못하고 있으며, 소수자들의 권리는 예산과 인식의 문제에 부딪혀 표류하고 있다.

인권의 비동질성은 공간을 가로지르면 더욱 심화된다. 동남아시아에서는 아직도 열 살이 채 안 된 어린아이들이 산업현장에서 노동에 종사하고 있다. 어떤 나라의 어린아이들은 월드컵을 보면서 즐거워할 권리를 누리고 있는 반면, 지구 반대편에서 살아가는 또 다른 어린아이들은 월드컵에 사용될 축구공을 만드느라 학교도 가지 못하고 있다. 그런데도 모든 인간이 하늘에서 부여받은 인권의 동일한 담지자라고 감히 말할 수 있겠는가?

다음으로, 역사적 시점에서의 근거다. 천부인권설이 옳다면 모든 개인은 역사적으로 동일한 인권을 향유하고 있어야 한다. 그렇지만 모든 개인적인 권리를 박탈당한 채 타인을 위해서만 살아야 했던 노예와 노비들이 있었다. 영국에서 1832년 전까지는 부르주아들이 선거권을 가지지 못했다. 1867년이 지나서야 노동계급의 성인 남자도 선거권을 가질 수 있었으며, 여성에게 선거권이 주어진 것은 그로부터 또 많은 세월이 흐른 뒤였다. 우리나라에도 조선시대까지 노비 계층이 있었다. 이들은 그냥 소유물에 불과한 존재였으며, 주인의 처분에 따라 인생이 결정되는 미물에 불과했다.

인권이 하늘이 내려 준 것이라면 인권은 역사를 관통해서 적용되어야 한다. 그러나 역사는 그렇지 않았음을 너무도 분명히 보여 준다. 특히 자연권 전통에 따라 대두된 자본주의 사회에서조차도, 개인의 동등한 권리와 평등을 더 이상 보장해 주지 못한다는 것도 재미있는 역사의 아이러니라고 할 수 있다.

3) 이성적 인간론

칸트(Kant)는 인간이 존엄한 이유를 인간이 합목적적 준칙에 따라 행동할 수 있는 이성이 있기 때문이라고 하며, 인간과 모든 이성적 존재는 그 자체로서 절대적 목적이라고 주장한다. 여기서 준칙이란 주관적인 행동의 원칙을 말하며, 이성이란 이념이나 개념을 사용하여 간접적으로 추론할 수 있는 능력을 말한다.

이와 같은 칸트의 주장은 이성적인 인간 자체를 목적으로 둠으로써 인본주의 사상을 전개해 나갔다는 데 큰 의미가 있다. 즉, 신으로부터 인간의 영역으로 사유의 토대를 옮겨 왔다는 것이다.

칸트에게 인간의 이성이 중요해진 것은 그의 논의가 논리적 인식론을 바탕으로 확대 · 전개되어 왔기 때문이다. 칸트는 자신의 논리를 인간의 세 가지 인식 능력, 즉 감성과 오성,[2] 이성을 통해 확대 · 전개시켜 왔기 때문에 궁극적으로 인간의 존엄성을 이성에서 찾을 수밖에 없었던 것이다.

---

2) 감성은 경험적으로 지각하는 것을 말하며, 오성이란 지각된 대상들을 사유하고 개념을 추출하는 것을 말한다. 따라서 오성은 경험에 종속적이지만, 이성은 경험을 뛰어넘는 총체적 부분이다.

그러나 칸트의 논의에서 지적될 수 있는 문제는 개념적 추론 능력이 떨어지거나 거의 없다고 생각되는 인간은 왜 인간으로서의 존엄성을 가지지 못하는가다. 그러한 사람들의 대표적인 부류가 정신장애인이거나 지적장애인들이다. 더 나아가 아동도 성인에 비해 이성을 활용할 수 있는 능력이 떨어진다. 인간이 존엄한 이유가 '합리적으로 사유할 수 있는 이성' 때문이라면 지적장애인은 도저히 존엄해질 수 없게 된다. 아동도 마찬가지다.

이성이 존엄성의 근거라면 이런 질문을 던져 보도록 하자. "중중 지적장애인과 침팬지는 이성적 사고 능력이 똑같은 만큼 똑같이 존엄한가?"라고 말이다. 이 질문이 지적장애인이나 그 부모에게는 매우 모욕적인 질문일 것이다. 그러나 존엄의 근거를 이성에서 찾는 한 이러한 모욕적인 질문을 피해 나갈 수가 없다. 현대과학에 의하면 인간과 침팬지의 유전자는 98%가 같다고 한다. 침팬지는 2% 부족한 인간이라고 할 수 있다. 그런데 불과 2%의 유전자 차이가 인간과 침팬지를 갈라놓은 것이다. 또한 생명은 약 40억 년 전에 생겨났으며 진화를 거듭하다가 약 400만 년 전에 인간과 침팬지가 서로 갈라졌다고 한다. 그리고 인간이 침팬지와 현격한 차이를 보이기 시작한 것은 문명이 발생하기 시작한 1만 년 전부터다. 생명의 역사를 100일로 본다면 인간과 침팬지는 99일 동안은 똑같았다. 그리고 하루 전부터 둘은 달라지기 시작했다. 현격하게 차이가 나기 시작한 것은 불과 3~4분 전이었다. 인간과 침팬지는 큰 차이가 없는 셈이다. 침팬지의 IQ는 대략 50 정도 된다고 한다. 이는 우리나라 중중 지적장애인 정도의 수준이다. 그렇다면 침팬지와 중중 지적장애인은 서로 이성 능력이 똑같은 만큼 존엄한 것인가? 또한 최중중 지적장애인은 평균적인 침팬지보다 더 존엄하지 못한 것인가?

우리는 이와 같은 질문이 도저히 말도 안 되는 질문임을 알고 있다. 중중 지적장애인과 침팬지가 이성의 능력만큼 똑같이 존엄하다고 결코 생각하지 않는다. 또한 지적장애인과 아동이 이성의 능력이 떨어지기 때문에 존엄하지 않은 존재라고 결코 말하지 않는다. 왜 그럴까? 이와 같은 질문에 답하기 위해서 우리는 이성 이외에 또 다른 무언가를 인간 존엄성의 근거로 찾아야만 한다.

4) 인간관계론[3]

앞에서 살펴본 바와 같이, 인권의 근원을 초월적인 존재나 인간의 이성에서 찾으려는 시도는 인간의 역사를 제대로 응시하지 못한 결과다. 인간의 역사는 이성을 지닌 모든 인간이 항상 동등한 인권을 보장받은 역사가 없다는 사실을 보여 주고 있다. 인권은 삶의 내용 변화와 시간적·공간적 상황에 따라 변화되어 왔다. 따라서 초월적이고 절대적인 인권은 존재하지 않으며, 이성을 지닌 인간이라고 해서 모두 존엄하게 대우받지는 못한다.

그렇다면 인권은 어디에서 연유하는 것일까? 이에 대한 해답은 우리 인간이 지니고 있다. 인간의 존엄성이 현실적으로 드러나는 모습은 항상 인간에 의해 결정되었기 때문이다. 노예에게 권리를 부여한 주체는 인간이었다. 여성에게 투표권을 부여하고 일할 권리를 부여한 것도 인간이었다. 아동에게 학교 다닐 권리를 부여한 것도 인간이었다. 결국 인간에게 주어진 권리는 인간으로부터 유래된 것이다. 바꾸어 말하면, 현재 장애인에게 '한정적인 인권'을 부여한 것도 결국 인간이라는 것이다. 버스를 타기 어렵게 만들어 이동권을 제한한 주체도 역시 인간이며, 지역사회에서 어울리며 살아가기보다는 외딴 곳의 대규모 시설에서 생활하게 만든 것도 인간이다.

이렇게 '한정된' 인권은 인간에 의해서만이 온전한 형태로 복원될 수 있다. 인간들이 어떻게 합의하느냐에 따라 인권의 모습은 달라진다는 것이다. 장애인에게도 버스를 탈 권리가 있다고 합의한다면, 모든 버스를 저상버스로 교체할 것이다. 장애인에게도 지역사회에서 살아갈 권리가 있다고 합의한다면, 변두리의 대규모 시설들을 서서히 줄이면서 지역사회 내에 독립홈, 그룹홈, 자립홈 등을 확충해 나갈 것이다. 장애인에게도 투표할 권리가 있다고 합의한다면, 엘리베이터가 없는 건물의 2층이나 3층에 투표소를 만드는 어처구니없는 일들은 벌어지지 않을 것이다.

---

3) 이런 입장을 구성주의적 입장이라고 한다.

결국 인권은 인간들의 관계로부터 유래하는 것이다. 따라서 중요한 것은 인간이다. 인간들의 합의의 폭을 얼마만큼 확장시켜 나가느냐에 따라 인권의 구체적인 모습이 달라질 것이다. 그리고 인간의 합의의 폭을 넓혀 나갈 수 있는 주체도 인간밖에 없다. 결국 '인간에 의한, 인간을 위한, 인간의 인권'인 셈이다.

이쯤에서 애매한 질문을 던져 보도록 하자. 시험관 아기는 인권이 있는가? 그렇다고 대답할 것이다. 그렇다면 복제인간은 인권이 있는가? 쉽게 대답하기 어려울 것이다. 복제인간이 탄생할 수 있다는 가능성은 이미 현대과학에서 입증되었다. 만약에 복제인간이 탄생한다면 이들에게 자연적 인간과 같은 인권이 있는지에 대해 답을 내릴 주체는 결국 인간이다. 똑같은 인권을 부여할 것인지, 특정한 인권을 제한할 것인지, 아니면 아예 사람 취급을 하지 않을 것인지 등에 대한 결정권을 인간이 지니고 있는 것이다. 결국 인권은 인간들에 의해 생산되고 합의되고 규정되는 것이다.

2. 왜 인권인가

앞에서 우리는 인간의 존엄성 또는 인권에 대한 이야기들을 나누었다. 그런데 장애인복지를 인권의 관점에서 풀어내기 전에 해결해야 할 과제가 하나 더 남아 있다. 왜 인권을 장애인복지의 기본적 가치로 설정해야 하는가에 관한 것이다. 사실 인권에 대해서는 누구도 반문하거나 반대하지 않지만, 장애인복지를 인권의 관점에서 풀어내는 연구도 거의 없다. 오히려 평등(equality), 정상화(normalization), 사회통합(social integration), 자기결정권(self determination) 등이 연구나 주장들에서 주로 발견되는 핵심 가치들이다. 따라서 다른 가치들보다 인권을 핵심적인 가치로 상정해야 하는 이유에 대해 언급하지 않고 지나가면 안 될 것이다.

1) 장애인복지의 다양한 이념에 대한 비판적 고찰

(1) 평등

사회복지의 기본 가치 중 핵심적인 것이 평등이다. 그리고 장애인복지에 대한 강력한 기본 철학을 형성하고 있는 것이 평등이다. 평등을 사전적으로 정의하면 '개인과 개인, 집단과 집단 사이에 차별 없이 동등한 상태'라고 할 수 있다. 여기서 평등이란 결국 상대적인 개념임을 알 수 있다. 따라서 평등을 이야기하기 위해서는 '누구와 누구 사이의' 평등이라는 식으로 항상 비교의 대상이 있어야만 한다.

그렇다면 우리는 이런 질문을 제기할 수 있다. 어떤 상황을 막론하고, 양자 사이에 동등한 상태이면 이상적인 상태라고 말할 수 있느냐는 것이다. 상황적인 맥락을 떠나서 동등한 상태에 대해서만 가치를 부여하기는 어려워 보인다. 예를 들어, 장애인이 배가 고플 때 비장애인도 배가 고프면 평등한 상태이긴 하지만 이상적인 상태라고 말하기는 어렵다는 것이다.

2006년 덴마크에서는 한 뇌성마비 장애인이 성매매 여성을 자신의 집으로 불러들이는 데 소요되는 비용을 정부가 부담하라며 시위를 벌인 적이 있다. 덴마크의 지방정부들 중 일부는 장애인의 성구매에 소요되는 비용을 지원하고 있는데, 장애인이 성매매 여성을 찾아가기 어려운 만큼 성매매 여성이 장애인의 집을 방문해야 하며, 이때 추가적으로 소요되는 경비는 정부가 부담해야 한다는 것이다.

이 덴마크 사례를 평등이라는 관점에서 접근하면 큰 문제가 없어 보인다. 비장애인과 동등한 성매매 기회를 보장받기 위해 필요한 비용을 정부에 요청하는 것이다. 정부에서 추가적인 비용을 부담하지 않을 경우 결국 장애인은 성매매를 할 기회가 상대적으로 박탈되기 때문에 불평등하다고 주장할 만한 것이다.

그러나 '성매매가 올바른 현상인가?'라는 질문을 던지고, 보다 근본적으로 생각해 보도록 하자. 성매매는 인간의 성을 상품화하는 천박한 자본주의의 전형을 보여 주는 것이다. 가까이할 가치가 없는 것이다. 그럼에도 불구하고 획일적인 '평등' 논리로 성매매의 동등한 기회를 보장해 달라고 요구하는 것에 우리는 얼마만큼 동조할 수 있을 것인가?

결국 평등이란 용어는 이상적인 목적을 지향하기보다는 현 상황의 불만을 없애는 역할을 하고 있다. 사회에서 일어나고 있는 많은 상황을 어떠한 관점에서 접근해야 하는지, 우리 사회가 어떠한 모습으로 발전해 나가야 하는지 등에 대해서 평등은 뚜렷한 지침을 제공해 주지 못한다.

요컨대, 평등이 우리 사회의 이정표를 제시해 주기에는 어려운 가치이므로 장애인복지의 궁극적 가치로서의 '가치'는 부족하다고 보인다.

(2) 정상화

정상화의 개념은 덴마크 지적장애인 서비스의 권위자인 뱅크 미켈센 (Bank-Mikkelsen)에 의해 처음으로 공표되었는데, 그는 정상화를 "지적장애인이 가능한 한 정상에 가까운 생활양식을 얻도록 해 주는 것"이라고 표현했다(Wolfensberger, 1972). 정상화 개념을 체계적으로 정리하고 설명한 뉴리에 (Nirje)에 의하면, 정상화는 "모든 지적장애인의 생활방식과 하루하루의 생활이 그 사회의 일반적인 환경과 생활방식에 가장 가깝도록 만드는 것"이다(이성규, 2001에서 재인용).

그러나 정상화라는 개념이 장애인복지의 핵심 가치가 되기에는 다음과 같은 한계가 있다고 지적된다(Oliver, 1990).

첫째, 정상화는 서비스 전달 기관이나 형태의 전환만을 논의했을 뿐이며, 장애인이 억압받고 있는 갈등과 모순관계를 설명하지 못한다.

둘째, 정상화 가치에 따라 양질의 서비스를 제공한다고 할지라도 서비스의 통제권이 전문가에게 있는 한 장애인 권리의 실현은 제한된다.

셋째, 사회적 · 정치적인 거시적 맥락이 논의되지 못한다. 정상화 논의는 서비스의 전달 형태에 주목하고 있기 때문에 사회적이고 정치적인 거시적 맥락을 변화시키는 요인이나 방식에 대해 언급하지 못한다는 것이다.

이와 같은 이유로 올리버(Oliver, 1990)는 정상화 개념으로는 사회이론의 세 가지 요건, 즉 경험에 대한 묘사의 적절성, 경험을 설명할 수 있는 능력, 경험을 전환시킬 수 있는 잠재력 중 어느 하나도 만족스럽게 설명할 수 없기 때문에 사회이론이라고 말할 수 없으며, 그 속에 내포된 주장들에도 동의할 수 없다고 말한다.

올리버가 정상화이론을 너무도 가치절하하는 경향이 있긴 하지만, 정상화이론을 장애인복지의 핵심 가치로 간주하기 어려운 한계도 분명히 제시한 듯하다.

(3) 사회통합

통합이란 한 개인이 가치 있는 방법에 의해 정상적인 지역사회 안에서 인격적인 개인으로서 성공적으로 참여하게 하는 것이다(김용득, 유동철, 2005: 52). 엘리(Ely)는 정상화 원리에 입각한 사회적 동반의 중요성을 강조하면서 사회통합이란 그들이 실제 살아가는 곳에서 다른 사람들과 함께 일상적인 활동에 참여하는 것이라고 주장하고 있으며, 이에 따라 사회통합의 내용을 강한 사회통합(strong social integration)과 약한 사회통합(weak social integration)으로 나누었다. 여기서 강한 사회통합은 가족이나 가치 있는 타인과 함께 지역사회에서의 일상적인 활동에 참여하는 것이고, 약한 사회통합은 장애인 개인이 지역사회의 일상적인 활동에 참여하는 것이라고 정의하였다(Ely, 1991).

이상의 견해를 종합했을 때, 진정한 사회통합이란 단지 해당 장소에 몸이 간다는 의미가 아니라 사회적으로 인정받는 방식을 통해 개인적으로 참여하는 것이라고 할 수 있다. 즉, 사회통합이란 가치 있는 물리적 · 사회적 환경 속에서 정상적이고 가치 있는 시민과의 활동과 접촉을 의미하며, 이들 관계에 사람들이 개인적으로 참여하는 것을 말한다고 볼 수 있다.

이와 같은 사회통합의 이념은 장애인복지의 최종적 결과물로 인식되어 왔다. 그러나 이에 대한 이견이 없는 것도 아니다. 이와 관련해서 세인즈버리(Sainsbury)는 생활의 중심에 있어야만 'normal life'가 보장된다는 논리 전개를 정면으로 반박했다. 그의 실증적 연구에 따르면, 장애인은 집에 있다고 해서 절대로 편안함을 느낀다고 단언할 수 없으며, 많은 장애인이 가족의 짐이 되고 있는 상황을 벗어나면서 오히려 편안함을 느낀다고 주장하였다. 따라서 무조건 사회통합을 해야 한다는 단순 논리에 동의할 수 없다고 주장하면서 병렬적 사회(parallel society)를 제안하였다. 병렬적 사회란 각 단위들이 서로의 문화와 특징을 인정하고 자기들이 속한 사회의 가치를 추구하며 즐기는 사회를 말한다. 이러한 견해 속에서 세인즈버리는 정상화와 지역사회 보호(community care)가 시설에 대한 막대한 예산을 두려워한 보수당 정권의 노력에 발맞춰 나온 현상일 뿐이라고 반박하였다(이성규, 2001에서 재인용).

이러한 논의들을 발전시키면 사회통합이란 결국 주류 사회에 소수집단이 적응하는 것으로 해석될 수 있다. 요즘과 같이 다문화, 다가치 사회를 주장하는 상황에서 다수집단의 생활양식에 소수집단의 생활양식을 맞춘다는 것은 획일주의의 산물이라고도 할 수 있다. 각각의 문화와 가치를 인정하고 이들 문화와 가치가 쌍방향으로 교류되는 사회가 무엇보다도 필요하지 않은가? 이와 같은 관점에서 정상화 논의에 입각한 사회통합은 결국 일방이 주도하는 것으로서 포스트모던한 사회에는 적합하지 않다고 말할 수도 있다.

(4) 자기결정권

장애인의 '자기결정권'이 최근 들어 매우 주목을 받고 있다. 자기결정권의 개념은 'Nothing about us, without us(우리를 배제하고 우리에 대해서 말하지 말라)'라는 주장에서 잘 나타나고 있다. 자기결정권은 서구에서는 자립생활운동 (Independent Living Movement)에서 강하게 주장하고 있다. 자기결정권과 관련된 이념들은 당사자 스스로의 선택과 결정을 가장 중요한 것으로 생각한다. 따라서 장애인이 스스로 결정할 수 없도록 만드는 사회적 구조와 장벽을 변화시켜 나가야 한다고 생각한다. 자립생활운동은 장애인의 문제를 장애인 당사자가 가장 잘 이해하고 있으므로, 장애인이 삶을 영위하는 데 있어 스스로의 '선택권'과 '자기결정권'을 신장하고, 서비스 제공에 있어서는 장애인의 '주도적인 참여'가 보장되어야 한다는 이념에 기초하고 있다. 또한 장애인의 문제는 장애인이 가지고 있는 신체적 문제보다는 그러한 요소를 문제화시키는 사회적 환경에서 비롯되므로, 자립생활은 물리적·심리적 환경의 개선에 관심을 가진 강력한 권익옹호의 지향성을 담고 있다.

이와 같은 흐름이 우리나라에서는 당사자주의라는 용어로 정리되고 있는데, 당사자주의는 다음과 같은 몇 가지 특징을 지닌 이념으로 정리될 수 있을 것이다(유동철, 2003: 277-278).

첫째, 당사자주의는 무엇보다도 장애인의 상태에 대해서는 장애인이 가장 잘 알고 있다는 기본적인 원칙을 공유하고 있는 것으로 보인다. 따라서 삶의 일상적인 행위를 비롯해 정책 결정과 평가 과정에서도 장애인의 목소리를 중심으로 결정되어야 한다는 것이다. 이와 같은 경향은 전문가주의(professionalism)에 대한 비판으로 나타난 것이다.

전통적으로 장애인은 보호의 대상자였다. 장애인은 무능력한 존재이거나 불쌍한 존재, 또는 도움이 필요한 존재로 인식되었다. 따라서 장애인에게 필요한 사항들은 과학적 지식을 소유한 전문가들(의사, 물리치료사, 심리치료사, 사회복지사 등)에 의해 규정되어 정책이 결정되거나 서비스가 제공되어 왔다. 당사자주의는 바로 이와 같은 인식에 대한 거부로부터 시작한 것이다. 장애 그 자체는 무능력의 원인이 아니며 오히려 장애인을 배제시키고 차별해 온 사회구조적 환경이 장애인을 무능력하게 한다는 것이다. 따라서 장애인들의 목소리가 적절하게 반영되면 장애인을 무능력하게 만들어 온 사회를 변화시키고 이로 인해 장애인이 능력 있는 주체로 설 수 있다는 것이다. 따라서 전문가가 아니라 장애인 당사자가 문제의 원인을 진단하고 정책 수립을 좌우할 수 있도록 해야 한다는 것이다.

둘째, 당사자주의자는 장애인이어야 한다는 것이다. 물론 이에 대해서 장애인 운동가들이 명시적으로 말하고 있지는 않다. 그러나 당사자주의자의 범주에 당사자주의를 신봉하는 비장애인 활동가를 포함시킬 경우 그 경계가 모호해질 것을 우려하고 있는 것으로 보인다.

셋째, 당사자주의는 사회적 억압과 차별에 대한 저항 정신이어야 한다는 것이다. 따라서 장애의 문제를 개인의 신체적 · 정신적 손상의 문제라기보다 사회적 배제와 억압의 문제라고 보고, 이를 극복하기 위해서는 장애인 당사자 단체에 의한 건강한 운동이 필요하다는 것이다.

이와 같이 자기결정권 또는 당사자주의는 매우 건강한 가치를 바탕으로 하고 있다. 특히 한국 사회와 같이 철저하게 장애인을 배제시켜 온 사회에서는 분명 필요한 가치임에 틀림없다. 그러나 당사자주의를 장애인복지의 근본 이념으로 상정하기에는 다음과 같은 한계를 지니고 있는 것으로 생각된다(유동철, 2003: 280-284).

먼저, 당사자주의는 목적적 개념이 아니라 주체적 개념이라는 것을 명확히 해야 한다. 당사자주의는 결코 목적이 아니다. 프롤레타리아 계급혁명론과 마찬가지로 과제를 해결하기 위한 주체를 명확히 하고자 하는 것이다. 따라서 목적으로서의 궁극적 지도이념을 설정하지 않고 도구적 · 주체적 개념을 중심으로 문제를 풀어 간다는 것은 본말이 전도된 것이다. 당사자주의가 장애인 활동가들에게 새로운 에너지를 불어넣고 있다는 것은 충분히 알고 있다. 그러나 아무리 현실적 필요성이 있다고 할지라도 그것을 과도하게 강조하는 것은 무리가 따르기 마련이다. 당사자주의를 강조하는 분위기에서는 다음과 같은 상황도 연출될 수 있다. 논쟁이 가열되는 토론의 현장에서 비장애인의 주장에 대해 이렇게 말해 보자. "당사자 입장에서 볼 때 그건 올바르지 않아요." 아마 지속적인 생산적 논쟁의 가능성은 사라지고 말 것이다. 이러한 상황은 실제로 일어나고 있다. 궁극적 지도 이념이 제대로 설정되지 않은 상황에서, 당사자주의가 새로운 힘을 얻고 있는 상황이라면 충분히 가능한 일이다.

따라서 지금의 장애인 활동가들은 궁극적 지도 이념을 정리하는 데 더 많은 노력을 기울여야 한다. 장애인 당사자주의가 '과정'이며 '전략적 접근'이라는 점에서는 동감하고 있는 사람들이 있다. 그렇다. 당사자주의는 과정적 접근방식이다. 현재 장애인 당사자들의 주체적 역량이 떨어지기 때문에 전략적으로 주장하는 것이다. 그렇다면 당사자주의에 매몰될 것이 아니라 궁극적인 철학을 개발하는 데 노력을 기울여야 할 것이다.

한 가지 유의할 점은 필자의 주장이 당사자주의 자체가 잘못되었다는 것을 말하는 것이 아니라는 점이다. 여전히 유효하고 필요한 이념이지만 장애인복지의 핵심적인 이념으로는 한계[4]가 많기 때문에 당사자주의를 중심으로 모든 문제를 풀이 나가려고 하는 장애인계의 현실적 흐름이 문제가 있다는 것을 말하고자 하는 것이다.

2) 그래서 인권이다

앞에서 여러 가지 기존의 핵심 가치들에 대해 비판적으로 고찰해 보았다. 소외된 인간들의 존엄성을 구현한다는 것은 소외된 소수가 사회의 주인이 될 수 있는 사회를 기획하는 것이다. 그렇다면 우리는 여기서 한 걸음 더 나아가 '인권'을 이야기해야 하지 않겠는가?

1970년대 이후 국제 사회에서는 장애인 운동과 정책의 핵심을 인권에서 찾고 있으며, 최근 국내 장애인 운동도 인권을 주요한 이념으로 상정하고 있다. 국내외를 막론하고 장애인 운동의 주축 세력들은 장애인 운동의 기본적인 이념적 토대를 '인권'에서 찾고 있다. 장애인의 인권에 대한 관심의 역사는 깊다. 국제적으로 장애인의 인권에 대한 관심이 증폭된 시기는 1970년대다. 유엔(UN)은 1971년에는 '지적장애인의 권리선언'을, 1975년에는 '장애인 권리선언'을, 1976년에는 1981년을 '세계장애인의 해'로 지정하는 결의를 하였다. 1981년은 유엔이 정한 '세계장애인의 해'였으며, 후속 조치로 1982년부터 1991년까지가 유엔이 정한 '세계장애인 10년'이었으며, 1982년에는 유엔에 의해 '장애인에 관한 세계행동계획'이 채택되기도 하였다. 2006년에는 전 세계 장애인들이 그토록 열망하던 '장애인 권리협약'이 제정되었다. DPI(Disabled People's International) 아태지역 전 의장인 일라간(Ilagan, 2002)은 다음과 같이 말하였다.

---

4) 이에 대한 자세한 논의는 제3부 제4장을 참조하시오.

상당수의 장애인들이 이동의 자유를 누리지 못하고 있으며, 완전한 사회참여를 가

로막고 있는 사회적 · 심리적 · 문화적 · 신체적 여러 조건에 의해 중복적인 장애를 경

험하고 있다. 정부 및 공무원 그리고 이른바 민간 사회단체들은 장애인의 욕구를 간단

하게 해결될 수 있는 것으로 치부해서는 안 될 것이다. 또한 장애를 단순한 의료적 또

는 사회적 문제로 간주해서도 안 될 것이다. 다시 말해, 장애는 전반적인 인권문제임

을 이해하고 인식해야 할 것이다(p. 3).

　　우리나라에서 인권을 중심으로 장애인 운동이 본격적으로 펼쳐진 시기는
1990년대 후반이다. 1992년 유엔이 정한 '세계장애인 10년'이 끝남에 따라 유
엔아시아 · 태평양경제사회위원회(ESCAP)는 '아 · 태 장애인 10년(1993~2002)'
을 선포하였다. 여기에서 '장애인의 완전 참여와 사회통합'이라는 모토가 나
오게 되었고, 장애인계의 최대 화두도 사회통합에 맞추어졌다. 이를 위해 장
애인문제는 인권의 문제로 다루어져야 하며, 국민이라면 갖게 되는 모든 권리
를 장애인도 가져야 된다는 의식이 강하게 나타났다. 이에 따라 장애인계에서
는 장애인복지 서비스, 장애인 고용, 장애인 특수교육뿐만 아니라 참정권 확
보, 편의시설 확충, 지역 단위에서의 자치 정치에의 참여, 일반 교육에서의 차
별 철폐, 복지 시설의 투명한 운영 및 지역사회 내에서의 시설 운영 등의 욕구
를 표출하게 되었다(김용득, 이동석, 2003: 15).

　　이러한 결과 1998년 12월 9일 정부는 국무회의의 의결을 거쳐 대통령이 서
명한 '한국장애인인권헌장'을 제정 · 선포하였다. 이 인권헌장은 장애인의 인
간 존엄과 가치를 확인하고 건전한 사회구성원으로서의 장애인의 자립 노력
과 인권보호, 사회참여와 평등을 보장하는 기본 원리와 장애인의 기본적인 권
리를 명시하고 있다.

　　이와 같은 시대적 흐름 속에 장애인단체들은 2003년 '장애인차별금지법제
정추진연대(이하 장추련)'라는 연대체를 통해 장애인의 기본권을 보장해 줄 수
있는 장애인차별금지법 제정 운동에 돌입함으로써 2007년 「장애인차별금지
법」이 제정되었다. 장추련에서는 '시혜에서 인권으로'라는 모토를 걸고 차별금

지법 제정을 추진했었다. 그렇다면 인권을 핵심 가치로 언급하고 있는 이유는 무엇일까? 아마도 다음과 같은 이유일 것이다(유동철, 2003: 285-292).

첫째, 인권을 주장함으로써 장애인이 생활의 전 영역에서 억압받고 있는 현실을 보여 줄 수 있다는 점이다. 인권은 그 자체 스스로의 보편적이고 포괄적인 속성으로 인해 다양한 영역과 층위를 아우르는 개념이다. 이를테면 법적 권리, 계약적 권리, 국제적 권리, 도덕적 권리 등 다양한 층위의 복합적인 개념이며, 마샬(Marshall)의 주장처럼 공민권, 정치권, 사회권 등 다양한 영역을 아우르는 개념이다. 따라서 인권은 장애인 삶의 총체적 부실 현장을 고발할 수 있는 개념이 되는 것이다.

둘째, 법적 정당성을 확보하는 동시에 법적 구속력을 넘어설 수 있다는 점이다. 인권은 시민권을 포함하는 개념이다. 흔히 인권을 시민권과 혼용하는 경우가 있지만 엄밀한 의미에서 인권과 시민권은 차이가 있다. 시민권이 각 주권국가의 도덕 규범이나 정치적·사회적 제도 및 법 질서에 구속력의 근거를 둔다양한 권리로 표현되면서 그 타당 범위가 대체로 국가별로 국한되는 데 비해, 인권은 그야말로 인간이라면 누구에게나 그 효력이 타당한 전 지구 차원의 보편성을 갖는다는 점에서 차이가 있다(이봉철, 2001: 20). 따라서 인권은 법에 규정된 시민권을 내세움으로써 국가의 강력한 통치 도구인 법에 의해 권리를 보장받을 수 있다는 장점이 있다. 최근 장애인 운동단체에서 소송을 통한 법적 권리 찾기에 나서는 것들이 대표적이다.[5]

---

5) 〈사례 1〉 한성대학교 신학대학 종교음악과에서 4년 내내 장학생으로 공부해 온 황선경 씨가 교사가 되고 싶어 청주대학교 음악교육학과에 편입하려고 하였으나 장애를 이유로 편입이 거절되었다. 장애인단체에서 「특수교육진흥법」 제13조에 따라 소송을 걸겠다는 압력과 당사자의 기자회견 등을 통해 학교 측의 원서 접수 수락 의사 표시를 받아 일단락되었다. 이후 황선경 씨는 장학생으로 수석 졸업을 했다.
〈사례 2〉 2002년 ○○대학교에 임용된 신장장애인이 대학 측으로부터 장애를 이유로 임용이 취소되었고, 이에 국가인권위원회에 제소하고 민사소송을 제기함으로써 대학 측과 합의를 통해 임용되었다.

한편, 인권 개념은 보편성의 개념적 속성상 법적으로 규정된 시민권을 넘어 도덕적·윤리적 차원의 '인간해방'을 위한 도구로도 활용이 가능하다. 일반적으로 법적으로 보장된 시민권은 당사자가 그 권리를 수행할 수 있을 경우에만 적용된다(Rioux, 2002: 213). 이로 인해 한정치산자, 금치산자 등은 그 권리를 제한당하는 것이다. 그러나 인권 개념은 이러한 시민권의 법적 권리를 넘어 도덕적 권리까지도 포함하기 때문에 법적 권리를 지속적으로 확대해 나갈 수 있다. 지적장애인 본인의 동의 없이 불임 시술을 하지 못하게 하는 것 등이 그러한 예다.

셋째, 실천상 다양한 전략 전술이 가능하다는 점이다. 인권은 평등(equality)과 차이(difference)를 동시적으로 포섭하고 있는 개념이다. 작스(Sachs, 1996)는 다음과 같이 말한다.

> 같을 수 있는 권리와 다를 수 있는 권리는 상충되지 않는다. 반대로 공민권, 정치권, 경제권, 사회권에서 같을 수 있는 권리는 다양한 문화와 생활양식, 개인적 선호에 따른 선택권을 통해 다름을 표현하게 하는 토대를 제공하는 것이다. 다르다는 것은 불평등, 종속성, 부정의, 주변화를 의미하는 것이 아니다.

인권은 평등을 지향하는 동화(assimilation)전략을 가능하게 한다. 동화전략이란 주변적 주체들이 중심적 주체들과의 같음을 강조함으로써 동등한 지위를 보장받으려는 전략이다. '다름'보다는 '같음'을 강조함으로써 주변적 주체의 차별적인 처우를 해결하고 동등한 지위를 되찾는 것이다. '인간은 존엄하다. 장애인도 인간이다. 따라서 장애인도 존엄하다.'라는 삼단논법을 따라 장애인

〈사례 3〉 숭실대학교 재학생인 박지주 학생이 학교 측의 편의시설 미비로 학습권을 침해당했다고 민사소송을 제기하여 승소하였다.

이 외에도 투표권을 침해당했다고 소송을 제기하는 등 소송을 통한 법적 권리 찾기의 사례는 지속적으로 증가하고 있다.

의 권리를 주장하는 것들이 대표적인 예다. '장애인도 버스를 탈 권리가 있다.' '장애인도 투표하기를 원한다.'라는 식의 구호로 이루어지는 장애인 운동은 바로 이러한 동화전략에서 비롯되는 것들이다. 동화전략은 상당한 설득력을 불러일으키는 방법이다.

그러나 이러한 동화전략은 장애인의 주변성을 인정하는 것이 된다. 비장애인과 동등한 처우를 해 주기를 요구함으로써 요구의 기준을 비장애인에게 두기 때문이다. 따라서 장애인의 정체성을 훼손하는 결과를 가져올 수 있다. 이러한 전략의 한계를 보완해 줄 수 있는 것이 바로 차이전략이다. 차이전략은 장애인의 정체성을 인정하고 장애라는 사실을 결함이 아닌 단순한 차이일 뿐임을 강조하는 전략이다. '장애인(the disabled)'이라는 용어 대신에 '다르게 능력 있는 사람(the differently abled)'이나 '장애를 가진 사람(person with disability)'이라는 용어를 사용하는 것은 바로 장애가 단순한 차이임을 드러내기 위한 차이전략의 일환이다. 이러한 차이전략은 장애인에 대한 활동보조인[6]을 요구한다거나 여성장애인에 대한 임신, 출산, 육아에 대한 별도의 지원을 요구하는 것 등으로 나타날 수 있다.

이와 같이 평등과 차이를 동시에 지향하는 인권 개념은 연대(solidarity)전략을 가능하게 한다. 차이를 인정하기 때문에 차이를 지닌 다른 사회적 소수자들, 예를 들어 여성, 동성애자, 외국인 노동자들을 그대로 인정한다. 그리고 장애인 내부에서의 다양한 차이도 인정하게 된다. 그럴 경우 차이를 인정한 연대전략을 구사할 수 있다.

넷째, 인권 이념은 사회적 헤게모니를 장악하는 데 유용한 이념이다. 부르주아 계급이건 노동자 계급이건 그들이 진정한 헤게모니를 가지기 위해서는

---

6) 활동보조인은 장애인이 자신의 일상적인 행위를 도와줄 수 있는 사람을 고용하여 생활보조인으로 활용하고 이들에 대해서는 일정한 노동의 대가를 지불하는 것이다. 이는 각국의 자립생활운동에서 주요한 사회적 지원체계로 인정하고 있는 제도다. 활동보조인은 자원봉사자와는 다르다. 자원봉사자는 자원봉사자의 의지에 의해 활동이 이루어지지만, 활동보조인은 장애인 본인의 의지에 의해 활동이 이루어진다는 점, 즉 자기결정권이라는 개념에서 큰 차이가 나는 것이다.

가능한 한 동맹 세력들의 이해관계를 동시적으로 고려하는 포용성을 지녀야 만 한다. 혹은 타협관계로서의 헤게모니는 헤게모니 계급이 사회 전체의 보편적 이익을 대변할 수 있을 뿐만 아니라 광범위한 동맹 세력을 구축할 수 있는 자기 초월성 내지 확대성을 지녀야 한다. 장애인단체도 마찬가지다. 인권 이념은 이러한 자기 초월성, 보편 지향성을 내세울 수 있는 주요한 이념이 될 수 있다. 당사자주의나 욕구(needs)에 기반한 정책 요구는 이러한 보편성을 획득할 수 없는 개념이다.

자본주의가 형성되던 시기에 부르주아가 혁명적이고 진보적일 수 있었던 것은 자유와 평등이라는 부르주아 혁명의 구호가 갖는 보편성에서 연원한다. 즉, 부르주아가 자유와 평등의 실체적 내용이었던 개인의 소유권과 시장의 자유, 거래에서의 형식적 평등을 전면에 내세웠다면 부르주아 혁명은 또 다른 굴절을 겪어야 했을지도 모른다.

따라서 보편성을 담보할 수 있는 이념(인권)을 전면에 내세우고 특수성(장애)을 적절히 결합하는 것이 사회변화를 위한 적절한 전략이 될 수 있을 것이다.

물론 인권 중심적 접근에 대해서는 비판이 없지 않다. 인권 중심적 접근에 대한 비판은 크게 세 가지 방향으로 요약할 수 있다.

첫째, 인권에 기반한 주장들은 사회적 불평등을 창출하는 근원인 자본주의 체제의 문제점을 희석시킨다는 것이다(Drewett, 1999: 117).

둘째, 인권은 너무 보편적이고 추상적이어서 인간들 사이의 차이점에 착목하기 힘들다는 것이다. 이로써 결국 시민권 운동은 백인 중간 계층의 교육받은 사람들을 중심으로 고민되어 왔고, 시민권의 영역도 이들을 중심으로 확장되어 왔다. 즉, 다양성, 주로 소수자들의 다양성을 포괄하지 못했다는 것이다.

셋째, 인권은 그 자체가 상충적이라는 것이다. 예를 들어, 금연권과 흡연권 모두 인권의 범주에 들어갈 수 있다는 것이다.

비판에 대해 차례대로 간단히 반론을 제기하면 다음과 같다.

첫째, 인권의 개념은 역동적인 것이며 관계적인 것이다. 따라서 인권은 해당 사회에서 광범위하게 합의되는 개념으로 변한다. 서구 사회의 경우 부르주

아 혁명 이후 산업자본주의 시기에 인권의 초점이 자유와 거래의 평등에 두어
져 있었다면, 후기 산업사회로 넘어가면서 인권의 중심은 배분 문제를 둘러싼
실질적 평등으로 넘어가고 있다. 인권의 역사는 자본주의의 모순을 은폐하는
것이 아니라 자본주의의 모순을 해체하는 역사적 경향성을 띠고 있다는 것이
다. 계급적 문제영역이 시민사회의 토대를 구성하는 것임에는 틀림없다. 특히
자본의 지배영역이 소비생활의 영역으로까지 확장되고, 그러한 영역에서 자
본에 의한 대중 포섭이 진전되면서 이러한 문제영역을 중요한 저항의 영역으
로 설정하여야 할 필요성이 증대되고 있다. 생산영역만이 아니라 민중의 삶의
전 영역이 자본의 지배영역으로 포괄되며, 지배의 다층화, 문화화, 생활화의
현상이 나타나고 있다(조희연, 1995: 323). 즉, 민중의 삶이 생산영역에서의 저
임금이나 장시간 노동에 의해 규정되는 측면 외에 소비자, 무주택자, 수급자,
환경오염의 피해자 등의 다양한 측면에 의해 규정되는 것이다.

　인권에 착목하는 것은 이러한 다양한 문제에 대해 포괄적으로 바라보는 자
본주의의 기본 모순을 간과하는 것이 아니다. 장애인의 인권문제를 주장함에
있어서도 다양한 인권침해의 핵심에 자본의 이윤 증식 행위가 숨어 있음을 부
각시키고, 대안적 사회를 지향하는 성찰적 태도를 요구한다면 인권을 주장하
는 것이 자본주의의 모순을 희석시키지는 않을 것이다. 게다가 생산관계로 환
원될 수 없는 사회관계가 존재한다는 것을 인정한다면 자본주의의 모순을 전
면에 내세우지 않는다는 점에서 인권의 본질적인 가치까지 부정해서는 안 될
것이다.

　둘째, 근대 시기까지의 인권은 다수자의 인권 확장의 역사였다. 그러나
1960년대 이후 소수자들의 공격적인 인권 요구가 진행되고 있으며, 이에 따라
인권은 오히려 소수자의 차이를 존중하는 개념으로 확장되고 있다.

　셋째, 인권이 그 자체로 상충적이라는 것은 그만큼 인권 개념이 민주주의에
충실한 개념이라는 것이다. 절대적으로 배타적인 개념은 절대적인 만큼 쉽게
사라질 가능성이 있다. 수많은 상충된 원리 속에서 진보해 나가는 개념이야말
로 변증법적 발전의 가능성이 있는 개념이지 않은가?

3) 인권과 기본권

(1) 인권과 기본권의 개념 정리

인간적 존엄성은 인권이라는 차원과 연계되어 있으며, 기본권은 시민권이라는 개념과 동일한 차원의 표현이다. 따라서 인간적 존엄성과 기본권이 다소다른 개념이라고 할 수 있다. 인권은 시민권을 포함하는 개념이다. 시민권은각 주권국가의 도덕 규범이나 정치적 · 사회적 제도 및 법 질서에 구속력의 근거를 둔 다양한 권리로 표현되고 있다. 그러면서 대체로 그 타당범위가 국가별로 국한되는 데 비해, 인권은 그야말로 인간이라면 누구에게나 그 효력이 타당한 전 지구 차원의 보편성을 갖는다는 점에서 차이가 있다(이봉철, 2001: 20). 인간이기 때문에 당연히 생래적으로 또는 천부적으로 누려야 하는 권리를 인권이라고 한다면, 기본권은 헌법이 인정하는 인간의 기본적 권리를 말한다(윤찬영, 1998: 246). 즉, 인권 또는 인간적 존엄성이 자연법적 권리를 지향하는 개념이라면 시민권 또는 기본권은 실정법적 권리를 지향하는 것이다. 바꾸어 말하면, 인간적 존엄성이라는 보편 철학이 해당 국가에서는 기본권이라는 구체적인 형태로 현상화된다는 것이다.[7]

기본권은 국가에 대한 개인의 주관적 공권(公權)이다. 기본권은 각 개인의인간의 존엄성을 실현하기 위해 보장되는 것을 통해 권리성을 가지는 것이므로 반사적 이익과는 다르며, 또 한편으로 객관적 제도의 보장과도 다르다[8](김

---

7) 주관적 공권으로서의 기본권이 국가의 실정법 이전에 존재하는 자연권인지 아니면 실정법에 의해 비로소 인정되는 실정권인지는 자연법론자와 법실증주의자에 따라 그 해석이 다르다(김문현, 2000: 41). 그러나 「헌법」에 의해 보장되는 국민의 기본적 권리를 의미한다는 데에서는 큰 이견이없는 듯하다.

8) 반사적 이익이란 법률이 특정인 또는 일반인에게 어떤 행위를 명하는 경우, 다른 특정인이나 일반인이 특정한 이익을 얻게 되는 경우를 말하는데, 반사적 이익은 결코 권리가 아니기 때문에 그 이익을 침해당한다고 해도 상대방에 대해 주장할 수 없는 것이다(윤찬영, 1998: 240). 또한 제도가 있어야만 기본권이 보장된다고 보아서도 안 된다. 제도 보장은 「헌법」상 기본권을 보충하고 강화하는것일 때 인정할 수 있을 것이다(윤찬영, 1998: 250).

문헌, 2000: 41). 따라서 기본권은 국가에 대해 마땅히 효력을 가지며 사인(私人)에 대해서도 일정 정도 효력을 가지게 된다.[9]

(2) 기본권(시민권)의 유형과 내용

기본권 또는 시민권과 관련된 조망을 가능하게 해 주는 이론을 제공한 사람이 마샬(Marshall)이다. 마샬(1963)은 시민권이 진화되어 가는 과정을 분석하면서, 영국의 경우 18세기에서 19세기에 걸쳐 공민권(civil rights)이 확립되었고, 19세기와 20세기 사이에 참정권(political rights)이 확립되었으며, 마지막으로 사회권은 20세기 중반에 형성되었다고 했다(Marshall, 1963).

마샬(1952, 1963)이 주장한 바에 따르면, 시민권의 초기 형태는 공민권으로 나타났다. 이는 근대 시민혁명 이후 시민계급이 추구했던 자유주의적 이념에 입각하여 국가권력으로부터 개인의 자유를 방어하기 위한 것이었다. 공민권에는 법적 권리를 넘어 신체의 자유, 주거의 자유, 언론 및 사상의 자유, 신앙의 자유, 사유재산 보장, 계약의 자유, 법 앞에서의 만인 평등, 결사의 자유와 같은 적극적 권리들이 포함된다. 두 번째 시민권의 형태인 참정권은 시민계급의 의회 진출을 필두로 하여 19세기 선거법 개정을 토대로 여성과 노동계급으로 확대되는 역사적 과정을 거쳤다. 참정권은 말 그대로 정치에 참여할 권리를 말한다. 마지막으로 등장한 사회권은 적정 수준의 경제적 복지 및 보장으로부터 사회적 유산을 충분히 공유하고 사회의 보편적 기준에 따라 문명화된 삶을 영위할 수 있는 권리에 이르기까지 전 범위의 권리를 의미한다. 따라서 사회권

---

9) 영미법에서는 기본권이 국가뿐만 아니라 사인 간에도 효력이 있다는 판례가 확립되어 있으며, 독일이나 일본 등의 대륙법에서는 국가에 대한 효력이 당연한 것이고 사인 간의 효력에 대해서 의견이 갈리고 있다. 효력부인설은 기본권이 국가 또는 공공단체에 대해서만 효력을 가지며 사인 간의 관계는 사법관계로서 공법인 「헌법」의 기본권 규정이 적용되지 않는다고 본다. 그러나 이 경우에도 우리나라의 「남녀고용평등과 일·가정 양립 지원에 관한 법률」이나 「장애인고용촉진 및 직업재활법」과 같이 사인 간의 효력에 대해서도 기본권을 규정하고 있는 법률을 통해서나 「민법」을 통해 간접적으로 효력을 발휘하고 있다고 볼 수 있다(김문현, 2000: 47-48).

에는 가난하지 않을 권리, 사회적 시설을 이용할 수 있는 권리 등 광범위한 것들이 포함된다고 할 수 있다.

마샬의 논의를 토대로 우리나라 「헌법」에 보장된 기본권을 정리해 보면 〈표 1-1〉과 같이 나타날 수 있다.

인간의 존엄성과 행복추구권은 앞서 밝힌 바와 같이 「헌법」 제10조에 규정되어 있다. 인간의 존엄성과 행복추구권은 포괄적 기본권으로서 기본권의 최고 가치로 작용하고 있다. 생존권이나 생명의 자유, 정신적 자유, 평등권 등 모든 권리가 이와 같은 인간의 존엄성으로부터 나온다고 보아야 한다. 그리고 인

표 1-1 기본권의 유형

기본권의 성질	기본권의 유형	기본권의 내용
포괄적 기본권	목적론적 포괄적 기본권	인간의 존엄성과 가치, 행복추구권
	방법론적 포괄적 기본권	법 앞에서의 평등
공민권적 기본권	자유권적 기본권	• 인신(人身)의 자유권: 생명권, 신체의 자유 • 사생활 자유권: 사생활의 비밀과 자유, 거주·이전의 자유, 통신의 자유 • 정신적 자유권: 양심의 자유, 종교의 자유, 언론·출판·집회·결사의 자유, 학문과 예술의 자유
	경제적 기본권	재산권, 직업선택의 자유, 소비자의 권리
정치적 기본권	정치권적 기본권	정치적 자유, 참정권
사회권적 기본권	사회권적 기본권	인간다운 생활권(생존권), 근로권, 근로3권, 교육받을 권리, 환경권, 건강권
도구적 기본권*	청구권적 기본권	청원권, 재판청구원, 국가배상청구권, 국가보상청구권, 범죄피해구조청구권

* 도구적 기본권이란 용어는 사용 예가 없으나 청구권적 기본권이 다른 기본권을 보장하기 위한 기본권으로서 수단이 된다는 점에서 도구적 기본권이라 칭했다.

자료: 윤찬영(1998: 251)에서 마샬의 논의를 참조하여 수정하여 재인용함.

간의 존엄성을 실현하고자 하는 개인적 노력들이 행복을 추구할 권리가 되므로 이 또한 포괄적 기본권으로 보아야 한다. 따라서 국가는 이의 보장을 궁극적 목적으로 하여 이를 보장할 의무가 있는 것이다. 이를 위해 국가는 「헌법」에 규정되지 아니한 기본권도 행복 실현을 위해 필요한 경우에는 기본권으로 인정하고 있다(「헌법」 제37조 제1항). 따라서 인간의 존엄성과 행복추구권은 결국 국가가 실현해야 할 목적으로 볼 수 있다. 그러므로 이와 같은 기본권은 목적론적 포괄적 기본권이라고 규정할 수 있다.

인간의 존엄성과 행복추구권이 목적론적 포괄적 기본권이라면 「헌법」 제11조[10]에 규정된 평등권은 방법론적 포괄적 기본권이라고 할 수 있다. 평등권에 대해 포괄적 기본권의 지위를 부여하는 것에 대해서는 이론이 있을 수도 있으나, 평등권의 내용이 개별적 기본권은 모든 사람에게 동등하게 적용되어야 한다는 법 앞의 평등이라는 성격을 띠고 있다는 점을 볼 때 포괄적 기본권으로 규정하는 것이 올바르다고 생각된다.

'법 앞에서의 평등'이라 할 경우의 법이란 의회에서 제정되는 형식적 의미의 법률뿐만 아니라 일국의 법 체계를 형성하는 모든 법 규범을 말한다. 성문법과 불문법을 막론하고 국내법과 국제법을 가리지 아니하며, 「헌법」, 법률, 명령, 규칙 등 모든 법 규범이 여기에 포함된다. 또 '법 앞에'라는 의미에 대해서는 법적용평등설과 법내용평등설이 대립하고 있는데, 법 앞의 평등이란 법에 있어서의 평등, 즉 법 내용의 평등으로 이해하여야 한다(통설). 법을 적용하는 형식이 평등하다고 할지라도 법의 내용이 불평등한 것이면 아무리 평등하게 적용할지라도 그 결과는 항상 불평등한 것이 되기 때문이다(이재우, 1998: 8).[11]

한편, 인간의 존엄성과 행복추구권이 국가가 실현해야 할 목적이라면 평등

---

10) 「헌법」 제11조 제1항은 "모든 국민은 법 앞에 평등하다. 누구든지 성별, 종교, 또는 사회적 신분에 의하여 정치적, 경제적, 사회적, 문화적 생활의 모든 영역에 있어서 차별을 받지 아니한다."라고 규정하고 있다.

11) 법적용평등설은 기회의 평등으로 법내용평등설은 결과의 평등으로 연결될 수 있는 개념이다.

권은 인간의 존엄성과 행복추구를 위해 필요한 도구적인 방법을 제공한다고 볼 수 있다. 즉, 존엄성 실현을 위해 개별 기본권을 보장하려고 하는 경우 이에 대해서는 평등한 방법과 내용을 적용하여야 한다는 것이다. 따라서 평등권은 방법론적 포괄적 기본권이라고 부를 수 있을 것이다.

이와 같이 인간적 존엄성과 행복추구권이 기본권의 토대가 되는 기본권인 만큼 장애 관련 법 또한 이들 가치가 목적론적 토대가 되며, 평등권은 방법론 적 기초를 제공해 주고 있다. 그리고 이들 가치를 토대로 해서 구체적인 권리 가 개별 법률에 의해 구체화되는 것이라고 할 수 있다.

이와 관련하여 이흥재(1989: 14-15)는 인간으로서의 존엄과 가치 및 행복추구 권의 보장은 사회적 장애관에 입각하여 볼 때, 더욱 가치 있는 것이고, 평등권 의 보장은 장애인의 완전한 참여와 평등을 확보하기 위한 실질적 기초이며, 장 애인 기본권의 직접적인 법이념적 근거가 되는 것은 인간다운 생활권(생존권) 이지만, 인간다운 생활권은 그 하층 구조인 근로권과 사회보장수급권의 상호 연대적 보장을 통하여서 그 구체적인 내용을 획득하는 것으로 파악하고 있다.

제2장

장애인 인권의 역사와 인권선언

1. 장애인 인권의 역사

장애인을 바라보는 관점과 이에 따른 장애인 인권은 인류 역사와 함께 변화해 왔다. 대체로 신의 저주로 표현되던 장애인이 보편적 인간으로 진화해 온 과정이 장애인 인권의 역사다. 여기서는 서구와 우리나라의 장애인 인권의 역사를 나누어서 들여다보도록 하자.

1) 서구 장애인 인권의 역사

(1) 고대

그리스─로마 시대로 대표되는 고대에는 장애에 관한 부정적 인식이 지배적이었다. 장애인은 추한 인간의 표본으로 간주되었으며, 살아남을 가치가 없다고 생각되었다. 당시 대표적 도시국가였던 스파르타에서는 아이가 태어나면 생후 첫 주에 검사를 실시하여 장애가 있다고 판단되는 경우 아예 없애 버리기도 했다. 군사대국을 꿈꾸던 스파르타의 지배적 가치에 따르면 어쩌면 너무도 당연한, 그렇지만 너무도 야만적인 결과였을 것이다. 로마의 대표적인 폭군 네로(Nero) 왕은 장애인을 활쏘기 연습의 표적으로 삼기도 했다.

이런 일들이 왕들의 권력에 의해서만 가능했던 일일까? 그렇지 않다. 권력은 지배 이데올로기에 의해 정당화될 때 마음껏 권력을 행사할 수 있기 때문이다. 장애인을 배척하고 살해하도록 만든 데 기여한 이데올로그들이 있었다. 우리가 그토록 존경하고 떠받드는 플라톤(Platon)과 아리스토텔레스(Aristoteles) 등이 그들이다. 플라톤은 '이데아론'에서 쓸모 있고 이성적인 사람만 부양한다고 해서 이데올로기적으로 장애인을 배척하였고, 아리스토텔레스는 '언어 선천설'에 입각하여 청각장애인과 지적장애인은 아예 교육을 받을 수 없다고 주장하였다.

(2) 중세

중세는 기독교의 가르침이 지배하는 사회였다. 따라서 장애인에 대한 관점도 종교적 관점에서 이해되었다. 인간은 하나님의 형상을 하고 태어나야 하지만 그렇지 못한 장애인은 '인류의 근원적 죄의 결과'이거나 악마와의 정사나 혼외정사의 결과로 태어난 '악마의 자손'으로 간주되었다. 중세의 기독교 대학자인 아우구스티누스(Augustinus)조차 장애인은 교육받을 가치가 없다고 생각했었다. 『노틀담의 꼽추』는 당시의 이러한 지배적인 가치관을 잘 보여 주고 있다.

그러나 이 시기에는 르네상스의 인간본성 중심사상을 계기로 해서 장애인을 구제하기 위한 시설이 설립되기 시작하였다. 종교적 자선사상과 박애사상에 바탕을 둔 구제사업이 시작된 것이다.

(3) 현대

① 세계대전 이전

역사적 시간이 흘러 영국의 생물학자 다윈(Darwin)이 '진화론'을 주장한 뒤 그의 주장은 사회적 다윈주의와 우생학으로 진화하였다. 사회적 다윈주의는 적자생존과 자유 경쟁을 깬다는 이유로 사회복지를 반대하고, 우생학은 우수한 또는 건전한 소질을 가진 인구의 증가를 꾀하고 열악한 유전 소질을 가진 인구(장애인)의 증가를 방지하는 것이 목적인 학문이다.

이 야만적인 이론은 장애인을 대량 학살하는 데 앞장선 나치의 선전도구이기도 했다. 이윽고 나치의 대량 학살과 생체 실험의 출발점이었던 암호명 'T4 작전'이 있었다. 1939년부터 준비된 이 심신장애인 말살 작전은 독일 전국에서 '생존할 가치가 없는 존재'로 낙인찍힌 심신장애인들을 6개 '안락사 시설'로 집결시킨 다음 2년 동안에 7만 명 이상을 살해하였다. 이들에 대한 생체 실험을 거쳐 1940년에 이들을 처음으로 일산화탄소로 살해할 것을 결정한 나치는 패전까지 약 20만 명의 장애인들을 살해하였다.

② 산업화와 세계대전

산업화가 본격화되면서 장애인은 본격적인 비생산적 대상으로 부상한다. 개인적인 노력과 생존 경쟁에 대한 강조와 함께 생산성이 낮은 가족의 일원은 가족의 부담이 되거나 사회적 위협으로 간주되었다. 이러한 위협을 감소시키기 위해 등장한 것이 신빈민법이다. 생산성이 떨어지는 빈민과 장애인들을 구빈원에 가두어 두고 근근히 생명을 부지할 수 있을 정도의 구호를 제공한 것이다.

산업화가 장애인의 사회적 가치를 떨어뜨렸지만, 그 반대의 역할을 하기도 했다. 산업화 과정에서 나타날 수밖에 없는 산업재해 때문이다. 산업재해를 통해 장애를 가지게 된 장애인은 국가가 일정한 책임을 수행하지 않을 수 없었다. 19세기 말 독일에서 산업재해보상보험이 세계에서 처음으로, 그리고 다른 사회보험보다 먼저 도입된 이유는 바로 산업재해에 대한 사회적 책임을 수행하지 않을 수 없었기 때문이다.

전쟁은 인류의 적이다. 장애인을 만들어 내는 주요한 사회적 위험 중의 하나다. 그런데 역설적이게도 장애인복지가 일대 전환점을 맞게 되는 것은 두 차례에 걸친 세계대전 때문이다. 두 차례에 걸친 전쟁을 통해서 많은 전상 장애인이 속출하였으며, 이들은 국가 유공자들이기 때문에 국가가 일정한 수준 이상으로 처우할 필요가 있었다. 즉, 전상 장애인들에 대한 은급 차원에서 시작된 구체적인 지원 대책들이 마련되면서 근대적 의미의 장애인복지가 시작되었다고 볼 수 있다.

결국 장애는 개인의 문제가 아닌 사회적으로 해소해야 할 문제라는 관점은 산업화와 전쟁을 통해서 본격화되었으며, '사회적 책임'의 차원에서 장애인을 고려하게 된 것이다. 제도적 측면뿐만 아니라 전상 장애인의 재활을 위한 의료시설, 재활보조기구의 개발 등 기술적 측면에서도 발전이 있었다(권선진, 2005: 80-81).

이를 통해 볼 때 장애인복지가 사회적 책임, 바꾸어 말해 장애인의 권리 측면에서 조망되기 시작한 것은 산업화와 세계대전을 거치면서부터라고 볼 수 있다. 그렇지만 산재장애인이나 전상 장애인을 제외한 선천적 장애인은 여전히 권리의 담지자가 아니라 시혜의 대상일 뿐이었다.

③ 세계대전 이후

서구사회에서 장애인에 대한 사회복지 서비스의 본격적인 발전은 제2차 세계대전 이후 장애인에 대한 사회적 인식 변화와 함께 시작되었다. 서구에서 진행되어 온 20세기의 장애인복지 서비스의 발전은 크게 세 가지 단계로 설명할 수 있다.

첫 번째 단계는 1960년대까지가 해당되는데, 시설화, 의존, 분리 등의 용어로 표현하는 시기이며, 장애를 가진 사람들을 '병자' 또는 '취약한 사람'으로 묘사하는 의료적 관점이 주도하는 시기다. 따라서 보호 차원의 배려에 중점을 두는 서비스가 발달하고, 장애에 대한 사회적 책임을 인정하면서, 일정한 수준 이상의 치료와 보호를 받으면서 살아가야 하는 존재로 인식하였다.

두 번째 단계는 1970년대가 주로 해당되는데, 지역사회서비스가 만들어지는 단계로서 장애인이 성장·발전하며, 지역사회에서 살 수 있도록 도와주는 전문화된 훈련 서비스의 제공이 강조된 시기다. 따라서 훈련과 교육에 중점을 두는 서비스가 발달한다. 이 단계는 장애인의 기능적·직업적 재활을 위한 기능훈련에 중점을 두는 서비스들이 집중적으로 개발된 시기라고 할 수 있다. 이 단계는 장애인의 기능훈련을 통한 능력 향상의 잠재력을 인정했다는 면에서 이전의 단계에서 진일보한 것이며, 장애인에 대한 교육과 훈련이 강조되는 특징을 가진다고 할 수 있다.

세 번째 단계는 1980년대 이후부터 현재까지의 기간을 포함하는 단계다. 이 단계에서는 장애를 가지고 있는 사람들도 지역사회 구성원(community membership)이라는 관점을 강조하는 시기로서, 지역사회에서의 통합, 자립, 삶의 질, 개별화 등을 위한 기능적 지원(functional supports)을 강조하는 시기다. 지역사회 중심의 재활서비스로 표현되는 세 번째 단계는 이전 단계의 전문화된 서비스들을 통해서 "장애를 가지고 있는 사람들의 독립성, 사회통합, 생산성 등이 실제로 향상되었는가?"라는 질문에 대한 반성의 결과라고 할 수 있다. 이 단계에서의 기본적인 관점은 개인이 환경에 어떻게 적응할 것인가에 초점을 두기보다는 개인에게 환경을 적응시키는 관점과 개인의 환경에 대한 적응을 높일 수 있는 지원의 개념을 동시에 강조한다. 그리고 개인의 적응을 돕기 위한 지원에 있어서도 서비스를 통한 기술의 향상이 실제로 지역사회에서의 참여를 증진시킬 수 있도록 할 때에 이를 기능적 지원이라고 하며, 이를 통한 지역사회에서의 참여와 관계에서의 변화를 강조한다.

이러한 세 가지 단계의 발전을 거칠 때마다 장애에 대한 상이한 패러다임이 제시되었다. 이는 장애인과 관련된, 이전과는 다른 전제, 신념, 가치, 서비스 모형, 실천 모형들이 도입되는 것을 말한다. 이러한 각 단계에서는 장애를 파악하는 시각이 달랐으며, 따라서 장애인을 위한 서비스 프로그램의 방향도 완전히 다른 것이었다고 할 수 있다(김용득, 이동석, 2003).

2) 우리나라 장애인 인권의 역사

서구의 역사와 달리 우리나라에서는 장애인의 인권을 무시하고 학대하였다는 증거를 찾기가 어렵다. 오히려 고려시대와 조선시대에는 장애인의 특성을 살려 그들의 활동을 지원했다는 역사적 문헌들이 발견되었다. 조선 후기와 현대에 들어서면서 장애인의 인권이 오히려 후퇴했다는 지적이 나오고 있다.

(1) 삼국시대

장애인을 별도의 정책 대상으로 삼았다는 기록은 없다. 다만 장애인을 일반 빈민과 같은 수준에서 보호해 줘야 한다는 생각은 있었던 것으로 보인다. 고구려 고국천왕 16년(195년)에 진대법을 제정하여 관곡을 대여하고 질병이나 장애로 노동능력이 결핍된 자를 구휼한 기록이 있다. 『삼국유사』에 의하면, 신라 3대 유리왕 5년(BC 14년)에도 노인, 병든 자에 대한 구제를 실시하였으며, 백제 비류왕 9년(313년)에는 백성의 환고를 조사하여 질환자, 노인과 장애인 등에 대해 곡식을 주어 구제한 기록이 있다. 통일삼국시대에도 구휼제도가 지속되어 기근과 병든 자들에 대해 곡식에 차등을 두어 구휼하였다고 한다(권선진, 2005: 84-85).

이와 같이 삼국시대에는 장애인을 병자나 빈민과 특별히 구별하지 않고 구휼하였지만 일시적이었고, 제도화된 것은 아니었다. 결국 이 시대에는 장애인을 특별히 보호하거나 특별한 조치가 필요한 존재로 인식하지 않았다고 할 수 있다.

(2) 고려시대

고려시대에는 불교의 영향을 받아 각종 구휼제도가 실시되었다. 대표적인 구휼제도로서 창제(상평창, 유비창 등), 이재민에 대한 조세와 부역 면제, 행려자 구제사업 등을 실시하였다. 성종 당시 의학교육기관인 대의감을 설치하였고, 빈민의 구료기관으로서 혜민국을 설치하였으며, 병자, 노인, 빈민 등을 위한 의료구제기관으로서 동서대비원을 설치하였다. 이 밖에도 제위보, 구제도감, 진제도감 등을 설치하여 빈민과 병약자, 재해에 의한 긴급구호를 수행하였다.

이와 같이 고려시대에는 가족이나 지역에 모든 책임을 지우고 방관만 했던 것이 아니라, 구휼제도를 통해 정부가 직접적으로 개입한 역사를 갖고 있다.

시각장애인의 직업재활을 위해 정부는 시각장애인에게 점복(점치는 일)·독경(불경을 외우는 일)·악사 등과 같은 직업을 갖고 스스로 생활할 수 있도록 유도했고, 필요시에는 국가가 직접 나서서 구제하기도 하였다. 비교적 시각장애인들은 직업을 갖고 활동을 했다는 기록이 남아 있다(권선진, 2005: 85-86).

(3) 조선시대

한 여론 조사에서 지난 천 년 동안 가장 위대한 인물이 바로 세종대왕이고, 가장 자랑스러운 일로 한글 창제가 선정된 적이 있다. 그런데 세종대왕이 시각장애인이었다는 건 어느 교과서에도 실려 있지 않다. 세종대왕은 23세부터 시력이 급격히 악화되어 한글을 창제한 그때 이미 시각 능력이 상실되어 있었고 그걸 공개한다는 것이 창피했을지도 모른다.

실제 『세종실록』에서는 세종 23년(1441년)에 세종은 눈이 보이지 않아서 정사를 돌볼 수 없다며 세자에게 전위하겠다고 발표하였는데, 신하들이 울면서 만류했다고 전하고 있다. 세종대왕은 그 후에도 서너 차례 보위에서 물러나겠다고 했는데 그 이유가 눈이 보이지 않는다는 것이었다.

이처럼 시각장애를 가진 세종대왕의 장애인복지 정책은 남달랐다. 세종 18년(1436년)에는 시각장애인 지화에게 종3품 벼슬을 주었고, 시각장애인을 위한 관청인 명통사에 쌀과 황두(콩)를 주어 시각장애인을 지원한 기록도 있다. 또한 궁중 내연에서 연주를 맡았던 관현 시각장애인이 가장 대접을 받았던 때도 바로 세종 시절이었다.

그렇다면 조선시대 때 장애인에 대한 처우는 어떠했을까? 국문학자인 정창권은 사료 연구를 통해 "조선시대의 장애인은 우대받았다."라고 주장한 바 있다. 전통적으로 장애인 정책은 가족 부양이 원칙이었다. 만약 가족이 장애인을 부양할 수 없을 때에는 친척과 이웃 등 마을공동체에서 지원해 주었다. 그렇다고 정부가 장애인에 대해 수수방관만 한 것은 아니었다. 조선 태조 때에는 장애인에게 조세와 부역, 잡역을 면제해 주었다. 형벌을 가하지 않고 베로 대신 갚게 했으며, 연좌제에서도 제외시켜 주었다. 특히 고려나 조선의 정부는 시각장애인에게 점복, 독경, 악사와 같은 직업을 알선해 사회활동에 참여토록 했다(정창권, 2005).

정창권에 의하면, 조선시대의 장애인은 장애가 있다는 이유로 크게 차별받거나 소외되지 않았다. 양반의 경우에는 과거를 통해 높은 관직에 오를 수 있었다. 그 몇몇 사례로서 조선 전기의 정치가 허조는 구루병을 앓아 등이 굽었지만, 이조 · 예조 판서를 거쳐 좌의정에 오른 명재상이었다. 17세기를 살았던 조성기도 20세 때 말에서 떨어져 척추장애인이 되었지만 대학자가 되어 시문집『졸수재집』과 소설『창선감의록』을 남겼다.

장애인 시인, 화가, 음악가들도 적지 않다. 정조 때의 시인 장혼은 절름발이였으나 조정의 인쇄소인 '감인소'의 관리가 되어 임금이 내린 책들을 교정하였다. 그는 문집으로『비단집』20권을 남겼다. 또 조선 후기 시각장애인 부부였던 김성침과 홍 씨는 내외가 시를 잘 지었으며 집안을 다스리고 자녀를 교육시키는 데 법도가 있었다고 전한다. 장애인 화가로는 한쪽 시력을 잃은 최북이 대표적이며, 음악가로는 이반, 김복산, 정범, 김운란, 백옥 등이 꼽힌다(정창권, 2005).

정창권은 한 신문사와의 인터뷰에서 "고려에서 조선 중기까지만 하더라도 장애인에 대해 배타적이지 않았다."라면서 "장애인에 대한 인식은 조선 후기와 현대를 거치면서 오히려 후퇴한 감이 있다. 전통시대에는 오늘날과 달리 능력이 허락된다면 장애에 개의치 않고 직업을 갖고 자립적인 생활을 유지했다."라고 주장하였다.

(4) 해방 이후[1)]

해방 이후 우리나라 장애인복지의 변화과정도 서구와 비슷한 과정을 거쳤다고 볼 수 있다. 첫 번째 단계는 1961년 「생활보호법」 제정에 따라 재활시설을 설립할 수 있는 근거를 만든 이후부터의 시기로, 장애인시설에의 수용, 최소한의 보호에 중점을 두었다. 두 번째 단계는 1977년 「특수교육진흥법」이 제

---

1) 해방 이후에 관해서는 김용득과 이동석(2003)에서 인용하였다.

정되고 시설에서의 교육 및 재활의 정책방향을 제시한 보건사회부의 1978년 '심신장애자 종합보호대책'이 발표된 이후부터의 시기로, 장애인의 훈련과 교육 등 재활에 중점을 두었다. 이 시기는 장애 원인을 개인적인 것으로 보고 장애인을 변화시켜 사회에 적응할 수 있도록 도와주고자 하였다. 세 번째 단계는 1989년 「장애인복지법」 개정 및 1990년 「장애인고용촉진 등에 관한 법률」 제정 이후부터의 시기로 지역사회에 있는 재가장애인에 대한 지원을 확대하였다. 그러나 이 시기는 광범위한 복지급여가 발전되기 이전에 지역사회에서의 최소한의 생계보장을 우선적으로 추진하던 시기로, 장애인문제를 사회문제로 인식은 하였으나 사회적 환경에 대한 투자를 할 수는 없었고, 장애인의 최소한의 생활은 보장하여야 한다는 정책의 기조에서 출발하였다. 네 번째 단계는 1998년 「장애인 · 노인 · 임산부 등의 편의증진 보장에 관한 법률」의 시행 및 대통령의 '장애인인권헌장' 선포, 1999년의 「장애인복지법」 개정, 「장애인고용촉진 및 직업재활법」 개정, 2007년 「장애인차별금지 및 권리구제 등에 관한 법률」 제정 등이 이루어졌던 시기로 경제적 지원과 더불어 사회환경의 개선 및 차별철폐를 위한 움직임이 시작되었다. 이 시기는 장애인문제의 원인을 장애 자체뿐만 아니라 사회적인 장애요소에 기인하는 것으로 보고 사회에 내재해 있는 물리적 · 심리적 장애요소들을 제거하는 것이 강조되었다.

그러나 제도들이 이 시기별로 명확하게 구분되고 이전 단계의 제도나 프로그램들이 다음 단계에서 사라지는 것은 아니다. 앞에 나타났던 제도들은 그 이후의 단계에서도 지속되며 더욱 강화되는 측면도 있다. 즉, 수용만 하는 대형시설도 새로이 생겨나고 있으며, 통합교육에 반하는 특수교육도 더욱 확대되고 있다. 그러나 이와 같이 구분하는 것은 새로운 담론의 영향을 받았다고 할 수 있는 제도의 발현 시기를 기준으로 삼았기 때문이다.

① 시설에의 수용 등 보호 단계: 1961년부터

1960년 이전까지는 빈곤의 시대로 일반 장애인에 대한 법제나 국가의 개입은 없었다. 장애인문제는 문제로 인식되지 못하고, 빈곤의 문제 측면에서 다

루어졌다. 그나마 빈곤문제도 정부가 적극적으로 개입을 하지 못하고, 민간
사회사업이나 외국의 원조단체, 종교단체의 역할에 맡겨져 왔으며, 정부의 어
떤 관리도 없었다. 다만 전쟁 이후인 1950년대와 군사정권이 들어선 1960년대
에는 전쟁 참여자 및 군인에 대한 예우 차원에서 상이군경에 대한 지원이 확대
되었다. 또한 1960년대 및 1970년대에는 경제성장을 국정지표로 내세운 정권
에 의해 산업재해보상에 대한 제도도 발전하여 산업재해 장애인에 대한 지원
도 발전하기 시작하였다.

정부가 장애인문제에 대하여 개입을 시작한 것은 1961년「생활보호법」제정
부터라고 볼 수 있다. 이 법은 노령, 질병, 기타 근로능력의 상실로 인하여 생
활유지의 능력이 없는 자에 대하여 생계보호, 의료보호, 해산보호 등을 하는
것을 목적으로 하였다. 이 법의 대상자 중에는 불구, 폐질, 상이, 기타 정신 또
는 신체의 장애로 인하여 근로능력이 없는 자가 포함되어, 장애로 인한 빈곤자
에 대한 국가의 보호가 시작되었다고 볼 수 있다. 이 법에 따른 시설보호 중에
는 재활시설이 있었는데, 재활시설은 신체상 또는 정신상의 장애가 있는 자로
서 의료와 직업보도를 함으로써 재활할 수 있는 요보호자를 수용하여 의료재
활과 직업보도를 행하는 것을 목적으로 하는 시설을 말한다. 그러나 이 당시의
장애인복지시설은 재활이라는 개념보다는 수용, 보호라는 차원이 더 강했다.

또한 이 시기는 장애인의 출산을 방지하는 노력이 있었다. 우생학 및 유전
학적 이유, 특수 전염병 질환에 의한 임신의 경우에 대해서는 인공임신중절을
허용하도록 하는 법 규정을 마련하여 발생 가능한 장애아의 출산을 합법적으
로 방지하고자 하는 근거를 마련하였다(황나미, 1996). 또한 1973년에는 '지적
장애인불임수술관계법'을 정부에서 만들려고 하다가 여러 가지 논란이 있어
폐기된 적이 있었다.

② 훈련과 교육 등 재활 단계: 1977년부터

국제적으로 1970년대는 장애인의 권리에 대한 관심이 증폭된 시기다. 유엔
은 1971년에는 '지적장애인의 권리선언'을, 1975년에는 '장애인 권리선언'을,

1976년에는 1981년을 '세계장애인의 해'로 지정하는 결의를 하였다. 1981년은 유엔이 정한 '세계장애인의 해'였고, 후속 조치로 1982년부터 1991년까지가 유엔이 정한 '세계장애인 10년'이었으며, 1982년에는 유엔에 의해 '장애인에 관한 세계행동계획'이 채택되기도 하였다. 또한 국내적으로는 1980년대 초반 전두환 정권이 자신의 정통성 부재를 '복지국가구현'이라는 구호로 무마시키려 하였으며, 정권이 사활을 걸고 획득한 '1988년 서울 올림픽' 유치 결과 올림픽 후 '장애인 올림픽'이 열리게 되었고, 이에 따라 정부에서는 장애인복지 문제에 대한 관심을 갖지 않을 수 없게 되었다. 따라서 이 시기는 국제적인 장애인 인권 의식 향상에 따른 영향하에 군사정권의 정당성 확보 차원에서 마련된 '장애인 올림픽'을 앞두고 국제적인 시선을 의식하여, 「특수교육진흥법」이 제정 (1977년)되었고, 시설의 현대화, 직업재활에 대한 인식이 싹트게 되었다.

1978년 6월 보건사회부의 '심신장애자 종합보호대책'을 보면, 보호시설에 수용 중인 장애아동에게 직업훈련을 실시하고, 보호시설에 물리치료실, 작업치료실, 언어치료실, 직업훈련시설을 설치하고, 영양급식을 위해 지급물자의 양과 종류를 개선하고, 목발과 보청기 등 보장구를 지급하고, 보건사회부 안에 장애자보호제도 수립을 위한 전담기구를 설치하는 방안을 모색하였다. 이는 '세계장애인의 해'를 앞두고 우리 정부 차원에서 장애인문제를 인식하기 시작한 것으로 보인다. 그러나 종합대책이 시설보호에 한정되어 있음을 알 수 있다. 단지, 시설에의 단순 보호가 아닌 재활을 위한 각종 치료를 도입하고, 시설보호의 수준을 향상시키겠다는 정책방향을 보였다.

이 종합대책 및 군사정권이 내세운 '복지국가실현'이라는 슬로건에 따라 1981년 「심신장애자복지법」이 제정되었다. 이 법의 시책을 보면 주로 시설에 관한 사항이 주를 이루고 있음을 알 수 있다. 1980년 이전까지의 장애인 시설은 단순 수용·보호에 머물러 있었으나 법 제정에 따라 직업재활시설, 이용시설 등이 생기게 되었다.

장애인의 직업재활에 관한 정부의 개입으로는 1982년부터 한국장애자재활협회를 통해 장애인 취업알선을 도모한 것이 있었다. 또한 1986년에 노동부가

「직업훈련법」을 개정하여 일반인을 위한 직업훈련시설에서 장애인까지 직업훈련대상자를 확대하였고, 같은 해 보건사회부는 중증장애인을 위한 보호작업장운영계획을 수립하여 22개 자립작업장을 시범·운영하였다. 이는 장애인에게 직업훈련을 통해 재활을 도모하고자 하는 조치였다.

이처럼 장애인에 대한 교육, 치료, 직업재활은 1970년대 후반부터 시작되었다. 그러나 1970년대 및 1980년대에는 정부가 '선성장·후복지'라는 정책기조에 입각한 사회정책을 추진하였기 때문에 이는 극소수의 시설 장애인 및 저소득 장애인에 대한 재활정책에 그치고 말았다.

③ 제한적인 경제적 지원 단계: 1989년부터

복지급여로서 경제적 지원이 시작된 것은 1989년 「장애인복지법」 개정 및 1990년 「장애인고용촉진 등에 관한 법률」의 제정부터다. 이전에도 「상속세법」 「소득세법」에 의하여 장애인에게 세금을 감면해 주는 제도는 있었으나, 이는 장애인에게 직접 급여한 것이 아니기 때문에 본격적인 복지급여로 보기에는 어려울 것으로 판단된다.

1987년 민주화 대투쟁 이후 각계각층에서 분출된 민주화 요구와 더불어 진행된 저소득층의 복지요구는 장애계에도 많은 영향을 미쳤다. 이전까지는 자신들의 목소리를 내지 못했던 장애인 및 장애인단체들이 1988년 '서울장애인올림픽' 개최를 계기로 운동이라는 틀을 통해 장애인문제를 해결하고자 하는 욕구를 표출하게 되었다. 서울장애인올림픽대회를 앞두고 기존의 정책형성 과정에서 조직화되었던 장애인 운동 주체들과 젊은 장애인들이 주축이 되어 여러 장애인단체를 설립하였고, '1988년 장애인올림픽 개최 반대' 운동 및 장애인 운동을 펼쳐 나가기 시작하였다. 이들은 반대투쟁에 머무른 것만이 아니고, 장애인복지 문제 해결을 위한 정부의 각성을 촉구하고 각종 정책 대안을 만들어 나갔다. 이 단체들은 장애인문제가 사회적·환경적 문제임을 인식하고, 제도 변혁을 위한 노력을 시도하였다. 이러한 장애인들의 요구에 따라, 또한 여소야대라는 국내 정치 상황에 따라 1989년 「장애인복지법」이 개정되었고, 1990년 「장애인고용촉진 등에 관한 법률」이 제정되었다.

　개정된 「장애인복지법」에서는 '심신장애자'라는 용어를 '장애인'으로 변경하였고, 장애인등록제를 실시하였다. 또한 국가 및 지방자치단체의 책무로 장애 발생의 예방, 재활의료, 중증장애인의 보호, 보호자에 대한 배려, 장애인의 교육, 장애인의 직업지도, 장애인용 주택의 보급, 문화환경의 정비, 경제적 부담의 경감 등을 규정하였으나 선언적 규정에 그치고 말았다. 그러나 개정법에 따라 장애인에 대한 복지서비스는 확대되었다. 주로 저소득 장애인에 대해 의료비·자녀교육비 지급, 보장구 교부, 자금의 대여, 생업지원, 자립훈련비 지급, 생계보조수당 등의 경제적 지원이 시작되었다. 또한 일반 장애인에 대한 경제적 지원도 확대되어 전화요금 감면(1989), 장애인 승용 자동차 LPG 연료 사용 허용(1990), 국공립박물관, 고궁 및 능원의 장애인 무료 입장(1990), 철도 및 지하철도 요금 50% 할인(1991), 국내선 항공료 50% 할인(1~3급 장애인은 보호자 1인 포함; 1991, 1993), 지하철 무임 승차제(1993) 등 각종 이용요금 할인 혜택이 시작되었다. 그러나 저소득 장애인에 대한 국가지원은 한정된 자원으로 생존권을 보장하기에는 미흡한 수준이었고, 일반 장애인에 대한 지원은 소득 지원이 아닌 필요 경비를 감면해 주는 것으로, 중산층 이상의 장애인이 저소득 장애인보다 더 많은 혜택을 받는다는 문제점을 드러냈다.

　장애인의 주거 생활 보호를 위해 1993년에 영구임대주택 입주 신청 시 가산점 부여를 확대하였으며, 1995년 '주택공급에 관한 규칙'을 개정하여 국민주택(공공임대주택 제외)의 특별공급대상에 장애인을 포함하는 등 장애인의 주거권 확보를 위한 입법 조치도 이 시기부터 시행되기 시작하였다. 즉, 이 시기는 장애인 운동세력에 의해 장애인문제를 사회문제로 인식하기 시작하였고, 이에 따라 시설에서의 보호뿐만 아니라 재가장애인에 대한 복지급여가 시작되었으며, 주로 의식주에 걸친 최저생계 보장을 목적으로 하고 있었다.

④ 제한적인 사회적 지원 단계: 1998년부터 현재까지
　1992년 유엔이 정한 '세계장애인 10년'이 끝남에 따라 유엔 아시아·태평양

경제사회위원회(ESCAP)는 '아·태 장애인 10년(1993~2002)'을 선포하였다. 여기에서 '장애인의 완전 참여와 사회통합'이라는 모토가 나오게 되었고, 장애인계의 최대 화두도 사회통합에 맞추어졌다. 이를 위해 장애인문제는 인권의 문제로 다루어져야 하며, 국민이라면 갖게 되는 모든 권리를 장애인도 가져야 된다는 의식이 강하게 나타났다. 이에 따라 장애인계에서는 장애인복지 서비스, 장애인 고용, 장애인 특수교육뿐만 아니라 참정권 확보, 편의시설 확충, 지역단위의 자치 정치에의 참여, 일반교육에서의 차별철폐, 복지시설의 투명한 운영 및 지역사회 내에서의 시설 운영 등의 욕구를 표출하게 되었다. 또한 1997년 '국민의 정부'의 출범은 장애인복지의 발전에 대한 정부의 의지를 높이게 되었다. 김대중 대통령은 대통령 취임사에서 장애인이 일할 수 있는 환경을 조성하는 생산적 복지를 강조함으로써 장애인복지에 대한 관심을 나타냈다.

이 시기에 사회적 지원이 확대될 수 있었던 것은 장애인 운동세력의 성숙 및 이를 뒷받침할 수 있는 정치세력의 형성 등에 따른 것으로 보인다. 장애인단체들은 이전의 법률 제정 및 개정 운동의 역량을 강화하고, 국제적 연대, 시민단체와의 연대를 통해 외연을 확대하며, 운동의 내용도 생계보장의 차원을 넘어 다양한 권리의 보장을 요구하게 되고 다양한 단체가 성립되었다.[2]

1998년 12월 9일 정부는 국무회의의 의결을 거쳐 대통령이 서명한 '한국장애인인권헌장'을 제정·선포하였다. 이 인권헌장에는 장애인의 인간 존엄과 가치를 확인하고 건전한 사회구성원으로 장애인의 자립노력과 인권보호, 사회참여와 평등을 보장하는 기본 원리와 장애인의 기본적인 권리를 명시하고 있다.

1999년에는 「장애인복지법」 및 「장애인고용촉진 등에 관한 법률」의 개정이

---

2) 장애인 운동의 내용은 고전적인 생존권 투쟁은 물론, 장애인 편의시설 설치활동을 목적으로 한 장애인편의시설촉진시민연대, 여성장애인의 권익증진을 도모하는 여성장애인연합, 장애인 실업문제를 중심으로 한 장애인실업연대, 장애인차별금지법 제정을 위한 장애인차별금지추진연대, 장애인차별철폐연대 등 다양하면서도 구체적인 접근이 시도되었다. 또한 각 지역별 장애인단체들을 연합하는 장애인연합단체들이 등장하여 부산, 대구, 광주 등지에서 장애유형별 단체의 한계를 극복하고자 하는 노력이 전개되었다.

있었다. 개정 「장애인복지법」에서는 장애인의 정의를 주요 외부 신체기능의 장애, 내부기관의 장애와 지적장애, 정신질환에 의한 장애로 인하여 장기간에 걸쳐 일상생활 또는 사회생활에 상당한 불편을 겪는 사람으로 규정하여, 장애 범주를 확대하였다. 장애인의 인간 존엄과 완전한 사회참여와 평등을 기반으로 하는 사회통합을 기본 이념으로 하면서, 장애인의 정보접근권 보장을 위해 수화통역, 폐쇄자막, 점자 및 음성도서 등의 조치를 시행하고, 장애인 보조견, 장애유형에 따른 재활서비스 제공, 장애인 생산품의 구매, 재활보조기구의 개발·보급 등의 시책을 강구하고 있다. 이 개정법은 장애인 사용 자동차에 대한 지원, 장애인 보조견의 훈련 및 보급지원, 장애아동 부양수당 및 보호수당을 신설하는 등 재가장애인에 대한 복지서비스를 확대하였다.

장애인에 대한 사회적 지원이 시작됨과 동시에 경제적 지원은 더욱 확대되었다. 저소득 장애인에게만 교부되던 보장구를 일반 장애인에게는 1997년부터 의료보험 및 의료보호를 통하여 구입할 수 있도록 하였으며, 매년 급여 대상 보장구의 범위가 확대되고 있다. 1996년부터는 이동전화 가입비 면제 및 사용료 30% 할인이 시행되었고, 1997년에는 시각장애인과 청각장애인 가정에 대한 TV 수신료 면제, 전화요금 할인율 50% 확대, 장애인 차량 고속도로 통행료 50% 할인 등이 시행되었으며, 1998년에는 장애인 자동차 특별소비세 면제 확대, 면허세 면제 등이 시행되었고, 2001년에는 장애인용 LPG 차량에 대한 세금 인상분 지원 등의 정책이 시행되었다.

또한 장애인의 사회통합을 이루기 위해서는 장애인이 사회생활을 불편함 없이 할 수 있어야 하며 이를 위해 장애인 편의시설은 필수라고 할 수 있다. 따라서 이를 위해 1997년 4월 국회에서는 「장애인·노인·임산부 등의 편의증진 보장에 관한 법률」을 제정하였다.[3] 신규 민간시설은 이 법의 적용을 받으나

---

3) 1991년 「장애인복지법」 개정에 따라 장애인 편의시설을 마련하고 규격화하기 위하여 1994년 '장애인 편의시설 및 설비의 설치기준에 관한 규칙'을 제정하였으나, 이 규칙이 실효성을 발휘하기 위해서는 「건축법 시행령」 등 관련 법령의 개정·보완 등이 필요했다. 1995년 12월 개정된 「건축법 시

이미 지어진 시설의 경우 적용을 받지 않고, 공공기관의 경우 2년에서 7년 내에 편의시설을 설치하도록 되어 있어 편의시설 증진의 급격한 변화는 없었으나, 공공기관 내의 경사로 설치, 장애인 전용 주차장 설치 등은 어느 정도 효과를 거둔 것으로 보인다.

이 시기의 장애인시설은 대규모 시설 중심에서 지역사회 내의 작은 시설로의 변화가 일어났다. 1996년부터 '주간 및 단기 보호시설'이 설치ㆍ운영되었고, 1997년부터 장애인공동생활가정(group home)이 설치ㆍ운영되었다. 물론 이전부터 일부 민간 선각자에 의해 설치ㆍ운영되기는 하였지만, 이 당시부터 국가에서 예산이 지원되기 시작하면서 확대되었다. 1999년부터는 시각장애인 및 청각장애인의 지역사회 생활을 보조해 주고자 시각장애인 심부름센터 및 수화통역센터에 대한 국고보조가 시행되었다. 즉, 이 시기는 장애인에 대한 복지급여 중 경제적 지원은 더욱 확대되고, 1996년부터 '장애인먼저운동'이 실시되는 등 사회인식의 개선 및 편의시설 설치 등 사회환경의 변화를 위한 조치들이 시행되던 시기였다. 또한 장애인의 권리에 대한 인식이 확대되면서 최소한의 생계보장을 넘어 일반적인 권리까지 보장을 하려는 움직임들이 나타나기 시작하였다. 한편, 시설도 대형 중심에서 지역사회에 기반을 둔 소형 시설로 변했으며, 장애인의 사회통합을 위한 각종 조치들이 실시되었다.

무엇보다도 2005년「교통약자의 이동편의증진법」제정을 시작으로「장애인차별금지 및 권리구제 등에 관한 법률」(2007),「장애인연금법」(2010),「장애인활동지원에 관한 법률」(2011),「장애아동 복지지원법」(2011),「발달장애인 권리보장 및 지원에 관한 법률」(2014), 그리고「한국수화언어법」(2015),「장애인건강권 및 의료접근성 보장에 관한 법률」(2015),「점자기본법」(2016) 등 다양한 법

행령」에 "건축물에 설치하여야 하는 장애인 관련 시설 및 설비는 장애인복지법령이 정하는 바에 의한다."라고 규정함에 따라 장애인 편의시설을 설치하지 않은 경우 건축허가를 받지 못하도록 편의시설에 대한 규제가 강화되었다. 그러나 이를 실행하고자 하는 행정당국 및 사회의 의지가 부족함에 따라 장애인 편의시설의 확충은 미흡했다.

률이 새로 제정되었을 뿐만 아니라 많은 법률이 개정된 것은 매우 큰 변화였다. 이러한 법률들은 장애인의 사회참여를 본격화하기 위한 토대를 제공하는 법률이면서 장애인계의 끊임없는 요구에 의해 제정되었기 때문이다.

2. 인권선언과 장애인 권리협약

제2차 세계대전 이후 장애인의 인권이 제도적으로 보장되기 시작하면서, 인권을 명문화하려고 하는 움직임도 끊임없이 나타났다. 그 흐름은 세계인권선언을 필두로 하여 2006년 제정된 장애인 권리협약으로 발전되었다.

1) 세계인권선언

세계인권선언은 1948년 유엔 제3차 총회에서 채택된 것으로 전쟁이라고 하는 인간생명 무시의 힘의 원리에 대해서 세계평화의 사상이 지배하는 사회에서 실현되어야 할 일반적, 원칙적 인간존재 긍정의 권리를 선언한 것이다. 제1조에서 "모든 사람은 날 때부터 자유롭고 동등한 존엄성과 권리를 가지고 있다."라고 하여 인간의 동등한 존엄성과 권리에 대해서 기술하고 있다. 제2조는 "인종, 피부색, 성별, 언론, 종교, 민족적 혹은 사회적 출신, 재산, 가문, 혹은 기타 지위" 등 어떠한 속성을 가지고 있든지 인간은 하등의 차별을 받지 않아야 한다고 이야기하고 있다. 제22조는 "모든 인간은 사회의 일원으로서 사회보장을 받을 권리를 가지며 또한 국가적 노력과 국제적 협력을 통하여, 그리고 각국의 조직 및 자원에 맞추어 자신의 존엄과 자유로운 인격의 발전을 실현시킬 수 있는 경제적 · 사회적 · 문화적 권리를 향유한다."라고 규정하고 있다. 또한 제25조에서는 "모든 인간은 의식주, 의료 및 필요한 사회후생시설을 포함하여 자신 및 가족의 건강과 복지를 유지함에 충분한 생활 수준을 보유할 권리를 가지며, 실업 · 장애 · 질병 · 배우자 상실 · 노령 또는 불가항력적 생활불

능의 경우에 생활보장을 받을 권리를 갖는다."라고 규정하여 건강유지와 사회보장권에 대해 논의하였다.

결국 "모든 인간은 출생으로부터 자유로우며 존엄과 권리에 있어서 평등하다."라는 자유와 평등의 원칙을 재천명하였고, "모든 인간은 개인의 존엄성과 그의 생애를 자유로이 발전시키는 데 필요한 경제적, 사회적, 문화적 권리를 실현할 권리를 보장받는다."라고 하여 자기 실현의 권리를 선포하였다. 세계인권선언은 장애인도 정당한 사회구성원으로서 그 권리를 주장할 수 있는 사람으로 보고 있다.

2) 한국장애인인권헌장

1998년 12월 9일 공표된 '한국장애인인권헌장'은 전문과 13개 조항으로 구성되어 있다. 한국장애인인권헌장 전문에서는 장애인이 인간의 존엄과 가치를 가지며 행복을 추구할 권리를 갖는 인권의 주체임을 천명하고, 국가와 사회는 장애인의 인권보호와 완전한 사회참여 및 평등을 위한 사회적 여건과 환경을 조성해야 함을 선언하고 있다.

한국장애인인권헌장은 장애인이 장애를 이유로 차별받지 아니할 권리(1항), 인간다운 삶을 영위할 수 있는 소득, 주거, 의료 및 사회복지서비스 등을 보장받을 권리(2항), 이동권과 시설편의 및 의사소통과 관련된 권리(3항), 직업선택과 정당한 보수의 권리(6항), 문화 · 예술 · 체육 및 여가활동에 참여할 권리(7항), 가족권(8항, 11항), 인격과 재산보호를 위한 법률상의 도움(10항), 국가정책의 계획단계에서부터 우선 고려되고 정책결정에 참여할 권리(13항) 등의 내용을 규정하고 있다.

3) 장애인 권리협약

(1) 협약의 필요성

협약의 필요성은 다음 세 가지 차원에서 검토될 수 있다.

첫째, 협약의 효력에 따른 필요성 차원이다. 협약(convention)이란 국제법의 형태를 띤 법의 하나로서 문서에 의한(국제상의 권리나 의무에 관한) 국가 간의 합의를 말한다. 따라서 협약은 일종의 국제법이다. 국제법은 일반적으로 국내법과 동일한 효력을 가진다. 우리나라 「헌법」 제6조에서도 "「헌법」에 의해 체결공포된 조약과 일반적으로 승인된 국제법규는 국내법과 같은 효력을 가진다."라고 규정하고 있다. 따라서 협약은 국내법과 동일한 효력을 가지는 것으로 보아야 한다. 이것이 장애인계에서 그토록 장애인 권리협약을 제정하기 위해 노력했던 이유였다. 앞서 살펴보았던 유엔의 각종 선언들은 말 그대로 선언에 불과하며, 특히 1993년 유엔 총회에서 채택한 장애인 기회균등에 관한 표준규칙(Standard Rules on the Equalization of Opportunities for Persons with Disabilities)[4]은 임의규정이므로 실효성이 떨어지기 때문에 법적 효력이 있는 강제규정이 필요했던 것이다.

둘째, 기존의 포괄적 인권협약들의 실효성 문제에 따른 필요성 차원이다. 기존의 인권협약들 또한 장애인을 포함한 모든 사람에게 적용되고 있다. 그러나 장애인의 특수성을 고려한 협약이 아니었기 때문에 실효성에 많은 문제가 있는 것으로 지적되었다. 이는 유엔의 가장 중요한 위원회 중의 하나인 경제·사회·문화권 위원회(Committee on Economic, Social, and Cultural Rights)가 각국 정부들이 기존의 권리협약을 어떻게 준수하는가를 조사한 보고서에서, 유

---

4) 표준규칙하에서 국가는 이 규칙에 포함된 내용을 실천할 의무가 없었다. 표준규칙은 또한 '권위 있는 규정이나 방향'을 의미하는 규칙으로서의 의미도 지니지 못하였으며, 하나의 안내서(guidelines)에 지나지 않았다. 그럼에도 불구하고 이 표준규칙은 많은 국가에서 장애인에 관한 정책결정이나 활동시행의 근거를 제공한 공로가 있다.

엔 회원국들이 장애인들에게 거의 관심을 기울이고 있지 않다는 것을 공개적으로 지적한 것에서도 드러난다. 이 위원회의 명시적인 결론은 "장애인의 권리는 특수하게 고안된 것뿐만 아니라 일반적인 법률과 정책, 프로그램에 의하여 보호되고 증진되어야 한다."라는 것이다.

사실 기존의 포괄적 인권협약으로 대부분의 인권이 충분히 보장될 수 있었다면, 유엔 회원국들이 이주 노동자를 포함하여 난민과 여성, 아동의 권리를 보호하기 위한 특정 협약들을 별도로 체결할 필요는 없었을 것이다. 별도의 인권협약이 필요했던 이유는 소외집단들 각각이 그들의 인권을 보호하기 위한 특정 규정과 감시체제의 필요성이 인정되었기 때문이다.

셋째, 많은 국가에서 제정하고 있는「장애인차별금지법」과의 관계성에 따른 필요성 차원이다. 이미 장애인의 인권법이라고 말할 수 있는「장애인차별금지법」이 제정되어 있는데도 장애인 권리협약이 필요한 이유는「장애인차별금지법」이 장애인의 인권과 관련된 포괄적이고 다양한 영역을 모두 보호하지는 못하기 때문이다.「장애인차별금지법」은 말 그대로 차별적 상황이 아닌 부분에 대해서 적용되기는 힘들다. 예를 들어, 장애인의 소득보장 문제는 매우 중요하지만 차별이라는 이름으로 처분하기는 어려우며, 마찬가지로 적절한 교육은 필요하지만 교육 인프라의 부족을 차별의 이름으로 문제제기하기는 어렵다.

그렇다면 포괄적 인권법인 장애인 권리협약만 있으면 되지,「장애인차별금지법」은 왜 필요한 것일까? 여기에도 두 가지 이유가 있다.

첫째, 장애인 권리협약의 추상성 때문이다. 장애인 권리협약은 유엔 회원국의 다양한 현실을 묵과할 수 없기 때문에 구체적인 실천과제를 적시하기가 매우 어렵다. 결국 장애인 권리협약의 일반적 과제에 부합하는 구체적인 내용들은 국내법에서 다루어질 수밖에 없는 것이다.

둘째, 협약은 국내법과 동일한 효력이 있는 법 규범으로 인정되고 있기는 하지만 행정부의 집행 기준과 사법부의 재판 기준은 주로 국내법을 따른다. 결국 국내법이 없다면 국제법인 장애인 권리협약은 실효성이 떨어질 수밖에 없는 것이다.

(2) 장애인 권리협약의 내용

장애인 권리협약은 유엔이 8번째로 채택한 인권협약으로, 4년에 걸친 논의 끝에 2006년 9월 제61차 유엔 총회에서 채택되었다. 장애인 권리협약은 모든 장애인이 모든 인권과 기본적인 자유를 완전하고 동등하게 향유하도록 증진, 보호, 보장하고, 모든 인권향유를 명백히 하고, 보호하고 장려하며, 장애인 고유의 존엄성을 존중하도록 장려함을 목적으로 하고 있다(제1조 목적).

이는 유엔헌장의 정신(세계 자유와 정의, 평화), 세계인권선언과 인권 관련 국제문서, 장애인 권리선언, 경제 · 사회 · 문화적 권리에 관한 국제협약, 시민 · 정치적 권리에 관한 국제협약, 모든 형태의 인종차별철폐에 관한 국제협약 및 여성에 대한 모든 형태의 차별철폐, 아동권리에 관한 국제협약 등 기존의 국제협약의 정신과 의의를 상기하고 인식하는 바탕 위에 있다(장애인 권리협약 전문).

그러나 장애인 권리협약은 기존의 장애인 인권 관련 규정에 비해 상당한 수준의 내용적 구체성과 강제성을 특징으로 하고 있다. 특히 기존의 장애인 인권 규정에 비해 '장애여성(6조)' 및 '장애아동보호(7조)' 규정의 신설, 동등한 법적능력 부여(제12조 및 제13조), 비인도적인 처우 금지(제15조, 제16조, 제17조), 자립을 위한 이동권 보장(제9조 접근성 및 제18조 이동과 국적의 자유, 제19조 독립생활, 제20조 개인의 이동 등) 및 권리협약에 대한 당사국의 강력한 의무이행(제32조, 제33조, 제35조, 제36조 등)을 강조하고 있는 등 국제법적 위치를 공고히 하고 있다.

한편, 이 협약은 기존의 국제규정에 비해 근본적이며 중요한 기본 원리들을 제시하고 있다는 특징이 있다. 구체적으로 (a) 스스로 선택할 수 있는 자유를 포함한 고유의 존엄성, 개인적 자율성의 존중과 개인의 독립성, (b) 차별금지, (c) 완전하고 실질적인 사회참여와 사회통합, (d) 인류 다양성과 인간성의 부분으로서 장애의 다양성 수용에 대한 존중, (e) 기회균등, (f) 접근성, (g) 양성평등, (h) 장애아동 역량 개발을 위한 존중과 장애아동의 정체성 보호를 위한 권리존중 등 제반 원리를 규정하고 있다.

또한 이 장애인 권리협약은 모든 권리의 내용에 있어 현대사회의 실생활과 관련된 구체적이고 실질적인 권리보장이 이루어질 수 있도록 세세한 내용을 규정하고 있다는 특징이 있다. 장애인의 의사소통과 언어에 있어 구어와 수화, 점자, 촉각 의사소통, 활자, 오디오, 인터넷 등을 총칭하고 있으며, 장애인의 노동과 고용에 있어서의 고용조건 및 고용환경, 장애인 고용증진을 위한 공공 및 민간의 인센티브제 실시 규정, 재활서비스와 재활프로그램의 강조 등이 그 예라 할 수 있다.

장애에 대한 인식개선을 위해서 각 국가에서 실질적이고 적절한 대책을 강구하도록 규정하고 있는데(제8조), 가족을 포함한 사회 전체의 장애인에 대한 인식개선을 위해 장애인 권리에 대한 감수성 증진, 장애인의 역량과 공헌에 대한 의식 고취, 직장과 노동시장에서 장애인의 기술·장점·능력과 기여에 대한 인식 장려, 모든 교육제도 내에서의 장애인의 권리를 존중하는 태도 양성 등을 권장하고 있다. 장애인 권리협약의 내용은 〈표 2-1〉과 같이 요약할 수 있다.

표 2-1 장애인 권리협약의 내용

구성	조항 및 내용
전문	유엔헌장의 원리, 세계인권선언, 장애인 인권선언, 경제적·사회적·문화적 권리에 대한 국제협약, 시민·정치적 권리에 관한 국제협약 등 기타 유엔의 인권 협약의 정신과 내용 상기, 장애인의 존엄성, 다양성, 자율성과 선택의 자유, 안전 등 기본적 장애인 인권의 중요성 확신
제1부	제1조 협약의 목적 / 제2조 정의 / 제3조 제반원리들 / 제4조 일반적 의무 / 제5조 평등과 차별금지 / 제6조 장애여성 / 제7조 장애아동 / 제8조 장애에 대한 인식 개선 / 제9조 접근성
제2부	제10조 생명권 / 제11조 위험상황 / 제12조 법 앞의 평등 / 제13조 재판접근권 / 제14조 인간의 자유와 안전 / 제15조 고문이나 잔혹, 비인간적 또는 모욕적인 대우나 처벌로부터의 자유 / 제16조 착취, 폭력과 학대로부터의 자유 / 제17조 인간고결성의 보호 / 제18조 이동과 국적의 자유 / 제19조 독립생활과 지역사회통합 / 제20조 개인의 이동 / 제21조 표현과 의견 및 정보접근의 자유 / 제22조 사생활의 존중 / 제23조 가정과 가족에 대한 존중 / 제24조 교육 / 제25조 건강 / 제26조 해빌리테이션과 재활 / 제27조 노동과 고용 / 제28조 적절한 삶의 조건과 사회보장 / 제29조 정치적 그리고 공직생활의 참여 / 제30조 문화적 삶과 레크리에이션, 여가 및 스포츠에 대한 참여

〈계속〉

| 제3부 | 제31조 통계와 자료 수집 / 제32조 국제협력 / 제33조 국내이행과 모니터링 / 제34조 장애인 권리위원회 / 제35조 당사국 보고서 / 제36조 보고서의 고려 / 제37조 당사국과 위원회 간의 협력 / 제38조 기타 기구와 위원회와의 관계 / 제39조 위원회의 보고 / 제40조 당사국 회의 / 제41조 기탁 / 제42조 서명 / 제43조 구속에 대한 동의 / 제44조 지역적 통합기구 등 |

자료: 김미옥 외(2006).

제3장

장애의 개념

사실 장애인복지의 가장 기본은 장애의 개념이라고 해야 할 것이다. 그러나 개념이란 단순한 정의가 아니라 철학과 시대적 가치를 반영하는 결과물이라는 면에서 장애인권의 역사를 먼저 이해하는 것이 순서라고 생각한다. 인권의 역사를 읽어 내면, 장애 개념에 함축된 장애인권의 역사를 함께 읽어 낼 수 있기 때문이다.

1. 장애와 장애인

장애라는 용어는 어느 날 갑자기 하늘에서 뚝 떨어진 것이 아니다. 장애라는 용어가 사용되기 시작한 것은 명확한 기록은 없으나 대개 해방 전후로 유추하고 있다. 그 이전에는 장애를 가진 사람을 통칭하는 용어로 병신(病身), 불구자 (不具者), 폐질자(廢疾者) 등이 사용되었다. 그리고 각 장애 종류별로 '앉은뱅이, 지랄병, 애꾸눈' 등 저급하기 짝이 없는 용어로 장애인을 비하하였다. '병신 육갑 떤다.'라는 속담은 이러한 용어의 저급성을 잘 보여 주고 있다. 사실 1950년대 우리 정부에서 공식적으로 사용하고 있던 장애인 명칭 또한 '불구자, 폐질자'였다. 다음의 왼쪽 표현들은 근래에는 별로 쓰이지 않는 장애인에 대한 비속어들이다.

병신, 불구, 폐질자 → 장애인

앉은뱅이 → 지체장애인(하반신장애)

절름발이, 절뚝이 → 지체장애인

난쟁이 → 성장 장애인

곰배팔이 → 지체장애인

외다리, 외발이, 외팔이 → 지체장애인(절단장애)

장님, 맹자, 소경, 봉사 → 시각장애인

애꾸, 외눈박이 → 시각장애인

벙어리 → 언어장애인

귀머거리 → 청각장애인

백치 → 지적장애인

미치광이 → 정신장애인

조막손, 육손이 → 지체장애인, 손가락장애인

곱추, 곱사등이 → 척추장애인

사전적 의미로 장애(障碍)는 "무슨 일을 하는 데 거치적거리어 방해가 되는 일, 또는 그것"이다. 진화에 진화를 거듭한 용어조차 부정적인 의미로 사용되고 있음을 알 수 있다.

'장애를 가진 사람'을 뜻하는 장애인이라는 용어가 공식적으로 사용된 것도 1989년이다. 1981년 우리나라에 「심신장애자복지법」이 처음 제정되면서 당시만 해도 장애인이라는 용어가 없었기에 일본에서 사용하고 있는 장해자(障害者)를 빌려 와서 장애자라는 용어를 사용하였다. 그러다가 자(者)의 의미가 '놈'이라는 뜻을 가지고 있어서 부정적이라는 지적과 함께, 사람 '인'자를 사용하자는 견해에 따라 1989년 「장애인복지법」으로 개정하면서 장애인이라는 용어가 사용되어 왔다.

이러한 맥락에서 최근 많이 사용되고 있는 장애우(障礙友)라는 용어도 유사하다. 장애인이 장애로 인한 불편함 때문에 비장애인과 함께하지 못하는 거리감을 줄이고, 친근함을 강조하기 위해 '벗'이라는 의미에서 장애우를 사용하고 있다. 병원에서 환자 대신 환우(患友)라는 용어를 사용하는 경우도 같은 맥락이다. 그렇지만 장애우는 어법적으로 정확한 표현도 아니고 특히 주체성이 결여된 객체적 존재, 즉 도움이나 동정의 대상으로 인식될 수 있는 의미라는 점에서 이 용어를 사용하는 것을 반대하는 의견도 많이 있다(권선진, 2005: 18-19).

장애인을 영어로 표현할 때 보통 'the disabled'나 'the handicapped'라고 사용했었다. 그러나 두 가지 용어가 모두 장애에 초점을 둔 용어라는 면에서 최근에는 'the person with disability'라는 용어를 주로 사용한다. 중요한 것은 '장애(disability)'가 아니라 '사람(person)'이며 따라서 사람이 먼저 언급되어야 한다는 것이다. 그렇지만 영국에서는 여전히 'the disabled'를 고집하는 집단이 있다. 이들은 '장애 때문에 능력이 없는 것'이 아니라 '사회의 차별이 우리를 능력 없도록 만들었기' 때문에 이를 정확하게 표현하는 용어인 'the disabled'가 더 올바른 용어라고 주장한다.

한편, 장애가 없는 사람을 '비장애인'으로 표현하기도 하고 '정상인'으로 사용하는 경우도 있다. 비장애인이라는 용어도 객관적인 용어는 아니지만 정상인이라는 용어는 결코 사용하지 말아야 한다. 장애가 없는 사람이 정상인이면 장애가 있는 사람은 비정상인이 되기 때문이다. 이는 장애인은 정상이 아니라는 말과 같은 것이다. 장애는 단지 신체적·정신적 차이에 불과하다. 따라서 정상인이라는 용어를 장애인의 대칭적인 용어로 사용하는 것은 적절하지 못하다.

이처럼 장애인이라는 용어도 인간의 의미가 더 짙어지는 경로로 발전해 오고 있으며, 이는 장애인권의 확장이라는 역사의 투영물임을 알 수 있다.

2. 장애의 개념

　개념이란 단순한 호칭이 아니라 철학과 역사가 투영되어 있는 용어다. 따라서 개념을 어떻게 정의하느냐에 따라 그 개념을 둘러싼 정책과 실천 방법의 전략이 규정된다. 그만큼 개념은 중요한 것이다. 그런데 장애라는 용어는 다양한 의미로 사용되고 있어 한마디로 정의하기가 어렵다. 이에 따라 장애의 정의도 의학적 정의, 사회적 정의, 직업적 정의, 법적 정의 등 다양하게 규정될 수 있다.

　첫째, 장애의 의학적 정의는 신체적 · 정신적 구조와 기능 등 해부학적 차원에서의 손상이나 결함이다. 신체의 어떤 부위가 손상을 당하고 그로 인해 어느 정도의 기능 상실이 있는지 등을 통해 장애를 정의한다. 이 정의는 물리적인 기준을 적용하기 때문에 매우 엄격하고 분명하다는 특징이 있다. 1975년 유엔 총회에서 결의한 장애인의 권리선언에 나타난 정의가 대표적이다. 이에 따르면, "장애인은 선천적이든 아니든 신체적 또는 정신적 능력의 결함으로 인하여 일상의 개인 또는 사회생활에 필요한 것을 확보하는 데 스스로는 완전히 혹은 부분적으로 행할 수 없는 사람"을 의미한다.

　둘째, 장애의 사회적 정의는 장애인에 대한 사회적 시각을 농축시켜 표현한다. 장애인을 구별 · 배제하고 차별하느냐, 아니면 동등한 권리의 주체로 인정하고 사회적 활동을 전면적으로 지원하느냐에 따라 장애를 규정짓는다. 따라서 해당 사회의 사회문화적 상황이 그대로 반영된다는 특성이 있다. 1990년에 제정된 「미국장애인법(Americans with Disabilities Act: ADA)」이 대표적인데, 이 법률은 장애를 "신체적 혹은 정신적 손상 때문에 일상생활의 활동들에 있어 심각한 제약을 주는 경우, 이러한 손상이 있다는 기록이 있는 경우, 이러한 손상을 가진 것으로 간주될 경우"를 말한다. 이 중에 어느 경우에라도 해당되면 「미국장애인법」의 적용을 받게 된다.

　셋째, 장애의 직업적 정의는 직업을 찾고 유지하는 데 지장이 있는 정도를 판가름해서 장애 여부와 정도를 구별짓는다. 이는 국제노동기구(ILO)의 정의가 대표적인데, ILO의 '신체장애인의 직업재활에 관한 권고' 제99조에서는 "장애인은 신체적 또는 정신적 결함의 결과로 적당한 직업을 확보, 유지해 나갈 전망이 없는 상당히 손상을 받은 사람"을 의미한다.

넷째, 장애의 법적 정의는 공식적인 법에서 정한 장애에 대한 정의를 말한다. 따라서 시대와 공간에 따라 매우 다양한 모습으로 나타날 수 있다. 그렇지만 법적 정의는 해당 국가의 복지정책과 실천 전략에 직접적인 영향을 미친다는 면에서 가장 실질적인 의미의 장애 개념이라고 할 수 있다. 우리나라의 경우 가장 기본적인 법적 정의는 「장애인복지법」상에 규정되어 있는 정의다. 「장애인복지법」 제2조 제1항에 따르면, "장애인은 신체적·정신적 장애로 인하여 장기간에 걸쳐 일상생활 또는 사회생활에 상당한 제약을 받는 자"를 말한다. 그러나 장애인은 「장애인 등에 대한 특수교육법」 「산업재해보상보험법」 「국민 연금법」 「장애인고용촉진 및 직업재활법」 「장애인차별금지 및 권리구제 등에 관한 법률」 등 장애 관련 법률들에서 조금씩 다르게 정의되어 있다.

이렇게 보았을 때 장애인을 어떻게 정의하느냐에 따라 장애인복지의 관점이 달라지며, 결국 장애인의 정의는 그 나라의 사회문화적·경제적 수준을 반영하는 지표가 될 수 있다. 앞서 제시한 네 가지 정의 중에서도 가장 근원적인 것은 의학적 정의와 사회적 정의다. 직업적 정의나 법적 정의는 의학적 정의와 사회적 정의 사이에서 사회적으로 합의된 지점에 따라 결정되기 때문이다.

결국 장애의 개념은 의학적 개념과 사회적 개념으로 대별될 수 있고, 이에 따라 개념적 모델의 구분도 가능해진다.

3. 장애의 개념적 모델

장애의 개념적 모델은 장애를 인식하는 기본적인 시각으로서 일반적으로 개별적 모델(individual model)과 사회적 모델(social model)의 두 가지로 대분될 수 있다. 각 모델에 대한 자세한 내용을 살펴보자(김용득, 김진우, 유동철, 2007: 124-126).

1) 개별적 모델

장애라는 현상을 질병, 종양 및 건강조건 등에 의해서 직접적으로 야기된 '개인'의 문제로 간주하는 개별적 모델에는 근본적으로 중요한 두 가지 중요점이 있다. 첫째, 개인의 장애 '문제(problem)'에 그 핵심을 둔다는 점이다. 둘째, 이러한 문제의 원인이 장애가 발생시키는 근본적인 제한 혹은 심리적인 상실에 기인된다고 보는 점이다. 이러한 관점은 장애의 개인적 비극이론(the personal tragedy theory of disability)을 구성하는 것으로서 장애는 무작위적으로 불행한 개인에게 발생하는 끔찍한 기회적인 사건이라는 것이다(Oliver, 1996).

이 관점은 '의료전문가에 의한 개별적 치료'라는 형태의 의료적 보호를 해결책으로 제시하며, 장애관리의 초점을 개인의 보다 나은 적응과 행위의 변화에 둔다. 이에 따라 주된 이슈는 건강보호(health care)이며, 이에 장애를 완화시킬 수 있는 건강보호정책(health care policy)에 정책적인 함의를 둔다. 일명 기능제약모델이라고 하기도 하며, 기존의 의학적 정의와 경제학적 정의가 여기에 포함된다.

이 모델에서는 장애인을 '일반인이 충분히 행하는 일상생활을 수행할 수 없게 만드는 신체적·정신적 손상을 가진 사람'이라고 바라본다. 따라서 장애인은 일반인과 차이가 있는 다른 집단으로 취급되고, 장애인에게는 일반인과 다른 처우가 행해진다. 사회의 제도와 시설은 '일상생활에 제약이 없는' 다수의 일반인을 중심으로 계획되고 설계되며, 장애인에게는 별도의 보호조치가 행해진다. 이와 같은 시각으로 인해 장애인은 외딴 시설에서 '보호'받게 되고, 분리된 작업장에서 '보호'받게 되거나 취약한 장애인에 대한 사회적 양심을 발현시키기 위한 의무고용제라는 '보호'조치를 받게 된다.

보호를 확실히 하기 위해 개별적 모델에서는 '진짜 장애인(truly disabled)'을 구별해 내고 이들에게 복지조치를 행한다. 따라서 개별적 모델에서는 노동능력이 없고 거동이 불편한 중증장애인을 중심으로 수당이나 급여가 제공된다. 개별적 모델에서 장애인은 항상 객체다. 서비스의 종류, 양과 기간은 대부분 전문가에 의해 결정된다. 왜냐하면 장애인은 '보호'받아야 할 취약한 사람들이기 때문이다.

따라서 장애인이 적절한 보호를 받지 못하는 상황이 발생하면 정부가 일일이 해결의 주체로 나선다. 법에서 정한 편의시설이 잘 설치되어 있는지 정부가 감독하고 시정명령을 내리고 벌금을 부과한다. 취업을 위해 국가기구가 사업주를 만나 설득하고 고용을 부탁하거나 벌금을 부과한다. 즉, 국가에서 행정규제를 통해 장애인을 보호하는 것이다.

2) 사회적 모델

장애라는 현상을 장애를 가진 사람의 사회로의 통합이라는 관점에서 '사회적인(societal)' 문제로 간주하는 사회적 모델은 개별적 모델에서 전제하고 있는 두 가지 중요점을 완전히 무시하는 것에서 시작된다. 즉, 장애는 개인에게 귀속된 것이 아니고 사회적 환경에 의해 창조된 조건들의 복잡한 집합체로 보는 것이다. 다시 말해, 장애란 장애인에 대한 제한을 함축하는 모든 것으로서 편견에서 제도적인 차별까지, 접근 불가능한 공공건물에서 사용 불가능한 교통체계까지, 분리교육에서 노동에서의 배제까지를 의미하는 것이다. 장애는 사회 내에 존재하는 것이며, 장애인 개인에게 있는 개별적인 제한이 아니고 장애인의 욕구를 사회조직 내에서 수용하고 이에 적합한 서비스를 제공하는 데 대한 사회의 실패를 의미하는 것이다. 이러한 사회의 실패 결과는 단순하고 무작위적으로 개인에게 주어지는 것이 아니고, 이러한 실패를 경험한 집단으로서의 장애인들에게 사회 전체로부터 체계적으로 제도화된 차별을 통해 전달되는 것이다.

장애의 문제를 관리·해결하기 위해서는 '사회행동(social action)'을 필요로 한다. 그리고 장애인이 전 영역의 사회생활에 완전히 참여할 수 있도록 하기 위한 '환경적 개정'을 필수 요건으로 삼으며 이를 실천함은 사회의 집합적인 책임으로 본다. 이 모델은 사회적 변화를 요구하는 태도적이고 이데올로기적인 것이며 정치적으로는 인권과 관련된 것이다. 따라서 '장애' 문제 해결을 위한 모든 의도와 목적은 매우 정치적이어야 하며, 장애인과 관련된 주요 과제는 장애인들이 직면하고 있는 편견과 차별의 해결에 있다고 한다. 일명 소수집단 모델이라고 일컬어지기도 하며 장애에 대한 사회학적·정치학적 정의가 이에 해당된다.

사회적 모델이 장애인을 '장애로 인해 사회적 배제(social exclusion) 기제에 의해 불이익을 당하는 사람'이라고 바라보기 때문에 문제는 의식적이든 무의식적이든 장애인을 기피하려는 차별적 사회 기제다. 따라서 차별적 사회 기제

표 3-1 장애의 개념적 모델 비교

개별적 모델	사회적 모델
개인적 비극 이론(personal tragedy theory)	사회억압 이론(social oppression theory)
개인적 문제(personal problem)	사회적 문제(social problem)
개별적 치료(individual treatment)	사회적 행동(social action)
의료화(medicalisation)	자조(self-help)
전문적 권위(professional dominance)	개별적이고 집합적인 책임(individual and collective responsivility)
전문지식(expertise)	경험(experience)
조절(adjustment)	긍정(affirmation)
개별적 정체성(individual identity)	집합적 정체성(collective identity)
편견(prejudice)	차별(discrimination)
태도(attitudes)	행위(behaviour)
보호(care)	권리(rights)
통제(control)	선택(choice)
정책(policy)	정치(politics)
개별적인 적용(individual adaptation)	사회변화(social changes)

자료: Oliver (1996: 34).

를 없애는 것이 중요한 이슈가 된다. 장애인에 대한 차별 여부는 해당 시책이나 시설이 '시민권'을 보장해 주고 있거나 보장해 줄 수 있는 배려가 되어 있느냐는 것으로 판가름된다. 즉, '정당한 편의제공(reasonable accommodation)'을 통해 '출발선의 평등(equal footing)'을 보장하고 있느냐는 것이다.

　사회적 모델에서는 권리가 중요하며, 권리의 주체는 개인이다. 따라서 시민권이 침해되는 경우 개인은 한편으로는 집단행동으로, 그리고 한편으로는 권리구제 절차의 주체가 되어 권리를 보장받는다.

　최근의 세계적인 흐름은 개별적 모델에서 사회적 모델로의 이동이다. 그러나 사회적 모델 내에서도 손상(impairment)의 의미를 너무 도외시하고 있다는 것과, 장애 내부에서의 차이(유형별, 성별)를 살피지 못하고 있다는 점, 구체적 목표를 설정하기가 매우 어렵다는 점 등에서 비판이 제기되고 있다.

4. 장애 개념의 분류와 변화

　앞서 살펴본 바와 같이 장애에 대해 정의 내리는 일은 그리 녹록한 작업이 아니다. 이러한 어려움 때문인지 유엔에서도 장애의 개념을 체계화하기 위해 노력해 왔다. 그 첫 번째 작업이 1980년의 국제장애분류(ICIDH)이며 두 번째 작업이 2001년의 국제장애분류(ICF)다. 대체로 의학적 모델에 사회적 모델의 개념이 지속적으로 강화되고 있는 것으로 특징지어진다. 그만큼 장애 개념에서도 장애인의 인권이 더욱더 중요한 지표로 여겨지고 있는 것이다.

1) 국제장애분류(ICIDH)

　유엔은 1981년을 '세계장애인의 해'로 정하고 행동계획을 결의하면서 개인적 특질인 손상(impairment), 손상으로 인한 기능적 제한인 장애(disability), 그리고 장애의 사회적 결과인 불리(handicap)를 구별해야 할 필요성을 강조하였

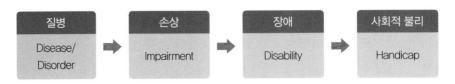

[그림 3-1] ICIDH(WHO, 1980)

다. 세계보건기구(WHO)에서는 1980년에 국제장애분류(ICIDH)라고 하는 장애에 관한 개념적 틀을 발표하여 이 분류기준을 적용할 것을 권장하고 있다. 이에 따르면 장애는 [그림 3-1]과 같은 방향으로 흘러간다고 할 수 있다.

질병은 말 그대로 신체나 정신상에서 나타나는 진행성 이상상태다. 진행성이기 때문에 장애로 분류되지는 않는다.

손상은 심리적·생리적·해부학적 구조나 기능의 손실 또는 비정상을 의미하는데, 이는 손실을 포함한다는 의미에서 질병에 비해 더 포괄적인 개념이다. 기능장애는 일시적 또는 영구적 손실이나 비정상이 특징이며, 사지, 기관, 피부 또는 정신적 기능체계를 포함한 신체의 구조적 비정상, 결손 또는 손실의 발생이나 존재를 포함하며 병리적 상태가 결과적으로 외재화된 것을 의미한다.

장애는 손상에서 야기된 것으로서 인간에게 정상적인 것으로 간주되는 범위 내에서 또는 그러한 방식으로 활동을 수행하는 능력의 제약이나 결여를 뜻한다. 장애는 일상적으로 기대되는 활동 수행 및 행동의 과다 또는 결핍이 특징이다. 손상의 직접적 결과로서 또는 신체적·감각적 또는 기타 다른 손상에 대한 개인적 반응으로서 장애는 일어날 수 있다. 이는 손상이 행위나 생활영역에서 표출된 것을 의미하며, 그 예로 신변처리, 일상생활의 활동 수행 등에서의 장애를 포함한다. 그러나 여기서 유의해야 할 것은 손상이 있다고 해서 반드시 장애가 야기되는 것은 아니라는 점이다. 예를 들어, 한 손의 집게손가락이 절단된 사람이 있다고 치자. 이 사람은 피아노를 치는 기능에는 다소 장애가 있을 수 있으나 운전을 하는 것에는 아무런 장애가 없을 수 있다.

사회적 불리는 손상이나 장애에서 야기되는 것으로서 연령, 성, 사회문화적 요인에 따라 정상적인 역할의 수행을 제약 또는 방해하는, 개인에 대한 불이익을 의미한다. 사회적 불리는 가치가 규범에서 분리될 때 한 개인의 상황 또는 경험에 부여된 가치와 연관된 것이다. 이는 손상이나 장애가 사회화된 것을 의미하며, 이로 인하여 야기된 개인에 대한 사회적・문화적・경제적・환경적 결과들을 반영한다. 따라서 사회적 불리는 생존역할이라고 규정될 수 있는 것들을 유지하는 능력이 방해받을 때 발생한다. 사회적 불리의 분류는 동일한 연령의 다른 사람들에 비해 장애를 가진 사람을 상대적으로 불이익에 처하게 하는 상황들의 분류라 할 수 있다. 이를 주목한 사람이 정상화이론의 대가인 울펜스버거(Wolfensberger)다. 그는 장애인의 가치는 사회적 규범에 의해 규정되며 물질중심적・외모중심적 가치관이 장애인을 진짜 장애인(truly disabled)으로 내몬다고 지적하고 있다. 장애인이 사회적 규범에 의해 규정된다는 사실은 인류학적 관찰에 의해서도 증명되고 있다. 예를 들어, 인디언의 한 부족은 간질병 환자를 희귀하고 가치 있고 능력 있는 사람으로 보고 그에게 권세와 능력을 주었다고 하며, 햇빛을 받으면 피부에 문제가 생기는 백색피부증이 많은 한 부족은 백색피부증이 있는 구성원들에게 밤에 일할 수 있는 역할을 주었다고 한다. 그리고 제1차 세계대전 이전에 독일에서는 상처를 명예의 표상으로 여겼다.

2) 국제기능장애건강분류(ICF)

그런데 이와 같은 WHO의 1980년 장애분류는 많은 비판에 직면하였다. 이 분류안은 기본적인 출발점을 기능장애로 보고 있으며, 장애의 진행 방향이 너무도 일방적이라는 비판이 주요한 것이었다. 즉, '손상 → 장애 → 사회적 불리'라는 일방향적 흐름이 과도한 도식화라는 것이다. 사회적 불리에 의해 사회참여에 제약이 생기면 능력장애가 심화되고 이것이 기능장애를 더 강화하는 역할을 할 수도 있다는 것이다. 이런 비판에 시달리던 WHO의 1980년 국제장애분류는 수년간의 준비 작업 끝에 2001년 새로운 모습으로 바뀌어 나타났다. 그것이 바로 국제장애질병분류(ICF)다.

ICF는 과거의 분류와 달리 개인적인 장애나 질병과 상황적 맥락과의 상호작용에 의하여 기능과 장애를 설명하고자 하였다. 즉, 장애가 개인에 귀속된 객관적인 실체가 아니라 건강 상태나 상황적 맥락에 의해 달라진다는 것을 명시한 것이다. 이렇게 보았을 때 ICF는 장애에 대한 개별적 모델과 사회적 모델의 통합을 위한 노력의 결과라고 할 수 있다.

ICF에 따르면, 개인의 기능은 신체의 기능과 구조, 활동, 참여 등으로 표현된다. 이러한 세 가지 차원의 기능들은 건강 조건과 상황적 요인에 속하는 환경적 요인(사회의 인식, 건축물의 장애요소 정도 등)과 개인적 요인(성, 연령, 인종, 습관, 대처양식 등)의 양 측면에서 영향을 받는다. 이를 도식화해서 나타내면 [그림 3-2]와 〈표 3-2〉와 같다. 예를 들어, 뇌성마비 장애인의 경우 그 기능과 활동은 뇌성마비라는 의학적 특징 자체에 의해 규정되는 것이 아니라, 뇌 기능의 정도, 사회적 활동의 정도에 따라 달라진다. 또한 해당 장애인의 건강 상태에 의해서도 영향을 받고, 특히 사회적 인식이나 편의시설 설치 정도와 같은 환경적 요소들, 그리고 성별, 개인의 대처양식 등과 같은 개별적 요소들에 의

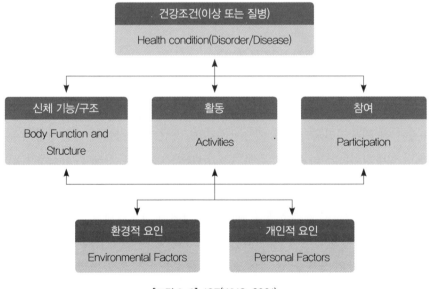

[그림 3-2] ICF(WHO, 2001)

| 표 3-2 | ICF에 의한 장애 개념

구성	영역 1: 기능과 장애		영역 2: 상황적 요인	
구성요소	신체 기능 및 구조	활동과 참여	환경적 요인	개인적 요인
영역	신체기능, 신체구조	생활영역 (과업, 행동)	기능과 장애에 대한 외적 영향력	기능과 장애에 대한 내적 영향력
구성개념	신체기능의 변화 (생리학적), 신체구조의 변화 (해부학적)	표준 환경에서 과업실행 능력, 현재 환경에서 과업수행 정도	물리적 · 사회적 · 인식적 측면에서 촉진 또는 방해하는 힘	개별 특성에 의한 영향
긍정적 측면	기능적 · 구조적 통합	활동과 참여	촉진 요인	해당 없음
	기능			
부정적 측면	손상	활동 제한 참여 제약	장벽/방해물	해당 없음
	장애			

자료: WHO (2001).

해서도 영향을 받는다. 한편, ICF는 국제질병분류 체계인 ICD-10과 병행해서 상호 보완적으로 사용하도록 만들어졌다.

새로운 분류는 기존의 비판을 몇 가지 점에서 극복하려 했다. 첫째, 부정적 인 단어를 사용하지 않는다는 것이다. 'disable'이란 단어는 말 그대로 능력 있 지(able) 못하다(dis)는 말이다. 이와 같이 장애인이 무능력을 나타내는 단어를 활동이란 단어로 대치함으로써 장애인에 대한 부정적 시각을 해소하려 하고 있다. 'handicap'이란 단어는 'cap in hand'라는 말에서 유래한 것이다. '손에 들려 있는 모자', 즉 이것은 구걸하는 사람을 나타내는 것이다. 따라서 이와 같 은 부정적인 뉘앙스의 단어를 'participation'이란 단어로 대치한 것이다. 물론 두 단어 모두 단순한 대치는 아니다. 개념의 확장 속에서 이루어진 것이다.

둘째, 새로운 장애분류는 장애인의 일상활동과 참여라는 측면에 보다 많은 중점을 두고 있다는 것이다. 능력장애란 단어는 단순한 행위와 기능(예: 걷기,

보기)에 초점이 있었다면, 활동은 일상생활의 구체적인 행위의 조합, 일련의 생활(예: 이동하기, 장보기)을 의미하는 것이다. 또한 사회적 불리가 사회적인 차별이라는 모호한 영역에 초점을 맞추었다면, 참여는 구체적인 역할을 수행함으로써 장애인이 사회에 통합되는 것으로 나타나고 있다.

셋째, 세 가지 장애의 중요한 개념 사이에는 상호작용이 있다는 것을 명시한 것이다. 앞서 밝힌 바와 같이 일방적인 흐름이 아닌 쌍방향적 영향을 공식화했다는 것이다.

넷째, 상황적 요인을 첨가했다는 것이다. 손상이나 활동, 참여는 개인적이거나 사회적인 여러 상황적 요인에 의해서 영향을 받는다는 것을 보다 분명히 제시한 것이다.

이와 같은 변화들은 장애인이 사회생활을 하면서 영위해야 할 기본적인 인권을 사회에서 어느 정도 지원하고 있는지 관찰하는 것을 주요한 축으로 하여 진행되고 있다. 그만큼 장애의 개념에서도 인권의 중요성이 부각되고 있는 것이다.

제4장
장애의 범주와 특성

1. 우리나라의 장애 범주

1) 장애 범주의 확대

장애 범주는 법적인 의미로 장애를 어디까지 받아들이냐에 관한 것이다. 장애의 개념이 의학적 정의와 사회적 정의를 사회적으로 받아들이는 수용의 정도에 따라 달라지듯 우리나라의 장애 범주도 시대적으로 변화를 겪어 왔다.

1989년의 「장애인복지법」에서는 "장애인이라 함은 지체장애, 시각장애, 청각장애, 언어장애 또는 지적장애 등 정신적 결함으로 인하여 장기간에 걸쳐 일상생활 또는 사회생활에 상당한 제약을 받는 자로서 대통령령으로 정하는 기준에 해당하는 자를 말한다."라고 명시함으로써 장애의 범주를 다섯 가지로 제한하였다. 이것은 전적으로 의학적 정의, 개별적 모델에 입각한 정의였다. 이것이 1999년 1월에 개정된 「장애인복지법」에 의해 기존의 다섯 가지 유형에서 내부기관 장애와 정신장애로까지 확대되었다. 개정된 법에서는 "장애인이란 외부 신체기능의 장애, 내부기관의 장애와 지적장애, 정신질환에 의한 장애로 인하여 장기간에 걸쳐 일상생활 또는 사회생활에 상당한 불편을 겪는 사람"
이라고 명시하고 있다. 이에 따라 2000년 1월부터 심장장애, 신장기능 장애,
정신장애, 자폐성장애 등이 법적인 장애 범주에 포함되었다. 2003년 7월부터
는 2차 장애 범주 확대에 따라 안면장애, 뇌전증, 장루·요루장애, 간장애, 호
흡기장애 등 다섯 가지 종류가 추가됨으로써 현재는 총 15가지 장애 범주로 확
대되었다. 앞으로도 소화기, 비뇨기계, 피부질환, 만성약물중독, 치매, 거질성
뇌증후군 등을 장애 범주로 포괄하는 계획을 세워 두고 있으므로 장애 범주는
지속적으로 확대될 전망이다.

　이와 같이 장애 범주가 지속적으로 확대되고 있는 것은 장애에 관한 인권적
관점이 확대되었기 때문이라고 할 수 있다. 내부기관 장애인의 경우 외형적으
로는 일반인과 거의 차이가 없으나 지속적인 의료서비스의 이용으로 과중한
의료비 부담에 직면해 있었으며, 특히 잦은 치료로 인해 정상적인 취업을 할
수 없다는 어려움이 있었다. 결국 장애 범주를 확대해 경제적·사회적 어려움
을 겪고 있는 사람들에 대한 체계적인 지원을 시도한 것이며, 이는 단순히 의
료적인 접근을 뛰어넘어 경제적·사회적 인권 수준을 높이기 위한 노력이라
고 해석해야 할 것이다. 이는 곧 우리나라에서도 매우 제한적으로 적용했던 의
료 모델, 개별적 모델에 사회적 모델의 특징을 지속적으로 받아들이고 있는 것
으로 보아야 한다. 특히 안면장애의 경우, 안면의 변형이 신체적인 기능을 저
하시키기보다는 사회적인 거부감의 대상이 되게 하는 효과가 더 크다는 면에
서 우리나라 장애 범주의 확대가 사회적 모델의 성격을 점진적으로 확대하고
있음을 보여 주고 있다.

2) 장애 범주

　우리나라 「장애인복지법」에서 정한 15가지 장애유형은 신체적·정신적 특
징에 따라서 크게 세 가지 유형으로 나누어 볼 수 있다. 외부신체기능 장애, 내
부기관 장애, 정신적 장애가 그것이다.

외부신체기능 장애인에는 신체 구조나 기능에 제약이 있는 지체장애인, 뇌
기능 손상으로 신체 조절 능력이 떨어지는 뇌병변장애인, 앞을 보기 힘든 시각
장애인, 소리를 잘 듣지 못하는 청각장애인, 발음이 어려운 언어장애인, 화상

표 4-1　**장애의 범주**

대분류	중분류	소분류	세분류	확대 예상
신체적 장애	외부 신체기능 장애	지체장애	절단장애, 관절장애, 지체기능 장애, 변형 등의 장애	
		뇌병변장애	중추신경의 손상으로 인한 복합적인 장애	
		시각장애	시력장애, 시야결손장애	
		청각장애	청력장애, 평형기능장애	
		언어장애	언어장애, 음성장애, 구어장애	
		안면장애	안면부의 추상, 함몰, 비후 등 변형으로 인한 장애	
	내부기관 장애	신장장애	투석치료 중이거나 신장을 이식 받은 경우	만성 소화기계, 비뇨기계, 피부질환 등
		심장장애	일상생활이 현저히 제한되는 심장기능 이상	
		간장애	일상생활이 현저히 제한되는 만성·중증의 간기능 이상	
		호흡기장애	일상생활이 현저히 제한되는 만성·중증의 호흡기기능 이상	
		장루·요루장애	일상생활이 현저히 제한되는 장루·요루	
		뇌전증장애	일상생활이 현저히 제한되는 만성·중증의 뇌전증	
정신적 장애	지적장애		지능지수가 70 이하인 경우	만성약물중독, 치매, 기질성 뇌증후군
	정신장애		정신분열병, 분열형정동장애, 양극성정동장애, 반복성우울장애	
	자폐성장애		소아자폐 등 자폐성장애	

등으로 얼굴에 변형이 생기거나 피부 조직이 일그러진 안면장애인 등이 있다.

내부기관 장애인에는 신장장애인, 심장장애인, 간장애인, 호흡기장애인, 뇌전증장애인, 배변 기능에 지장이 있는 장루·요루장애인 등이 있다.

정신적 장애인에는 사고능력이 떨어지는 지적장애인, 사고능력은 떨어지지 않지만 정신분열이나 극단적 조울증과 같은 정신장애인, 그리고 아직까지도 원인이 잘 밝혀지지 않은 자폐성장애인 등이 있다. 이를 정리하면 〈표 4-1〉과 같다.

3) 장애 인구의 현황

장애 범주의 확대에 따라 우리나라의 장애인 수도 급격하게 증가하였다. 추정장애인은 2000~2011년간 연평균 8.2%씩 증가했으며, 등록장애인은 더욱 빨리 상승하는 추이를 보였는데, 2000년 이후 10년간 무려 3.6배 증가했다가 그 이후 큰 변화없이 유지되고 있다. 이와 같이 특정한 시기에 급격히 장애 인구가 증가한 원인은 장애 범주의 확대와 더불어 장애인 권리의식 향상 및 감면 혜택 등에 대한 기대감 상승에 따른 것으로 추정할 수 있다.

보건복지부의 실태조사(2020년)에 따르면 전국의 추정 장애인 수는 현재 약 270만 명으로 전체 인구의 약 5.2%를 차지하고 있다. 이는 1995년의 2.37%에 비해 두 배 이상 증가한 수치다(〈표 4-2〉 참조).

한편, 추정 장애 인구를 중분류 장애유형별로 살펴보면 외부장애가 약 80%에 이를 정도로 가장 많고, 정신적 장애가 약 10% 정도, 내부장애가 약 5% 정도의 분포를 보인다. 세부적으로는 지체장애가 50%에 근접하고, 뇌병변장애, 청각장애, 시각장애가 각각 약 10% 정도, 지적장애 약 7%, 정신장애 4% 순으로 나타나고 있다.

한편, 추정 장애인 중 남성이 약 58%, 여성은 약 42%를 차지하고 있으며, 연령별로는 만 65세 이상이 40%를 넘고 50~64세가 30%를 넘어 고령화 사회에 따라 장애노인의 비중이 높아지고 있는 것을 알 수 있다. 그리고 전체 장애 발

표 4-2 **전국 장애인 추정 수**　　　　　　　　　　　　　　　　　　　　　(단위: 명, %)

연도	출현율	계		재가장애인		시설장애인	
1995	2.37	1,053,468	(100.0)	1,028,837	(97.7)	24,631	(2.3)
2000	3.09	1,449,496	(100.0)	1,398,177	(96.5)	51,319	(3.5)
2005	4.59	2,148,686	(100.0)	2,101,057	(97.8)	47,629	(2.2)
2011	5.61	2,683,477	(100.0)	2,611,126	(97.3)	72,351	(2.7)
2020	5.23	2,711,213	(100.0)	2,622,950	(96.7)	88,273	(3.3)

출처: 보건복지부, 보건사회연구원(각 연도). 장애인실태조사.

표 4-3 **장애유형별 장애 인구**

구분		2000년 실태조사		2020년 실태조사(재가)	
		인원(명)	백분율(%)	인원(명)	백분율(%)
계		1,449,496	100.0	2,622,950	100.0
외부신체기능 장애	소계	1,185,832	81.8	2,128,875	81.2
	지체장애	605,127	41.7	1,215,914	46.4
	뇌병변장애[1]	223,246	15.4	250,961	9.6
	시각장애	181,881	12.6	252,702	9.6
	청각장애	148,707	10.3	384,668	14.7
	언어장애	26,871	1.9	21,954	0.8
	안면장애[2]	–	–	2,676	0.1
내부기관 장애	소계	69,708	4.8	146,786	5.6
	신장장애[1]	25,284	1.7	94,249	3.6
	심장장애[1]	44,424	3.1	5,253	0.2
	간장애[2]	–	–	13,419	0.5
	장루 · 요루장애[2]	–	–	15,376	0.6
	뇌전증장애[2]	–	–	7,062	0.3
	호흡기장애[2]	–	–	11,427	0.4
정신적 장애	소계	193,956	13.4	347,289	13.2
	지적장애	108,678	7.5	214,792	8.2
	자폐성장애[1]	13,481	0.9	29,466	1.1
	정신장애[1]	71,797	4.9	103,031	3.9

출처: 보건복지부, 보건사회연구원(각 연도). 장애인실태조사.
1. 제1차 장애범주 확대('00. 1): 뇌병변, 신장, 심장, 자폐성장애, 정신장애
2. 제2차 장애범주 확대('03. 7): 안면장애, 간장애, 장루 · 요루장애, 뇌전증장애, 호흡기장애

생 요인 가운데 약 90%가 각종 질환이나 사고 등 후천적 요인에 따른 것이며 선천적 요인은 약 5%에 불과한 것으로 나타나고 있어 장애는 사회적 산물임을 보여 주고 있다.

4) 장애 범주의 비교

세계보건기구(WHO)는 전 인구의 15%를 장애인으로 추정하고 있는데, 이에 비하면 우리나라의 장애 인구 비중은 매우 낮은 편이다. 이와 같이 장애 인구 수가 적은 것은 장애인 규모가 적기 때문이 아니라 법적으로 인정하는 장애의 범주가 상대적으로 좁기 때문이다. 장애의 범주가 좁기 때문에 사회적 지원이 필요하나 복지서비스를 받을 수 있는 대상도 매우 제한되어 있는 실정이다.

표 4-4 **장애 범주의 국제 비교**

국가	장애 인구 비율	장애인 범주
한국	5.59%	−지체장애, 시각장애, 청각장애, 언어장애, 뇌병변장애, 안면장애 −신장장애, 심장장애, 호흡기장애, 간장애, 장루/요루장애, 뇌전증장애 −지적장애, 정신장애, 자폐성장애
일본	6.2%	−지체장애, 시각장애, 청각장애, 언어장애 −지적장애, 정신장애 −내부장애: 심장, 호흡기, 신장, 방광 및 직장, 소장기능장애
미국	15.1%	−신체장애(지체, 시각, 청각, 언어) · 외형적 추형, 신경계, 근골격계, 감각기관 장애 −정신질환, 발달장애, 정서장애, 학습장애, 알코올중독 −내부장애: 생식기, 소화기, 비뇨기, 피부, 혈액 · 내분비계, 암, AIDS
스웨덴	20.6%	−신체장애(지체, 시각, 청각, 언어) −지적장애, 학습장애, 정신장애, 정서장애, 약물 · 알코올중독 −내부장애: 폐질환, 심장질환, 알레르기, 당뇨 −사회적 장애: 의사소통이 어려운 외국 이민자, 타인의존자

〈계속〉

호주	20.0%	−신체장애(지체, 시각, 청각, 언어, 안면기형) −지적장애, 정신장애, 정서장애, 알코올중독, 약물중독 −내부장애: 심장, 신장, 호흡기, 당뇨, 암, AIDS 등
독일	18.1%	−신체장애(지체, 시각, 청각, 언어, 추형) −지적장애, 정신질환, 정서장애 −내부장애: 호흡기, 심장·순환기, 소화기, 비뇨기, 신장, 생식기, 신진대사, 혈관, 피부

주: 한국을 제외한 국가의 장애기준 연령은 20~60세임.
자료: 일본과 호주는 UNESCAP (2015), 나머지 외국은 OECD (2010), 한국은 장애인실태조사(2014).

유럽이나 미국 등 서구 선진국의 경우에는 일반적으로 장애인의 범주가 개발도상국가들에 비하여 매우 포괄적인 것이 특징이다. 예를 들어, 우리나라나 일본의 경우 장애인의 범위를 주로 의학적 모델에 입각하여 신체 구조 및 기능상의 장애로 판정한다. 이에 비하여 유럽 등 서구 선진국에서는 신체, 정신의 기능적인 장애에 추가하여 특정한 일을 어느 정도 수행할 수 있는지의 여부에 의한 과업수행(노동) 능력, 개인적 요인뿐만 아니라 환경적 요인에 의해 불이익을 받는 조건까지 포함하는 사회적인 의미의 장애 등 포괄적인 장애 범주를 인정하고 있다.

2. 장애유형과 특성

어떻게 보면 장애인복지에서 가장 기본이 되는 것은 장애에 대한 이해다. 가치와 철학도 중요하지만, 장애의 객관적인 특성에 대해 잘 이해하는 것이 가치와 철학의 기본이 될 수도 있기 때문이다. 따라서 장애유형을 잘 이해하고 장애유형에 따라 상이한 사회적 지원 방식에 대해서도 충분히 이해해야 할 것이라 생각된다. 이 절에서는 다양한 장애유형 중 우리나라에서 법적으로 인정하고 있는 15개 유형에 대해 살펴보자.

장애의 특성을 이해함에 있어서 매우 중요한 한 가지는 장애의 특성이 장애라는 신체적인 조건에 의해 독립적으로 결정되는 것이 아니라는 점이다. 장애인은 장애에 의한 직접적인 요인과 환경이라는 간접적 요인과의 상호작용에 의해 발달상의 특성이 나타난다. 따라서 장애 자체가 장애의 특성을 전적으로 규정짓기보다 환경에 따라 특성이 다르게 발현된다고 볼 수 있다.

특히 발달기에 중요한 것이 부모의 양육태도인데 부모가 장애아동을 거부하고 방임하는 것은 장애인에게 매우 치명적인 영향을 미친다. 반대로 장애아동을 과잉보호하거나 과도한 간섭을 하는 것도 장애인의 특성에 매우 큰 영향을 미친다. 이러한 점들을 충분히 고려해서 장애의 특성을 이해하는 것이 올바른 태도다.

1) 지체장애

(1) 정의

지체장애란 사지(팔과 다리)와 몸통의 운동기능장애를 의미하는데, 운동기능장애란 운동기관이 있는 중추신경계, 근육 및 뼈, 관절 등의 부상이나 질병으로 인하여 장기간 일상생활에서 혼자 활동하는 것이 곤란한 상태의 장애를 말한다. 일반적으로 장애 종류 가운데 가장 다양한 유형과 종류를 나타내며, 인구 규모에 있어서도 가장 높은 비중을 차지하는 장애다(권선진, 2005).

(2) 종류

지체장애의 종류는 지체기능장애, 관절장애, 절단장애, 변형장애로 구분된다(권선진, 2005).

첫째, 지체기능장애는 팔, 다리, 척추장애로 구분되는데, 팔, 다리의 기능장애는 팔 또는 다리의 마비, 관절의 강직으로 팔 또는 다리의 전체 기능에 장애가 있는 경우를 말한다. 마비에 의한 팔, 다리의 기능장애는 주로 말초신경계의 손상이나 근육병증 등으로 운동기능장애가 있는 경우이며, 감각손실은 포함하지 아니한다.

둘째, 관절장애는 관절의 움직임으로 이루어지는 신체의 운동에서 해당 관절의 강직, 근력의 약화 또는 마비, 관절의 불안정이 있는 경우를 말한다. 관절이 한 위치에 완전히 고정되어 움직이지 않는 경우를 완전강직이라 하고, 부분적으로 움직이지 않는 경우를 부분강직이라고 하며, 그 정도는 관절운동범위 측정기로 측정한 관절운동범위가 해당 관절의 정상운동범위에 비해 어느 정도 감소되었는지에 따라 구분한다.

셋째, 절단장애에서 절단이란 상지나 하지의 일부분을 잃어버린 상태로 절단 부위에 따라 상완절단(어깨와 팔꿈치 사이), 전완절단(팔꿈치와 손목 사이), 수지절단(손가락), 대슬절단(무릎 위), 하슬절단(무릎과 발목 사이) 등으로 다시 세분된다(권육상 외, 2005). 서구에서는 하지절단이 약 80%로 많으며, 우리나라의 경우에도 마찬가지이지만 서구에 비해서는 상지절단이 상대적으로 많다.

넷째, 변형장애에서 변형은 신체의 외적 모양이 정상과 다른 것으로 한쪽이 짧거나 왜소증과 같이 신체의 전반적인 발육부전으로 왜소한 경우도 변형에 포함된다. 변형은 일차적으로 외관상의 문제이지만 이로 인한 기능 저하의 측면에서 장애를 판정한다.

(3) 원인

지체장애의 원인은 장애의 발생 시기에 따라서 선천적 원인, 후천적 원인으로 크게 구분할 수 있다. 선천적 원인은 장애가 출산 전인 태아 때 이미 발생한 것이고, 후천적 원인은 장애가 태어난 후에 생긴 것인데, 대부분의 지체장애는 후천적 원인으로 생기게 된다. 특히 성인이 되어 사회활동을 하는 중에 장애가 생긴 경우를 중도장애라고 하는데, 중도장애를 입은 사람들은 대부분 교통사고를 당했거나, 일을 하던 중 기계에 의하거나, 등산 중의 사고에 의하거나, 또 화재로 인하거나 기타 등등의 사고를 당한 경우가 대부분이라고 한다. 최근 선진국에서는 외상보다 당뇨병, 혈액순환장애, 관절염 등의 만성질환에 의한 경우가 70~80%를 차지하고 있다고 하는데 우리나라도 마찬가지다.

(4) 특성

① 신체적 특성

일반적으로 지체장애인은 신체적 발달이 느리고 발달의 개인차가 심하며 불규칙적인 발달을 한다. 운동장애는 주로 이동이나 손동작의 곤란을 야기한다. 그리고 지체장애의 경우 요인이 되는 질환, 장애 부위, 부수적 장애 등에 의해 신체적 특성이 매우 다르게 나타난다.

② 지능적 특성

본질적으로 지능이 비장애인과 비교하여 열등하다고 볼 수 없으나 운동장애를 가지고 있으므로 유아기의 탐색활동이 제한되고 학령기에는 경험 부족을 유발시켜 학업부진이나 학습장애를 일으키는 경우가 있다. 사춘기를 포함한 청년기에는 자신의 신체나 운동에 대한 열등감을 야기하기도 한다.

반면, 활동상의 제약으로 인해 이동 공간이 제한됨으로써 오히려 정적인 활동을 할 시간이 많아진다. 그 결과 제한된 공간 내에서 다양한 두뇌 활동을 함으로써 비장애인보다 탁월한 지능을 보이는 경우도 있다.

③ 행동적 특성

감각을 통한 학습의 제한과 지각장애에 의한 인지 부족으로 행동발달이 비장애인 수준에 미치지 못하는 경우도 있다. 또한 지체장애는 질환의 원인, 장애의 정도, 부위, 장애 발생기간 등에 따라 다양한 차이가 있을 수 있으나 대개 행동의 범위가 제한되어 접촉하는 사람의 수와 기회가 적기 때문에 사물이나 사람에 대한 경험이나 견문이 부족할 수도 있다. 이로 인해 사회적으로 수용되기 어려운 행동을 보이는 경우도 있다.

반면, 자신의 정체성과 자신의 목표를 잘 이해하는 경우 비장애인에 비해 과감한 결단과 꾸준하고 성실한 행동을 보일 때도 많다.

④ 심리적 특성

대개 비장애인에 비해 열등감, 불안, 공격성 등이 높게 나타나거나 비현실적인 요소가 자아개념 속에 내포되어 있는 것으로 나타나고 있다. 지체장애인에게 있어 이러한 부정적인 심리 특성이 지배적인 것은 아니지만, 장애 그 자체가 건전하고 정확한 신체상을 갖기 어렵게 할 수 있기 때문에 부모의 과보호, 과도한 요청, 부모와 사회에 대한 적의, 만족할 만한 사회참여의 결여, 이에 따른 좌절감, 사회의 차가운 반응 등이 부정적 특성을 구성하게 한다고 할 수 있다(정무성 외, 2004).

반면, 이러한 신체적 특성에 대한 보상심리로서 자신의 과업에 매우 열정적이거나 진취적인 심리적 특성을 보이기도 한다.

(5) 특성에 따른 사회적 지원

지체장애인의 경우 운동상의 제약이 가장 큰 문제로 나타나기 때문에 지체장애인에 대해서는 운동과 이동을 지원하는 서비스가 가장 필수적이다. 따라서 활동보조인 서비스, 전동휠체어 및 전동스쿠터 지원, 휠체어 리프트 및 엘리베이터 설치, 장애인 저상버스 지원, 장애인 콜택시 운행 등을 통한 이동권 보장, 공공기관이나 대중시설의 출입구 높이 차이 개선, 진입판 경사로 등의 장애인 편의시설 설치, 휠체어 이동 통로 등을 확보하는 것이 절대적으로 필요하다.

2) 뇌병변장애

(1) 정의

뇌병변장애는 뇌성마비, 뇌졸중, 외상성 뇌손상 등 뇌의 기질적 병변으로 인한 신체적·정신적 장애로, 보행 또는 일상생활에 현저한 제한을 받는 경우를 말한다(권선진, 2005).

(2) 종류

첫째, 뇌성마비(Cerebral Palsy: CP)에서 'cerebral'은 뇌를, 'palsy'는 운동이나 자세의 장애를 말하는 것으로 뇌성운동장애, 즉 말초신경이나 근육, 관절 등은 정상이지만 중앙에서 조절이 안 되어 일어나는 것이다. 뇌의 발달과정인 태생기부터 신생아기에 걸쳐 외상, 혈관장애, 산소결핍, 신체적인 뇌의 형태 이상 등 뇌의 손상과 병변으로 인하여 뇌가 장애를 일으켜 일어나는 질환으로, 마비 증상이 나타난다. 더 이상 진행되지는 않으면서 영구적으로 회복되지 않는 중추성 운동장애 및 지능장애를 일으키는 뇌성마비는 근긴장도와 자세의 변화가 특징적인데 몸을 움직일 때나 쉬고 있을 때에도 나타난다(권육상 외, 2005). 뇌성마비의 형태는 경직형 운동장애형, 혼합형, 운동실조형 등으로 구분되며, 지능장애(발생률 40~60%), 전간, 발작, 시각장애(사시), 안구운동장애, 의사소통장애, 인지기능장애, 행동장애, 학습장애 등이 동반되기도 한다.

둘째, 뇌졸중은 일반적으로 중풍으로 알려져 있으며, 우리나라 노령인구 사망 1위를 차지하는 질환으로 신경계 장애의 가장 흔한 원인이 되고 있다. 뇌졸중의 증상으로는 운동장애, 감각장애, 인지 및 지각 장애, 언어장애, 대소변 장애, 시야결손, 경직 등과 함께 심리사회적 문제를 갖게 된다. 편마비를 주된 특징으로 하는 장애로서 60세 이후에 많이 발생되는 장애이나, 최근에는 발병 연령이 낮아지는 경향을 보이고 있다.

셋째, 외상성 뇌손상(Traumatic Brain Injury: TBI)은 현대사회로 발전하면서 교통사고, 산업재해, 스포츠 등 각종 사고가 증가함으로써 증가하고 있다. 특히 교통사고는 척수 손상과 더불어 뇌손상을 일으키는 주된 원인인데, 교통사고로 인한 대부분의 외상성 뇌손상은 다발성 손상을 일으키므로 다양한 신체적·신경행동학적 장애를 나타낸다. 외상성 뇌손상은 손상 정도에 따라 임상적으로는 경도, 중등도, 중증 및 식물인간 상태의 네 단계로 구분된다(권선진, 2005).

(3) 원인

뇌병변장애에서 가장 큰 비중을 차지하는 뇌성마비 장애는 임신과 출산의 과정에서 주로 발생한다. 산모가 바이러스에 의해 병에 걸렸을 때, 특히 풍진에 걸렸을 때 태아에게 악영향을 미친다. 그리고 산모가 약물중독에 빠졌을 때도 태아에게 나쁜 영향을 미친다. 조산으로 태어난 미숙아가 호흡장애를 일으켜 뇌에 산소가 충분히 공급되지 못함으로써 발생할 수도 있다. 출산 이후에는 뇌막염 같은 질병이나 사고로 발생하기도 한다.

뇌졸중의 경우는 뇌혈관이 터져서 뇌에 피가 고이거나, 뇌혈관이 막혀서 뇌에 피가 통하지 않아 뇌세포가 손상됨으로써 발생하며, 외상성 뇌손상의 경우는 교통사고, 추락, 충돌 등으로 뇌의 일부가 손상됨으로써 발생한다.

(4) 특성

뇌병변장애는 주로 중복장애라는 특성이 가장 두드러진다(권선진, 2005). 특히 주의를 기울여야 할 것은 뇌성마비의 경우 전염되거나 유전되지 않으며 완치되지도 않는다는 것이다.

① 신체적 특성

뇌병변의 경우 대개 언어장애를 가지고 있으며, 시각장애와 청각장애를 가지고 있는 경우도 있다. 상지의 운동기능장애로 인하여 인식활동이 충분치 못하므로 사물의 존재와 성질을 알아보려는 흥미와 관심이 많아 만져 보고자 하는 습관을 가지고 있기도 하다.

② 지능적 특성

뇌병변의 경우 쓰기나 균형, 이동 등에 문제가 있는 것이지 지능과는 직접적인 연관이 없다. 다만 뇌의 손상 부위와 정도에 따라 지적장애가 동반되기도 한다. 뇌성마비의 경우 약 1/3 정도는 경증의 지적장애가 동반되며, 1/3 정도는 중등도의 지적장애를 갖는다. 특히 지적장애는 경직형 뇌성마비인에게 주로 나타난다.

③ 행동적 특성

뇌성마비의 경우 뇌가 운동기능을 통제하기 어려우므로 팔과 다리의 움직임에 많은 어려움을 야기시킨다. 따라서 팔을 이용한 쓰기나 밥 먹기 등이 어려우며 보행에 있어서도 균형을 유지하지 못하거나 팔다리가 교차되는 어려움을 겪게 된다.

또한 학습의 제한과 지각장애에 의한 인지부족으로 행동발달이 비장애인 수준에 미치지 못하는 경우도 있다. 또한 뇌성마비 장애는 질환의 원인, 장애의 정도, 부위, 장애 발생기간 등에 따라 다양한 차이가 있을 수 있으나, 대개 행동의 범위가 제한되어 접촉하는 사람의 수와 기회가 적기 때문에 사물이나 사람에 대한 경험이나 견문이 부족할 수도 있다. 뇌졸중과 외상성 뇌손상의 경우도 대표적인 것이 마비와 경직이다.

④ 심리적 특성

뇌병변장애인도 지체장애인과 마찬가지로 대개 비장애인에 비해 열등감, 불안, 공격성 등이 높게 나타나거나 비현실적인 요소가 자아개념 속에 내포되어 있는 것으로 나타나고 있다. 이 또한 부정적인 심리적 특성이 지배적인 것은 아니지만 장애 그 자체가 건전하고 정확한 신체상을 갖기 어렵게 할 수 있기 때문에 부모의 과보호, 과도한 요청, 사회참여의 결여, 이에 따른 좌절감, 사회의 차가운 반응 등이 부정적 특성을 구성하게 한다고 할 수 있다(정무성 외, 2004).

(5) 특성에 따른 사회적 지원

뇌병변장애 또한 운동상의 어려움을 가장 많이 겪기 때문에 이들에게는 활동보조인 서비스, 전동휠체어 및 전동스쿠터 지원, 휠체어 리프트 및 엘리베이터 설치, 장애인 저상버스 지원, 장애인 콜택시 운행 등을 통한 이동권 보장,

공공기관이나 대중시설의 출입구 높이 차이 개선, 진입판 경사로 등의 장애인 편의시설 설치, 휠체어 이동 통로 등을 확보하는 것이 필요하다.

특히 뇌성마비의 경우 영유아기 또는 아동기에 적절한 재활활동을 통해 신체적 기능이 향상될 수 있으므로 이에 대한 조기 재활활동에 적극적으로 참여시키는 것이 필요하다.

3) 시각장애

(1) 정의

시각장애란 시(視)기능의 현저한 저하 또는 소실에 의해 일상생활 또는 사회생활에 제약이 있는 것을 말한다(권선진, 2005).

(2) 종류

시각장애는 시력장애와 시야결손장애로 구분한다. 시력장애는 정도에 따라 크게 약시와 실명으로 나누는데, 약시는 그 원인을 알 수 없이 시력이 저하된 상태로 일반적으로 일상생활은 영위할 수 있으나 신문 또는 책에 실린 보통 크기의 글자를 읽을 수 없는 교정시력 0.3 미만을 말한다. 교정시력이 0.05 미만일 때는 실명이라 하는데, 특히 눈앞에 물체가 움직이는 것을 전혀 분별할 수 없는 경우를 완전실명 또는 전맹이라 한다(정무성 외, 2004).

시각장애인은 시력을 완전히 잃고 깜깜한 세계에서 생활하고 있다고 생각하는 경우가 많지만 사실 그런 사람은 소수(약 5%)에 불과하다.

(3) 원인

시각장애의 원인에는 크게 선천적인 요인과 후천적인 요인이 있으며 확실한 원인을 알 수 없는 경우도 있다. 후천적 시각장애는 대부분 백내장, 녹내장, 트라코마 등의 여러 질병, 이물질이나 화학물질에 의한 안구의 손상 또는 천공 등 안구부 외상 등에 의해 발생한다. 이 밖에도 영양결핍, 약물중독에 의해 나타나기도 하며, 드물게는 심리적 원인에 의해 발생하기도 한다.

(4) 특성

시각장애 아동의 특성은 충분한 정보를 접하는 데 제약을 받기 때문에 학습상 문제가 있을 수 있으며, 지적 기능에 있어서도 시각적 경험의 범위가 제한됨으로써 다소간에 영향을 받을 수 있다는 점이다. 이들의 경우에는 시각을 제외한 청각이나 촉각과 같은 다른 감각을 통해서만 환경과 상호작용할 수 있는데, 지능에 있어서는 일반 아동과 유의미한 차이가 없는 것으로 알려져 있다. 그래서 시각장애인은 점자를 배워서 점자책을 보고, 손으로 점자를 읽는다. 또한 시각장애인은 촉각이나 청력, 기억력이 훈련을 통해 발달되어 있어 온도로 새벽과 밤을 구분하고 꽃내음에서 계절을 느낄 수도 있다. 일반적으로 시각장애 아동은 사실에 대한 지식을 갖고 있지만 이를 통합시키는 능력이 낮은 경향을 보이거나 어휘에 대한 이해의 정도가 다소 낮은 반면, 수리적 능력에서는 큰 차이를 보이지 않는 것으로 알려져 있다.

일반적으로 5세 이전에 발생한 전맹아는 사물에 대한 개념이 뚜렷하지 못하다. 시각장애인의 경우 지능은 정상이고 촉각, 청각 등 다른 감각이 매우 발달되어 있으므로 이들을 이용하여 시각장애로 인한 어려움을 극복하고 있다.

시각장애인의 주요 특성으로는 장애로 인한 잔존감각에 대한 자신감의 상실, 환경과의 현실적 접촉 능력의 상실, 시각적 배경의 상실, 이동 능력의 상실, 개인적 독립성의 상실 등이 있다(권선진, 2005).

(5) 특성에 따른 사회적 지원

시각장애인에게 가장 필요한 것은 정보 접근을 도와주는 장치다. 점자, 독서확대기, 음성전환장치 등이 그것이다. 그리고 TV나 영화 등의 화면을 음성언어로 해설해 주는 화면해설방송도 매우 필요하다. 또한 시각장애인은 이동에도 불편을 겪는 경우가 많기 때문에 이동을 지원해 줄 수 있는 활동보조인 서비스, 흰 지팡이, 점자 안내 표지판, 점자 블록 설치, 음향신호기 및 음성유도기 등의 지원이 필요하며, 경우에 따라서는 시각장애 도우미견을 지원할 필요도 있다.

그리고 시각장애인의 특성을 살려서 일할 수 있는 특화된 직장(예: 안마업)에 대한 정부 차원의 절대적 지원이 필요하다. 특히 아동기에 보행훈련과 점자교육은 필수적으로 제공되어야 할 서비스다.

4) 청각장애

(1) 정의

청각장애란 기질적 혹은 기능적 장애가 원인이 되어, 듣는 기능이 일시적 혹은 영구적으로 저하되거나 결여된 상태를 의미한다(정무성 외, 2004). 그런데 지금까지 청각장애의 정의는 청력손실의 정도로만 판단하였으나, 최근에는 언어발달에 대한 청각장애의 영향을 강조하기 때문에 언어정보를 이해하고 처리하는 능력이 어떠한가에 기초하여 청각장애를 정의하는 경향이 짙어지고 있다.

(2) 종류

청각장애인은 농인(deaf person)과 난청인(hard-of hearing person)으로 구분된다. 농인은 보청기를 착용하거나 착용하지 않은 상태에서 귀만으로 말을 들어 이해할 수 없을 정도(일반적으로는 70dB ISO 이상)로 청각(청력)에 장애가 있는 사람을 말하며, 난청인은 보청기를 착용하거나 착용하지 않은 상태에서 귀만으로 말을 들어 이해하기가 불가능하지는 않으나 곤란한 정도(일반적으로 35~69dB ISO 이상)로 청각에 장애가 있는 사람이다. 최근에는 전혀 들리지 않는 완전 농인인 경우는 드물고 청력이 조금이라도 남아 있으면 활용할 수 있게 됨으로써 일반적으로 잘 들리지 않는 경우를 청각장애 또는 난청이라고 부르고 장애 정도가 아주 심한 경우는 '고도난청'이라고 한다(권선진, 2005).

(3) 원인

사람은 두 가지 방법으로 소리를 듣게 된다. 하나는 기도청력이라고 하여 우리가 일반적으로 알고 있는 방법인 외이, 중이를 통하여 내이로 전달되는 방법이다. 또 다른 방법은 소리 자체가 머리뼈를 진동하고 이 진동이 이소골이나 내이로 전달되는 골도청력인데, 이러한 청력에 관여하는 구조물에 이상이 생기게 되면 청력장애가 된다. 또한 소음 속에서 장기간 근무하였을 때는 소음성 난청이, 노인에게는 노인성 난청이 올 수도 있다. 청각장애는 대체로 90% 정도가 후천적 원인에 의한다.

(4) 특성

① 언어발달 특성

청각장애 아동의 주된 특성은 언어발달지체다. 이것은 청각의 장애로 인한 듣기능력의 결손 때문이다. 이들의 언어발달은 비장애 아동의 일반적인 발달과는 차이가 없으나 발달의 시기와 언어습득 방법에서 차이가 있다.

② 지능적 특성

청각장애 아동의 인지능력은 언어경험에 의존하는 개념을 제외하고는 손상되어 있지 않으며, 언어에 의존한 개념도 전반적인 인지발달을 지체시킬 정도로 높지 않다.

일반적으로 청각장애 아동의 지능은 양적인 면에서 일반 아동과 비슷하며, 언어와 관련된 검사의 추상적인 사고를 요하는 영역에서는 일반 아동과 약간의 차이를 보이지만 나머지 인지기능은 정상범위 안에 있다고 할 수 있다.

③ 학업성취

청각장애 아동의 지적 능력이 정상 범위 안에 있음에도 불구하고 그들의 학업성취는 지체되어 나타난다. 이는 청각장애 그 자체 때문이 아니라 청각장애로 인한 음성언어가 내면화되어 있지 못하기 때문이다. 인지발달의 관점에서 볼 때 출생 초기에는 비교적 정상적으로 발달하지만 그 이후부터 조금씩 지체되기 시작하여 나이가 들고 학년이 올라감에 따라 지체가 더욱 커진다고 한다.

④ 사회적 적응

청각장애 아동의 사회적 성숙은 같은 또래의 일반 아동에 비해 낮다. 그러나 사회적응도가 낮은 것은 전적으로 장애로 인한 것은 아니며, 주변의 환경문제와 부모와의 의사소통 기회부족 등에 의한 영향 때문이라고 할 수 있다(정무성 외, 2004).

⑤ 기타

청각장애인들은 그들 나름대로의 고유 문화를 가지고 있으며, 수화를 모국어로 사용하고 있으므로 이로 인해 음성언어를 사용하는 사회 속에서 이중언어의 갈등도 일으킨다(권선진, 2005).

(5) 특성에 따른 사회적 지원

청각장애인에게 가장 필요한 것은 수화다. 따라서 수화를 지원할 수 있는 시스템이 가장 필요하다. 그러므로 수화통역 서비스를 위한 수화통역센터를 확대할 필요가 있으며, 일반인에게도 일정 정도 수화를 익힐 수 있는 기회를 제공하는 것이 필요하다.

또한 청각장애인은 음성언어를 이해할 수 없으므로 수화나 자막을 통해 다양한 정보를 습득할 수 있도록 지원하는 것이 필요하다. 이를 위해서는 방송 프로그램에 수화통역 및 자막방송을 지원해야 한다. 그리고 공연장, 상영물 접근을 위해 보청 시스템을 설치할 필요가 있으며, TRS 지원을 통해 전화를 자유롭게 이용할 수 있도록 해야 한다.

이 외에도 정보통신기기 지원, 대중교통 문자안내 서비스 지원 등을 통해 정보접근권을 보장해 주고, 일부에게는 청각 도우미견을 분양하여 일상생활에 지장이 없도록 해야 한다.

5) 언어장애

(1) 정의

언어장애는 음성기능 또는 언어기능에 영속적이고 현저한 장애가 있는 것을 말한다. 즉, 의사소통상의 방해를 받아 사회생활 면에서 정상적인 적응에 곤란을 겪는 경우로 말을 해도 발음이 정확지 않아 타인에게 쉽게 들리지 않거나, 말의 내용이 적절히 이해되지 않게 말하거나, 음성이 타인이 듣기에 거북하거나, 특정 음성을 변형시켜 말하거나, 언어학적으로 불완전하거나, 발성이 어렵거나, 말의 리듬, 음조 또는 고저에 이상이 있거나, 또는 말하는 사람의 연령, 성, 신체적인 발달 정도와 일치하지 않게 말을 하는 경우 등을 일컫는다.

예를 들어, 한 아동이 "어어어 엄마, 저저 어, 저저 크크크레크레파스 좀 어어어."라고 말하였다면 이 말은 어머니 귀에 거슬리거나 말 형태 자체에 신경이 쓰이도록 두드러지며, 아동의 말이 크레파스를 사야 된다는 것인지, 크레파스를 찾아 달라는 것인지, 크레파스를 잃어버렸다는 것인지 불명확하다. 또한 말을 하는 아동은 불안하고 힘이 들며, 듣는 어머니도 실망과 염려로 불쾌할 것이다. 이러한 경우 언어장애로 진단된다.

(2) 종류

언어장애는 음성장애 또는 언어장애로 분류한다.

첫째, 음성장애는 단순한 음성장애, 발음(조음)장애 및 유창성장애(말더듬)를 포함하는 구어장애를 포함한다.

둘째, 언어장애는 언어중추손상으로 인한 실어증과 발달기에 나타나는 발달성 언어장애를 포함한다. 언어장애에서는 조음장애 · 음성장애 · 유창성장애를 구어장애에 포함시키고, 형태 · 의미 · 구문 · 화용 등의 관점에서 기호사용에 문제가 있을 때 기호장애라고 한다. 언어장애는 뇌성마비로 인한 언어

장애, 지적장애로 인한 언어장애, 구개파열로 인한 언어장애, 언어발달지체, 청각장애로 인한 언어장애, 대뇌손상으로 인한 언어장애(신경언어장애) 등으로 구분할 수 있다(권선진, 2005).

(3) 원인

언어장애의 원인은 여러 가지가 있다. 혀, 입술, 치아, 인두, 후두 등 발성기관이나 조음기관에 이상이 있을 때, 뇌성마비나 뇌졸중 또는 뇌외상에서 볼 수 있는 것처럼 언어중추에 이상이 있을 때, 지능이 떨어질 때, 난청 또는 농이 있어 언어에 대한 습득경험이 없을 때 나타난다. 그 밖에 언어는 주위 환경과 심리적 환경에도 많은 영향을 받으므로 정서가 불안정한 상태로 오래 지속되었을 때에도 장애를 일으킬 수 있다.

(4) 특성

일반적으로 언어장애는 청각장애의 동반장애로서 인식하기 쉬우나 청각장애 외에도 지적장애나 뇌성마비 등에 의해 수반되는 경우도 흔하다. 심한 언어장애 아동은 신체적 장애를 가지고 있으나 대부분의 경우에는 외관상 신체적으로 문제가 없는 경우가 많다. 그러나 신체기관의 결함이 없음에도 불구하고 운동, 힘, 운동협응 검사에서 낮은 수준을 보이는 경우가 많다. 언어발달과 지능은 정적 상관관계를 나타내고 있고, 특히 언어발달지체, 조음장애 등은 아동의 적절한 학습을 방해하므로 지능발달의 지체를 가져온다. 그러나 이런 경우를 제외하고 다른 종류의 언어장애는 지능과는 상관관계가 약하다(권선진, 2005).

(5) 특성에 따른 사회적 지원

일반적으로 선천성이거나 유아기·아동기에 청각장애가 발생하는 경우 언어장애가 동반된다. 따라서 언어장애는 청각장애와 중복적으로 나타나는 경우가 대부분이다. 사회적 지원책도 거의 유사하다고 볼 수 있다. 청각장애가 없고 언어장애만 있는 경우는 언어를 합성해 낼 수 있는 언어보조장치가 있으면 매우 효과적이다. 예를 들어, 컴퓨터 자판을 두드리면 이것이 소리로 합성되어 음성언어로 전달되는 것이다.

6) 안면장애

(1) 정의

안면장애는 화상, 사고, 화학약품, 질환, 산업재해 등으로 안면부 추상, 함몰이나 비후 등 변형으로 발생된다. 안면장애는 면상반흔, 색소침착, 모발결손, 조직의 함몰이나 비후, 결손이 포함된다. '함몰이나 비후'라 함은 연부조직, 골조직 등의 함몰이나 비후, 위축을 말한다. 안면장애는 기능상의 특별한 문제점이 없더라도 사회적으로 생활하는 데 큰 어려움을 겪는 사회적 장애의 대표적인 사례가 되고 있다.

우리나라의 장애등급 판정기준에 의하면, 노출된 안면부의 60% 이상의 변형이 있는 사람, 코 형태의 2/3 이상이 없어진 사람(4급)을 최저장애로 인정한다.

(2) 특성

안면장애는 외모의 변형으로 인해 대인관계에 어려움을 갖고, 사회생활에 어려움을 갖는 경우가 많으며, 사회적 차별에 의해 곤란을 겪는 경우를 들 수 있다.

또한 다른 사람들의 시선으로 인해 외출이 자유롭지 못하거나 이로 인해 성격이 소심하게 변화하는 경향을 보이기도 하며, 장애로 인해 경제활동이 자유롭지 못해 경제적 어려움을 겪는다. 특히 일상생활이 자유롭지 못해 정신과적 질환(우울증 등)을 유발할 가능성이 높으며, 피부 변형과 건조로 인해 각종 질환을 유발한다. 안면장애의 경우 성형수술의 발달로 과거에 비해 상태가 훨씬 호전될 수 있으나 수차례의 반복적인 수술이 필요하고, 보험 적용을 모두 받을 수 없기 때문에 높은 의료비 부담으로 인해 만족할 만큼의 치료를 받지 못하고 있는 형편이다(권선진, 2005).

(3) 특성에 따른 사회적 지원

안면장애의 경우 성형수술에 들어가는 비용을 사회적으로 분담하는 것이 필요하고, 무엇보다도 안면장애가 줄 수 있는 거부감을 희석하기 위한 사회적 인식 개선이 절대적으로 필요하다.

7) 신장장애

(1) 정의

신장은 좌우에 하나씩 두 개가 있으며 등쪽 갈비뼈의 가장 밑부분에 싸여 척추의 양옆에 위치해 있다. 신장은 체내의 배설물과 잉여분의 수분을 소변을 통해 배설하는 기능을 담당하는 장기로서 배설과 재흡수라는 복잡한 과정을 통해 체내의 균형을 안정적으로 유지시키고 체내의 염분과 칼륨의 균형 및 신체의 산성과 알칼리성을 유지하는 데 중요한 기능을 한다. 또한 여러 가지 호르몬과 비타민을 생성하여 다른 장기의 기능을 조절하기도 한다.

신장장애는 신장의 기능부전으로 인해 혈액투석이나 복막투석을 지속적으로 받아야 하거나, 신장의 기능에 영속적인 장애가 있어 일상생활 활동에 현저한 제한을 받는 경우를 말한다. 우리나라에서는 만성신부전만을 신장장애 범주에 포함하고 있다(권육상 외, 2005).

(2) 특성

신장장애인은 신장이식수술을 받지 않는 경우에는 평생 동안 투석요법을 받아야 한다. 그런데 투석요법은 진료 일수가 길고 병원에서 소비하는 시간이 많으며 취업 등 사회적 활동의 제약이 커 의료비 부담(월 60~80만 원) 등 경제적인 고통이 큰 장애라 할 수 있다. 또한 식사, 수분 섭취, 사회활동에도 제한이 있다(권선진, 2005).

(3) 특성에 따른 사회적 지원

내부기관 장애인은 지속적으로 의료서비스를 제공받지 못하면 사망하거나 심각한 건강 악화가 발생해서 지속적으로 의료비가 지출되므로 의료비 부담이 심각한 상태다. 내부기관 장애인의 고액의 의료비 부담은 가정경제를 피폐하게 만들어 결국 이들을 불건강과 빈곤의 악순환으로 빠지게 한다.

내부기관 장애인의 경우, 의료적 욕구가 가장 크고, 이는 건강 상태와 밀접한 연관성이 있는 것으로 보고하고 있다. 장애의 정도에 따라서 욕구에 차이가 있는데, 중증의 경우에는 의료비 감면이나 장애수당 등 경제적 차원의 지원 필요성이 높았으며, 경증의 경우에는 직업재활에 대한 욕구가 높아 개별적 특성에 따른 지원대책이 필요함을 시사한다.

8) 심장장애

(1) 정의

심장은 사람 및 동물의 혈액순환의 원동력이 되는 기관으로 심장의 좌우 면은 폐면이라고 한다. 수축과 확장을 반복하여 혈액을 신체의 구석구석까지 보내는 펌프의 역할을 한다.

심장장애는 심장의 기능부전으로 인하여 일상생활 정도의 활동에도 호흡곤란 등의 장애가 있어 일상생활 활동에 현저한 제한을 받는 경우를 말한다. 우리나라 사람들의 생활양식이 서구화되고 노령인구가 증가함에 따라 만성 심장질환의 유병률이 증가하는 추세이고, 의료 수준의 향상으로 이 질환의 생존율이 길어져 그 규모가 크게 증가하고 있는 추세다(권선진, 2005).

(2) 특성

심장장애인은 일상생활에서뿐만 아니라 사회생활에서 큰 어려움을 겪게 되며, 특히 직업생활이 어려운 경우가 많아서 경제적 어려움 또한 가중되고 있다(권선진, 2005).

(3) 특성에 따른 사회적 지원

심장장애 또한 의료비 지원이 가장 중요하다. 그런데 심장장애는 운동기능이 매우 떨어지기 때문에 운동기능을 향상시킬 수 있는 운동 프로그램과 가사와 관련된 활동을 지원할 수 있는 서비스가 필요하다.

9) 호흡기장애

(1) 정의

우리 인체가 살아 있다고 말할 때 무엇보다 중요한 두 가지 중 하나는 심장이 뛴다는 것이고, 다른 하나는 숨을 쉰다는 것이다. 일생을 살아가며 매 순간 우리는 숨을 쉬기에 살아 있음을 확인한다. 이러한 호흡의 근원인 폐는 코를 통해 들이쉰 산소를 인체에 제공하고 신진대사를 통해 생긴 찌꺼기를 이산화탄소의 형태로 배설하는 기능을 갖는다. 그러나 이 체계에 산소 부족과 이산화탄소의 과잉축적 등으로 인해 장애가 발생하여 세포가 죽게 되면 호흡기장애가 발생한다.

호흡기장애는 폐나 기관지 등 호흡기관의 만성적 기능부전으로 인한 호흡기능의 장애로 일상생활을 하는 데 있어 상당한 제한을 받는 경우를 말한다. 호흡기장애는 주로 만성 호흡기질환에 의한 호흡기능의 손실로 오는 장애이며, 일단 장애가 오면 환기 기능의 손실이나 산소-이산화탄소의 가스 교환에 이상이 발생하여 호흡기능의 회복이나 호전이 불가능한 내부기관 장애다(권육상 외, 2005).

(2) 특성

주된 증상은 호흡곤란과 2차적인 세균감염으로 인한 기침, 객담, 체중감소 등을 들 수 있다(권선진, 2005).

(3) 특성에 따른 사회적 지원

호흡기장애 또한 의료비 지원이 필수적이며 다른 내부장애에 비해 운동성이 더 떨어지기 때문에 운동기능을 향상시킬 수 있는 운동 프로그램과 가사와 관련된 활동을 지원할 수 있는 서비스가 필요하다.

10) 간장애

(1) 정의

간은 체외에서 유입되거나 체내에서 생성된 각종 물질들을 가공 처리하고 중요한 물질들을 합성하여 공급하고, 혈액을 저장하는 역할과 면역기관의 역할 등을 한다. 간은 이렇게 체내의 중요한 기능들을 수행하기 때문에 간기능이 심하게 저하되면 여러 가지 문제가 발생한다.

간장애는 간의 만성 기능부전과 그에 따른 합병증 등으로 인한 간기능의 장애로 인하여 일상생활을 하는 데 있어 상당한 제한을 받는 경우를 말한다(권선진, 2005).

(2) 특성

간장애인의 주요한 증상으로는 피로, 구토, 식욕부진, 헛배부름, 소화불량, 체중감소 등이 나타난다. 또한 소변이 진해지고 황달이 나타나며 잇몸과 코에서 피가 나고 성욕이 감퇴되며 여성인 경우 생리가 없어지기도 한다. 얼굴이 흑갈색으로 변하거나 목 또는 가슴에 거미줄 모양의 혈관종이 생기고, 남자인 경우 고환이 수축되기도 한다. 말기증상은 간세포 기능장애와 합병증이다. 이는 간암으로 발전할 가능성이 많다. 비장이 커지고 복수가 차고 배가 부르며, 부종과 토혈, 혈변을 보기도 한다. 대체로 간암을 제외한 중증의 간장애인은 중고령층 이상으로 병원에서 지속적인 치료를 받는 경우가 대부분이며 일상생활에 어려움이 크다(권선진, 2005).

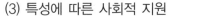

(3) 특성에 따른 사회적 지원

간장애 또한 일반 내부기관 장애인과 비슷한 서비스들이 요구된다.

11) 장루 · 요루장애

(1) 정의

장루 · 요루장애는 배변기능 또는 배뇨기능의 장애로 인하여 장루(腸瘻: 인공항문) 또는 요루(尿瘻: 인공방광)를 시술하여 일상생활을 하는 데 있어 상당한 제한을 받는 경우를 말한다(권선진, 2005).

장루 · 요루는 직장이나 대장, 소장 등의 질병으로 인해 대변이나 소변 배설에 어려움이 있을 때 복벽을 통해 체외로 대변이나 소변을 배설시키기 위하여 만든 구멍을 말한다. 이는 항상 촉촉하며 모세혈관이 분포되어 색깔은 붉고, 모양은 동그랗거나 타원형이며, 소량의 점액이 분비된다. 또한 신경이 없어 만져도 아프지 않으며 자극을 주면 약간의 출혈이 있을 수 있으나 꼭 누르고 있으면 곧 멈춘다. 크기나 모양은 개인마다 다르며, 항문의 괄약근과 같은 조절 능력이 없어 대변이나 소변이 수시로 배출되므로 부착물을 이용하여 관리한다.

(2) 특성

장루 · 요루장애인은 대변이나 소변 조절 능력이 없어 수시로 배설하므로 신체에 부착하는 보조장치를 이용하여 관리하게 되는데, 이것이 일상생활에서 냄새 등 여러 가지 문제점을 야기시켜 주변 사람과 당사자가 불편함을 겪을 수 있다. 이로 인해 대인관계에 어려움을 가질 수 있으며, 취업 등 사회적 활동이 어려워 일상생활에 지장을 받는다.

인공배변의 가장 큰 취약점은 당사자들의 의지와 상관없이 분비물이 나온다는 점이며, 이로 인해 배뇨주머니를 자주 바꿔 줘야 하고, 분비물 냄새로 대인기피증까지 갖게 된다. 장루장애인은 정상적인 직장생활이 매우 힘들며, 장루장애인의 가장 큰 어려움은 의료비 지출 문제로서 장루 관리에 필요한 보장구 비용의 부담이 크다(권선진, 2005).

(3) 원인

장루·요루의 원인에는 드물게 각종 사고로 인한 경우도 있지만 대부분이 선천적, 후천적 질병에 의한 것이다.

우리나라 장루 보유자들의 원인 질병은 95% 이상이 '직장암' '대장암' 등의 악성종양이며, 흔치는 않으나 '장결핵' '쿠론씨병' '거대결장증' '척추기형' '무항문증' 등이 원인이 되기도 한다.

요루의 원인 질병의 대부분은 '방광암'이며, 흔치 않게 '방광결핵' '방광경화증' 등으로 방광자율신경이 마비되는 경우도 있다. 또한 수뇨관(輸尿管)이나 요도(尿道)의 종양, 협착증, 결석 등으로 인해서도 요루가 올 수 있다.

(4) 특성에 따른 사회적 지원

장루·요루장애 또한 의료비 지원이 필수적이며, 수시로 배설되는 분비물 때문에 사람들이 꺼리는 경향이 있다. 따라서 사회적 인식 개선을 위한 활동과 함께 이들이 주위의 눈치를 보지 않고 배뇨주머니를 바꿀 수 있도록 환경을 조성해 주는 것도 중요하다.

12) 뇌전증장애

(1) 정의

우리의 뇌는 복잡한 신경회로를 통해 전기적으로 서로 연결되어 있다. 대뇌의 이상 또는 손상이 있게 되면 원래 갖고 있는 전기에너지가 과도하게 방출되어 주변으로 퍼져 나가게 되고, 이로 인해 경련발작, 의식소실 등의 증세가 유발된다. 뇌전증이란 이러한 현상들이 반복적으로 발생하는 질병을 말한다. 따라서 뇌전증을 유발하는 원인(뇌를 손상시킬 수 있는 원인)들은 아주 다양할 수

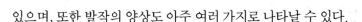

있으며, 또한 발작의 양상도 아주 여러 가지로 나타날 수 있다.

뇌전증장애는 뇌전증에 의한 뇌신경세포의 장애로 인하여 일상생활 또는 사회생활을 하는 데 있어 상당한 제한을 받아 다른 사람의 도움이 필요한 경우를 말한다(권선진, 2005).

(2) 특성

뇌전증장애의 특성은 발작으로 인해 뇌 기능이 일시적으로 정지되는 증상이 계속되는 경우 뇌 전체에 나쁜 영향을 미쳐 학습장애, 기억력, 집중력, 지능 저하와 사회적응 능력 저하를 유발하기도 한다. 정신병에서 볼 수 있는 심인성 병리기전은 없으며 나타나는 행동이상의 상태도 정신병과 다르다. 다만 뇌전증 발작은 언제든 재발할 수 있는 만성적 질병 상태다. 갑자기 허공을 응시하고, 멍청해지거나 몸의 일부 또는 전체를 뒤틀고 정신을 잃으면서 온몸을 뒤흔드는 갑작스런 행동변화를 보이기도 한다. 뇌전증장애의 경우 발생연령이 다양하고 증상이 주기적으로 나타나지 않는 경우가 많아 경제활동 연령층에 있다 하더라도 취업에 어려움이 크며, 특히 뇌전증에 대한 부정적 인식이 잔존하여 사회생활에도 큰 불편을 겪는 장애로서 등록률도 높지 않은 장애라 할 수 있다(권선진, 2005).

(3) 특성에 따른 사회적 지원

뇌전증장애는 증상이 발생했을 경우 적절한 조치만 취하면 일상생활에 큰 무리가 없다. 그렇지만 뇌전증에 대한 부정적 인식이 이들의 사회활동을 저해하고 있다. 따라서 무엇보다도 뇌전증장애에 대한 사회적 인식을 개선할 필요가 있으며, 이들이 취업과 경제생활의 어려움을 겪고 있으므로 이에 대한 지원이 필요하다.

13) 지적장애

(1) 정의

지적장애란 지능 발달의 장애로 인하여 학습이 불가능하거나 제한을 받고, 적응 행동의 장애로 관습의 습득과 학습에 장애가 있는 상태를 말한다(권육상 외, 2005).

지적장애는 발달과정에 있어서 생존에 필요한 여러 기술의 기능 저하를 동반한다. 인지기능, 언어기능, 운동기능, 사회적 기능 등에서 현저히 낮은 기능 상태를 보이게 되며, 확진을 받기 위해서는 표준화된 지능검사를 시행하여 지능지수가 70 이하임이 증명되어야 한다. 그리고 만 18세 이전에 발생하여야 한다. 만 18세 이후에 발생하는 지적장애는 치매(dementia)라고 한다.

미국지적장애 및 발달장애인협회는 지능지수 75 이하를 지적장애로 규정하고 있는데, 예전에는 지능의 정도에 따라 경도, 중등도, 중도, 최중도로 구분하여 사용하였으나, 최근에는 지적장애인이 필요로 하는 지원의 정도를 간헐적 지원(intermittent support), 제한적 지원(limited support), 강력한 지원(extensive support), 포괄적 지원(pervasive support) 등 네 가지로 나누어 구분하고 있다.

- 간헐적 지원(경도; IQ 55~75): 지적장애 아동의 85% 이상이 이 범주에 속하며, 대개 학령기 이전엔 비장애 아동과 구별하기 어렵다. 10대 후반기에 가면 초등학교 6학년 수준의 학습능력을 성취한다. 성인기에 가면 약간의 배려만으로도 독립적인 사회생활과 직업을 가질 수 있다.
- 제한적 지원(중등도; IQ 35~55): 지적장애의 10%가 여기에 해당한다. 교육보다는 일상생활에 필요한 기술의 훈련이 중요하다. 학습능력은 초등학교 2학년 수준을 넘기가 어렵다. 성인기에 도달하여 감독만 적절히 이루어지면, 기술이 필요없는 작업 수행이 가능하다.
- 강력한 지원(중도; IQ 25~35): 지적장애의 3~4%가 여기에 속한다. 초기 아동기에 언어습득이 안 되고 학령기에 언어가 습득되며 기본적인 자기

위생관리를 배울 수 있다.

- 포괄적 지원(최중도; IQ 20~25): 지적장애의 1~2%가 여기에 속한다. 대개 신경학적 질병을 동반한다. 철저한 감독과 보호가 제공되는 환경에서 훈련이 이루어지면, 감각운동의 장애가 호전되고 언어와 자기위생관리를 배울 수 있다.

(2) 특성

① 정서적 특성

지적장애인은 일반적으로 우호적 또는 적대적 환경에 대한 감수성이 매우 뛰어나다. 습관의 형성 면에서 지적장애인은 습관을 강하게 고집하는 경향이 있다. 또한 반항적·공격적 특성을 많이 보이기도 한다. 성취에 대한 내면적인 충동이 희박하다. 실제적인 것에만 주의를 기울이며, 독창성과 상상력을 필요로 하는 일을 못한다. 정서의 안정 면에서 예기치 못한 상황이 닥치면 거의 어찌할 바를 모르는 상태가 된다.

② 신체적 특성

신체의 성숙도는 비장애 아동의 성숙도에 가까우며 지적장애든 아니든 정서적인 억압이나 욕구는 동일하다. 대개의 지적장애인은 지적 활동이나 반응에서 손끝의 기능이 뛰어나다. 그렇지만 손끝이라 할지라도 비장애 아동의 능력 범위에는 미치지 못한다.

③ 지능적 특성

지적장애인은 경험을 통한 학습능력이 부족하므로 계획성이 결여되어 있다. 별개의 성질의 것을 응용하여 문제를 해결하는 것이 어렵다. 문제 해결을 위해 하나하나 흩어져 있는 것을 종합하고 사물을 보는 것이 곤란하다.

④ 행동적 특성

이와 같이 지적장애인은 손 기능 훈련에 있어서도 반응이 늦기 때문에 완고하거나 불순종한다는 등의 평가를 받는다. 지적장애의 중요한 결함 중 하나는 의사소통을 원활히 하지 못하는 것인데, 이는 주의력 집중시간이 아주 짧기 때문이다. 또한 잘 관찰한다든가 그 경험을 이용한다든가 하는 능력이 협소하고 빈약하다(정무성 외, 2004).

(3) 원인

지적장애의 원인은 알 수 없는 경우가 더 많으며, 원인으로 밝혀진 것만도 250여 종에 달한다. 출산 전 원인으로 매우 드물기는 하지만 유전성을 들 수 있으며, 산모의 나이가 많았을 때 나타날 수 있는 염색체 이상, 산모가 풍진이나 톡소플라즈마에 감염되거나 또는 납, 일산화탄소 등에 중독되었을 때, 심한 빈혈이나 당뇨 같은 대사성 질환이 있을 때 나타날 수 있다. 이 밖에도 조산이나 난산이 원인이 되며, 영유아기에 뇌염 또는 뇌막염을 앓거나 여러 가지 중독, 영양실조, 갑상선호르몬 결핍, 뇌손상 등을 입은 것이 원인이 된다.

(4) 특성에 따른 사회적 지원

지적장애는 유아기나 아동기에 주로 발견되므로 이 시기부터 집중적인 지원을 시작해야 한다. 이 시기엔 특히 특수조기교육과 재활활동이 매우 중요하다. 유아기와 아동기는 신체적·정신적 발달이 가장 왕성하게 이루어지는 때이므로 이 시기에 적절한 자극과 교육을 통해 지적장애인의 발달을 도울 필요가 있다.

학령기에 들어서면 특수교육의 필요성은 더욱 커진다. 분리된 교육이 아니라 통합된 환경에서 적절한 특수교육과 재활활동의 지원을 받으면서 생활할 필요가 있다. 전환기 및 성인기 지적장애인에게는 사회적응활동과 취업활동에 대한 지원을 중점적으로 제공해야 한다. 이 외에도 활동보조인을 지원하거나 자기결정권을 신장시킬 수 있는 다양한 공간과 활동이 필요하다.

14) 자폐성장애

(1) 정의

인구 만 명당 약 5명꼴로 발생하는 자폐증(autism)은 자기 자신에 비정상적으로 몰입한 상태를 말하는 용어다. 이는 다른 사람들과의 관계를 맺고 유지하는 일에 어려움을 갖는 것을 의미한다. 그러나 자폐 같으면서도 자폐증이 아닌 경우가 있어 정확한 진단이 필요하다. 우리가 일반적으로 부르는 자폐증은 정확하게는 전반적 발달장애(pervasive developmental disorder)를 의미하며, 이 전반적 발달장애 안에는 증상이 약간씩 다른 다섯 가지 질병이 들어 있고, 대표적인 것이 전형적 자폐증, 아스퍼거 증후군이다. 아스퍼거 증후군의 경우 전형적 자폐증과는 달리 생후 첫 2~3년간은 비교적 정상적인 언어발달을 보이며, 다른 전반적 발달장애와 다르게 언어와 지능이 비장애인에 가깝고 단지 사회적인 교류가 저하되어 있다. 우리나라에서 말하는 자폐성장애는 전형적인 자폐증과, 자폐증과 유사한 증상을 가지는 유사 자폐증을 포함한 개념으로서 전반적 발달장애를 일컫는다.

(2) 특성

① 인지발달

자폐성장애의 대표적인 특징 중의 하나가 인지발달의 지체다. 약 76~89%의 자폐아동들은 지능지수가 70 이하로 지적장애를 동반한다. 흔히 인지발달의 결과는 학습하는 능력과 관련이 있다고 간주된다. 학습하는 능력은 여러 가지 방법으로 설명되나, 그중 중요한 한 가지 방법은 많은 정보를 한 번에 처리할 수 있는 능력으로 설명하는 것이다. 전형적으로 인지발달이 지체된 장애아동은 또래에 비해 더 적은 양의 정보를 처리한다. 뿐만 아니라 이들은 또래보다 기억, 주의집중, 일반화와 전이, 초인지와 같은 인지기술을 이용하는 데 많은 어려움을 나타낸다.

② 언어발달

자폐아동의 절반 이상이 전혀 말을 하지 못하고, 나머지는 말을 더듬거리거나 비명을 지르거나 다른 사람의 말을 그대로 따라 하는 반향어를 보인다. 그래서 이들은 혼자서 중얼거리기도 하고 상대방의 질문을 그대로 따라 하기도 하며 상대방과 눈을 잘 마주치지 않는 특성을 보인다.

이들은 상호 의사소통이 잘되지 않으며, 일상적으로 주고받는 대화에 참여하기가 어렵다. 그렇지만 자폐아동의 약 1/4에 해당하는 지적장애가 없는 아동들은 약 5세에 의미 있는 말을 시작하고 성인이 되면 보다 잘 적응하는 경향이 있어 좋은 예후를 보인다.

③ 사회정서발달

자폐증으로 진단된 모든 사람에게 나타나는 두드러진 증상 중의 하나가 사회적 고립이다. 사회적 고립이 극심하다고 해서 아무런 정서도 보이지 않는다는 것은 아니다. 무관심 유형은 자신이 원하는 것을 얻을 때를 제외하고는 자발적으로 주변과 교류하지 않고 타인의 접근을 거부한다. 수동적 유형은 먼저 접근하지는 않지만 타인이 상호작용을 시도하면 이에 반응을 보인다. 자발적이지만 기괴한 유형은 타인에게 접근은 하지만 그 방식이 유별나고 일방적인 경향이 있다.

이들은 의사소통·자조·문제 해결 기술의 발달지체로 인해 다른 사람들과 효과적으로 상호작용하지 못하는 경우가 많으며, 어떤 경우에는 사회적으로 적절한 행동과 사회적 수용의 발달을 방해하는 행동을 나타낼 수도 있다. 이러한 부적응 행동은 몸 흔들기나 손 흔들기부터 그들 자신이나 다른 사람을 향한 공격행동까지 다양하다(정무성 외, 2004). 공격적인 행동을 하거나 자해적인 행동을 하기 때문에 자신의 팔을 물거나 꼬집어서 상처가 나 있는 경우도 많다.

자폐아동에게 나타나는 흔한 특징 중 하나는 동일성에 대한 고집 또는 고집스러운 행동이다. 일상생활을 정해진 대로만 하려고 하며, 조금이라도 거기서 벗어나면 마음이 혼란해지고 분노한다. 예를 들어, 식사 때 같은 음식만 먹거나, 같은 색깔로 된 옷만 입거나, 같은 길로만 가려고 한다(박옥희, 2006).

(3) 원인

자폐가 발생하는 명확한 이유는 아직까지도 규명되지 못하였다. 자폐증상이 영유아기 때부터 발견된다는 점에서 유전적인 요인이 있는 것은 분명해 보이지만 어떤 유전인자에 의해 자폐가 발생하는지는 규명되지 않았다. 그리고 자폐아동에게서 세라토닌이라는 신경전달물질이 많이 발견된다는 보고도 있지만 명확하지는 않다. 한편, 자폐아동의 소뇌가 일반 아동에 비해 작다는 결과와 대뇌피질 세포가 손상됨으로써 발생한다는 연구들도 보고되고 있다.

이와 더불어 심리적인 요인도 중요한 요인이 된다. 아동이 영유아기 때 다른 사람들과의 애정 관계에 문제가 있거나 부모가 냉담하거나 억압하는 경우 자폐증상이 발현될 수도 있다.

(4) 특성에 따른 사회적 지원

자폐증은 지적장애와 분간하기 어려운 경우가 많다. 자폐증을 가진 아동의 약 76~89%가 지적장애를 동반하기 때문이다. 이런 이유로 19세기 중반까지만 해도 자폐는 지적장애와 구분되어 있지 않았다.

자폐는 유아기 때부터 나타나기 시작해서 출생 30개월 전후에 현저히 나타난다. 따라서 조기 진단을 통해 지적장애와 구분하는 것이 매우 중요하다. 조기 발견을 통해 지적장애 아동과는 다른 서비스를 제공해 주어야 한다.

아울러 자폐성 장애인은 혼자서 생활하기 어려우므로 활동보조인 서비스를 제공할 필요가 있으며, 동일성을 고집하는 특성에 맞추어 단순하고 반복적인 업무로 구성된 직업을 찾아 줄 필요가 있다.

15) 정신장애

(1) 정의

정신장애는 생물학적 · 심리적 병변으로 인하여 정신기능의 제 영역인 지능, 지각, 사고, 기억, 의식, 정동, 성격 등에서 병리학적 현상이 진행되는 것을 말한다. 「장애인복지법」의 정의에 따르면, 정신장애는 "지속적 정신분열병, 분열형 정동장애, 양극성 정동장애 및 반복성 우울장애에 의한 기능 및 능력장애로 인하여 일상생활 혹은 사회생활을 영위하기 위한 기능수행에 현저한 제한을 받아 도움이 필요한 상태"를 말한다(권선진, 2005).

정신분열증은 성격 내에서 격동이 일어나고 사고, 정서 그리고 행동을 현실로부터 분리시키는 격심한 경험인 정신적 기능들의 분절로 규정된다. 정동장애집단은 조증이든 울증이든 주요한 정서장애로 특징지어지며, 즐거움과 슬픔의 기복이 심하거나 어느 한쪽에 치우치는 성향을 지니고 있다. 정동장애 유형은 세 가지다. 조증과 우울증 증후들이 나타나는 양극성 정동장애, 단극성 정동장애인 조증 증후가 나타나는 조증장애, 우울증 증후가 나타나는 우울증장애다.

우리나라에서 정신장애로 인정되지는 않지만 정신질환으로 분류되는 또 다른 증상들은 공황장애,[1] 강박장애,[2] 성격장애,[3] 외상 후 스트레스 장애, 거식증이나 폭식증 등이 있다.

---

[1] 일순간 공황에 빠진 환자는 수 분 혹은 몇 시간 동안 극도의 전율이나 심한 근심을 느낀다. 공황심리는 구체적인 이유나 사전 경고 없이 일순간에 표출된다. 신체적 증상으로는 맥박 증가, 호흡 곤란, 땀 분비, 가슴통증, 그리고 죽을 것 같은 느낌, 통제력 상실 경험을 보인다. 격렬한 신체반응과 심리적 혼란이 뒤섞이면서 공포에 휩싸이게 된다.

[2] 강박장애 환자는 자신이 원하지 않는 행동과 사고를 하게 된다고 느낀다. 자신의 행동이 기괴하고, 건강치 못하고, 비합리적이라고 인식하면서도 통제하지 못한다. 강박장애는 장소에 구애되지 않고, 여러 주제에 걸쳐서 일어난다.

[3] 융통성 결여 또는 비적응적 성격특성으로 인해 사회적 · 직업적 기능에 심각한 손상이 생기는 경우이 진단이 내려질 수 있다.

(2) 특성

정신장애인은 상대방이 말하는 내용을 피해적으로 받아들인다거나 상대의 감정을 파악하지 못하는 등 상대방의 기분을 바르게 받아들이지 못하며, 긴장이나 언어능력의 저하 등으로 자신의 기분을 상대방에게 전달하지도 못한다. 때문에 상대의 감정을 해치거나 오해를 불러일으키는 발언으로 대인관계에 지장을 초래한다. 이와 같이 의사소통의 능력저하가 일어난다.

항상 긴장감을 늦추지 않는, 즉 장거리를 단거리로 주파하려는 초조함 때문에 자기조절 능력을 상실하여 쉽게 지치는 경향이 있다. 이 때문에 장기적인 고용 안정이 어렵고 긴장 때문에 평소에는 가능한 일도 처음 접한다든지 새로운 환경에 처하게 되면 당황하고 긴장하여 실패를 자주 하게 된다. 이처럼 정신장애인은 기분이나 심정을 조절하는 능력이 저하되어 있다.

스트레스에 약하여 아주 작은 판단이나 생각에도 심한 스트레스를 받는다. 이 때문에 임기응변, 책임감, 융통성이 약하며, 스트레스를 받는 상태가 계속되면 증상이 재발할 가능성이 높다.

사춘기에서 청년기에 걸쳐 발병하는 경우가 많아 상식 등 사회성을 습득할 기회를 얻지 못하는 경우가 있다. 또한 현실수용력이 미약하여 발병 이전의 건강한 상태에 본인의 기준을 두고 있기 때문에 상식적인 행동이 안 되거나 본인의 저하된 능력을 수용하지 못하는 장애가 발생하기도 한다.

의욕이 없고 활달하지 못하며 무표정하고 말이 없고 동작이 완만한 등 정신기능의 저하가 일어난다. 한번 결정하면 변경하지 못하는 사고의 경직성, 편협한 가치관 등 정신기능의 경직성이 나타난다. 체력이 저하되고 손 기능이 둔화되는 등 전반적인 몸 동작이 민첩하지 못하여 운동능력의 저하가 나타난다(정무성 외, 2004).

정신장애인의 경우에도 일상생활이나 직업활동에 있어서 다른 장애와 마찬가지로 큰 어려움을 겪고 있으며, 신체장애와 동일하거나 그 이상의 사회적 편견이 강하게 남아 있어 본인과 가족의 고통이 크다고 할 수 있다(권선진, 2005).

(3) 특성에 따른 사회적 지원

정신질환의 상당 부분은 개인이나 가족의 노력에 의해 예방될 수 있다. 원만한 가족관계가 유지되도록 노력하고 직장, 학교 또는 사회에서 원활한 인간관계가 형성되도록 도움을 주고받는 한편, 일과 휴식 또는 운동, 취미생활과 신앙생활 등 조화로운 생활을 한다면 건강한 정신을 누릴 수 있다.

무엇보다도 국민의 인식 전환을 이끌어 내야 한다. 이를 위해 정신보건센터와 지방자치단체, 그리고 정신보건 전문 의료인들은 정신장애의 이미지 변화를 위해 많은 홍보와 교육을 하는 데 주력해야 하며, 이들의 병은 나을 수 있는 병이고 관리가 잘되면 일반인과 다르지 않다는 의식을 확실하게 심어 주는 노력이 필요하다. 무엇보다도 정신장애인의 질병의 특성과 성격을 교육하는 것이 중요하며, 그와 더불어 치료와 재활에 이르기까지 이들의 정보를 최대한 알려 주어 정신장애에 대한 충분한 이해를 바탕으로 인식을 전환시키려는 노력이 필요하다.

특히 정신장애 분야는 그 어떤 분야보다 서비스 전달체계의 확립을 필요로 하고 있으며, 특히 병원과 정신보건센터, 사회복귀시설 그리고 요양시설의 연계성을 보장해 주는 일련의 체계가 요구되고 있다. 또한 민관의 협력전달 체계도 강력히 요구되고 있다.

제2부

장애인 인권 실현을 위한 정책적 모형

제5장 법적 모형

제6장 장애인 생존권의 현실과 대안

제7장 장애인과 노동권

제8장 접근권과 유니버설 디자인

제9장 장애여성의 인권과 삶

사회복지학은 정책과 실천이 결합된 복합학문이다. 정책 없는 실천은 사상누각이며, 실천 없는 정책은 공허하다. 따라서 제2부에서는 먼저 장애인 인권 실현을 위해 필요한 정책적 지형을 검토한다. 이를 위해 법적 모형을 검토하고 장애인 인권의 대표적인 영역으로 거론되는 생존권, 노동권, 접근권에 대해 고찰한다. 장애여성에 대한 내용은 다중적 차별을 받는 대표적 소수자라는 면에서 별도의 장에서 다룬다.

제5장

법적 모형

1. 법적 구성의 검토

제1장의 〈표 1-1〉에서 살펴본 바와 같이, 기본권은 포괄적 기본권을 토대로 구체적인 기본권의 내용으로 구성되어 있다. 그렇다면 이와 같은 기본권과 장애 관련법의 구조는 어떻게 파악할 수 있는가? 장애 관련법 중 대표적인 법률로 꼽히는 것은 「장애인복지법」, 「장애인차별금지 및 권리구제 등에 관한 법률」(이하 「장애인차별금지법」), 「장애인 등에 대한 특수교육법」, 「장애인고용촉진 및 직업재활법」, 「장애인 · 노인 · 임산부 등의 편의증진 보장에 관한 법률」(이하 「편의증진보장법」), 「교통약자의 이동편의 증진법」 등이다. 기본권과 개별 장애인법의 관계를 나타내면 [그림 5-1]과 같다.

「장애인복지법」은 생존권적 기본권에 관한 법률이라 할 수 있으며, 「장애인 등에 대한 특수교육법」(이하 「특수교육법」)은 교육권, 「장애인고용촉진 및 직업재활법」은 근로권, 「장애인 · 노인 · 임산부 등의 편의증진 보장법」 및 「교통약자의 이동편의 증진법」은 환경권[1]에 관한 내용임을 알 수 있다. 그리고 이 법

기본권의 유형	기본권의 내용	법률
목적론적 포괄적 기본권	행복추구권	
사회권적 기본권	생존권적 기본권	「장애인복지법」 「장애인건강법」 「장애인활동지원법」
	교육권	「특수교육법」
	근로권	「장애인고용촉진 및 직업재활법」
	환경권	「편의증진보장법」 「교통약자의 이동편의 증진법」 「한국수화언어법」 「장애아동 복지지원법」 「발달장애인법」
방법론적 포괄적 기본권	평등권	「장애인차별금지법」
도구적 기본권	청원권	

[그림 5-1] 장애 관련 법률과 기본권과의 관계

령들은 사회적 기본권에 관한 내용을 규정하고 있는 법령임을 알 수 있다.

반면, 「장애인차별금지법」은 평등권에 관한 법률로서 평등을 달성하기 위한 방법론적인 포괄적 기본권을 다루고 있고, 차별이 발생했을 경우 권리구제 방

---

1) 「장애인·노인·임산부 등의 편의증진 보장에 관한 법률」을 환경권으로 해석하는 데는 이견이 있을 수 있다. 그러나 환경권은 좁게는 생명과 건강에 침해를 받지 않는 깨끗한 자연환경 속에 살 수 있는 권리를 의미하지만, 넓게는 인공적·사회적 환경까지 포함하여 쾌적한 환경 속에 살 권리를 의미한다(김문현, 2000: 73-74). 이와 관련하여 핀켈스타인(Finkelstein)은 장애인에 대한 사회적 지원을 환경(environment)의 맥락에서 바라보아야 한다고 주장하였다.

법과 절차에 대해 규정하고 있으므로 청원권을 다루고 있는 도구적 기본권의 성격을 동시에 지닌다고 규정할 수 있다. 이 때문에「장애인차별금지법」의 정식 명칭이「장애인차별금지 및 권리구제 등에 관한 법률」로 정해진 것이다.

그런데 앞의 [그림 5-1]에서 보는 바와 같이 우리나라에서는 목적론적 포괄적 기본권을 다루면서 하위 법률들을 규율할 수 있는 일반법적 지위를 가진 장애 관련 법률이 부재하다는 것을 알 수 있다.「장애인복지법」이 이런 성격의 일반법이라고 보기도 하지만, 후술하듯이 그렇게 보기에는 매우 큰 문제가 있다. 또한 장애인계에서는「장애인차별금지법」을 이러한 목적에 맞추어 제정하고자 하는 요구가 있었으나「장애인차별금지법」은 본질상 절차법적인 성격을 지니지 않을 수 없다.

따라서 목적론적 포괄적 기본권에 관한 내용을 규율하는 법률을 제정할 필요가 있다고 생각된다. 여기에는 장애인의 행복추구를 위해 어떤 기본권들이 지켜져야 하는지, 그리고 이것을 담당할 기구는 어떤 것인지, 어떤 계획하에 이 기본권들을 현실화시켜 낼 것인지 등에 대한 내용이 포함되어야 한다. 그것이「장애인기본법」이다.

2. 기존 법률에 대한 비판적 고찰

앞서 검토한 바람직한 법적 구성을 토대로 기존 법률들의 위치와 내용을 재구성한다면 다음과 같이 이루어져야 할 것이다. 개별 법률별로 검토해 보자.

1) 장애인복지법

「장애인복지법」은 장애인 관련법의 기본법적 지위에 있는 법으로 이해되어 왔다. 이는「장애인복지법」의 목적에도 분명히 드러나 있다.「장애인복지법」제1조(목적)에서는 "이 법은 장애인의 인간다운 삶과 권리 보장을 위한 국가와 지방자치단체 등의 책임을 명백히 하며, 장애발생 예방과 장애인의 의료·교육·직업재활·생활환경 개선 등에 관한 사업을 정함으로써 장애인복지대책의 종합적 추진을 도모하며, 장애인의 자립생활·보호 및 수당지급 등에 관하여 필요한 사항을 정하여 장애인의 생활안정에 기여하는 등 장애인의 복지와 사회활동 참여 증진을 통하여 사회통합에 이바지함을 목적으로 한다."라고 밝히고 있다. 그리고 같은 법 제3조에서는 "장애인복지의 기본이념은 장애인의 완전한 사회 참여와 평등을 통한 사회통합을 이루는 데에 있다."라고 밝히고 있다. 이를 통해 알 수 있는 것은 「장애인복지법」이 장애와 관련된 제반 영역의 문제에 대한 기본적인 내용들을 체계화하는 것을 목표로 하고 있다는 것이다.

이에 따라 「장애인복지법」은 제17조에서 제30조에 걸쳐 장애인의 기본권을 보장하기 위한 기본적인 시책을 강구할 것을 규정하고 있는데, 여기에는 장애발생예방, 의료·재활치료, 사회적응훈련, 교육, 직업재활, 정보에의 접근, 편의시설, 안전대책, 선거권 등 행사의 편의제공, 주택의 보급, 문화환경의 정비, 복지연구 증진, 경제적 부담의 경감 등이 포함되어 있다. 이것이 1999년 전문 개정된 「장애인복지법」의 대표적인 변화였다. 이러한 내용들은 결국 장애인의 사회참여를 보장하여 국민으로서의 기본권을 보장해 주겠다는 것이다.

그런데 장애인에게 이러한 기본권을 보장해 주기 위해서는 기본권에 대한 내용이 보다 구체적으로 나타나야 한다. 그렇지만 「장애인복지법」에 규정된 기본적인 시책들은 말 그대로 '강구하여야 한다.'라는 투의 선언적 문장에 그치고 있다. 사실 현행 「장애인복지법」은 기본권을 보장하기 위한 구체적인 시책들에 관한 내용보다는 복지조치, 복지시설과 단체, 재활보조기구 등에 대해서만 상세하게 규정하고 있다. 다양한 기본권보다는 생존권에 관한 구체적 내용들로 채워져 있다는 것이다. 이와 같이 「장애인복지법」은 생존권적 기본권을 보장하기 위한 복지조치들에 대한 내용으로 구성되어 있음을 알 수 있다.

결국 「장애인복지법」은 기본법이 되기 어려운 다음과 같은 문제점을 지니고 있다. 첫째, 그 이념과 법의 구체적인 내용이 서로 일치하지 않는다는 문제점을 지니고 있다. 이념상으로는 사회참여와 완전한 사회통합을 추구하지만 그 구체적인 내용에서는 보건복지부에서 시행하는 복지조치들과 시설에 관한 규정으로 거의 일관하고 있는 것이다. 「장애인복지법」이 이념에 맞도록 체계화되기 위해서는 사회참여와 자기결정권을 위한 장애인의 권리를 명시하고 이 권리를 보장하기 위한 구체적인 조치들을 나열하고, 권리가 침해되었을 경우에 권리구제를 받을 수 있는 틀로 구성되어야 한다.

둘째, 「장애인복지법」에는 장애인의 기본권 보장을 위한 효과적인 기구가 없다는 것을 들 수 있다. 「장애인복지법」에 장애인정책조정위원회가 마련되어 있으나 조정위원회는 말 그대로 심의·조정만을 하는 회의 중심의 조직일 뿐이며 회의조차 형식적으로 이루어지고 있다. 실무를 담당하도록 되어 있는 실무위원회도 상설화되어 있지 못해 추진력과 감독력을 발휘하기 어렵다.

이와 같은 문제점들을 해결할 수 있는 방안은 기존의 「장애인복지법」이 기본 시책을 장황하게 늘어놓기보다는 실효성 있는 복지조치들을 중심으로 개정하여 '생존권적 기본권'을 확실히 보장할 수 있도록 하고, 기타 기본권과 통합적 행정을 「장애인복지법」에서 새로이 규정하는 것이 필요해 보인다. 장애인의 삶은 비장애인의 삶과 마찬가지로 모든 영역에 걸쳐서 이루어지고 있으며, 이는 보건복지부 소관 법령인 「장애인복지법」으로 해결할 수가 없다. 따라서 보건복지부 소관 법령인 「장애인복지법」은 보건복지부의 업무 성격과 일치하는 내용으로 재규정될 필요가 있다.

따라서 기본법적 성격을 지니고 있는 「장애인복지법」의 규정들은 '장애인기본법'으로 옮겨 새롭게 정리하고, 「장애인복지법」에서는 급여와 서비스에 관한 내용들을 보다 충실히 하는 방향으로 개정될 필요가 있다.

2) 장애인 건강권 및 의료접근성 보장에 관한 법률

2015년 12월 국회에서 「장애인건강권 및 의료접근성 보장에 관한 법률」이 제정되어 2017년 12월말에 시행된다. 만성질환 및 각종 사고와 재해 등으로 장애 인구가 지속적으로 증가함에 따라 장애인의 보건의료서비스에 대한 수요가 증가하고 있으며 이에 따라 장애의 관리 및 치료와 관련된 사회적 부담도 급증하고 있으나, 현행 장애인 관련 법률들은 장애인복지와 관련하여 제한적으로 규정하고 있어 장애인 건강권을 보장하기 위한 제도적 시스템과 인식이 부족한 것이 현실이다. 이 법은 이와 같은 상황에서 장애인의 건강권에 관하여 구체적으로 규정하고 있는 법률이 없다는 실정을 감안해서, 장애인의 건강보건관리를 위한 사업 및 지원 등에 관한 사항을 종합적·체계적으로 규정함으로써 장애인의 건강증진에 기여하려는 법률이다.

이 법은 "장애인의 건강권 보장을 위한 지원, 장애인 보건관리 체계 확립 및 의료접근성 보장에 관한 사항을 규정하여 장애인의 건강증진에 이바지하는 것"을 목적으로 하며, 이를 위해 보건복지부장관은 「장애인복지법」에 따른 장애인정책조정위원회의 심의를 거쳐 장애인 건강보건관리종합계획을 5년마다 수립하여야 한다. 그리고 「국민건강증진법」에 따라 국민건강증진종합계획 및 실행계획을 수립·시행함에 있어서 장애인 건강보건관리종합계획이 포함되도록 해야 한다.

또한 국가와 지방자치단체는 장애인의 건강증진 및 질환 예방 등을 위한 장애인 건강검진사업과 장애인의 생애주기별 질환 관리를 위한 장애인 건강관리사업을 시행할 수 있도록 하고 있다. 뿐만 아니라 장애인의 의료기관 등 접근 보장을 위하여 이동편의 및 의료기관 등 이용 시 적절한 편의를 제공할 수 있도록 하고, 의료기관 등을 직접 이용하기 어려운 장애인을 위하여 방문진료사업을 수행할 수 있도록 하고 있다.

무엇보다도 국가 및 지방자치단체는 중증장애인에 대하여 장애인 건강 주치의 제도를 시행할 수 있도록 함으로써 장애인의 건강을 예방 관리할 수 있도록 하였다. 그리고 보건복지부장관은 장애인 건강보건관리사업의 기획 및 장애인 건강보건관리 전달체계의 구축 등의 업무를 수행하는 중앙장애인건강보건의료센터를 지정할 수 있도록 하고, 시·도지사는 장애인의 건강검진, 진료 및 치료 등의 의료서비스 제공 등의 업무를 수행하는 지역장애인건강보건의료센터를 지정할 수 있도록 하여, 체계적인 의료전달체계를 구성하고자 하였다.

또한 국가와 지방자치단체는 장애인보건의료센터의 업무수행에 소요되는 비용 및 장애인 건강관리사업에 소요되는 비용 등에 대하여 그 전부 또는 일부를 지원할 수 있도록 하여 장애인의 건강에 소요되는 경제적 부담을 경감시키고자 하였다.

3) 장애인 등에 대한 특수교육법

「장애인 등에 대한 특수교육법」(이하「특수교육법」) 제1조(목적)에는 "이 법은 「교육기본법」 제18조에 따라 국가 및 지방자치단체가 장애인 및 특별한 교육적 요구가 있는 사람에게 통합된 교육환경을 제공하고 생애주기에 따라 장애유형·장애 정도의 특성을 고려한 교육을 실시하여 이들이 자아실현과 사회통합을 하는 데 기여함을 목적으로 한다."라고 규정되어 있다. 법제명에서도 명백히 드러나듯이 장애인의 교육기회를 확대하겠다는 것이 기본적인 목적이다. 현재 영·유아 및 초·중등학교 과정의 교육은「특수교육법」 제15조에 의해 시각장애, 청각장애, 지적장애, 지체장애, 정서·행동장애, 자폐성장애(이와 관련된 장애를 포함한다.), 의사소통장애, 학습장애, 건강장애, 발달지체, 그밖에 대통령령으로 정하는 장애를 가진 사람으로, 특수교육이 필요하다고 진단·평가된 사람을 그 대상으로 하고 있다.

「특수교육법」은 1977년 12월 31일 제정[2]된 이후 수차례의 발전을 거듭하여 현재에 이르고 있는데, 대표적인 것은 다음과 같이 요약할 수 있다. 첫째, 파견교육, 순회교육 등 특수교육 서비스 전달 수단이 다양화되었다. 둘째, 개별화 교육방법이 법적으로 도입되었으며, 가족지원, 각종 치료지원이 정식 학교 체제에 도입되었다. 셋째, 특수교육운영위원회가 설치되고 특수교육지원센터가 설치·운영되는 등 특수교육 지원 및 협력 체제가 정비되었다. 넷째, 전공과

---

2) 제정 당시 법명은「특수교육진흥법」이었으며, 2007년 5월「장애인 등에 대한 특수교육법」으로 대체 입법되었다.

를 개설하여 직업교육을 강화하였다. 다섯째, 입학거부 및 적절한 배려를 하지 않는 것을 차별로 간주하고 이에 대한 벌칙 조항이 마련되었다. 여섯째, 유치원부터 고등학교 교육과정까지 의무교육이 이루어졌으며, 장애영유아에 대한 무상교육이 규정되었다. 일곱째, 대학에서의 고등교육과 평생교육에 대한 지원 체제가 도입되었다.

이와 같이 비약적으로 발전한 「특수교육법」은 나름대로의 의미에도 불구하고 일정 정도 한계를 지닌다.

첫째, 장애인의 교육권을 제대로 보장해 주지 못한다는 사실이다. 장애인이 교육을 받기란 그리 용이한 일이 아니다. 초등학교 졸업장을 받아 보지도 못한 장애인들이 약 10%에 이른다. 장애인의 평균학력은 중졸에 불과하다. 일반인이 대부분 대학에 진학하고 중학교가 의무교육이 된 지가 벌써 오래전이라는 사실을 떠올려 보면 장애인의 교육현실이 얼마나 열악한지를 알 수 있다.

둘째, 통합교육기관의 부족이다. 통합교육이 이루어지기 위해서는 특수학교가 아니라 특수학급의 지원을 받으면서 일반학급에서 교육을 받아야 한다. 그런데 각급학교에 특수학급이 설치된 학교의 비율은 약 50% 정도에 불과하다. 장애학생이 배치되어 있음에도 불구하고 특수학급이 없는 학교들도 상당수를 차지하고 있어 장애학생의 통합교육에 걸림돌이 되고 있다. 아직 약 30%의 장애학생들이 특수학교에서 분리된 교육을 받고 있다.

셋째, 법정 교원의 부족 현상이다. 「특수교육법」의 시행으로 특수교원의 정원이 대폭 확대되었음에도 불구하고 행정적·재정적 뒷받침이 부족하여 법정 특수교원의 1/3 정도가 미달되어 있다. 더불어 특수교육보조원의 경우도 질적·양적으로 매우 부족한 상황이다.

넷째, 특수교육 방법을 스스로 선택하기 어렵다. 특히 순회교육의 경우 장애인의 특성상 가정이나 병원 등에서 교육을 받을 수 있는 매우 획기적인 방법이지만 제대로 시행되지 못하고 있다. 이런 문제를 해결하기 위해서는 특수교육의 방법을 선택해서 청구할 수 있는 권리가 장애인 당사자에게 보장되어야 하며, 이를 어길 경우 차별로 간주해서 벌칙을 줄 수 있도록 하여야 한다. 이렇게 되면 인력의 부족이나 시설의 부재로 인해 장애인이 교육을 받지 못하는 상황이 지속되는 것을 방지할 수 있을 것이며, 장애인의 학습권을 보장받고 학교교육에 적극적으로 참여할 수 있는 전기를 마련할 수 있을 것이다.

다섯째, 가족지원이나 치료지원 또는 정당한 편의제공이 제대로 이루어지지 못하고 있다는 것이다. 가족지원이나 치료지원을 특수교육 관련 서비스의 중요한 영역으로 설정한 이유는 학령 전반에 걸쳐 학교가 장애아동이 처하게 되는 치료나 교육, 진로 문제를 해결하고, 가족 내 갈등과 스트레스를 해소하며, 지역사회와의 상호작용을 지원함으로써 가족 구성원들이 고립되지 않고 삶의 질을 회복할 수 있도록 하고자 하는 것이다. 그런데도 가족지원에 관해서는 법률과 시행령의 규정을 정점으로 정부와 교육청의 특수교육 운영계획상에 반복적으로 제시만 되어 있을 뿐 구체적인 시행이나 결과에 대한 내용은 어디에서도 찾아볼 수 없으며, 치료지원의 경우도 유자격 치료사를 확보하지 못하여 충분히 지원되지 않고 있는 상황이다.

여섯째, 학교에서의 집단 따돌림이나 무시, 폭력 등의 장애학생에 대한 인권침해가 여전히 상존하고 있다는 것이다. 특히 또래집단에 의한 따돌림이나 폭력은 매우 심각한 수준이다.

4) 장애인고용촉진 및 직업재활법

「장애인고용촉진 및 직업재활법」 제1조(목적)는 "이 법은 장애인이 그 능력에 맞는 직업생활을 통하여 인간다운 생활을 할 수 있도록 장애인의 고용촉진 및 직업재활을 꾀하는 것을 목적으로 한다."라고 규정하고 있다.

이와 같은 목적을 가지고 있는 「장애인고용촉진 및 직업재활법」은 1990년에 장애인계의 요구로 제정된 법률로서 현재는 50인 이상[3] 상시근로자를 둔

---

3) 2004년 1월부터 확대된 조치로서 2003년까지는 상시근로자 300인 이상 사업체에 한정되었다. 부담금은 2006년부터 200인 이상 사업체로 확대하고 2007년부터는 100인 이상 사업체로 확대되었다.

사업장에서 일정 비율[4]을 장애인으로 고용해야 한다는 의무사항을 명시하고, 의무사항을 이행하지 않는 기업체에는 고용부담금을 물리고 의무고용률 이상을 고용하는 사업체에는 장려금을 지원하는 등 긍정적인 조치를 취하고 있는 법률이다. 제정 당시의 법명은 「장애인고용촉진 등에 관한 법률」이었다.

이 법은 장애인의 고용을 실질적으로 증진시키는 등 장애인의 사회참여에 매우 큰 영향을 끼친 법률이지만 기본적인 한계가 있다. 장애인이 취직하려고 하는 사업체의 고용주가 장애인을 채용하지 않겠다고 한다면 어쩔 도리가 없다는 것이다. 만약 그 사업체가 부담금 적용 사업체라면 부담금을 물면 그만이고 그렇지 않은 사업체라면 아무런 상관이 없다. 아무리 능력 있는 장애인이라고 할지라도 차별적 상황을 극복할 수 있는 방법이 없다는 것이다. 따라서 「장애인차별금지법」이 요구되고 있으며, 이 외에도 또 다른 고용정책들이 필요하다.

5) 장애인 · 노인 · 임산부 등의 편의증진 보장에 관한 법률

「장애인 · 노인 · 임산부 등의 편의증진 보장에 관한 법률」은 1997년에 시행된 법률이다. 아시아태평양경제사회위원회(ESCAP)에서 아 · 태장애인 10년 기간 동안 추진하기로 결정한 대표적인 법률이기도 하다. 「장애인 · 노인 · 임산부 등의 편의증진 보장에 관한 법률」 제1조(목적)에서는 "이 법은 장애인 · 노인 · 임산부 등이 일상생활에서 안전하고 편리하게 시설 및 설비를 이용하고 정보에 접근할 수 있도록 보장함으로써 이들의 사회활동 참여와 복지 증진에 이바지함을 목적으로 한다."라고 규정되어 있으며, 같은 법 제4조에는 접근권을 명시하고 있다. 이에 따르면 "장애인 등은 인간으로서의 존엄과 가치 및 행복을 추구할 권리를 보장받기 위하여 장애인 등이 아닌 사람들이 이용하는 시설과 설비를 동등하게 이용하고, 정보에 다른 사람의 도움 없이 자유롭게 접근할 수 있는 권리를 가진다."라는 것이다.

---

4) 2010년 2.3%, 2012년 2.5%, 2014년 2.7%로 확대되었으며 2019년부터 3.1%로 상향 조정되었다.

이 법의 가장 큰 특징은 공공기관이나 대중이용시설에 편의시설 설치를 의무화한 것이다. 설치대상은 도로, 공원, 공공건물 및 공중이용시설, 공동주택, 교통수단, 통신시설 등이다. 설치시기는 도로의 경우 신설, 개축, 수선 시, 공원의 경우 설치 및 공원계획 또는 조성계획상 공원시설 변경을 결정할 때, 공공건물·공중이용시설 및 공동주택의 경우는 신축, 증축, 개축, 재축, 이전, 대수선, 용도변경 시이며, 교통수단은 구입 시, 통신수단은 설치 시다.

장애인 편의시설의 설치를 촉진하기 위해 시장·군수·구청장 등은 소관 대상시설의 설치 및 운영에 관하여 지도와 감독을 행하는 한편, 편의시설 실태 조사를 실시하고 연도별·대상시설별 편의시설 설치계획을 수립·시행하여야 한다. 또한 정부는 민간이 편의시설을 설치할 경우 금융·기술 지원 등을 실시하며 설치비용에 대하여는 조세관계법령이 정하는 바에 따라 조세를 감면하도록 하고 있다. 그리고 이를 위한 '편의시설설치촉진기금'도 마련하고 있는데, 정부출연금과 이행강제금 등으로 조성되며, 이 기금은 편의시설 상세표준도의 작성 등 연구개발사업, 기술지원사업, 교육 및 홍보사업, 편의시설 설치에 필요한 자금의 융자 및 보조사업 등에 사용될 수 있다.

또한 이 법은 법의 실효성 확보를 위해 벌칙을 두고 있는데, 법에 규정된 편의시설을 설치하지 않았을 때는 3천만 원 이하의 이행강제금과 500만 원 이하의 벌금이 동시에 부과될 수 있다. 이행강제금은 위반사항이 시정될 때까지 매년 1회씩 부과한다. 한편, 이 법에 따라서 장애인전용주차구역에 일반 차량이 주차한 경우 20만 원 이하의 과태료를 부과할 수 있으며, 편의시설 안내표시를 안 하거나 공공시설에 휠체어 등을 비치하지 않은 경우에는 100만 원의 과태료가 부과된다.

이 법이 제정된 후로 장애인에 대한 편의시설 설치가 향상된 측면은 분명히 존재한다. 그러나 그러한 성과에도 불구하고 여러 가지 비판에 직면해 있으며, 장애인단체에서는 대안적인 법률 제정을 요구할 정도로 문제가 많은 법률로 지적되고 있다.

대표적인 문제점으로 지적되는 것은 이 법이 시설에 대한 부분으로만 이루어져 있다는 것이다. 접근권의 문제는 시설과 같이 물리적인 부분만이 아니라 정보·통신과 같은 다양한 영역에 걸쳐져 있음에도 불구하고 정보 관련 접근권에 대해서는 거의 무용지물이라는 것이다. 자막방송이나 전화통화 등 정보와 관련된 부분은 거의 다 빠져 있다.

이 외에도 공중이용시설이나 교육시설과 같이 대중이 이용하는 시설임에도 불구하고 기존의 건물들을 의무적용대상에서 제외시킨 것도 문제점으로 지적되고 있다. 또한 이 법이 편의시설 중 임의 적용 사항이 많다는 문제점에 대해서도 장애인의 고용을 실질적으로 증진시키고 있는지가 계속해서 지적되고 있다. 대중교통과 관련된 부분에서도 일반적으로 가장 많이 이용하는 버스와 택시 등에 대한 규정이 없다는 것이 문제로 지적되었다.

6) 교통약자의 이동편의 증진법

앞에서 지적한 「장애인·노인·임산부 등의 편의증진 보장에 관한 법률」의 문제 중 대중교통과 관련된 문제를 해결하기 위해 2005년 1월 「교통약자의 이동편의 증진법」이 제정되었다. 이는 2001년 오이도역 휠체어 리프트 추락사고로 인해 각 장애인단체를 중심으로 한 장애인의 이동권 보장에 대한 요구의 결과였다.

이 법은 교통약자가 안전하고 편리하게 이동할 수 있도록 교통수단·여객시설 및 도로에 이동편의시설을 확충하고, 보행환경을 개선하여 인간 중심의 교통체계를 구축함으로써 이들의 사회참여와 복지증진에 이바지함을 목적으로 한다. '교통약자'라 함은 장애인, 고령자, 임산부, 영유아를 동반한 사람, 어린이 등 생활을 영위함에 있어 이동에 불편을 느끼는 사람을 말한다. '교통수단'이라 함은 사람을 운송하는 데 이용되는 것으로서 버스, 도시철도, 철도, 비행기, 선박이며, '여객시설'에는 정류장, 도시철도시설, 철도시설, 환승시설, 공항시설이 포함된다. '이동편의시설'이라 함은 휠체어 탑승설비, 장애인용 승강기, 장애인을 위한 보도, 임산부가 모유수유를 할 수 있는 휴게시설 등 교통약자가 교통수단·여객시설 또는 도로를 이용함에 있어 이동의 편리를 도모하기 위한 시설과 설비를 말한다. '특별교통수단'이라 함은 이동에 심한 불편을 느끼는 교통약자의 이동을 지원하기 위하여 휠체어 탑승설비 등을 장착한 차량을 말한다. 또한 '이동권'이라 함은 "교통약자는 인간으로서의 존엄과 가치 및 행복을 추구할 권리를 보장받기 위하여 교통약자가 아닌 사람들이 이용하는 모든 교통수단, 여객시설 및 도로를 차별 없이 안전하고 편리하게 이용하여 이동할 수 있는 권리"로 규정하고 있다.

「교통약자의 이동편의증진법」은 제3조에 규정한 이동권을 중심으로 5년 단위의 이동편의증진계획을 마련하도록 의무화하고 이동편의시설 설치기준이 지켜지고 있는지 지도·감독하도록 하며, 이를 어길 경우 시정명령을 내리고 명령에 따르지 않을 경우 1천만 원 이하의 벌금을 부과할 수 있도록 하고 있다. 이 외에도 저상버스의 의무 도입 및 특별교통수단 도입을 의무화해 둔 것도 큰 특징 중의 하나다. 특별교통수단은 장애 정도가 심한 장애인 150명당 1대 기준으로 도입하여야 하며, 노선버스는 의무도입사항임과 동시에 특별시와 광역시의 경우 1/2 이상, 시·군은 1/3 이상 저상버스를 운행하는 자에게 우선적으로 사업면허를 줄 수 있도록 규정하고 있다.

그러나 이상의 내용들 또한 권리라는 면에서 한계를 지니고 있다고 판단된다. 권리 중심적 접근의 핵심은 권리의 주체인 당사자가 스스로 문제를 해결할 수 있도록 하는 방식이다. 이 방식은 당사자의 권리를 구체적으로 명기하고 이 권리가 침해되었을 경우 당사자가 문제 해결의 주체로 나설 수 있도록 하는 것이다. 이와 같은 방식은 결국 「장애인차별금지법」으로 귀결된다. 장애인들의 대중교통 이용권과 정보접근권을 권리로 명시하고, 이 권리를 보장하지 못할 경우 차별로 규정하여 장애인 스스로 차별에 대해 권리구제를 받을 수 있도록 하는 것이다.

7) 한국수화언어법[5)]

2015년 12월 「한국수화언어법」이 국회 본회의를 통과하였다. 이로써 10여 년 넘게 진행된 수화언어법 제정 운동이 마침표를 찍게 됐다. 「한국수화언어법」이 제정된 것은 여러 가지 의미가 있다. 농인들의 언어인 수화를 국어와 동등한 언어로 인정했다는 것과 대한민국도 단일 언어에서 이중언어(다언어) 사회로 접어들었다는 것이다. 또한 「한국수화언어법」 제정은 그동안 억압을 받아 왔던 수화언어(이하 수어)가 더 이상 차별의 언어가 아닌 농인들의 차별을 제거해 줄 언어로서 작용할 수 있다는 것이다.

「한국수화언어법」은 총 4장 20조로 구성되어 있다. 「한국수화언어법」 제1조(목적)에서는 "이 법은 한국수화언어가 국어와 동등한 자격을 가진 농인의 고유한 언어임을 밝히고, 한국수화언어의 발전 및 보전의 기반을 마련하여 농인과 한국수화언어사용자의 언어권과 삶의 질을 향상시키는 것을 목적으로 한다."라고 규정하고 있다. 제2조(기본이념)에서는 '한국수어의 대한민국 농인의 공용어 지정' '수화언어를 사용하는 농인이 농정체성을 확립하고 한국수화언어와 농문화를 계승·발전할 수 있도록 협력할 의무' '한국수화언어를 사용한다는 이유로 모든 생활영역에서 차별을 받지 아니할 권리' '한국수화언어를 통하여 삶을 영위하고 필요한 정보를 제공받을 권리' 등이 명시되었다.

법률의 주요 내용은, 농인의 한국수어 사용 환경을 개선하기 위한 정책 수립·시행(제4조), 한국수어 발전 기본계획 수립·시행(제6조), 실태조사(제9조), 한국수어의 연구(제10조), 한국수어 및 한국어 능력을 신장할 수 있는 교육환경 조성(제11조), 농인 등 가족지원(제12조), 한국수어 사용 촉진과 보급(제14조), 한국수어의 날 제정(제17조) 등이 있다.

이 법의 제정으로 인하여 다음과 같은 많은 변화가 예상된다.

첫째, 정부 정책에서만이 아니라 시민들의 수어에 대한 인식에 많은 변화가

---

5) 한국수화언어법에 관해서는 김철환(2016)에서 인용하였다.

있을 것이다. '농인'이라는 단서를 달기는 했지만 수어가 한국 내의 또 다른 공용어로 지정되었다. 이는 한국이 단일 언어를 사용하는 나라라는 기존의 생각에 영향을 줄 수 있다.

둘째, 농문화가 청인들의 문화와 다른 양식의 독자적인 문화임을 법률에 명시했다는 것이다. 이는 자국의 문화를 다문화의 하나로 인정하지 않는 국내의 정책에도 영향을 줄 수 있다.

셋째, 무엇보다 중요한 것은 수어의 학습과 사용이 농인들의 권리로 명시됐으며, 이러한 권리는 농인만이 아니라 청각장애인 등 수어를 사용하는 이들에게도 적용된다는 것이다. 수어의 학습과 사용에 대한 권리는 사회 전반적으로 적용된다. 특히 그동안 사적인 영역으로 분류되어 손길이 미치지 못했던 가족 내에서의 수어 사용 환경에도 변화가 있을 것이다. 고질적인 문제로 지적되었던 농인의 교육 환경에도 많은 진전이 있을 것이다.

넷째, 비장애인의 수어 사용의 확산과 인식변화에 영향을 줄 것이다. 법률에 '한국수어의 날'을 지정하도록 하고 있어 수어가 언어로 자리매김하는 데 영향을 줄 것이다. 또한 수어능력 검정시험 등이 도입될 경우, 이러한 인증시험이 가산점제도와 병행된다면 수어에 대한 인식의 변화뿐만 아니라 외국어와 같은 형태로 배우려는 시민들이 늘어날 수 있다.

다섯째, 수어를 배우려는 추세에 맞추어 수어교육 등이 체계화될 것이다. 법률 시행으로 수어 교육장이나 수어 강사(교원)의 인증제가 도입되면 수어강의가 체계적으로 정리되고, 질적으로 우수한 강사와 강의 프로그램들이 나올 수 있다.

8) 장애아동 복지지원법

「장애아동 복지지원법」은 장애아동을 둔 부모들의 요구에 의해 2011년 6월 제정되고 2012년 5월에 발효된 법률이다. 법 제정운동을 추진했던 사람들은 장애아동이야말로 장애의 중증화를 예방하고 조기개입이 필요하지만, 이에 대한 적절한 법률이나 전달체계가 없다는 문제의식을 지니고 있었다.

이런 문제의식하에 제정된 「장애아동 복지지원법」 제정은 다음과 같은 의의가 있다.

첫째, 장애아동 복지지원의 법률적 토대를 마련했다는 데에서 가장 큰 의의를 찾을 수 있다. 기존에 임의적으로 운영되던 복지서비스가 확실한 법정 서비스로 전환되었고, 돌봄 및 휴식지원 서비스, 지역사회 전환서비스 등 새로운 서비스가 제공될 수 있는 근거가 마련되었다.

둘째, 장애아동을 위한 복지지원 전달체계의 공공성을 확보할 수 있는 기틀이 마련되었다는 점이다. 이 법이 실행되는 데 중추적인 역할을 담당하게 될 장애아동지원센터의 공공기관 위탁이 명문화됨으로써 민간중심의 전달체계에서 나타났던 여러 가지 한계를 극복하고, 사례관리 및 개인별 지원계획에 의한 통합적 서비스가 제공될 수 있는 환경이 조성되었다.

반면, 이 법이 다음과 같은 한계를 지닌다는 것도 분명해 보인다.

첫째, 「장애아동 복지지원법」에서 다루고 있는 복지지원 내용의 범주가 협소하다. 이 법 제19~27조에서 지원하고자 하는 내용들을 담고 있지만 지원대상이 제한적이며, 제공하고 있는 복지서비스의 내용도 기존에 제공하는 서비스의 범주를 크게 벗어나고 있지 못하다. 특히 교육을 통해 장애아동이 성인 이후 노동시장에 참여할 수 있도록 교육과 일을 연계하는 제도가 함께 포함되어야 한다. 비장애아동에 비해 장애아동이 성년이 된 이후 직업훈련이나 일자리 관련 교육이 시작될 때 사회적응에 많은 시간과 비용이 소요될 수 있다는 점에서 중·고등학교 교육시절부터 이를 미리 준비할 수 있도록 하는 지원방안이 고려되어야 한다(김태완, 김성아, 2015).

둘째, 전달체계가 제대로 구성되어 있지 못하다. 「장애아동 복지지원법」에서는 전달체계와 관련하여 중앙장애아동지원센터(의무) 및 시군구 단위의 지역장애아동지원센터(임의)를 설치하는 것을 규정하고 있다. 중앙장애아동지원센터가 연구와 정책수립에 기여한다면, 지역장애아동지원센터는 서비스 제공기관과 서비스 이용자의 연결에 주도적으로 개입한다. 특히 지역장애아동

지원센터는 장애아동과 그 가족에 대해 사례관리 서비스를 제공하고 개별적 서비스 계획수립을 통해 맞춤형 서비스를 계획하고, 이에 따라 필요한 서비스를 적절하게 연결하는 기능을 해야 한다. 이는 매우 중요하다. 그러나 이 법이 정한 규정대로 별도의 장애아동지원센터가 설치되어 있는 곳은 없다.

이러다 보니 장애아동을 위해 어떤 지원이 필요한지 개별화해서 결정하고 이를 추진할 수 있는 기준이나 인력이 없다. 이 때문에 장애아동복지지원법상의 서비스들도 기껏해야 장애 정도나 소득에 따라 판정될 수밖에 없다.

이러한 상황에서 2015년 11월부터 시행된 「발달장애인 권리보장 및 지원에 관한 법률」에 의하면 발달장애인지원센터를 장애아동지원센터와 기능을 함께할 수 있도록 하였다. 결국 장애아동복지지원센터를 발달장애인지원센터와 함께 가도록 규정한 것이다. 그래서 중앙의 경우 중앙장애아동·발달장애인 지원센터가 설치되었고 지방에서도 주로 장애아동발장장애인지원센터로 설립되고 있는 중이다.

9) 발달장애인 권리보장 및 지원에 관한 법률

「발달장애인 권리보장 및 지원에 관한 법률」(이하 「발달장애인법」) 또한 장애아동 부모들의 지난한 노력 속에서 2014년 4월 제정되고 2015년 11월부터 시행된 법률이다.[6]

「발달장애인법」은 총 7장 44개 조항으로 구성돼 있다. 발달장애인의 권리보장(제8~17조)과 이들의 복지욕구를 반영한 복지지원 및 서비스(제18~29조)에 대한 조항이 법안의 큰 축을 이루고 있으며, 이러한 정책 및 서비스가 효과적으로 지원될 수 있도록 하는 전달체계로서 발달장애인지원센터(제33~38조)의 설치 및 역할도 명시하고 있다.

권리보장 영역에는 자기결정권의 보장, 성년후견제 이용지원, 의사소통지

6) 이하 자세한 내용은 최복천(2014)에서 인용함.

원, 자조단체의 결성, 형사·사법절차상 권리보장, 발달장애인에 대한 전담조사제, 발달장애인 대상 범죄방지, 신고의무, 현장조사, 보호조치 등의 조항이 있다.

먼저, '자기결정권의 보장(제8조)'을 원칙으로 주거지, 의료행위, 타인과의 교류, 복지서비스 이용 등에 대해 발달장애인이 스스로 선택할 수 있는 권리를 인정하고 보호자의 개입을 최소화하도록 규정하고 있으며, 자기결정권 행사가 어려운 발달장애인을 위해 성년후견제 이용지원(제9조) 내용도 명시하였다. 법령 및 정책, 교육, 민원 서비스 등에서 발달장애인에 맞는 의사소통 지원(제10조)과 함께 자기권리옹호의 기반이 되는 자조단체 결성(제11조) 지원 내용도 담겨 있다.

특히 발달장애인의 인권침해 예방 및 피해구제를 위한 조항으로는 형사·사법절차상에서 발달장애인을 위한 보조인을 둘 수 있게 한 제12조(형사·사법절차상 권리보장), 발달장애인을 전담하는 검사, 사법경찰관을 지정하도록 한 제13조(발달장애인 전담조사제), 학대 등 발달장애인 인권침해 사실 신고 의무대상자를 규정한 제15조(신고의무)를 두고 있다. 제16조(현장조사)에는 수사기관 외에 '발달장애인지원센터'를 신고기관으로 명시하고 발달장애인지원센터의 직원에게도 관련 조사권을 부여함으로써 발달장애인 인권침해와 범죄 피해에 대한 예방과 최소화를 위한 기반을 마련하였다.

복지지원 및 서비스 영역에서는 개인별 지원계획의 수립(제19조)에 대한 내용을 우선적으로 언급하지 않을 수 없다. 등급이나 소득수준 등에 따라 결정된 서비스 종류와 양을 개인의 복지욕구에 따라서 조정하여 이용할 수 있도록 규정하고 있기 때문이다. 즉, 지방자치단체의 의뢰에 따라 발달장애인지원센터에서 수립한 개인별 지원계획이 본인의 요구에 맞지 않는다고 판단할 경우, 이에 대한 변경 및 수정을 요청할 수 있도록 명시하고 있다(제19조 6항).

또 이 법에 규정된 발달장애인을 위한 복지서비스로는 발달장애 의심 영유아에 대한 정밀 진단비 지원과 검사도구의 개발(제23조 조기진단 및 개입), 발달장애인 거점병원과 행동문제에 대한 지원을 위한 행동발달증진센터의 설치

(제24조 재활 및 발달지원), 발달장애인 특화 직업훈련시설 운영과 평생교육기관 지정(제25조 고용 및 직업훈련 지원, 제26조 평생교육 지원) 외에 소득수준이 상대적으로 낮은 발달장애인의 생활수준 유지를 위한 연금제도 등 관련 복지제도 개선(제28조 소득보장) 등이 명문화되어 있다.

그 외에도 발달장애인의 보호자 및 비장애 형제·자매를 위한 정보제공과 교육, 상담, 휴식지원 등의 내용도 담겨 있다.

「발달장애인법」에서는 법안에서 명시한 발달장애인을 위한 서비스의 제공을 위해 별도의 전달체계인 '발달장애인지원센터'를 중앙과 지역(전국 17개 시·도 설치 의무, 시·군·구는 임의)에 설치하도록 의무화하고 있다. 센터는 개인별 지원계획 수립과 복지서비스 제공기관과의 연계, 권리구제 지원업무를 중심으로 맡게 될 예정이다.

한편, 「발달장애인법」은 다음과 같은 한계를 지니고 있다.

첫째, 시행령에 범위를 확장할 수 있는 여지를 두고 있긴 하지만 발달장애인을 지적장애인과 자폐성장애인에 한정시킴으로써 외국에서 인정하고 있는 광범위한 발달장애인들이 빠지게 되었다. 일반적으로 발달장애를 성인기 이전의 발달 과정에서 복수의 생활기능이 제한되는 경우를 광범위하게 인정하고 있다는 것을 고려한다면 학습장애나 주의력결핍 과잉행동장애(ADHD), 뇌성마비 장애 등도 발달장애에 포함될 수 있을 것이다.

둘째, 「장애아동 복지지원법」과 「발달장애인법」의 지원 대상이 상당 부분 중복됨으로써 업무나 전달체계에서 유사 중복 현상이 발생하고 있다. 일반적으로 발달장애는 아동기에 발생하기 때문에 이는 피할 수 없는 현상이다. 그럼에도 불구하고 두 법이 각각 별도의 법으로 제정됨으로써 스스로 혼란을 초래하고 있다.

10) 장애인차별금지 및 권리구제 등에 관한 법률

2007년 3월 6일 「장애인차별금지 및 권리구제 등에 관한 법률」(이하 「장애인

차별금지법」)이 국회를 통과하여 2008년 4월 11일부터 시행되었다. 7년에 걸친 장애인계의 요구에 의해 「장애인차별금지법」이 제정된 것이다. 서구의 경우 미국의 ADA(1990), 호주의 DDA(1992), 영국의 DDA(1995) 등 주로 영미권 국가들이 「장애인차별금지법」을 시행하여 왔으나, 1990년대 말 이후 스웨덴(1999), 독일(2002), 스페인(2003), 벨기에(2003), 네덜란드(2003), 스위스(2004), 오스트리아(2005), 프랑스(2005) 등 유럽 대륙 및 북유럽 국가들도 독자적인 장애인차별금지법을 제정·시행하거나 차별금지법 내에 장애차별을 금지하는 규정을 도입·강화하는 추세를 보이고 있다. 이와 같이 장애차별을 금지하려는 제도적 조치가 확산된 데에는 장애차별문제의 심각성과 장애인의 권리보장을 위한 인식 향상이 배경으로 자리하고 있다.

「장애인차별금지법」 제1조(목적)에서는 "이 법은 모든 생활영역에서 장애를 이유로 한 차별을 금지하고 장애를 이유로 차별받은 사람의 권익을 효과적으로 구제함으로써 장애인의 완전한 사회참여와 평등권 실현을 통하여 인간으로서의 존엄과 가치를 구현함을 목적으로 한다."라고 명시하고 있다. 이 법의 구성은 다음과 같다.

- 장애인 등(장애인, 대리·동행자, 보조기구 등)에 대하여
- 모든 생활영역(고용, 교육, 재화와 용역, 사법·행정, 모·부성권, 가정·시설, 여성·아동)에 걸쳐
- 누구든지(정부, 공공기관, 민간 등)
- 모든 유형의 차별(직접차별, 간접차별, 정당한 편의제공 거부, 광고 차별 등)을 금지하고 있으며
- 발생한 차별에 대한 권리구제를 효과적으로 한다.

이에 따른 「장애인차별금지법」의 주요 내용을 요약해 보면 〈표 5-1〉과 같다.

표 5-1 「장애인차별금지법」 구성 및 주요 내용

구성	주요 내용
총칙	• 모든 생활영역 → 장애를 이유로 한 차별 → 장애를 이유로 차별받은 사람들의 권리구제 → 장애인의 완전한 참여와 평등 • 장애를 이유로 한 차별뿐 아니라 과거의 장애경력 또는 장애가 있다고 추측됨을 이유로 하는 차별도 금지(제6조)
차별의 개념	① 직접차별: 장애인을 정당한 사유 없이 제한 · 배제 · 분리 · 거부하여 불리하게 대하는 것 ② 간접차별: 형식상으로 공정한 기준을 적용했더라도 장애를 고려하지 않은 기준을 적용해 장애인에게 불리한 결과가 발생하는 것 ③ 정당한 편의제공 거부에 의한 차별: 과도한 부담이나 현저히 곤란한 사정 등 정당한 이유 없이 편의시설이나 장애를 고려한 서비스를 거부하는 것 ④ 광고에 의한 차별: 광고의 내용이 장애인에 대한 제한 · 배제 · 분리 · 거부 등 불리한 대우를 나타내는 것
차별금지 대상	① 장애인: 신체적 · 정신적 손상 또는 기능상실이 장기간에 걸쳐 개인의 일상 또는 사회생활에 상당한 제약을 초래하는 자 ② 장애인을 대리 · 동행하는 자: 장애아동의 보호자 또는 후견인, 그 밖의 장애인을 돕기 위한 자 ③ 보조견 또는 장애인 보조기구의 정당한 사용: 보조견 또는 장애인 보조기구 등의 정당한 사용을 방해하거나 보조견 및 장애인보조기구 등을 대상으로 차별하는 행위
차별금지 영역	① 고용 • 차별금지, 정당한 편의제공 의무, 의학적 검사 금지 • 시설 · 장비의 설치 또는 개조 • 재활, 기능평가, 치료 등을 위한 근무시간의 변경 또는 조정 • 지도 매뉴얼, 참고 자료의 변경, 시험 또는 평가과정의 개선 • 장애인 보조기구의 설치 및 보조인 배치 ② 교육 • 입학 및 전학 강요 · 거부 금지, 수업, 실험, 수학여행 등 교내외 활동의 제한 · 배제 · 거부 금지 • 교육활동을 위한 장애학생 지원부서 또는 담당자 지정 • 장애인 및 보호자 등의 요청 시 교육보조 인력 배치 • 통학 및 교육기관 내 이동 등 편의시설 제공 • 장애인보조기구 비치 및 의사소통 수단 제공

〈계속〉

차별금지 영역	③ 재화와 용역의 제공 및 이용 　• 재화 · 용역 제공, 토지 · 건물 매매임대 　• 금융상품 · 서비스, 시설물 접근 · 이용에 있어서 차별 금지 　• 이동 및 교통수단, 정보접근, 정보통신 · 의사소통 　• 문화 · 예술 · 체육에서의 정당한 편의 제공 　• 공공기관 등이 주최 · 주관하는 행사 　• 개인정보 보호, 국가 및 지방자치단체의 의무 ④ 사법 · 행정절차 및 서비스와 참정권 　• 행정서비스 이용에 따른 편의 제공 　• 사법서비스 이용에 따른 편의 제공 　• 참정권 보장 ⑤ 모 · 부성권, 성 등 　• 출산 · 임신 · 양육 등 모 · 부성권에 있어 제한 · 배제 · 분리 · 거부 　　금지 　• 입양 시 장애로 인한 차별금지 및 실질적 평등 보장 　• 성에서의 차별 금지 ⑥ 가족 · 가정 · 복지시설, 건강권 등 　• 재산권, 양육권, 친권 등에 있어 장애로 인한 불합리한 차별 금지 　• 복지시설 이용 시 장애로 인한 친권 향유, 가족면접, 외부와의 소통 　　에 있어서의 차별 금지 　• 의료행위에 있어서 장애를 이유로 제한 · 배제 · 분리 · 거부 금지 　• 유기 · 학대 · 폭력 · 괴롭힘 등 금지 및 예방 ⑦ 장애여성 · 장애아동 　• 장애여성 및 아동, 정신적 장애인 차별 금지 　• 국가와 지방자치단체의 의무
권리구제 (손해배상 벌칙 등)	① 국가인권위원회 및 법무부(시정권고 · 시정명령) 　• 차별받은 사람은 국가인권위원회에 진정 　• 국가인권위원회는 진정조사권과 직권조사권 보유 　• 국가인권위원회 내 장애인차별시정 소위원회 설치 　• 법무부의 시정명령권 ② 법원에 의한 권리구제(손해배상 · 벌칙) 　• 차별행위로 손해를 가한 자에게 손해배상 책임 　• 입증책임 배분 　• 악의적 차별행위에 대해 3년 이하 징역 또는 3천만 원 이하 벌금

「장애인차별금지법」의 네 가지 핵심 요소는 장애의 정의, 장애인 차별의 범주, 권리구제 기구, 권리구제 방법 등이다. 이 요소들을 자세히 살펴보자.

첫째, 장애의 정의는 「장애인복지법」상의 장애 개념과 별 차이가 없다. 사실 「장애인차별금지법」상의 장애에 대해서는 사회적인 여건의 미비로 일상생활의 어려움을 겪게 되는 신체적 · 정신적 특징들이 모두 장애의 개념에 포함되어야 한다. 현재 신체적 · 정신적 특징으로 인해 일상생활에 곤란을 겪는 경우뿐만 아니라, 과거의 기록이나 앞으로 발생할 것으로 예상되는 문제 때문에 사회참여를 배제당할 가능성이 있는 사람들도 장애인의 정의에 포함시켜야 한다. 시민권과 차별을 문제 삼는 기본권 모델에서는 이와 같이 차별의 가능성이 있는 대부분의 경우를 장애인으로 규정하고 있다.

그러나 지금의 「장애인차별금지법」은 기존의 장애 개념에서 크게 벗어나지 못하고 있다. 다만 법 제6조에 장애의 기록이 있는 과거장애와 장애로 간주되는 예단장애에 대한 차별금지를 선언함으로써 과거장애와 예단장애가 차별금지대상으로 포함되었다.

둘째, 차별적 처우에 대해서는 직접차별, 간접차별, 정당한 편의제공의 거부가 모두 차별에 해당하는 것으로 규정되어 있다. 직접차별은 장애인에게 서비스를 제공하지 않거나 참여를 제한하는 경우가 될 것이며, 간접차별은 명시적으로 장애인을 차별하지는 않으나 해당 조치의 결과 장애인이 주로 불이익을 당하게 되는 경우를 말한다. 정당한 편의제공의 거부는 저상버스를 도입하지 않거나 작업편의시설을 설치하지 않는 경우 등 장애인의 권리실현을 위해 필요한 부가적인 서비스를 제공하지 않는 경우를 말한다. 이 외에도 광고에 의한 차별, 장애를 이유로 한 폭력 등이 차별로 규정되어 있다.

셋째, 권리구제기구는 장애인이 차별받았을 경우 신속하게 권리구제 신청을 하고 권리구제를 담당하는 기구의 설치를 말한다. 법 제정 당시 장애인계에서는 국무총리 직속의 장애인차별금지위원회를 주장했으나, 정부의 방침대로 국가인권위원회 내에 소위원회를 구성하는 것으로 결론이 났다. 권리구제기구를 두고 다투었던 이유는 국가인권위원회가 시정권고 외에 강력한 권리구제 방법을 지니지 못하고 있기 때문이었다. 따라서 권리구제 방법이 중요해지고 있다.

넷째, 「장애인차별금지법」에 도입된 권리구제 방법의 핵심적인 내용은 입증책임의 분배, 시정명령, 법원의 권리구제 등이다. 먼저, 입증책임의 분배란 차별받았다는 것을 장애인이 일정한 근거를 들어 입증하면 차별하지 않았다거나 차별에 합리적인 이유가 있었다는 것을 상대방이 입증해야 한다는 원칙이다. 소송에 있어 가장 중요한 승패의 갈림길 중의 하나가 '누가 입증할 것인가'이다. 일반적으로는 피해자가 가해자의 고의 · 과실이나 위법성 등을 입증해야 한다. 그러나 정보의 독점으로 인해 피해 당사자가 정보를 확보하기 어렵거나 당사자의 입증 능력이 현저히 떨어지는 경우 입증책임을 분배하거나 전환할 수 있도록 하고 있다. 장애인이 차별을 받았을 경우 차별에 관한 구체적인 정보를 얻기 어려운 경우가 많고, 특히 지적장애인의 경우 차별을 입증하기가 매우 곤란하다. 이와 같은 이유로 입증책임의 상당 부분을 가해자에게 배분할 필요가 있는 것이다.

다음으로, 시정명령은 시정권고나 합의 · 조정이 받아들여지지 않았을 경우 시정명령을 내리고, 시정명령을 따르지 않을 경우 이행강제금이나 과태료를 부과하는 제도다. 현재 국가인권위원회가 가진 최고의 권한은 시정권고다. 그러나 시정권고는 그 효력이 매우 제한적이다. 아무런 후속 제재가 없기 때문이다. 이럴 경우 피해 장애인은 다시 지긋지긋한 행정소송이나 민사소송을 시작해야 한다. 그러나 시정명령은 다르다. 권고에 비해 가해 당사자에게 미치는 심리적인 영향력과 법적 구속력이 훨씬 강하다. 그리고 명령에 불복하면 가해자가 불복 소송을 제기해야 하고, 불복 소송을 제기하지 않으면 명령이 확정되고, 명령을 따르지 않으면 이행강제금이나 과태료가 부과된다. 또한 앞서 밝힌 바와 같이, 시정권고가 받아들여지지 않으면 피해 장애인이 다시 소송을 제기해야 하지만, 시정명령에 불복하는 경우는 가해 당사자가 소송을 제기해야 한다. 현재의 사회 여건상 장애인은 매우 열악한 위치에 있기 때문에 차별을 당한 장애인이 직접 자신의 비용으로 소송을 수행하는 것을 기대하기는 어렵다. 따라서 소송의 부담을 가해자 쪽으로 넘겨야 하며, 이렇게 될 경우에는 차별을 당한 피해자가 현실적으로 보호받을 수 있다.

「장애인차별금지법」에는 국가인권위원회가 시정권고를 하면 이를 법무부에 통보하고, 이것이 중대한 차별이라고 생각되는 경우 법무부장관이 시정명령을 내릴 수 있도록 하고 있다. 이는 국가인권위원회가 옴부즈만 기능을 하고 있는 기구이므로 시정명령권을 가지기가 어려운 상황에서 장애인계의 요구를 거절할 수 없어 일부를 수용하는 과정에서 다소 어정쩡한 모습으로 나타난 결과다.

마지막으로, 법원의 구제조치는 법원이 소송제기 전이나 소송제기 중에 피해자의 신청에 따라 차별로 인정되는 경우에 본안 판결 전에 임시조치를 명하는 것이다. 임시조치를 이행하지 않으면 일정한 배상을 하도록 명할 수 있다. 법원의 구제조치는 차별이 명백해 보이고 차별시정이 시급히 필요한 사안에 적용된다. 그리고 법률관계를 최종적으로 판단하는 법원에 의해 이루어진다는 면에서 차별시정기구의 긴급구제조치에 비해 훨씬 권위가 있는 조치라고 할 수 있다.

권리구제 수단으로 장애인계에서 강력하게 요구하였으나 채택되지 않은 것이 있는데, 이는 징벌적 손해배상제도다. 징벌적 손해배상은 전보적 손해배상에 추가적으로 가해자나 제3자가 다시는 같은 행위를 되풀이하지 않도록 하기 위한 처벌적 성격이 가미되어 있다. 따라서 이에 의한 배상액은 전보적 손해배상액에 재산상의 큰 부담을 느낄 정도의 금액이 추가된다.[7] 징벌적 손해배상은 기본적으로 고의나 악의 또는 부주의한 잘못으로 손해를 입히는 경우나 공공의 안전을 고의로 또는 명백하게 무시하는 경우에 인정된다. 장애인 차별로 법원의 판결이 있을 경우 일반적으로 배상액은 몇 십만 원에서 200만 원 정도

7) 1985년 미국법원은 성추행을 당해 정신장애를 겪고 있는 소년에게 모두 75만 달러를 지급하라는 판결을 내렸다. 여기에는 치료비와 위자료 외에 40만 달러의 징벌적 손해배상액이 포함되어 있었다 (강태원, 1998).

범위 내에서 이루어진다. 그런데 이런 금액은 일반적인 소송의 경우 변호사 비용에도 미치지 못한다. 결국 소송을 제기하는 경우 피해 당사자의 금전적인 부담이 더 커지게 되는 것이다. 이런 상황에서는 대부분의 장애인이 소송을 제기하여 침해된 권리를 보상받으려 하지 않을 것이다. 그리고 현재 장애인을 위한 소송은 대부분 공익소송의 의미로 이루어지고 있다. 변호사들이 무료로 봉사하는 것이다. 이런 이유로 변호사들의 소송 참여도 매우 어려운 상황이다. 그렇지만 징벌적 손해배상이 도입되는 경우 장애인의 적극적인 권익구제 움직임이 활발해질 수 있고, 변호사들도 적극적으로 나서게 될 것이다. 이런 이유로 장애인계에서는 징벌적 손해배상제도 도입을 주장하였지만, 끝내 성사되지는 못하였다. 따라서 이는 앞으로의 과제라고 할 수 있다.

「장애인차별금지법」은 장애인계의 오랜 열망과 노력 끝에 제정되어 큰 역할을 하고 있지만 다음과 같은 한계도 지적되고 있다.

첫째, 발달장애인에 대한 규정이 매우 부족하다는 것이다. 「장애인차별금지법」의 발달장애인 관련 규정은 제37조(정신적 장애를 가진 사람에 대한 차별금지 등)에 불과한데, 제37조 제1항은 "누구든지 정신적 장애를 가진 사람의 특정 정서나 인지적 장애 특성을 부당하게 이용하여 불이익을 주어서는 아니 된다."로, 제2항은 "국가와 지방자치단체는 정신적 장애를 가진 사람의 인권침해를 예방하기 위하여 교육, 홍보 등 필요한 법적·정책적 조치를 강구하여야 한다."로 구성되어 있다. 발달장애인의 특성을 고려한 의사소통 지원이나 쉬운 용어의 해설서 등과 같은 구체적 편의제공 조치들이 모두 빠져 있다.[8]

둘째, 모니터링에 대한 규정이 빠져 있다. 「장애인차별금지법」은 비예산 법률이기 때문에 법률의 이행 상황을 체크하지 않으면 법률의 효과성을 파악하기 어렵다. 장애인차별개선 모니터링의 필요성은 다음과 같이 정리할 수 있

---

8) 「장애인차별금지법」 제정 당시 장애인차별금지법제정추진연대(이하 장추련) 법제정위원회에서는 차별사유별로 법률을 구성한다는 원칙하에 특별 장애유형에 대한 별도의 구성은 하지 않는다는 원칙에 합의하였다. 발달장애인에 대한 고려를 충분히 할 수 없었던 이유 중의 하나였다.

다. 먼저,「장애인차별금지법」이행에 대한 감시와 점검의 필요성이다.「장애인차별금지법」의 이행의무를 가진 대상, 특히 정부와 공공기관 등이 그 의무를 이행하고 있는지 감시하고 점검하지 않으면「장애인차별금지법」은 본래의 취지대로 시행되지 못할 것이다. 다음으로, 기업 등 민간 주요기관과 다양한 지역사회 주체들이「장애인차별금지법」을 이행할 수 있도록 해야 한다. 또한 장애인차별실태와 관련된 국가적 수준의 기초 자료 확보의 필요성 때문이다. 장애인차별실태를 파악하고 장애인차별개선을 실현하기 위한 제반 노력을 평가하기 위한 국가적 수준의 기초 자료를 확보하여야 한다. 현재 활용할 수 있는 장애인차별과 관련된 자료는 매우 미약하고 통합적으로 관리되고 있지 않기 때문이다. 마지막으로, 장애인차별개선정책의 개발과 집행, 평가와 관련된 자료의 생산 필요성 때문이다. 장애인차별개선을 위해서는 복지정책을 통한 지원도 요구되지만 장애인을 직접적인 수혜자로 하고 있는 정책뿐 아니라 사회정책 전반에서 장애인을 차별하고 있지 않은지, 장애인차별개선에 기여할 수 있는지 등을 평가할 수 있어야 한다. 이러한 일련의 정책과정에 대한 자료를 축적하고 관리하여야 한다.

모니터링해야 할 핵심 내용은 장애인차별실태 및 권리구제실태, 정책과 예산의 장애인지적 관점 투영 여부, 국민의 장애 인식 등이다. 장애인차별실태 및 권리구제실태는 국가인권위원회가, 정책과 예산 과정 및 국민의 인식에 대해서는 주무부처인 보건복지부가 모니터링하는 것이 올바르다고 생각된다.

11) 장애인기본법

장애인기본법은 몇 번 제정의 움직임이 있었으나 성사되지는 못하였다. 그러나 앞서 살펴본 바와 같이 목적론적 포괄적 기본권에 대한 내용이 규정되어 있지 않으면 기본 방향을 설정하고 이에 필요한 추진력을 확보하기가 매우 어렵다. 이것이 장애인기본법이 필요한 이유다.

장애인기본법은 장애인의 권리를 보장하기 위해 권리를 선언하고 장애인의 정의, 장애인의 권리 실현을 위해 국가의 정책 조정기구 및 장애인정책발전 5개년 계획, 조사, 연구, 장애의 진단과 평가, 장애인단체, 장애인 시설 등에 대해 포괄적으로 규정하는 내용으로 구성되어야 할 것이다.

첫째, 장애인의 권리는 「장애인복지법」상의 권리선언 내용과 자기결정권의 권리 등을 총망라하여 권리를 선언하는 내용으로 구성되어야 할 것이다. 이 내용은 현행 「장애인복지법」의 총칙 일부와 2장의 기본 시책 강구에 포함되어 있는 내용들을 권리를 함축하는 용어로 대체하여 명문화하면 될 것으로 보인다.

둘째, 정책 조정기구로서는 현재 「장애인복지법」상에 규정되어 있는 장애인정책조정위원회를 상설기구화하며, 실무위원회를 복지, 고용, 교육, 사회참여 등의 영역별로 구성하여 실질적인 활동이 가능하도록 하여야 할 것이다. 물론 지방의 위원회도 포함되어야 할 것이다.

12) 우리나라 장애인법제의 개선 방향

우리나라 장애인법제에서 가장 시급한 것은 장애인기본법 또는 이와 유사한 내용이 포함되어 있는 「장애인권리보장법」이라고 생각된다. 만약 장애인기본법이 제정될 경우 각 분야별로 새로 제정되거나 추가 규정이 필요한 영역들이 발생할 것으로 보인다. 예를 들어, 체육과 스포츠, 정보통신, 문화예술 등 다양한 영역에 대한 규정이 있어야 할 것이다. 이와 같은 내용들을 별도의 법률로 제정하면서 해결하는 방안도 있을 것이고 기존의 법률에 장애 관련 조항을 추가하는 것도 가능하다. 장애인의 정상화와 사회통합이라는 명제를 생각한다면 가급적이면 기본 법률에 장애 관련 조항을 추가하는 것이 바람직하지만, 실효성 확보를 위해 많은 법률 조항이 필요한 경우에는 별도의 입법을 추진하는 것이 필요할 수도 있다.

그런데 우리나라의 경우 장애인과 관련된 너무 많은 개별 특수법이 만들어지고 있다. 기존의 일반법에 장애 관련된 조항을 반드시 포함하도록 하는 것이 사회적 모델이나 정상화이론 등에 비추어 보았을 때 바람직한데, 각각의 법률을 너무 많이 만들고 있다는 것이다. 이것은 결국 장애인을 특수집단으로 구분·취급하게 만들어「장애인차별금지법」의 기본 정신에도 반하는 것이 된다. 따라서 지금처럼 개별법을 백화점식으로 만드는 전략을 바꾸어 일반법을 장애친화적인 법으로 만드는 것이 필요한 시점이다.

제6장

장애인 생존권의 현실과 대안

생존권이란 말 그대로 '건강하고 문화적인 최소한의 인간적 생활을 할 권리'를 말한다. 생존권을 직접적으로 보장해 줄 수 있는 것은 결국 기본적인 생계 유지를 위해 소득보장을 해 주는 것이다. 소득보장 방법에는 노동시장을 통한 1차적 소득보장과 소득재분배를 통한 2차적 소득보장 방안이 있다. 노동시장에 관한 문제는 노동권이라는 차원에서 별도로 다루기로 하고, 여기서는 소득재분배를 통한 소득보장 방법을 살펴보자.

1. 장애인 생존권의 현실

보건복지부의 장애인실태조사 결과에서 재가장애인의 복지욕구를 조사한 결과를 보면 매번 생계보장에 대한 욕구가 약 40% 내외의 가장 큰 욕구로 나타난다. 그리고 장애와 관련하여 치료를 받지 않은 이유로, 최근 1년간 장애 때문에 수술이나 치료를 목적으로 병원에 가고 싶었지만 못 간 이유, 그리고 재활치료를 받지 못하거나 충분한 정보통신기구를 활용하지 못하는 중요한 이유 중 하나로 늘 손꼽히는 것이 금전적 부담이다.

매슬로(Maslow)는 보존의 욕구에 해당하는 생리적 욕구를 인간의 가장 기본적이고 강력한 욕구라고 언급하였다. 생계보장은 의료혜택과 더불어 생리적 욕구의 대표적인 것이다. 그러나 앞의 상황을 볼 때 장애인의 생계보장에 관한 욕구는 매우 크지만 우리나라의 보장 수준은 매우 낮다는 것을 알 수 있다.

특히 장애인은 장애로 인해 일상생활에서 추가비용이 발생할 수밖에 없기 때문에 생존권에 있어 더 큰 위험에 직면해 있다. 일례로 이익섭, 정소연(1997)의 연구에 따르면, 오래전임에도 불구하고 장애아동이 있는 가구에서 추가로 소요되는 비용은 장애아동 1인당 월 700,548원이나 되는 것으로 나타났다(〈표 6-1〉 참조).

정부의 공식적인 통계치를 제공하고 있는 2020년 장애인실태조사에 따르더라도 재가장애인의 장애로 인한 추가 소요비용이 월 152,600원인 것으로 나타나 무시하지 못할 수준임을 보여 주었다(〈표 6-2〉 참조).

표 6-1 **장애로 인한 추가비용** (단위: 천 원)

구성	추가비용 범주 구분	평균 추가비용(1개월/원)	전체 추가비용 구성(%)
자본재	비용특수자본재 비용	47,152	6.7
	일반자본재 비용	183,510	26.2
소비재 비용	특수소비재 비용	262,696	37.5
	일반소비재 비용	207,190	29.6
총 추가비용		700,548	100.0

표 6-2 **재가장애인의 장애로 인한 추가 소요비용** (단위: 천 원)

구성	교통비	의료비	보육교육비	보호·간병비	재활기관이용료	통신비	장애인보조기	부모사후대비비	기타	계
추가비용	25.7	58.5	7.5	21.9	2.6	11.8	15.3	5.5	3.8	152.6

자료: 보건복지부, 보건사회연구원(2020). 장애인실태조사.

2. 장애인 소득보장제도

장애인에 대한 소득보장제도들을 그 운영원리에 따라 분류해 보면 크게 사회보험(기여적 급여), 사회수당(비기여, 비소득/자산조사 급여), 공공부조(비기여, 소득/자산조사 급여)로 나눌 수 있다.[1] 우리나라의 경우 본연의 의미에 입각한 사회수당이 없지만, 장애 관련 수당제도를 사회수당에서 살펴볼 수 있을 것이다. 그리고 중추적인 사회보장제도라고 보기는 어렵지만 각종 감면·할인을 통한 간접적 소득보장제도의 영역이 크기 때문에 이를 함께 살펴보고자 한다. 다만 고용보험은 장애인복지와 크게 상관없는 제도라는 점을 감안하여 제외하도록 하고 노동권에서 짧게 언급할 것이다.

1) 사회보험

(1) 연금보험

우리나라의 공적연금은 크게 공무원연금, 군인연금, 사립학교교직원연금 그리고 국민연금 네 가지가 있다. 여기서는 특수직역연금(공무원연금, 군인연금, 사립학교교직원연금)을 제외하고 가장 일반적인 국민연금에 대해서 살펴본다.

전환기에 있는 국민연금은 노후의 소득을 안정적으로 보장하기 위해 국가에 의해 시행되는 강제적 보험제도다. 특수직역에 종사하지 않는 일반 국민이 가입기간 중[2]에 산업재해가 아닌 다른 이유로 장애를 입은 경우 지급되는 급여는 장애일시보상금과 장애연금의 두 종류가 있다. 장애일시보상금은 장애등급 4급(「국민연금법」상 장애등급을 말함)에 해당하는 경미한 장애를 입은 경우에

---

1) 사회복지서비스는 제3부 장애인 인권 실현을 위한 실천 모형에서 다루도록 한다.
2) 「국민연금법」이 개정(1998)되기 전까지는 초진일 현재 가입기간 1년 이상이라는 조건이 붙었는데, 개정 후부터는 가입기간 중이면 상관없이 급여대상자가 될 수 있다.

지급되는데, 기본연금액의 225%가 지급된다. 장애연금은 장애등급 1~3급에 해당하는 장애를 당한 경우에 지급되는데, 등급에 따라 기본연금액의 100%, 80%, 60%에 가급연금액[3]을 더한 금액이 지급된다.

그런데 국민연금은 보험료를 납부한 사람에게만 급여가 지급된다. 따라서 애초부터 소득이 없는 장애인은 혜택을 볼 수가 없다. 장애인의 경제활동참가율이나 취업률이 40%에 미치지 못한다는 것을 고려하면 공적연금의 혜택을 볼 수 있는 장애인은 매우 적을 수밖에 없음을 알 수 있다.

이런 이유로 장애인계에서는 '무기여 기초장애연금'을 도입하라고 주장하였다. '기초장애연금'은 보험료를 내지 않은 장애인이라고 할지라도 일정 연령에 도달하면 연금을 받을 수 있는 제도이기 때문에 장애인의 소득보장수단으로 매우 유용하다. 수많은 논의 끝에 결국 기초장애연금이 아니라 장애수당의 일부를 흡수한 장애인연금이 도입되어 2010년 7월부터 시행되고 있다.

(2) 산재보험

산재보험은 대부분의 국가에서 가장 먼저 도입되어 다른 사회보험제도의 도입과 확대에 선구적인 역할을 해 왔다. 우리나라도 1964년부터 시행되어 그 다음으로 도입된 국민연금과도 10년 이상 차이가 난다. 더욱이 현대 산업사회에서 산업재해로 인한 장애인구가 매우 많다[4]는 사실을 상기하면 산재보험의 중요성은 매우 크다.

산업재해를 당한 노동자가 산재보상보험제도에 의해 받을 수 있는 급여는 요양급여, 휴업급여, 장해급여, 유족급여, 장의비, 상병보상급여, 간병급여, 특별급여가 있다. 산재보험의 급여종류에 따른 수급요건과 급여수준은 〈표 6-3〉과 같다.

우리나라 산재보험급여의 특징은 개별 재해의 피해규모와 상관없이 정률

---

3) 가급연금은 배우자나 자녀, 부모의 부양가족이 있는 경우에 기본연금액에 더해서 지급되는 연금이다.
4) 매년 30만 명 이상이 산업재해로 인해 장애인이 되고 있다.

표 6-3　산재보험 급여종류별 수급요건 및 급여수준

급여종류	수급요건	급여수준
요양급여	산재로 인한 부상 또는 질병의 치료를 위하여 요양비를 지불. 단, 3일 이내에 치유되는 부상, 질병의 경우에는 「근로기준법」에 의해 사용자가 보상	치료비 전액
휴업급여	산재로 인한 요양으로 취업하지 못한 기간에 지급. 단, 취업하지 못한 기간이 3일 이내일 때는 제외	1일당 평균임금의 70%
장해급여	산재로 인한 부상, 질병 후 장해가 남아 있는 경우	일시금: 평균임금의 1,474일분(1급) −55일분(14급) 연금: 329일분(1급) −138일분(7급)
유족급여	재해근로자가 사망한 때	일시금: 평균임금의 1,300일분 연금: 유족수에 따라 연 소득의 52~67%
장의비	재해근로자가 사망한 때	평균임금의 120일분
상병보상연금	2년 이상 장기 요양하는 재해근로자가 폐질자로 판정된 경우. 휴업급여 대신 지급	장해급여 1~3급과 동일
간병급여	요양종결된 자가 필요에 위해 간병을 받는 경우. 상시간병급여와 수시간병급여가 있음	1일당 약 3만 원 내외
직업재활급여	직업훈련비용: 장해등급 1~12등급자 훈련기관 직업훈령수당: 1~12등급자 중 훈련받는 자	직업훈련비용: 1인당 600만 원 직업훈련수당: 최저임금액
특별급여	보험가입자의 고의, 과실로 인한 재해 시 민사배상에 갈음하여 유족특별급여와 장해특별급여 지급	

보상을 한다는 것이다. 따라서 그 액수는 재해의 개별적인 피해규모에 기반하는 민사배상의 액수에 비해 엄청나게 작을 수 있다.

　이러한 차이를 보완하기 위하여 산재보험은 특별급여를 두고 있다. 그러나 특별급여가 성립하기 위해서는 사용자가 스스로 고의 · 과실을 인정해야 하며 추후 노동부가 사용자로부터 급여액을 징수하도록 되어 있다. 그러므로 밑져야 본전인데 소송도 없이 자발적으로 이 제도를 활용하는 사용자는 거의 없을 것이다. 따라서 사업주의 과실에 의해 발생한 산재사고의 경우 피재노동자의 많은 수가 민사소송을 제기하고 있다. 이는 피재노동자들이 민사소송으로 1~2년의 시간을 보내게 만들어 노동복귀율을 떨어뜨리며, 사업주는 사업주대로 산재보험료와 손해배상이라는 이중부담을 가지게 된다. 이는 산재보험급여액과 민사상의 손해배상액의 차이를 줄이거나 특별급여를 현실화하는 것이 과제로 제기된다.

　장해급여의 경우 가장 큰 문제는 장해등급 기준상의 문제다. 장해급여는 장해등급에 따라 차별적으로 주어지고 있는데, 현재 산재보험제도는 신체 각 부위의 훼손 정도에 따라 장해 정도를 별표(「산업재해보상보험법 시행령」 별표 1)로 유형화하고 이에 따라 장해의 정도를 획일적으로 판정하고 있다. 그러나 이러한 방식은 평균인의 일상생활에서 입는 '생활상'의 손실을 기준으로 한 것이며, 개개 노동자들의 '노동능력상'의 손실과는 반드시 비례관계가 설정되지 않을 수 있다는 문제를 발생시킨다. 예를 들어, 손가락의 장해는 생활상의 손실에서 보면 큰 장해로 볼 수 없을지 모르나, 타이피스트에게는 기존 노동능력 전부의 상실을 의미한다. 산재보험제도가 일반적인 생활상의 기능상실을 대상으로 한 것이 아니라 기본적으로 산업재해에 의한 노동능력 상실을 대상으로 한 것이라면, 장해등급의 판정에는 개개 노동자의 노동능력에 맞게 합리적으로 조정될 수 있는 보완기제를 마련하여야 한다.

　한편, 사회보장제도의 중복지급 문제를 해결하기 위해 같은 이유로 장해를 입은 경우 산재보험금은 100%를 지급하고 국민연금은 50% 감액해서 지급하는 방식을 채택하고 있다.

(3) 건강보험

　건강보험은 질병을 예방하고 질병으로 인해 소득이 단절되는 경우 소득의 일부를 보장해 주는 성격을 지니고 있다. 그러나 우리나라 건강보험의 경우 현금급여는 시행되고 있지 않다.

우리나라에서 제공되는 건강보험 급여는 장애인보장구 구입비를 지급하는 것이 유일하다. 이는 「국민기초생활보장법」상의 의료급여에서도 마찬가지로 적용된다.

보장구에 대한 건강보험급여는 등록장애인 전체를 대상으로 하며, 적용대상 품목의 기준액 범위 내에서 구입비용 90%를 지원한다. 건강보험이 적용되는 보장구의 품목은 〈표 6-4〉와 같다. 그러나 의료급여가 적용되는 보장구 품목이 매우 제한되어 있고 기준액이 너무 낮아서 장애인의 비용부담이 과다하다는 문제점을 지니고 있다.

직접적으로 급여를 제공하지는 않지만 건강보험료를 감면하여 비용부담을 완화시켜 주는 제도도 있다. 현재 건강보험료 감면제도는 〈표 6-5〉와 같다.

표 6-4 **건강보험(의료급여) 적용 보장구**

분류	유형
건강보험	전동휠체어, 의지 · 보조기, 자세보조용구 등 83개 품목에 대해 지급 기준 금액의 90%까지 지원(차상위는 100%)
의료급여	전동휠체어, 의지 · 보조기, 자세보조용구 등 88개 품목에 대해 지급 기준 금액의 100%까지 지원

출처: 보건복지부(2022). 2022 장애인복지사업안내.

표 6-5 **건강보험료 · 노인장기요양보험료 감면**

사업명		지원대상	지원내용	비고
건강보험 지역 가입자 보험료 경감	자동차분 건강보험료 전액면제	• 등록장애인 소유 자동차 • 「지방세법」에 의하여 장애인을 위하여 사용하는 자동차로서 지방자치단체가 자동차세를 면제하는 자동차	• 건강보험료 책정 시 자동차분 건강보험료 전액 면제	국민건강보험공단이 자동으로 처리(지사에 확인)

〈계속〉

	등급별 점수 산정 시 특례적용	• 등록장애인	• 지역가입자의 연령·성별에 상관없이 생활수준 및 경제활동 참가율 점수에서 기본구간(1구간)을 적용하고, 자동차분건강보험료를 면제받는 장애인용자동차에 대하여 모두 기본구간(1구간)을 적용하여 보험료를 낮게 책정
	산출 보험료 경감	• 등록장애인이 있는 세대로 소득금액이 360만 원 이하이고, 동시에 과표재산이 13,500만 원이하이어야 함	• 장애등급 1~2급: 30% 감면 • 장애등급 3~4급: 20% 감면 • 장애등급 5~6급: 10% 감면
노인장기요양 보험료 경감	산출 보험료 경감	• 등록장애인 1~2급	• 30% 감면

2) 공공부조

　장애인들은 노동능력이 없는 경우가 많기 때문에 수입원이 없어 빈곤한 생활을 할 가능성이 매우 높다. 따라서 공공부조제도는 소득이 없는 장애인의 생활안정에 크게 기여할 수 있는 주요한 제도다.

　우리나라의 대표적인 공공부조제도는 국민기초생활보장제도다. 국민기초생활보장제도는 2000년 10월 1일부터 시행되기 시작했으며, 이전에는 생활보호제도라는 명칭으로 시행되었다. 이 제도는 2015년 7월부터 큰 변화를 겪었는데, 소위 맞춤형 국민기초생활보장제도로의 전환이다. 이를 핵심 내용 중심으로 살펴보자.

(1) 수급권자 선정조건

과거에 국민기초생활보장제도의 수급권자가 되기 위해서는 일단 1촌 이내의 직계존비속이나 그 배우자 중에서 자신을 부양해 줄 수 있는 사람, 즉 부양의무자가 없다는 것을 입증해야 했다. 다만, 2015년 7월부터 부양의무자 기준이 폐지되기 시작하여서 현재 생계급여는 사실상 폐지되고 의료급여는 아직까지 유지되고 있다.

2015년 7월부터 수급권 유무의 기준은 모든 급여에 일괄적으로 적용되는 것이 아니라 급여의 종류별로 각각 적용된다. 이는 수급권자 여부에 따라 모든 급여가 일괄적으로 유지 또는 삭감됨으로써 나타나는 빈곤 덫(poverty trap)을 완화하고자 하는 의도로 시행되었다. 이에 따라 국민기초생활보장제도의 핵심 개념이었던 최저생계비가 없어지고 중위소득을 기준으로 개별 급여의 수급권자가 별도로 선정되었다. 2023년 현재 생계급여는 기준 중위소득의 30%, 의료급여는 40%, 주거급여는 47%, 교육급여는 50%를 적용한다. 이에 따라 생계급여를 받는 사람은 의료급여, 주거급여, 교육급여 등 모두를 받을 수 있지만 교육급여만 받는 사람, 교육급여와 주거급여만 받는 사람 등도 존재할 수 있게 되었다.

(2) 급여종류와 수준

수급권자에게 주어지는 급여에는 생계급여, 주거급여, 의료급여, 자활급여, 교육급여, 해산급여, 장제급여 등 일곱 가지가 있다. 여기서는 직접적인 소득보장수단인 생계급여와 주거급여, 그리고 생명과 건강을 보호해 주는 의료급여에 대해서 살펴본다.

• 생계급여: 생계급여는 수급권자의 생활안정을 위해 월별로 생계비를 현금으로 지급하는 급여다. 급여액은 소득등급와 가구규모에 따라서 달라지는데, 급여액과 소득평가액 그리고 다른 법률에 의한 지원액을 합한 금액이 선정기준금액의 100%가 되도록 지급된다.

- 주거급여: 주거급여는 수급권자의 주거안정을 위해 지급되는 급여다. 주거급여는 임차료 지원, 유지수선비 지원, 주거안정 지원, 전세자금 대여 방법으로 지급된다.
- 의료급여: 질병과 빈곤은 서로 밀접한 관계에 있다. 질병이 있는 사람은 빈곤해지기 쉬우며 빈곤한 사람은 신체적 보호와 환경적 문제로 질병에 걸리기 쉽다. 우리나라의 국민기초생활보장 수급권자는 의료급여 혜택을 받을 수 있다.[5] 1977년에 「의료보호법」이 제정되면서 본격적인 의료보호 혜택이 주어지기 시작하였다. 의료급여 수급자는 1종과 2종으로 나누어지는데, 근로능력이 없는 기초생활보장 수급권자는 1종, 근로능력이 있는 기초생활보장 수급권자는 2종의 의료급여 혜택을 받는다.

(3) 문제점 및 개선방안

국민기초생활보장제도는 건강하고 문화적인 최저한의 생활을 보장하기 위한 것이다. 그래서 일반적으로 최저생활기준으로 빈곤선을 활용하곤 한다. 우리나라는 2015년 7월부터 최저생계비라는 개념을 없애면서 빈곤선을 중위소득에 연계되도록 변경하였다. 그런데 일반적으로 사용되는 빈곤선은 중위소득의 50%이다. 그런데 앞서 살펴본 바와 같이 교육급여를 제외한 각 급여의 기준 중위소득이 50%에 못미친다. 특히 가장 중요한 생계급여가 중위소득의 30%에 머물러 있다는 것은 큰 문제점이라고 할 수 있다.

국민기초생활보장제도에서 나타나는 또 다른 큰 문제점은 부양의무자 기준이다. 서구에서 산업화와 핵가족화는 전통사회의 가족 기능과 상부상조 기능을 무력화시켰다. 그 결과 국가가 가족의 기능을 보완하거나 대체하는 '부양의 탈가족화(defamilization of support)' 현상이 나타났다. 이로써 개인의 빈곤해소를 국가가 책임진다는 '공적 부양론'은 복지국가론의 핵심으로 자리 잡았으나

---

5) 의료급여 혜택은 국민기초생활보장 수급자에게만 주어지는 것이 아니라, 이재민, 의사상자, 독립유공자와 국가유공자 및 가족, 무형문화재, 북한이탈주민 등의 사람들에게도 적용된다.

우리나라는 산업화 국가 중 유일하게 부양의무자 기준을 유지하고 있다. 특히 성인 장애인의 경우 성인임에도 불구하고 항상 부양을 받는 사람으로 규정한다는 것은 장애인에 대한 편견의 한 단면이라고 볼 수 있다.

3) 장애인연금과 장애 관련 수당

(1) 장애인연금

장애인연금은 장애계의 요구에 따라 2010년 4월 「장애인연금법」이 제정되어 같은 해 10월부터 시행되었다. 장애인연금의 목적은 '중증의 장애로 일을 하기 어려워 생활이 곤란한 장애인의 생활안정을 지원하고 복지를 증진시켜 사회통합에 기여하는 것'이다. 여기서는 장애인연금의 주요 내용과 과제를 간략히 살펴보자.

① 장애인연금의 핵심 내용

장애인연금의 급여대상은 18세 이상 중증장애인 중 소득인정액이 선정기준액 이하인 장애인이다. 기존의 장애수당 수급자 중 중증장애인은 장애인연금으로 흡수되고 경증장애인은 장애수당 수급자로 남게 되어 장애 정도에 따라 분리되었다. 장애인연금의 선정기준액은 2023년 현재 단독 가구인 경우 122만 원, 부부가구인 경우 195만 2천 원이다.

급여는 크게 기초급여와 부가급여로 나누어져 있는데, 기초급여는 소득보전의 성격을, 부가급여는 추가지출비용 보전의 성격을 띠고 있다. 2023년 현재 기초급여액은 32만 3천 원(기초연금액과 동일)이며, 부가급여액은 수급자인 경우 8만 원, 차상위계층의 경우는 7만 원, 차상위초과자는 매월 2만 원을 지급한다.

소요재원은 전액 국비와 지방비 등 조세로 충당되며, 전달체계상 책임은 여타 공공부조사업과 동일하게 지방자치단체가 담당한다.

② 장애인연금의 의미

장애인연금은 몇 가지 측면에서 의의가 있다.

첫째, 다층적 안전망의 기본 구도가 완성된다는 것이다. 통상적으로 소득보장제도는 하나의 제도보다 다층 안전망으로 운영되는 경우가 많다. 1차적으로는 사회보험제도, 즉 기여에 기반한 제도(국민연금 내 장애연금), 2차적으로는 국민연금 가입 이전에 장애가 발생하거나 장애연금 수급요건이 되지 않는 경우를 포괄하는 무기여 방식의 장애인연금 혹은 장애부조, 마지막으로 일반 공공부조제도가 그것이다. 장애인연금은 이 중 장애인을 위한 2차 소득보장 안전망에 해당된다. 이는 근로능력이 없거나 장애로 인해 소득이 상실된 장애인에 대해 소득보전 급여를 제공하는 것을 주요 목적으로 한다.

현재 국민연금을 비롯한 공적연금제도에 가입되어 있는 장애인은 약 35% 전후에 불과하다. 이와 같이 공적연금의 사각지대에 머물고 있는 장애인에게 장애인연금을 도입함으로써 적절한 소득을 제공할 수 있는 토대가 마련되었다는 점에서 장애인연금의 의의가 있다.

둘째, 그동안 장애수당이 소득보전의 성격인지 추가지출비용의 보전 성격인지 명확하지 않은 점이 있었다. 법에서는 소득보전을 위해서 지급한다고 규정되어 있지만, 시행령에서는 추가지출비용을 고려해서 지급한다고 규정되어 있어 두 성격이 한 제도 안에 불분명하게 혼재되어 있었다. 그러나 장애인연금은 기초급여와 부가급여를 구분하여 기초급여는 소득보전의 성격을 띠는 것으로, 부가급여는 추가지출비용 보전의 성격을 띠는 것으로 명확히 구분하고 있어 분명성을 기했다는 면에서 의의가 있다.

③ 장애인연금의 과제

■성격의 명확화

장애인연금 또는 장애수당의 성격을 이해하기 위해서는 연금이나 수당이 지급되는 원인을 살펴보아야 한다. 장애연금이나 장애수당이 지급되는 원인은 크게 다음의 두 가지로 볼 수 있다.

첫째, '특별한 비용에 대한 보상'이다. 이는 특별한 지출이 일어나는 경우에 이를 보상하기 위하여 급여를 제공하는 것이다. 이것은 소득수준을 고려하는 경우도 있으나, 일반적으로는 특별한 지출이 일어났거나 일어날 것이 예상되는 경우 소득수준에 상관없이 지급되는 것이 일반적이다. 대부분의 수당제도는 이러한 이유에 의해 지급된다. 따라서 일반적으로 수당(장애수당, 노령수당, 아동수당 등)제도를 데모그란트(demogrant)라고도 한다. 데모그란트는 인구학적 요소만 충족되면 소득수준에 상관없이 지급되는 것이 원칙이다. 즉, 인구학적 특징에 따라 발생하는 문제는 그 특징이 있는 모든 사람에게 공통적이므로 소득에 상관없이 국가에서 지원해 주는 것이다.

둘째, '소득능력 결핍에 대한 보상'이다. 이것은 소득을 얻을 능력이 없는 사람들에 대해 보상을 해 주는 것인데, 보상의 성격상 장기간에 걸쳐 급여가 지급되는 것이 일반적이다. 이 두 번째 성격이 가미되면 해당 급여는 장애인 모두에게 지급되는 것이 아니라 장애로 인해 소득획득 능력이 떨어지는 사람에게만 지급된다. 그렇지만 소득획득 능력이 떨어진다고 해서 반드시 소득이 낮은 것은 아니다. 따라서 소득이나 자산조사를 하지 않고 중증장애인에게만 지급될 수도 있다.

또한 소득능력의 상실은 소득의 상실로 이어진다고 보고, 소득이나 자산 조사를 통해서 수당이 제공되기도 한다. 소득이나 자산 수준을 조사한다고 하더라도 그 기준이 공공부조를 받는 기준보다는 높다. 이 수당을 받지 않으면 생활비의 추가지출로 인해 공공부조 대상자 기준보다 낮아질 가능성이 높기 때문이다.

이를 전제로 보았을 때 장애수당은 추가비용 보전의 성격을 띠고 있고, 장애인연금은 소득보전의 성격을 띠고 있음을 알 수 있다. 따라서 원칙적으로 소득보전 기능과 추가비용보전 기능을 통합하는 것은 바람직하지 않다고 보인다. 우리나라와 오스트리아를 제외한 대부분의 OECD 국가들은 장애인을 대상으로 하는 소득보전 급여와 추가비용보전 급여제도를 별도로 운영하고 있다. 이렇게 별도로 운영하는 데에는 다음의 이유가 있다고 본다.

첫째, 추가비용은 모든 장애인에게 발생하므로 장애 정도나 소득수준에 상관없이 데모그란트로 지급되지만, 소득보전은 소득획득 능력이 떨어지는 장애인을 대상으로 하므로 중증장애인을 대상으로 하거나 소득조사를 통해 지급되기 때문이다. 따라서 두 급여의 목적과 대상이 다르다는 면에서 기능을 통합하는 것은 옳지 않다고 본다.

둘째, 기능을 통합한다는 것은 각 제도의 역할과 성격을 모호하게 만든다는 점에서 바람직하지 않다. 두 급여를 통합함으로써 나타나는 것이 기획재정부의 입김이 강하게 작용된 현재의 정부안이다. 정부안에 나와 있는 부가급여는 추가비용보전의 성격인데, 장애연금제도를 도입하면서 대폭 삭감되었다. 이는 두 급여의 성격을 제대로 구분하지 못했기 때문에 발생한 것이라고 본다.

사실상 기능상의 통합은 문제가 있지만 운영상의 통합관리는 필요할 수도 있다. 그 이유는 다음과 같다. 먼저, 장애인에 대한 현금급여를 통합관리하는 것이 재정관리 면에서는 효율적일 수 있기 때문이다. 다음으로, 운영상 통합이 되면 나중에 기초장애연금과 기초노령연금이 통합되어 공적연금의 기초연금체계로 전환될 때 공적연금 가입자에 제공되는 추가비용급여도 공적연금의 재원으로 활용될 수 있다는 이점이 있기 때문이다. 노르웨이, 스페인, 덴마크, 프랑스, 핀란드 등의 국가가 이에 해당된다.

따라서 이러한 논란을 피하기 위해서는 장애인연금의 급여수준을 해당 근거에 맞게 설정할 필요가 있다.

■ 급여수준

장애인계에서는 기초급여가 노인을 대상으로 하는 기초연금의 급여액과 동일할 이유가 없다고 주장하고 있다. 그 이유 중 하나는 장애인의 경제적 여건이 노인에 비해 열악하다는 것이다. 실제로 각종 조사 결과, 장애인은 노인보다 소득이나 재산에서 훨씬 열악하고 추가비용은 더 높은 것으로 나타났다.

그런데 이러한 주장은 향후 기초연금체계의 도입을 통한 연금체계의 다층화 전략이라는 전략의 입장에서 보면 오히려 좁은 시각이라는 생각이 든다. 장애인만을 위한 연금이 아닌 국민연금 사각지대에 존재하는 다수의 비수급자의 문제를 함께 풀어 가는 큰 전략에서는 기초연금과 보조를 맞출 필요가 있다. 더욱이 연금수준을 기초노령연금과 연동해 놓음으로써 향후 연금수준을 높이고자 하는 집단 간 연대전략을 보다 더 확실하게 구사할 수 있다는 점에서도 장점이 있다.

실제로 대부분의 국가에서 노인과 장애인에 대한 기초보장은 유사한 수준으로 이루어진다. 반면, 스웨덴, 덴마크, 일본 등의 국가는 노인보다 장애인에 대해 약간 높은 기초연금급여를 제공하고 있다.

문제는 부가급여의 수준이다. 장애인연금의 부가급여가 추가비용에 대한 보전의 성격을 띠는 것이라면, 부가급여액은 3년마다 시행하는 장애인실태조사 결과 나타나는 추가비용이 약 16만 원 내외가 되어야 한다. 그런데 부가급여액이 터무니없이 낮게 책정됨으로써 장애인연금의 성격을 모호하게 만들고 장애인들의 전면적인 반발을 불러일으키게 되었다.

▣ 급여대상

현행 장애인연금의 수급자 수는 약 360만 명에 불과하다. 등록장애인 10명 중 8명 정도가 장애인연금 대상에서 제외된다는 결과를 초래한다. 이는 노인 10명 중 7명이 기초노령연금을 받고 있는 것과 비교하면, 노인보다 소득수준이 더 열악하며 노동시장에 접근조차 어려운 대다수 장애인을 외면하는 것이라 하지 않을 수 없다. 장애인연금은 국민연금의 사각지대에 있는 장애인을 대상으로 소득보장의 틀을 넓혀 나간다는 데 가장 큰 의의가 있다. 그런데 급여대상자가 너무 제한됨으로써 그 의의를 충분히 살려 나가지 못하게 되었다.

이를 해결하기 위해서 소득기준은 없애고 소득획득 능력이 기준 이하일 때 장애인연금을 지급할 필요가 있다. 소득획득 능력이 떨어지면 소득 또한 낮아질 수밖에 없으며, 그렇지 않은 경우라도 스스로의 노동 동기를 강화한다는 면에서 긍정적인 측면이 있을 수 있기 때문이다. 만약에 소득수준을 엄격하게 적용한다면 장애인 중에서는 장애인연금을 수급하기 위해서 근로소득을 줄이려는 역효과를 가져올 수도 있을 것이다. 게다가 소득과 자산 조사를 할 경우 장애인연금 신청자의 소득과 자산을 파악해야 하는 다소 불필요한 행정비용을 불러일으킬 수도 있다.

그런데 우리나라의 장애등급은 철저하게 의료적·해부학적 관점에서 적용되고 있기 때문에 소득획득 능력을 측정할 적절한 기준이 되지 못한다. 따라서 노동력 상실률을 측정할 수 있는 새로운 시스템이 필요하다. 그런 면에서 중증장애인을 대상으로 한다는 것은 또 다른 문제점을 내포하고 있다고 볼 수 있다.

(2) 장애 관련 수당

우리나라의 장애 관련 수당으로는 「장애인복지법」상에 규정되어 있는 장애수당,[6] 장애아동수당, 보호수당의 세 종류가 있다.

장애수당은 「장애인복지법」 제49조 및 시행령 제30조에 따라 국민기초생활보장 수급자나 차상위계층으로서 장애로 인한 추가적 비용보전이 필요한 경증장애인에게 지급할 수 있도록 되어 있다. 현재 장애수당은 월 4만 원을 지급하고 있다. 보장시설에 입소해 있는 장애인에게는 월 2만 원을 지급한다.

장애수당 외에 현재 시행되고 있는 장애 관련 수당으로는 장애아동수당이 있다. 이 제도는 1999년 「장애인복지법」 개정 시 보호수당과 함께 신설되었으나 보호수당은 시행되지 못하고 있으며, 장애아동수당은 2002년부터 시행되고 있다. 2023년 현재 지급대상은 18세 미만의 장애아동의 보호자이며, 중증장애인의 경우 생계 및 의료급여 수급자는 1인당 월 22만 원, 주거 또는 교육급여 수급자 및 차상위계층은 월 17만 원, 경증장애인은 1인당 월 11만 원을 지급하고 있다. 보장시설에 입소한 장애아동의 경우 중증은 월 9만 원, 경증은

---

6) 1999년 2월 8일 「장애인복지법」이 전면개정되면서 '생계보조수당'으로 불리던 수당이 낙인(stigma)이 될 수 있다는 이유로 명칭을 '장애수당'으로 변경하였다.

월 3만 원을 지급하고 있다. 어린이집이나 유치원, 시설 등을 이용하지 않고 가정에서 장애아동을 양육할 경우 장애아동 양육수당이 지급되고, 장애아동을 입양한 가정에는 장애아동입양 양육보조금이 지급된다.

　일상생활이 곤란한 장애인이 있는 가구는 해당 장애인을 지원하기 위하여 다른 활동을 포기하고 돌봄 활동에만 전념하는 사람이 필요하다. 이럴 경우 그 보호자는 다른 소득 활동을 할 수 없을 뿐만 아니라 자신의 시간을 전혀 가질 수 없다. 장애아동수당이나 보호수당이 사회적 적절성이 있는 수준에서 지급되면, 지원인을 고용함으로써 항시적인 부양과 보호의 부담에서 벗어날 수 있을 뿐만 아니라 소득 활동을 할 수 있는 기회도 생긴다. 지원인을 고용하는 경우 장애인 당사자가 스스로에게 필요한 서비스를 요구할 수 있어 의존감에서 탈피할 수도 있다. 이런 의미에서 이와 같은 수당은 장애인의 자립생활과 밀접하게 연관되어 있다. 이와 같은 면을 감안했을 때 현행 장애아동수당의 급여수준은 여전히 매우 낮다고 평가할 수밖에 없다. 지원인을 고용할 수 있는 정도의 금액으로 현실화할 필요가 있으며, 보호수당도 하루빨리 시행하도록 하여야 할 것이다. 물론 이는 2007년 5월부터 시행되고 있는 활동지원인 사업의 보장범위를 고려해서 결정되어야 한다. 보호수당은 장애아동 부양수당과 같은 성격을 지니고 있으나 대상이 성인 장애인이라는 점에서 차이가 있다. 그러나 보호수당은 아직 시행되지 못하고 있다.

　한편, 우리나라의 장애인연금 중 부가급여, 장애수당, 장애아동수당(장애아동양육수당 포함) 및 보호수당은 그 성질상 일종의 데모그란트라고 할 수 있다. 추가적으로 지출되는 비용을 보전하기 위해 지급되는 수당들인데, 장애인이라면 대부분 추가적인 비용이 소요되기 때문이다. 데모그란트는 인구학적 요소만 충족되면 소득수준에 상관없이 지급되는 것이 일반적이다. 즉, 인구학적 특징에 따라 발생하는 문제는 그 특징이 있는 모든 사람에게 공통적이므로 소득에 상관없이 국가에서 지원해 주는 것이다. 따라서 현재의 장애인연금 중 부가급여, 장애수당, 장애아동수당 및 보호수당은 성격이 동일하므로 장애수당으로 일괄 통일하는 것이 바람직하다. 그리고 그 대상을 저소득층에 국한할 것이 아니라 장애로 인해 발생하는 소득기회의 감소와 추가비용의 보충이라는 일반적 성격에 비추어 장애인 모두에게 확대해야 한다. 일시에 급격한 확대가 어렵다면 연차적으로 확대해 나가되, 소득재분배를 고려해서 소득 상한선을 점차적으로 높여 가면 될 것이다.

4) 간접적 소득지원제도

간접적 소득지원제도란 직접적으로 현금급여를 제공하지는 않지만, 행정관서가 현물을 제공하거나, 각종 할인이나 감면제도를 통해서 장애인의 경제적 부담을 경감시켜 주는 것을 들 수 있다. 결국 지출비용을 줄임으로써 소득보장을 수월하게 하는 방식이다.

(1) 행정관서 직접 서비스 사업

행정관서가 현금이나 현물을 제공하거나 알선하는 사업에 관한 내용이다. 먼저, 장애인 재활보조기구 무료보급사업이다. 이것은 공공부조는 아니지만 장애인보장구 의료급여사업과 비슷하다. 장애인의 재활보조기구를 무료로 보급하는 사업이다. 이 사업의 대상자는 수급권자 및 차상위계층의 등록장애인이다. 이들에게는 욕창예방 방석 및 매트리스트(심장장애인), 음향유도장치, 음성시계, 영상확대 비디오, 문자판독기, 녹음 및 재생장치(시각장애인), 신호장치, 진동시계, 헤드폰(청각장애인), 보행차, 경사로, 자세보조용구, 보행보조차, 식사보조기구와 기립보조기구(지체 및 뇌병변장애인), 미끄럼 및 회전을 위한 보조기기, 의류 및 신발, 침대 및 탈착식 침대(지체, 뇌병변, 심장, 호흡기장애인), 대화용장치(뇌병변, 지적, 자폐성, 청각, 언어장애인) 등이 무료로 교부된다.

한편, 장애인 의료비 지원사업 또한 공공부조는 아니지만 이와 유사한 성격을 띠고 있는 사업이다. 재원이 의료급여기금이 아니라는 것 외에는 의료급여와 매우 흡사하다. 장애인 의료비 사업의 대상자는 「의료급여법」의 2종 수급권자인 장애인 본인이다. 의료급여 가구라고 할지라도 장애인 본인이 아닌 가족은 이 사업의 의료비 지원을 받지 못한다. 이들이 1차 의료급여기관에서 진료를 받은 경우 「의료급여법」상의 본인부담금 50%를 지원한다. 2차 및 3차 의료급여기관과 국공립결핵병원에서 진료를 받은 경우에는 본인부담금 전액을 지원한다. 다만 본인 부담 식대 20%는 지원되지 않는다. 또한 의료급여 보장구 구입 시 상한액 범위 내에서 본인부담금을 전액 지원한다.

장애인 등록 진단서 발급비를 지원하는 사업도 공공부조는 아니지만 유사한 성격을 띠고 있는 사업이다. 지원대상은 신규로 장애인 등록이 필요한 사람이거나 재판정이 필요한 장애인이다. 장애 판정을 받기 위해 소요되는 비용은 본인이 부담해야 하며, 진단서 발급에 소요되는 비용만을 지원한다. 2017년 현재 지적장애인 및 자폐성장애인의 경우 4만 원이 지원되며, 여타 장애인의 경우 1만 5천 원이 지원된다.

장애검사비를 지원하는 사업도 있다. 기존 등록장애인 중 장애인연금 또는 활동지원제도 신청 등으로 재진단을 받아야 하는 기초생활수급자 및 차상위 계층 장애인과 행정적 직권으로 재진단을 받는 장애인들에게 장애검사에 필요한 비용을 지원하는 사업이다. 10만 원 이하의 범위 내에서 지원하며 읍·면·동에 신청하면 된다.

발달재활서비스도 매우 중요한 사업 중의 하나다. 이 사업은 재활치료가 필요한 아동에게 매월 일정한 금액의 바우처를 지급하여 재활치료에 소요되는 비용을 지원하는 사업이다. 언어치료, 청능치료, 미술·음악 치료 등 원하는 재활치료 서비스를 선택하여 이용할 수 있다. 지원대상은 만 18세 미만의 장애아동으로서, 기준 중위소득 180% 이하인 뇌병변, 지적, 자폐성, 언어, 청각, 시각 장애아동이다. 등록이 안 된 만 6세 이하의 아동도 의사진단서를 제출하면 바우처를 지원받을 수 있다.

한편, 언어발달지원사업은 만 12세 미만 비장애아동을 키우는 등록장애인(시각·청각·언어·지적·뇌병변·자폐성) 보호자의 양육을 돕기 위해서 매월 일정한 금액의 언어재활 바우처를 지원하는 사업이다. 이 사업은 장애인 보호자를 통해 비장애인 아동을 지원한다는 특별한 의미가 있는 사업이다.

여성장애인이 출산(유산이나 사산 포함)한 경우 태아 1인 기준으로 100만 원의 출산비용을 지원하는 사업도 있다. 이 또한 읍·면·동에 신청하면 된다. 특수교육대상자 치료지원서비스나 장애인 산소치료요양비 검사 면제 사업, 기초수급자 출산비용 지원사업도 의료비를 줄여 주기 위한 사업이다.

발달장애인이 지역사회의 다양한 기관이나 장소를 이용해서 낮 시간을 보낼 수 있도록 이용권을 지원하는 발달장애인주간활동서비스 사업과 공공후견심판청구 비용 및 공공후견인 활동비용을 지원하는 발달장애인공공후견지원 사업도 비용을 줄여 주는 효과를 지니고 있다.

그리고 행정관서에서 알선하는 사업으로 공동주택 특별분양 알선 사업이 있다. 특별분양 알선을 받을 수 있는 장애인은 등록장애인으로서 무주택 세대주(지적장애, 정신장애, 중증의 뇌병변장애인의 경우 그 배우자 포함)인 경우에 한정된다. 읍·면·동에 신청하면 청약저축에 상관없이 전용면적 85제곱미터 이하의 공공분양 및 공공임대주택 분양을 알선해 준다. 농어촌에 거주하는 장애인은 주택개조에 드는 비용을 지원한다.

행정관서에서 직접 서비스를 관리하는 사업으로 청각장애아동 인공달팽이

표 6-6 행정관서가 현금이나 현물을 제공하거나 알선하는 사업

사업명	지원대상	지원내용	비고
장애인 보조 기구 교부	• 국민기초생활보장법상의 수급자 및 차상위계층	• 품목 −욕창방지용 방석 및 매트리스 −대화용 장치 −보행차, 목욕의자, 휴대용 경사로: 지체·뇌병변장애인 −음식 및 음료섭취용 식사도구, 이동변기 등 −음성유도장치, 음성시계, 영상확대비디오(독서확대기), 문자 판독기, 녹음 및 재생장치: 시각장애인	읍·면·동에 신청

<계속>

장애인 의료비 지원	• 의료급여법에 의한 2종 의료 급여대상자인 장애인	• 1차 의료급여기관 외료진료 750원 지원 • 2차, 3차 의료급여기관 및 국·공립 결핵병원 진료 　−의료급여수가적용 본인부담진료 　비 15% 전액(단, 본인부담금 식대 　20%는 지원하지 않음)	의료급여증과 장애인등록증을 제시
장애입양아동 의료비 지원	• 만 18세 미만 장애아동을 입 양하여 양육하는 가정	• 장애아동 의료비 연간 260만 원 이내 지원	읍·면·동에 신청
장애인 등록진단비 지급	• 기초생활수급자로서 신규 등록 장애인 • 재판정으로 재진단을 받는 기초생활수급 및 차상위계층 • 직권재판정 대상자	• 진단서 발급 비용 지원 　−지적장애 및 자폐성장애 : 4만 원 　−기타 일반장애 : 1만 5천 원	읍·면·동에 신청
장애검사비 지원	• 기초생활수급자로서 신규 등록 장애인 • 재판정으로 재진단을 받는 기초생활수급 및 차상위계층 • 직권재판정 대상자	• 최대 10만 원 범위 내에서 실비 지원	
발달재활 서비스	• 연령기준: 만 18세 미만 장 애아동 • 장애유형: 뇌병변, 지적, 자 폐성, 언어, 청각, 시각장애 • 소득기준: 전국가구 평균소 득 180% 이하 • 기타요건 　−등록이 안 된 만 6세 이하 　아동은 검사자료로 대체 　가능	• 매월 14~22만 원의 발달재활서비 스 바우처 지원 • 언어·청능, 미술·음악, 행동·놀 이·심리·감각·운동 등 원하는 발달재활서비스를 선택하여 이용	

〈계속〉

언어발달 지원	• 연령기준: 만 12세 미만 비장애아동(한쪽 부모 및 조손 가정의 한쪽 조부모가 시각, 청각, 언어, 지적, 뇌병변, 자폐성 등록 장애인) • 소득기준: 전국가구 평균소득 120% 이하	• 매월 16~22만 원의 언어재활 등 바우처 지원 • 언어발달진단서비스, 언어 · 청능 등 언어재활서비스, 독서지도, 수어지도	
장애아 보육료 지원	• 만 12세 이하 장애아동 * 만 5세 이하 미등록 장애아동은 장애진단서 제출로 대체 가능	• 지원단가 －종일반: 478천 원/월 －방과후: 239천 원/월 －만 3~5세 누리장애아보육: 478천 원/월 * 가구소득수준과 무관	읍 · 면 · 동에 신청
장애아 가족 양육 지원	• 만 18세 미만 중증장애아동 • 소득기준: 전국가구 평균소득 120% 이하	• 돌봄서비스: 아동당 연 840시간 범위 내 아동의 가정 또는 돌보미 가정에서 돌봄서비스 제공 • 휴식 지원: 문화교육, 가족 캠프 등	읍 · 면 · 동에 신청
발달장애인 부모상담 지원	• 발달장애인 부모 및 보호자	• 상담서비스 이용권 지원	읍 · 면 · 동에 신청
발달장애인 주간활동 서비스	• 만 18~64세 발달장애인 중 종합조사 적격 판정자	• 발달장애인이 지역사회의 다양한 기관이나 장소를 이용 및 참여하여 동료이용자와 함께 낮 시간을 보낼 수 있도록 이용권 제공	읍 · 면 · 동에 신청
발달장애인 공공후견 지원	• 만 19세 이상 발달장애인	• 공공후견 심판청구 비용과 공공후견인 활동비용	시 · 군 · 구에 신청
장애인 자립자금 대여	• 저소득 가구의 장애인가구주 또는 가구주의 배우자인 장애인 ※ 국민기초생활보장법상의 수급자 및 차상위계층은 생업자금을 대여하므로 제외	• 대여한도: 가구당 5,000만 원 이내 • 이자: 2% • 5년 거치 5년 분할 상환	읍 · 면 · 동에 신청
공동주택 특별분양 알선	• 등록장애인인 무주택 세대주(지적장애, 정신장애 및 3급 이상의 뇌병변장애인의 경우 배우자 포함)	• 청약저축에 상관없이 전용면적 85제곱미터 이하의 공공분양 및 공공임대주택 분양 알선	시 · 도에 문의 및 읍 · 면 · 동에 신청

〈계속〉

농어촌 재가장애인 주택개조 사업	•농어촌 거주 주거약자로서 자가소유자 및 임대주택 거주자	•편의시설 개선에 소요되는 비용 지원	읍·면·동에 신청
실비장애인 거주시설 입소이용료 지원	•기준 중위소득 이하인 등록 장애인	•실비장애인 거주시설 입소시 입소 비용 중 매월 290천 원 지원	시·군·구에서 해당시설에 지원
청각장애아동 인공달팽이관 수술 지원	•수술로 청력회복이 가능한 만 55세 미만의 저소득 청각 장애인	•수술비 및 재활치료비 지원	읍·면·동에 신청
방송수신기 무료보급	•시청각장애인, 난청노인 −저소득층 및 중증장애인 우선 보급	•청각장애인을 위한 자막방송수신기 •시각장애인을 위한 화면해설방송수신기 •난청노인용수신기	방송통신위원회 한국전파진흥원 수행
장애인방송 시청 지원	•시청각장애인	•시청각장애인을 위한 장애인방송 (자막, 수화, 화면해설방송) 지원 −방송사업자의 장애인 방송 제작 지원 •EBS 교육방송물 보급 −초·중·고등학생용 EBS교육 방송물 재제작하여 웹 형태로 지원	방송통신위원회 한국전파진흥원 수행
	•발달장애인	•발달장애인이 쉽게 이해할 수 있도록 이미 제작된 영상물을 '알기 쉬운 자막·음성해설방송'으로 재제작하여 보급	

관 수술 지원사업이 있다. 이 사업은 청각장애인이 인공달팽이관 수술을 하고 언어훈련을 하면 장애를 극복하고 생활할 수 있기 때문에 정부에서 수술비와 재활치료비를 지원하고 있다. 대상자는 55세 미만의 저소득 청각장애인이다.

(2) 각종 할인 감면 제도
각종 할인이나 감면제도를 통해서 장애인의 경제적 부담을 경감시켜 주는 시책들이다. 장애로 인한 소득경감과 추가비용 부담을 완화하기 위하여 정부에서는 각종 공공요금을 감면해 주는 한편, 각종 세금을 감면하거나 감면대상 범위를 매년 확대해 왔다. 이러한 시책들은 1980년대 후반부터 도입되기 시작하였고, 1990년대 중반기에 집중적으로 확대되었다. 이들의 주요 내용을 시책 영역별로 나누어서 살펴보자.

첫째, 교통수단에 대한 부담 경감조치들이다. 교통수단은 다시 개인 자동차와 대중교통수단으로 나누어 볼 수 있다. 교통수단에 대한 부담 경감조치들의 구체적인 내용은 〈표 6-7〉〈표 6-8〉과 같다.

표 6-7 장애인 자동차 관련 경제부담 경감 시책

사업명	지원대상	지원내용	비고
장애인 자동차 표지 발급	• 장애인 또는 장애인과 주민등록표 상 거주를 같이하는 배우자, 직계 존 · 비속, 직계비속의 배우자, 형 제 · 자매, 형제 · 자매의 배우자 또는 자녀의 명의로 등록하여 장 애인이 주로 사용하는 자동차 1대 • 국내거소신고를 한 재외동포와 외 국인 등록을 한 외국인으로서 보 행장애가 있는 사람 명의로 등록 한 자동차 1대 • 장애인복지시설 및 단체 명의의 자동차 • 노인의료 복지시설 명의의 자동차 • 학교의 장애인 통학 차량 • 장애아 전담 • 어린이집 차량 • 장애인 특별교통수단	• 장애인전용주차구역 이용 지 방자치단체별 조례에 의거 공 영주차장 주차요금 감면 등 • 장애인의 보행상 장애 여부에 따라 장애인전용주차구역을 이용할 수 있는 표지가 발급 되며, 장애인이 탑승한 경우 에만 표지의 효력을 인정	읍 · 면 · 동에 신청

〈계속〉

승용 자동차 LPG 연료 사용 허용	• 장애인 또는 장애인과 주민등록표 상 거주를 같이 하는 보호자 1인과 공동명의 또는 보호자 단독명의로 등록한 승용자동차 1대	• LPG 연료 사용 허용(LPG 연료 사용 차량을 구입하여 등록 또는 휘발유 사용 차량을 구입하여 구조 변경) • LPG 승용차를 사용하던 장애인이 사망한 경우는 동 승용차를 상속받은 사용자가 사용	산업통상자원부 소관, 시·군·구 차량등록기관에 신청
승용 자동차에 대한 개별소비세 면제	• 1~3급 장애인 본인 명의 또는 장애인과 주민등록표상 생계를 같이 하는 배우자·직계존속·직계비속·직계비속의 배우자·형제·자매 중 1인과 공동명의로 등록한 승용자동차 1대	• 개별소비세 500만 원 한도로 면제(교육세는 개별소비세의 30% 한도)	국세청 소관, 관할 세무서 및 자동차 판매인에게 상담
차량 구입 시 도시철도 채권구입 면제	• 장애인 명의 또는 장애인과 주민등록상 같이 거주하는 보호자 1인과 공동명의로 등록한 보철용의 아래 차량 중 1대 −비사업용 승용자동차 −15인승 이하 승합차 −소형화물차(2.5톤 미만)	• 도시철도 채권 구입의무 면제(지하철공사가 진행되고 있는 특별시와 광역시에 해당)	관할 시·군·구청 차량등록기관에 신청(자동차 판매사 영업사원에게 문의)
장애인용 차량에 대한 등록세, 취득세, 자동차세 면제	• 차량 명의를 1~3급(시각 4급은 자치단체 조례에 의함)의 장애인 본인이나 그 배우자 또는 주민등록표상 장애인과 함께 거주하는 직계존·비속, 직계비속의 배우자, 형제·자매 중 1인과 공동명의 −배기량 2000CC 이하 승용차 −승차정원 7~10인승인 승용자동차, 승차정원 15인승 이하 승합차, 적재정량 1톤 이하인 화물차, 이륜자동차 중 1대	• 취득세(종전 등록세 포함)·자동차세 면제	지방자치단체 소관 시·군·구청(세무과)에 신청
차량구입 시 지역개발공채 구입면제	• 지방자치단체별 조례에서 규정하는 장애인용 차량 ※ 도지역에 해당	• 지방자치단체별 조례에 의거 장애인 차량에 대한 지역개발공채 구입의무 면제	지방자치단체 시·군·구청 차량등록기관에 신청

〈계속〉

장애인 자동차 검사수수료 할인	• 장애인 또는 장애인과 주민등록표 상 거주를 같이하는 배우자, 직계 존·비속, 직계비속의 배우자, 형 제·자매 명의로 등록된 아래의 비사업용 자동차 1대 −승용차, 12인승 이하 승합차, 1톤 이하 화물차	• 정기검사 및 종합검사 수수 료의 50%(1∼3급) 또는 30% (4∼6급) • 장소: 교통안전공단 자동차검 사소	교통안전공단 (1577−0990)
공영 주차장 주차요금 감면	• 등록장애인 −장애인 자가 운전 차량 −장애인이 승차한 차량	• 지방자치단체의 조례에 의거 한 할인 혜택 부여 ※ 대부분 50% 할인혜택이 부 여되나 각 지방자치단체별로 상이	지방자치단체 소관 장애인등 록증(복지카드) 제시
고속도로 통행료 50% 할인	• 장애인자동차 표지가 부착된 자동 차에 승차한 등록장애인 −배기량 2,000CC 이하의 승용자 동차 −승차정원 7∼10인승 승용자동차 −12인승 승합차 −1톤 이하 화물차 ※ 경차와 영업용차량(노란색 번호 판의 차량)은 제외	• 고속도로 통행료 50% 할인 −일반차로: 요금정산소에서 통행권과 할인카드를 함께 제시하면 요금 할인 −하이패스차로: 출발 전 감면 단말기에 연결된 지문인식 기에 지문을 인증한 후 출구 를 통과할 때 통행료 할인	한국도로공사 소관 −할인카드 발 급 신청: 읍· 면·동사무소 −감면단말기 지 문 정보 입력: 읍·면·동사 무소 및 한국 도로공사

표 6-8 대중교통수단 관련 할인 제도

주요사업명	지원대상	지원내용	비고
철도 및 도시철도 요금감면	• 등록장애인	• 등록장애인 중 중증장애인(1∼3급)과 동 행하는 보호자 1인 KTX, 새마을호, 무궁 화, 통근열차: 50% 할인 • 등록장애인 중 4∼6급 −KTX, 새마을호: 30% 할인(법정공휴일을 제외한 주중에 한하여) −무궁화, 통근열차: 50% 할인 • 도시철도(지하철, 전철): 100%	장애인등록증 제시

〈계속〉

항공요금 할인	• 등록장애인	• 대한항공(1~4급), 아시아나항공 국내선 요금 50% 할인(1~3급 장애인은 동행하는 보호자 1인 포함) • 대한항공(5~6급 장애인) 국내선 30% 할인	항공사 소관, 장애 인등록증 제시
승용 자동차에 대한 개별소비세 면제	• 등록장애인	• 연안여객선 여객운임 50% 할인(1~3급 장 애인 및 1급 장애인 보호자 1인) • 연안여객선 여객운임 20% 할인(4~6급 장 애인)	여객선사 소관, 장애인등록증(복 지카드) 제시

이와 같이 교통수단에 대한 부담 경감조치들은 개인 자동차를 소유하고 운행하는 장애인에게 주로 초점이 맞추어져 있다. 반면, 대중교통수단에 대한 지원책은 미미한 실정이다. 이는 우리나라 장애인 교통수단 정책이 요금감면이라는 정책에 의존하고 있고 적극적인 대중교통수단 확보 정책에는 소극적이기 때문에 발생하는 현상이다.

둘째, 정보통신이나 전기, 도시가스 요금 관련 경제적 부담 경감조치들은 〈표 6-9〉와 같다.

표 6-9 전기통신·전기·도시가스 요금 관련 경제적 부담 경감조치

주요사업명	지원대상	지원내용	비고
유선통신 요금감면	• 장애인 명의의 전화 1대 • 장애인단체, 복지시설 및 특 수학교 전화 2대(청각·언어 장애인 시설 및 학교는 FAX 전용전화 1대 추가 가능)	• 시내통화료 50% 할인 • 시외통화는 월 3만 원의 사 용한도 내에서 50% 할인 • 인터넷전화: 월 50% 할인 • 이동전화에 걸었을 때의 요금: 월 1만 원의 사용한 도 이내에서 30% 할인 • 114 안내요금 면제	해당 통신회사에 신청

〈계속〉

시각·청각 장애인 TV수신료 면제	• 시각·청각 장애인이 있는 가정 • 사회복지시설에 입소한 장애인을 위하여 설치한 텔레비전 수상기	• TV수신료 전액 면제 ※ 시각·청각 장애인 가정의 수신료 면제는 주거 전용의 주택 안에 설치된 수상기에 한함	한전지사, KBS콜센터 또는 읍·면·동에 신청
이동통신 요금할인	• 등록장애인, 장애인복지시설, 장애인단체, 특수학교, 아동복지시설 • 장애수당, 장애아동수당, 장애인 연금 수급자 중 차상위계층으로 지정된 자	• 이동전화 －가입비 면제 －기본요금 및 국내통화 35% 할인 ※ 알뜰폰은 안 됨	통신회사 소관, 해당 회사에 신청
초고속 인터넷 요금할인	• 등록장애인	• 월 이용료의 30% 감면	해당 회사에 신청
전기요금 할인	• 중증장애인(3급 이상)	• 전기요금 정액(월 8천 원 한도)	한국전력 관할, 지사나 지점에 신청(방문, 전화)
도시가스 요금할인	• 중증장애인(3급 이상)	• 주택용 도시가스	지역별 도시가스 지사나 지점에 신청(방문, 전화)

셋째, 자동차를 제외한 여타 세금 관련 경제적 부담 경감시책들은 〈표 6-10〉과 같다.

표 6-10 자동차를 제외한 세금관련 경제적 부담 경감시책

주요사업명	지원대상	지원내용	비고
소득세 인적 공제	• 등록장애인	• 소득금액에서 장애인 1인당 연 200만 원 추가 공제 • 부양가족(직계존·비속, 형제·자매 등) 공제 시 장애인인 경우 연령제한 미적용	연말정산 또는 종합소득 신고 시 공제 신청

〈계속〉

장애인 의료비 공제	• 등록장애인	• 당해년도 의료비 전액 　－의료비 지출액 전액의 15% 공제	연말정산 또는 종합소득 신고 시 공제 신청
상속세 인적 공제	• 등록장애인 　－상속인과 피상속인이 　 사실상 부양하고 있던 　 직계존·비속, 형제· 　 자매	• 장애인에 대한 상속세 인적 공제 　－공제금액＝500만 원×기대여명	관할세무서에 신청
장애인 특수 교육비 소득공제	• 등록장애인	• 사회복지시설이나 보건복지부장 관으로부터 장애인재활교육시설 로 인정받은 비영리법인에 지급 한 특수교육비 전액의 15% 공제	연말정산 또는 종합소득 신고 시 공제 신청
증여세 면제	• 등록장애인 　－장애인을 수익자로 하 　 며, 신탁기간을 장애인 　 의 사망 시까지로 하여 　 신탁회사에 신탁한 부 　 동산, 금전, 유가증권	• 장애인이 생존기간 동안 증여받 은 재산 가액의 합계액에 대하여 최고 5억 원까지 증여세과세가액 에 불산입 ※중도에 해지하는 경우 세금 납부	관할 세무서에 신청
장애인 보장구 부가가치세 영세율 적용	• 등록장애인	• 부가가치세 감면 ※텔레비전 자막수신기(국가· 　 지방자치단체·한국농아인협 　 회의 구매 시)	별도 신청 없음
장애인용 수입 물품 관세 감면	• 등록장애인	• 장애인용물품으로「관세법 시행 규칙」별표 2에서 정한 101종의 수입물품에 대하여 관세 면제 • 재활병원 등에서 사용하는 지체 ·시각 등 장애인 진료용구에 대 하여 관세 면제	통관지 세관에 서 수입 신고 시에 관세 면제 신청

넷째, 기타 경제적 부담 경감조치들은 〈표 6-11〉과 같다.

표 6-11 **기타 경제적 부담 경감조치**

주요사업명	지원대상	지원내용	비고
특허출원료 또는 기술평가 청구료 등의 감면	• 등록장애인	• 특허 출원 시 출원료, 심사청구료, 1~3년 차 등록료, 기술평가 청구료 면제 • 특허·실용신안원 또는 의장권에 대한 적극적인 권리범위 확인심판 시 그 심판청구료의 70% 할인	출원, 심사 청구, 기술 평가 청구, 심판청구 시 또는 등록 시 특허청에 감면 신청
공중이용 시설 감면	• 등록장애인 및 1~3급 장애인과 동행하는 보호자 1인 −국공립공연장 중 대관공연은 할인에서 제외	• 입장요금 무료: 고궁, 능원, 국공립 박물관 및 미술관, 국공립 공원, 국공립 공연장, 공공체육시설 ※ 국공립 공연장(대관공연 제외) 및 공공체육시설 요금은 50% 할인	장애인 등록증 (복지카드) 제시
무료법률 구조제도 실시	• 등록장애인 −법률구조공단에서 심의하여 무료 법률구조를 결정한 사건에 한함	• 소송 시 법원에 소요되는 일체의 비용(인지대, 송달료, 변호사 비용 등)을 무료로 법률 구조서비스 제공 −무료 법률 상담 −무료 민사·가사사건 소송 대리(승소가액이 2억 원 초과 시 실비 상환) −무료 형사변호(단, 보석보증금 또는 보석보증보험 수수료 본인 부담)	대한법률구조공단 관할, 지부에 유선 또는 방문 상담

이와 같이 우리나라 장애인에 대한 간접적 소득지원제도는 매우 다양하다. 직접적인 소득보장이 발달하지 못한 상황에서 간접적으로나마 소득을 지원해 줄 수 있는 시스템을 만들어 왔기 때문이다.

5) 생존권 보장을 위한 제도적 과제

지금까지 우리나라의 장애인 사회보장체계를 살펴보았다. 장애인은 장애와 이로 인한 사회적 장벽으로 인해 소득수단을 상실할 가능성이 매우 높다. 따라서 장애로 인해 발생하는 장애인의 욕구에 따른 적극적이고 합리적인 사회보장이 요구된다. 이러한 면에서 우리나라에서 시도되어야 할 것이라고 생각되는 몇 가지 점들을 지적하고자 한다.

첫째, 국민연금이나 산재보험의 경우 일시금으로 지급되는 보상금을 점차 연금 방식으로 전환해 나가야 할 것이다. 외국에서도 대부분 연금 방식을 통해 장애에 대한 보상을 하고 있는데, 이는 장기적인 생활안정이라는 제도의 목표에서 연유하는 것이다. 일시금이 필요한 경우에는 우리나라에서도 시행하고 있는 자립생활을 위한 자금대여제도 등의 수준 향상을 통해 해결해 나가면 될 것이다.

둘째, 장애 정도의 평가기준을 기능적 손실 정도에 국한하지 말고 작업능력과 일상생활에서의 장애 정도로 확대하여 장애로 인한 실질적 생활상의 장애에 대해 보상이 이루어지도록 해야 할 것이다.

셋째, 건강보험에서는 상병급여를 신설해야 할 것이다. 상병급여는 질병이나 장애상태가 일정 기간 이상 계속되는 피용자에게 지급되도록 하며, 급여의 수준은 소득에 비례되어야 한다.

넷째, 국민기초생활보장제도는 각 급여액의 결정 기준액을 상향 조정할 필요가 있으며, 최소한 성인 장애인의 경우에는 부양의무자 기준을 완전히 폐지하여 장애인이 자립적인 삶을 살 수 있도록 보장해야 한다.

다섯째, 국민기초생활보장제도를 통해 기초적인 생계가 보장되면 장애인에게 특수한 욕구에 따라 또 다른 생계보조수단을 제공해 주어야 한다. 장애인은 장애를 지니고 있다는 이유 하나로 소득상실의 위험이 매우 높다. 이를 위해 장애인연금의 급여대상과 급여수준을 인상함과 동시에 장애인연금의 부가급여, 장애수당, 장애아동수당, 보호수당 등이 '장애수당'으로 통합하여 지출될 수 있도록 데모그란트화할 필요가 있다. 특히 장애아동수당 및 보호수당은 이에 필요한 예산을 산정할 때 장애아동을 부양하는 실질 비용 및 중증장애인을 보호함으로써 야기되는 기회비용을 과학적으로 추계하여 적절한 수준에서 정해져야 한다.

여섯째, 감면 및 할인을 통한 방식은 일정 소득 이상의 계층에 대해서 도움이 되지만 지원의 필요성이 높은 일반 저소득층에 대해서는 별 도움이 못된다. 예를 들어, 저소득 장애인의 경우 재산이 많지 않고, 자동차도 보유할 수 없으며, 항공편 등의 이용기회가 거의 없기 때문에 감면 및 할인 제도를 활용할 가능성이 거의 없다. 또한 장애인이 각종 할인제도를 이용하기 위해 장애인 카드를 제시하고 할인카드를 검열받음으로써 낙인(stigma)을 유발할 가능성이 높다. 따라서 간접적 소득지원제도를 점차적으로 줄여 나가고 직접적인 소득보장을 강화하는 정책을 펴야 할 것이다. 2007년에 장애인 차량 LPG 세금지원을 점차적으로 줄여 나가면서 이를 장애수당으로 전환한 것이 대표적인 사례라고 할 수 있다.

제7장
장애인과 노동권

    장애인에 대한 취업기회의 부여는 장애인 개인의 존엄을 높이고 장애인의 사회에 대한 창조적인 기여를 도울 뿐 아니라 장애인 가족의 기능을 회복시켜 가족 구성원의 생활능력을 발휘하게 하는 효과를 지니고 있다. 또한 장애인에게 취업의 기회를 부여하는 것은 장애인의 빈곤을 해소할 수 있는 수단이 되기 때문에 사회통합의 가장 중요한 수단이 된다.

    그런데 장애인이 가지고 있는 문제는 신체적 · 심리적 · 사회적 · 교육적 · 직업적 영역들이 복합적으로 관련되어 있는 경우가 대부분이다. 이러한 복잡성에 의해 장애인재활, 특히 직업재활 분야에도 자연히 여러 부처와 전문기관들이 복합적인 정책을 시행하고 있다. 대표적인 부처가 보건복지부, 현재 고용노동부, 교육부라고 할 수 있다.

    그런데 장애인 직업재활에 있어 다양한 서비스 주체가 각기 독자적으로 동일한 대상자에게 직업재활서비스를 제공하는 현재의 정책체계는 서비스의 효과를 저하시키고 자원의 낭비를 초래할 수밖에 없다. 즉, 현행 공급자 중심의 직업재활서비스 체계는 서비스의 단절과 누락, 중복 등 많은 문제점을 갖고 있다.

1. 장애인 노동권의 현실

한국보건사회연구원의 각 연도 장애인실태조사에 따르면, 대체로 만 15세 이상 장애 인구 대비 취업자 비율은 대략 30%대에 머물고 있으며, 실업률은 약 7% 내외로 전체 실업률에 비해 약 2~3배 높은 수준으로 나타나 장애인이 노동권 영역에서 상당한 불이익을 받고 있다는 것을 알 수 있다. 물론 이러한 이유가 반드시 차별 때문이라고는 말할 수 없다. 장애인의 생산성이 떨어져 나타나는 현상일 수도 있기 때문이다. 이에 대해서는 다시 언급하기로 하겠지만, 하여튼 드러나는 수치에 따르면 장애인은 취업이 상당히 저조하여 사회생활과 생계에 상당한 어려움을 겪고 있는 것으로 짐작할 수 있다.

한편, 장애인은 일반인에 비해 노동환경이 열악한 2차 노동시장에 주로 취업하고 있다(이선우, 1997; Barnes, 1991; Doyle, 1995). 장애인은 일반인에 비해 자영업 종사자나 일용직 노동자 비율이 월등히 높다. 장애인의 경우처럼 한 사회에서 불리한 위치에 있는 집단은 사회의 편견이나 차별이 심하기 때문에 임금고용보다는 자영업에 종사할 가능성이 높으며(이선우, 1997: 290), 근로조건이 좋지 않은 일용직과 같은 2차 노동시장에 종사할 가능성이 높다. 실제 장애인실태조사 결과 나타난 취업장애인의 취업 분야는 주로 단순노무직, 농어업, 서비스업 등 상대적으로 열악한 업종으로 나타났다.

한편, 취업장애인의 월평균임금은 우리나라 전체 노동자 평균임금의 50%에도 미치지 못하는 것으로 나타나 임금 수준에서도 상당한 저소득에 머물고 있음을 알 수 있다. 실제로 사업체를 대상으로 한 실태조사 결과에 따르면, 사업주는 장애인 근로자들의 생산성이 비장애인 근로자들의 생산성에 비해 약 87.9% 정도라고 답변하고 있다(인제대학교, 2003: 13). 이러한 생산성에 비해 임금 수준이 일반 근로자들의 절반에도 미치지 못한다는 것은 상당한 임금 차별이 존재하고 있음을 시사한다고 하겠다.

1991년 「장애인고용촉진법」이 시행되면서 장애인 의무고용제가 시작되어

장애인 고용의 획기적인 전환점이 마련된 것으로 평가되었다. 그러나 아직까지 장애인 고용률은 밑바닥을 돌고 있는데, 2010년 장애인 고용률 2%를 넘어선 이후 2020년에 겨우 3%를 넘겨 지금까지 비슷한 수준을 보이고 있다.

2. 장애인 노동권 확보를 위한 기본 전략

이와 같은 문제가 발생하는 것은 장애인 고용에 대한 종합적인 그림 없이 접근했기 때문이다. 장애인 고용 전략에 대한 체계적이고 종합적이며 지속가능한 모델을 구축하는 것이 매우 시급한 과제다. 노동시장 전략은 크게 두 가지로 나누어진다. 하나는 경쟁노동시장에서 장애인의 고용을 확대하는 것이고, 또 다른 하나는 보호된 노동시장을 형성하는 것이다. 장애인 고용의 핵심전략이 통합된 노동환경에서의 노동권을 보장하는 것이라면, 장애인의 고용 전략도 경쟁노동시장에서 장애인 고용을 확대하는 것이 중심이 되어야 한다.

1) 경쟁노동시장 전략

일반 경쟁노동시장에서의 장애인 고용확대 전략은 크게 고용할당제, 장애인차별금지, 고용평등프로그램 등 세 가지로 나눌 수 있다. 고용할당제는 유럽의 대륙 국가들에서 주로 채택하고 있으며, 장애인차별금지는 영미권 국가에서 주로 채택하고 있다. 고용평등프로그램은 최근 유럽연합(EU)을 중심으로 각광받고 있는 전략이다.

(1) 고용할당제

우리나라에서 현재 본격적으로 시행하고 있는 고용할당 전략을 살펴보자. 장애인 고용할당은 의무고용제라는 이름으로 시행되고 있는데, 피고용인 중 특정 비율을 장애인으로 고용하라는 법적 의무를 부과하는 것이다. 법적 의무를 준수하지 못할 경우 부담금(levy)을 부과하는 것이 일반적이다. 우리나라는 2017년 2.9% 고용을 의무화하고 있다. 우리나라가 채택하고 있는 의무고용제를 채택하는 나라는 프랑스, 폴란드, 독일, 오스트리아, 튀르키예, 스페인, 일본 등이다. 이들 국가는 대체로 2~7%의 할당고용률을 적용하고 있는데, 스페인 2%(공공부문 5%), 독일 5%, 프랑스 6%, 이탈리아 7% 등으로 나타나고 있다. 할당고용 달성도는 비교적 낮아서 대개 50~70% 사이의 실적을 보여 주고 있다.

고용할당제는 다음과 같은 장점이 있다. 첫째, 장애인을 위한 사회의 집합적 책임을 인정한다는 것이다. 장애인은 고용에서 상당한 불이익을 받고 있고 불이익을 전체 사회가 집합적으로 나누어 분담해야 한다는 사회성의 원리가 매우 강하게 나타나고 있다. 둘째, 고용주의 장애인 고용 노력을 구체적으로 파악할 수 있다는 것이다. 고용할당제하에서는 기업별로 장애인 고용률이 보고되므로 고용주를 비롯해 전체 사회가 기업들의 노력을 구체적으로 알 수 있다는 것이다. 셋째, 고용부담금을 통해 형성된 기금을 장애인 고용촉진 사업에 활용할 수 있다는 것이다. 우리나라 장애인 고용 예산의 대부분이 장애인고용촉진 및 직업재활기금임을 떠올리면 이러한 긍정적 효과를 충분히 짐작할 수 있다.

반면, 고용할당제는 다음과 같은 단점이 있다. 첫째, 고용주들은 부담금을 많은 세금 중의 하나로 인식할 수 있다는 것이다. 장애인에 대한 집합적 책임이라는 원칙은 잊혀지고 부담금에 대한 저항만 생성될 수 있다는 점이다. 대기업일수록 장애인 고용률이 떨어지고 부담금 납부로 의무를 대체하는 경향이 크다는 사실이 이를 잘 대변해 준다.[1] 둘째, 고용주가 의무고용률을 지키고 나면 유능한 장애인 구직자를 취직시키지 않아도 아무런 제재 조치를 취할 수 없다는 것이다. 즉, 개인에 대한 적절한 기회 부여가 어렵다는 것이다. 셋째, 고용할당제는 장애인을 고용하지 않고 고용부담금으로 대체할 수 있기 때문에

---

1) 우리나라 30대 기업의 장애인 고용률은 2% 내외에 불과하다.

장애인 고용의 실질적인 증대에는 한계가 있다. 특히 우리나라는 정부부문이 고용부담금 적용에서 제외되므로 정부부문에 대한 강제력이 없다는 근본적인 한계가 있다.

(2) 장애인차별금지 제도

의무고용제가 사회의 집합적 책임이라는 철학적 원칙에서 발현된 제도라면, 장애인차별금지는 개인의 노동권 보장이라는 개별적 접근 원칙에서 나타난 제도다. 따라서 자유주의적 성향이 강한 나라들에서 이 제도를 채택하고 있다. 미국, 영국, 호주, 캐나다, 홍콩, 필리핀 등이 대표적인 국가들이다. 독일은 의무고용제와 차별금지를 동시에 채택하고 있는 국가다.

이러한 국가들이 채택하고 있는 장애인차별금지의 핵심 내용은 장애인 고용에 관한 것이다. 장애인차별금지 원칙은 독립적인 법으로 제정되어 있기도 하고 통합된 인권법에서 규정하고 있기도 한데, 여기서의 핵심은 자격 있는 장애인에 대한 차별을 금지하고 차별이 발견되었을 시에는 조정, 권고 등의 조치를 취하는 것이 일반적이다. 일부 국가에서는 형벌을 부과하거나 징벌적 손해배상을 통해 금전적 부담을 지우기도 한다.

차별은 거부나 배제 등의 직접적인 차별 이외에 장애인이 일할 수 있는 정당한 편의(reasonable accommodation)를 제공하지 않는 것도 차별로 본다. 예를 들어, 작업대의 높이 조절이 필요하다고 요구하는 장애인의 요청을 거절한 경우에도 차별이 된다는 것이다.

장애인차별금지는 다음과 같은 장점이 있다. 첫째, 구체적인 상황에서 장애인이 받는 불이익을 직접적으로 구제할 수 있다. 차별에 직면한 장애인은 권리구제기구에 직접 진정할 수 있고 이를 통해 직접적이고 신속한 구제를 받을 수 있다는 것이다. 둘째, 자신에게 필요한 정당한 편의제공을 요구할 수 있다. 장애인이 업무수행을 하다 보면 비장애인과는 다른 지원이 필요한 경우가 있다. 이 경우 장애인 노동자는 자신에게 필요한 적절한 요구를 할 수 있으며, 이를 통해 실질적인 노동권을 보장받을 수 있다.

반면, 장애인차별금지는 다음과 같은 한계를 지니고 있는 것으로 평가되고 있다. 첫째, 이 원칙이 장애인의 고용을 증진시키는 데는 크게 효과적이지 못하다는 것이다. 「장애인차별금지법」의 원조 국가인 미국에서도 이 법이 시행되고 난 이후에 장애인 고용률에서는 별다른 변화가 없거나 다소 감소하고 있는 것으로 나타나고 있다. 이는 아마도 채용 시에 장애인에 비해 더 나은 능력을 지닌 비장애인을 채용하는 것은 합법적이기 때문일 것으로 추측된다. 둘째, 적절한 자격을 갖춘 장애인만 대상이 되므로 중증장애인은 배제될 가능성이 높아진다. 차별은 자격이 있는 장애인에 대해 불리한 처우를 하는 것이므로 중증장애인은 차별금지의 효과에서 배제될 가능성이 높다. 셋째, 차별에 관해 소송이 제기될 경우 장애인의 심리적·경제적 부담이 증가할 수 있다는 것이다. 물론 이를 위해 다양한 지원제도들을 마련하고 있지만 부담 자체가 없어지지는 않는다. 그리고 진정이나 소송이 제기되어도 장애인의 승소율이 그리 높지 않다는 것도 큰 부담으로 작용한다. 넷째, 장애인 고용 효과를 측정하기가 어렵다는 것이다. 차별금지제도만 시행하는 경우 장애인 고용에 대한 보고 의무가 없기 때문에 장애인이 얼마나 고용되어 있는지 확인하기가 어렵다.

(3) 고용평등 전략

아마도 가장 근본적인 정책 접근은 바로 '고용평등' 전략일 것이다. 고용평등 전략은 고용 장벽이 장애인이 아니라 고용 조직에게 있다고 가정한다. 이 전략은 개별 장애인에 대한 방법이 아니라 고용조직 자체에 대한 포괄적 접근법이기 때문에 「장애인차별금지법」과 같은 개별적 권리 입법을 보완하는 효과가 있다.

고용평등 전략은 공공부문이나 기업이, ① 장애인의 고용현황 분석 및 고용평등계획 수립, ② 고용평등계획의 이행, ③ 고용평등 이행실적 제출을 하면, 정부는 ④ 고용평등계획 및 이행실적 적정성 평가, ⑤ 평가결과 행정적·재정적 인센티브 활용 등 일련의 과정으로 운영되는 것이다.

고용평등프로그램은 고용주의 자발적 계획과 평가에 의해 유연하게 활용될 수 있다는 장점이 있는 반면, 적극적인 시책을 사회적으로 강요하기 어렵다는 단점이 있다. 따라서 독자적으로 시행되기는 어려우며, 보완적 조치로 활용할 가치가 있다.

우리나라에서는 여성계에서 2006년 3월 처음 공공기관을 중심으로 도입되었으며 2008년 3월부터 민간기업 500인 이상으로 대상이 확대되었다.

고용평등 전략은 캐나다, 영국, 프랑스, 호주 등지에서 활용되고 있다. 캐나다와 영국, 프랑스의 예를 들어 보자. 캐나다 고용평등 전략의 핵심은 고용주가 장애인뿐만 아니라 기타 소수자(여성, 원주민, 기타 소수 계층)들이 부딪히는 시스템 차원의 장벽을 제거할 계획을 파악·설계·실천함으로써 다양한 계층의 사람들이 일할 수 있는 작업장을 만들기 위해 노력해야 한다는 것이다. 이러한 원칙은 연방의 규제를 받는 대규모 고용주나 연방정부의 입찰에 참여하는 업자에게 적용된다.

이들은 소수자들의 고용참여 저조 정도와 고용장벽을 만드는 고용 정책 및 관행을 파악하기 위해 정보를 수집하고 분석할 의무가 있다. 이들은 또한 고용 참여 저조 문제를 해결하기 위한 고용, 훈련, 승진, 고용 유지, 직무 조정 계획을 수립해야 한다. 이들은 자신들이 수립한 계획의 유효성 감시를 위해 합당한 노력을 기울여야 하며, 필요할 경우 계획을 변경하고, 계획 실행에 관해 직원 대표자들과 협의해야 한다. 연방정부의 규제를 받는 고용주는 연간 계획에서 직능 단체별로 소수자 참여 정도와 임금 수준을 보고해야 하며, 캐나다 인권위원회(Canadian Human Rights Commission)는 조사권을 갖고 있다. 연방정부와 계약한 업자들은 준수 여부에 대해 현장 실사를 받으며, 제재도 받을 수 있다.

한편, 영국의 공공기관들은 장애인 직원, 장애인 서비스 이용자, 일반 장애인과 관련하여 의무를 완수할 방법을 담은 실천 계획과 함께 장애 관련 평등 계획을 발표해야 한다. 3년 동안의 계획을 실천 계획에 담아야 하며, 법안 협의 결과에 따라 공공기관들은 매년 실천 성과를 보고해야 한다. 장애 관련 평등 계획은 인종, 성, 장애를 포괄하는 단일 평등 계획에 포함될 수도 있다.

프랑스는 장애인 고용할당제와 평등 전략을 결합해서 시행하고 있다. 민간

고용주나 공공기관 성격의 고용주가 장애인 고용 증진을 위해 1년 이상의 '협정(accord)' 프로그램을 시행하는 것이다. 협정은 프랑스에서 고용주와 노동자 조직 사이의 전통적인 합의 수단을 일컫는데, 당국은 협정에 동의해야 하며, 고용주는 장애인 고용부담금 납부 의무를 면제받을 수 있다.

2) 보호노동시장 전략

현재와 같이 노동수요에 비해 노동공급이 많은 상황에서 장애인 고용은 매우 어려울 수밖에 없다. 장애인은 가장 나중에 고용되고 가장 먼저 해고되는 집단이기 때문이다. 이와 같은 상황에서 장애인 고용을 확대하기 위해서는 보호된 일자리를 창출하는 방법을 생각하지 않을 수 없다.

장애인을 보호하는 고용 전략은 크게 유보고용(reserved employment), 보호고용(sheltered employment), 지원고용(supported employment) 등 세 가지로 나뉜다. 이 전략들은 장애인에 대한 사회적 지원을 통해 일자리를 유지하게 한다는 특징이 있다.

(1) 유보고용

유보고용은 장애인에게 특정 직종을 대규모로 할당하는 것이다. 시각장애인 안마업이 대표적인 것이다. 이 방법도 많이 활용되고 있는데, 일본에서는 몇 가지 직종에 대해 장애인을 70% 이상 고용하도록 의무화하고 있으며, 중국은 안마사 자격증을 교부할 때 시각장애인에게 30%를 할당하고 있다. 이 외에도 스웨덴이나 스페인에서는 전화 교환원이나 복권 판매업을 장애인 종사 직종으로 선정하여 장애인 고용을 활성화하고 있다. 스페인의 경우 취업된 시각장애인 중 절대 다수가 복권 판매업에 종사하고 있는데, 복권 판매업으로 인해 장애인의 실업률이 전체 국민의 실업률보다 더 낮게 나타나기도 하였다.

(2) 보호고용

보호고용은 장애인을 위한 특별한 작업장을 만들어서 운영하는 것이다. 보호작업장을 운영하는 방식은 소규모 보호작업장을 운영하거나 미국의 굿윌인더스트리(Goodwill Industries)나 영국의 렘플로이(Remploy), 스웨덴의 삼할(SAMHALL) 등과 같은 장애인 다수고용기업을 만드는 방법이 대표적이다. 이들 사업장은 국가의 재정지원하에 전국적인 규모로 의복, 가구, 사무기구 등 다양한 상품을 대량으로 생산하여 판매하고 있다. 이로써 규모의 경제를 살리고 정부의 지원 효과를 확대하는 것이다. 또한 장애인 다수고용기업을 만드는 것은 장애인의 사회통합에 유리하다.

(3) 지원고용

보호고용이 장애인을 분리·배제시키고 사회통합을 저해한다는 비판의 목소리가 나오면서 미국에서 1970년대에 새로운 혁신 모델로 등장한 것이 지원고용이다. 우리나라는 1990년대 초부터 소개되기 시작하여 2000년 「장애인고용촉진 및 직업재활법」 개정을 계기로 본격적으로 시행되었다.

표 7-1 전통적 직업재활과 지원고용의 비교

기준	전통적 접근	지원고용 접근
기본 접근	훈련 후 배치	배치 후 훈련
가정	특정 상황에서 학습된 행동은 다른 상황으로 전이됨	일반적 전이는 어려우며 직무를 수행해야 할 작업환경 내에서 학습할 때 가장 효과적임
직무지도	개인보다는 프로그램의 규모나 정도에 따라 결정됨	훈련 초기에는 집중적인 훈련을 하고 시간이 경과함에 따라 지원의 양을 줄여 나감. 개인의 필요에 따라 다름
자연적 지원	없거나 매우 약함	매우 강조
사회통합	통합이 제한적이거나 분리됨	통합이 강조됨
임금	임금이 낮음	임금이 높음

지원고용이란 일반적인 사업장에서 비장애인과 통합되어 일하는 중증장애인에게 지속적인 직업서비스를 제공하는 일반적인 유급노동을 말한다. 통합된 사업장, 지속적 직업서비스, 일반적인 유급노동이 핵심적인 3요소다.

　지원고용은 다음과 같은 점에서 전통적인 직업재활 패러다임과 차이가 있다. 특히 자연적 지원(natural support)은 동료나 상사 등 작업 환경 내에 존재하는 일상적인 지원을 고용장애인과 연계시키는 것을 말하는데, 지원고용에서는 직무지도원(job coach) 외에도 매우 중요한 지원의 개념으로 언급되고 있다.

　지원고용에는 크게 다음과 같은 네 가지 모형이 있다.

　첫째, 개별배치 모델(individual placement model)이다. 이 모델에서는 직무지도원이 지역사회에 존재하는 직업에 한 명 단위로 작업자를 배치하고 훈련을 시키며 그 사람이 그 자리를 계속 보유하기 위해 필요한 훈련과 사후지도 서비스를 제공한다. 이는 지원고용 모델 중에 절대 다수를 차지하는 모델이다. 이 모델은 효과성은 높으나 전문가의 노력과 비용이 많이 든다는 단점이 있다.

　둘째, 소집단 모델(enclave model)이다. 이 모델은 지역사회에 존재하는 일상적인 기업 내에서 일하는 특별한 작업집단으로서, 보통 3~8명 정도의 장애인이 집단 배치되는 모델이다. 1명의 직무지도원이 다수의 장애인을 지도할 수 있다는 장점이 있는 반면, 소집단 구성과 활동이 가능할 정도의 동질적 장애인을 구성하기가 어렵다는 단점이 있다.

　셋째, 이동작업팀 모델(mobile work crew model)인데, 한두 명의 직무지도원에 보통 3~8명의 작업자가 짝 지어서 이루어지는 집단적인 지원고용 방식 중의 하나다. 이동 작업 대원들은 지역사회를 이동해 다니며 특정 하청 서비스를 수행한다. 주로 하청받는 일은 빌딩 관리 및 청소, 제설, 정원 관리, 농장용역, 식물관리, 칠 작업 등을 포함한 용역작업이다. 이 모델은 작업의 유연성이 있다는 장점이 있으나, 장애인 근로자들끼리 다니기 때문에 통합의 가치가 떨어질 수 있다는 단점이 있다.

　넷째, 소기업 모델(small business model)이다. 이는 비장애인과 장애인을 함께 고용하여 다른 일반 기업과 똑같은 상업 정신에 의해 운영되는 영리기업을 말한다. 관계 업종은 주로 제조업이나 서비스업이다. 사업체 운영을 통하여 수익을 얻고, 그것을 채용된 장애인 근로자의 임금으로 지급하는 식의 통상적인 일반기업과 같은 형태로 운영된다.

3. 장애인 고용환경 개선 사업

장애인의 고용촉진을 위한 고용환경 개선 사업은 현재 「장애인고용촉진 및 직업재활법」에 의해 장애인 고용의무제와 이를 준수하지 않는 의무사업체에 대한 부담금 징수 그리고 이를 재원으로 한 기금융자 · 지원제도를 말한다. 이는 〈표 7-2〉와 같이 사업주 지원과 장애인 근로자 지원으로 구분되며, 사업주에 대한 지원은 시설융자 및 무상지원, 고용장려금, 장애인 고용 관리비용 등이 있으며, 장애인에 대한 지원은 자동차구입자금 융자, 직업생활안정자금 융자, 자영업 창업자금 융자 등이 있다.

사업주 지원제도는 할당고용제를 채택하고 있는 대부분의 나라에서 실시하고 있으며, 우리나라의 경우 1991년 「장애인고용촉진 등에 관한 법률」이 시행

표 7-2 **장애인 고용환경 개선 사업**

사업주 지원제도	물리적 환경개선 비용	• 시설융자 • 무상지원 • 운영자금 융자 • 재택근무지원
	임금, 생산성, 부담금 결손 보전비용	• 고용장려금
	고용관리비용(수화통역 등)	• 장애인 고용 관리비용
	포괄적 지원 서비스	• 통합지원서비스
장애인근로자 지원제도	장애인 근로자 지원 비용	• 자동차구입자금 융자 • 직업생활안정자금 융자 • 자영업 창업자금 융자

되면서 지원금·장려금 지원 및 시설융자지원 제도가 최초로 신설되어 실시되었다.

1) 사업주 지원제도

기업은 일차적으로 이윤의 극대화를 추구하는 조직이다. 따라서 이윤 극대화에 방해 요인이 될 것이라고 판단되면 그러한 요인을 가급적 없애려고 한다. 장애인을 고용하게 되면 부대시설이나 장비의 설치, 관리비용 등 부대적인 비용이 발생하게 되고 이로 인해 사업주는 장애인 고용을 꺼리게 된다. 따라서 이러한 측면을 고려하여 장애인 고용을 극대화시키기 위해서는 부대비용을 경감시켜 주는 정책이 필요하다. 사업주의 노동 관련 비용을 경감시키기 위해한 정책은 정책의 특성상 노동부에서만 시행되고 있다. 여기에는 크게 고용장려금 지급, 장애인 고용 지원자금 무상지원 및 융자, 장애인 고용 관리비용 지원 등이 있다.

(1) 고용장려금 지급

고용장려금은 장애인을 고용한 사업주의 경제적인 부담을 경감해 주고 장애인 고용을 장려하기 위하여 의무고용률을 초과하여 장애인을 고용할 때 일정액을 지원하는 제도다. 즉, 앞에서 노동력 수요 제약 요인으로 지적한 부대비용을 경감시킴으로써 수요를 증진시키기 위한 제도다. 장애인고용장려금은 장애 정도와 성별, 그리고 근속 연수에 따라 달리 지급한다. 이에 따라 최저 15만 원(경중 남성, 근속 연수 5년 초과)에서 최고 50만 원(중증 여성)까지 지원되고 있다.

(2) 장애인 고용 지원자금 무상지원 및 융자

장애인 고용 지원자금 무상지원이나 융자 제도 또한 장애인 노동력을 구매함으로써 부대적으로 소요되는 비용을 경감시켜 노동력 수요 제약 요인을 완화하기 위한 제도다. 무상지원금은 장애인용 작업대나 보조기구의 설치·구입·수리비나 편의시설 설치, 승합통근차량 구입비 등을 지원하고 있다. 재택근무지원은 이동이 자유롭지 못한 장애인이 재택근무가 불가피하거나 유리한 측면이 있어서 장애인을 재택근무의 형태로 고용한 사업주에게 이에 필요한 작업장비의 구입·수리비용을 지원하는 사업이다. 한 사업주당 3천만 원 이내 (장애인 1인당 300만 원 이내)에서 지원된다.

장애인 고용 지원자금 융자 제도는 장애인 의무고용 사업주에게 융자하는 것으로서 작업시설이나 부대시설(기숙사, 식당, 휴게실, 의무실 또는 물리치료실 등)의 설치 및 구입 비용, 장애인 편의시설 설치비용이나 출퇴근용 승합자동차 구입비용을 융자한다. 한 사업장에 최고 15억 원 이내에서 소요비용 전액을 융자하고 있다.

(3) 장애인 고용 관리비용 지원

장애인 고용 관리비용 지원제도도 마찬가지로 장애인 노동력을 구매함으로써 부대적으로 소요되는 비용을 경감시켜 노동력 수요 제약 요인을 완화하기 위한 제도다. 장애인의 적정한 고용관리를 위하여 자격 있는 작업지도원(대상 장애인 1인당 월 14만 원)을 위촉·선임·배치한 사업주에게 최대 3년간 지원된다.

이 외에도 장애인 고용 우수사업주를 선정하여 근로 감독의 면제, 조달청 납품업체로서의 우선권 부여, 각종 하도급 우선권 부여, 조세감면 등의 혜택을 주며, 장애인 직업재활시설에 도급을 주거나 생산설비나 원료, 기술을 제공하고, 생산판매를 전담하는 고용의무사업체의 경우 연간 도급액의 일부를 부담금에서 감면해 주고 있다.

(4) 포괄적 지원 서비스

포괄적 지원이라는 기조 아래 제공되고 있는 통합지원 서비스는 장애인의 신규고용촉진 및 고용유지를 유도하고자 사업체의 장애인 고용환경을 체계적이고 종합적으로 분석하여 그 결과에 따라 장애인 고용을 할 수 있도록 사업체별 지원계획을 수립하여 지속적으로 관리·지원하는 서비스다. 고용의무사업체나 전년도 표준사업장 및 시설융자 신청·선정 사업장 또는 장애인표준사업장 인정을 받고자 하는 사업장이 그 대상이다.

통합지원 서비스를 받고자 하는 사업주가 신청서를 관할 지사에 제출하면, 교통편의, 작업장, 편의시설 등 물리적 환경뿐만 아니라 장애인 인식, 고용안정성,「장애인차별금지법」인지도 등 정서적 환경에 대해서도 포괄적인 조사를 벌인다. 더불어 직무진단과 생산성진단을 통해 총체적인 측면에서 장기적으로 사업장을 지원하게 된다.

2) 장애인 근로자 지원제도

현재 공단에서 장애인 근로자를 위한 지원은 '근로지원인 지원사업', 직장적응력 및 장기근속 유도를 위한 '직업생활안정자금 융자(근로복지공단으로 이관)' 그리고 '자영업 창업 융자·지원제도'가 있다.

첫째, 근로지원인 지원사업이란 직장생활에서 중증장애인이 수행하는 직무 중 핵심 업무를 제외한 부수적인 업무를 근로지원인의 도움을 받아 처리할 수 있도록 지원하는 서비스를 말한다. 지원사업에는 본인부담금도 일부 있다.

둘째, 직업생활안정자금 융자는 장애인 근로자의 직장 적응력을 높이고 장기근속을 유도하여 고용안정을 도모하고자 직업생활안정자금을 융자해 주는 것이다.

셋째, 자영업 창업자금 융자는 장애인이 자영업을 창업하고자 할 경우 그 비용을 융자해 주는 것인데, 장애인 1인당 5천만 원 이내에서 융자가 된다. 융자받은 금액은 자영업을 하려고 하는 영업장소를 매입하는 비용이나 시설·장비 구입비, 상품구입비 등에 사용되어야 한다. 또한 장애인기업종합지원센터에서는 자영업 영업장소를 임대받아 예비 장애인 창업자에게 일정기간 전세보증금을 1억 3천만 원 이내에서 지원하고 있다.

4. 직업재활과정 및 과제

1) 직업재활과정

직업재활과정을 토대로 이를 큰 흐름으로 재구성해 보면 의뢰, 진단 및 평가, 직업재활계획, 직업교육훈련, 배치, 사후지도로 이루어진다고 할 수 있다. 이 과정을 따라 각 부처의 정책과 서비스의 현황과 문제점을 알아보자.

(1) 의뢰

우리나라의 의뢰 과정에서 해당 클라이언트에 대한 서비스 제공 능력이 있는 기관이 다른 관련 기관으로부터 공식적인 의뢰를 받는 경우는 별로 없다. 대부분의 경우 본인이 직접 서비스를 제공하는 기관을 찾아가거나 단순히 다른 관련 기관을 소개하고 안내하는 경우에 그치고 있다.

앞에서 지적하였듯이, 장애인은 장기적인 서비스를 필요로 한다. 특히 중증 장애인은 더욱 그렇다. 이러한 장기적인 서비스는 생애주기별로 특정 과업에 맞게 적절히 제공되어야 한다. 이러한 장기적인 생애주기별 서비스가 제공되기 위해서는 의뢰 과정이 매우 중요하다. 공식적인 의뢰가 이루어지면 의뢰를 한 기관과 의뢰를 받은 기관 사이에 해당 장애인에 대한 그동안의 누적된 정보를 공유하고 서비스 계획을 함께 수립할 수 있기 때문이다.

직업재활 단계	주요 실시기관
인테이크 · 직업상담	지역사회직업재활센터(이하 센터, 장애인복지관 포함), 장애인복지단체(이하 단체), 장애인직업재활시설(이하 시설), 장애인고용촉진공단(이하 공단)의 지방 사무소 또는 직업전문학교
진단 및 평가	센터, 공단 직업능력평가 센터
직업진로지도계획 수립	센터, 특수학교, 공단 직업전문학교
직업 전 훈련	센터, 시설(보호작업장, 직업훈련시설)
직업훈련	시설(직업훈련시설), 공단 직업훈련학교
취업알선	센터, 단체, 시설, 복지관(센터가 없는 곳), 공단
지원고용	센터, 시설, 공단
보호고용	직업재활시설
사후지도	센터, 단체, 공단

[그림 7-1] 직업재활과정

(2) 진단 및 평가

진단 및 평가 과정은 서비스의 적격 여부와 재활계획을 수립하는 근간이 되는 것이므로 매우 중요하다. 진단 및 평가는 개인의 능력, 흥미 등을 알아보는 심리적 평가, 교육적 · 직업적 배경 및 잠재력 등 문화적 배경, 행동적 반응 등을 알아본다. 평가를 위해 정보를 얻으려면 카운슬링, 검사, 작업표본(work sampling), 공장에서 장애인의 작업 상황과 기계의 가동 상황을 통계적으로 측정하고, 상황판단, 외부수주검사, 외부현장실습(out-side job tryout), 보호작업 (sheltered work), 작업활동, 관찰 등의 방법이 사용된다.

진단 및 평가 과정은 다시 예비진단, 세부진단, 확대평가로 나누어질 수 있다. 예비진단은 그 성격상 보호작업장이나 특수학교, 장애인고용촉진공단 등 모든 직업재활 관련 기관에서 이루어지고 있다. 세부진단은 보호작업장 중 장애인생활시설과 함께 있는 작업장에서는 거의 이루어지지 않고 있지만 장애인종합복지관이나 직업훈련시설, 특수학교, 공단 등에서는 부분적으로 이루어지고 있는 편이다. 부분적이라고 함은 평가의 영역이 심리평가, 운동능력평가, 인지평가, 대인관계 평가 등 기초적인 평가와 함께 기껏해야 작업표본 평가 정도가 이루어지고 있음을 지적하는 것이다. 평가가 체계적으로 이루어지기 위해서는 직업적성평가, 직업흥미평가, 현장평가, 장기간의 반복적 평가 등이 복합적으로 이루어져야 한다.

진단 및 평가 영역은 매우 전문적인 자질이 요구되는 영역이다. 따라서 일반 보호작업장이나 복지관에서도 평가 업무를 수행하는 데 많은 애로점을 호소하고 있다. 이 평가작업은 직업재활의 기초인 만큼 공단이 거점이 되고 보건복지부의 직업재활센터가 지점의 역할을 할 수 있도록 인력과 조직을 충원하고 연계해 나가야 할 것이다. 이전에 공단과 직업재활센터에 자격 있는 직업평가사를 적극 배치하는 것이 필요하다.

(3) 직업재활계획

직업재활계획은 장애인에 대한 진단과 평가를 토대로 재활의 목표를 세우고 목표를 달성하기 위한 서비스의 전략과 전술을 체계화하는 과정이다. 진단 및 평가 과정에서 보호작업 적합자 또는 경쟁고용 적합자 등으로 분류되면 이에 따라 최종 목표를 설정한다. 다시 세부적으로 직업활동수행능력은 있으나 직업적 행동에 문제가 있다면 직업적 행동을 향상시키는 것으로 중기 목표가 마련되어야 할 것이며, 흥미검사와 적성검사에 따른 직종에 종사할 직업능력이 없는 경우는 그에 따라 직업능력을 향상시키는 쪽으로 계획이 잡혀야 한다.

이런 과정이 바로 성문화된 직업재활 개별화 계획이 된다. 그런데 이런 계획을 잡기 위해서는 장애인 본인, 가족, 이전의 관련 기관의 서비스 제공자, 현기관의 서비스 제공자 등이 모두 함께 계획을 수립해야 한다. 그러나 우리나라는 다양한 관련자가 함께 직업재활계획을 세우는 경우가 드물다. 클라이언트를 의뢰하고 나면 그 지점에서 이전의 관계자들은 모두 손을 놓기 때문이다. 이러한 폐단을 방지하기 위해서도 사례관리 기법을 토대로 한 접근법이 필요하다고 하겠다.

직업재활계획은 직업재활을 전문적으로 담당하고 있는 인력이 반드시 개입되어야 한다. 따라서 사례관리 차원에서 공단의 직업재활전문가가 노동시장 진입기에 들어선 장애인의 직업재활계획에 주도적인 역할을 하고 이를 평가할 수 있는 방안을 마련하는 것이 필요하다. 이를 위해 고등학교 입학 후 특수교사는 개별화된 교육프로그램을 마련할 때 반드시 직업재활 전문가와 함께 이와 관련된 계획을 수립하도록 의무화해야 할 것이다.

(4) 직업교육훈련

직업교육훈련은 노동력의 질을 향상시키는 가장 핵심적인 수단이다. 직업훈련은 다시 직업 전 훈련과 직업훈련으로 분류할 수 있다.

직업 전 훈련은 기능적 생활중심훈련프로그램으로 독립적인 생활능력을 길러 고용 창출의 기틀을 마련하고 원활한 직장생활을 유지하도록 도우며, 또한 적절한 여가시간을 보낼 수 있게 하여 발달장애인의 전반적인 삶의 질을 높이고자 하는 훈련의 전반적인 과정을 말한다. 여기에는 기초적인 읽기, 쓰기, 계산하기, 대인관계기술, 소득관리기술, 인내력 향상, 대중교통이용법, 보행기술 등 다양한 훈련프로그램이 포함된다. 장애인은 취업체에 배치된 후 인내력 부족, 대인관계의 문제, 주의집중력 부족 등으로 인한 다양한 부적응 행동을 보이는 경향이 있으며, 이러한 부적응이 작업장에서의 직업훈련기간 중 가장 큰 문제로 부각되어 작업현장에서의 직업훈련 이전에 교육이 반드시 필요하다.

특수학교나 특수학급에서 이루어지는 일련의 교육과정은 크게 보아 모두 직업 전 훈련에 해당한다고 할 수 있다. 기초적인 계산법과 지식 습득, 규칙 지키기, 지역사회 탐구하기 등 이런 프로그램들이 모두 직업 전 훈련에 해당하는 것이다. 그리고 보호작업장도 대부분 직업 전 훈련시설이라고 할 수 있다. 보호작업장은 직업 전 훈련과 직업훈련의 성격을 중첩적으로 지니고 있지만, 생산 관련 기술(예: 제과·제빵 기술, 정보처리, 애니메이션, 조립) 등의 구체적인 기술을 훈련시키는 작업장은 극소수에 불과하며, 나머지 대부분이 도예, 목공, 수예 등 직업훈련이라기보다는 구체적인 기술 습득 이전에 필요한 손의 섬세한 기능을 향상시키는 직업 전 훈련의 성격을 많이 띠고 있다고 할 수 있다. 반면, 노동부의 직업교육훈련은 전반적으로 직업훈련적 성격을 띠고 있다고 할 수 있다. 직업훈련은 노동시장의 노동력 수요를 직접적으로 겨냥하여 생산기술과 관련된 구체적인 기술을 훈련시키는 것을 말한다.

(5) 배치

배치는 장애인에게 적합한 직장을 찾아 주는 것이다. 직업 알선이 대표적인 것이다. 알선업체는 보호작업장일 수도 있고 일반 경쟁고용업체일 수도 있다. 우리나라의 취업장애인의 대부분은 스스로 취업하거나, 이웃·친지 등의 소개로 취업하고 있으며, 장애인 고용 전문기관이나 단체를 통해서 취업한 경우는 소수에 불과한 실정이다.

(6) 사후지도

취업장애인에 대한 사후지도는 가장 어려운 부분 중의 하나다. 인간은 환경 속의 존재이므로 환경이 바뀌고 난 이후에도 지속적인 사후지도를 해야 한다. 여기에는 장애인 당사자의 고충처리나 상담도 필요하지만 사업주나 동료들에 대한 생태체계적 접근이 필요하다. 시간과 노력이 많이 소요된다는 점에서 세심한 주의가 필요한 부분이다. 최근 들어 사후지도에 대한 중요성이 부각됨에 따라 사후지도를 시도하고 있으나 아직 체계적이라는 평가를 하기에는 이르다고 생각된다.

5. 장애인 노동권 확보를 위한 과제

1) 경쟁노동시장에서의 과제

(1) 기본 전략의 강화

앞서 살펴본 바와 같이 고용할당제는 장애인을 고용하지 않고 고용부담금으로 대체할 수 있기 때문에 장애인 고용의 실질적인 증대에는 한계가 있다. 더욱이 정부 부문은 고용부담금 적용에서 제외되므로 정부 부문에 대한 강제력이 없다는 근본적인 한계가 있다.

따라서 장애인 고용확대를 위해서는 장애인 의무고용제를 일부 보완하고, 「장애인차별금지법」을 제대로 시행함과 동시에 고용평등 프로그램을 시행하는 것이 가장 핵심적인 것으로 생각된다.

우선적인 과제는 장애인 의무고용제와 고용평등 프로그램을 결합하는 것이다. 「장애인고용촉진 및 직업재활법」상의 장애인 의무고용 기준을 충족시키지 못하는 경우 고용평등 프로그램을 실시하도록 하는 것이다.

사실 우리나라의 「장애인고용촉진 및 직업재활법」에서도 고용평등 전략의 단초를 확인할 수 있다. 「장애인고용촉진 및 직업재활법」 제29조에서는 "고용노동부장관은 사업주에게 대통령령으로 정하는 바에 따라 장애인의 고용에 관한 계획과 그 실시 상황 기록을 작성하여 제출하도록 명할 수 있다."라고 명시하고 있으며, "고용노동부장관은 제1항에 따른 계획이 적절하지 아니하다고 인정하는 때에는 사업주에게 그 계획의 변경을 명할 수 있다."라고 명시하고 있다. 그리고 「장애인고용촉진 및 직업재활법 시행령」 제27조에서는 "고용노동부장관은 법 제29조 제1항에 따라 법 제28조 제1항에 따른 장애인 고용의무가 있는 사업주에게 전년에 대한 해당 연도 고용계획을 1월 31일까지, 해당 연도 고용계획에 대한 상반기 실시 상황을 7월 31일까지 각각 고용노동부령으로 정하는 바에 따라 제출하게 할 수 있다."라고 규정하고 있다. 따라서 이를 보다 구체화하고 체계화한다면 고용평등 전략의 실효성을 담보할 수 있을 것이다. 고용평등 프로그램은 노동부에서 추진하는 일정에 장애영역을 하나 추가하면 될 것이다. 그리고 이에 따라 행정적이거나 재정적인 특별한 벌칙이나 인센티브를 주어야 한다.

(2) 장애인 의무고용률의 상향 조정

장애인실태조사 결과 장애출현율이 5.6%에 이르렀다는 면에서 현재의 장애인 의무고용률은 장애 인구의 증가속도를 전혀 감안하지 않은 시대에 뒤떨어진 비율이다. 「장애인고용촉진 및 직업재활법」 제28조 제3항에서도 의무고용률을 정할 때는 "전체 인구 중 장애인의 비율, 전체 근로자 총수에 대한 장애인 근로자의 비율, 장애인 실업자 수 등"이 근거가 됨을 명시하고 있다.

따라서 장애인 의무고용률을 장애출현율에 맞추어 높일 필요가 있다. 따라서 공공부문과 민간기업의 의무고용률을 상향 조정할 수 있도록 「장애인고용촉진 및 직업재활법」을 개정하고 시행령에 위임된 비율도 장애출현율을 반영할 수 있도록 변경하여야 한다.

2) 보호노동시장 전략의 강화

(1) 분리가 아닌 통합으로

우리가 반드시 명심해야 할 것은 장애가 아무리 심하더라도, 모든 인간에게 어떤 형식으로든지 통합적인 사회적 역할을 수행할 기회를 일방적으로 차단하는 것은 그 기본권을 침해하는 것과 하등 다를 바 없다는 사실이다. 최근 재활분야에서의 세계적인 추세는 장애인의 고용 형태가 어떤 식으로든 단순히 생계보장만 이루어지면 된다거나, 그 여건이야 어떻든 아무렇게나 일자리만 제공하면 되지 않겠느냐는 식의 사고방식은 더 이상 허용되지 않는다. 이는 비장애인과 더불어 정상적인 상황에서 일할 수 있도록 통합 고용을 통한 인간다운 삶의 질 보장이 모든 직업재활서비스나 정책의 궁극적인 목표이자 중요한 과제가 되고 있다. 이것은 인간이 사회적 동물인 이상 아무리 발달된 재활이나 복지체계 덕분에 기본적인 생계가 보장되고 전문적인 고도의 재활서비스를 받을 수 있다 하더라도, 비장애인들과 격리된 환경 속에서만 생활하도록 한계를 정한다면 그것은 진정 인간다운 삶과 권리를 보장하는 것이 아니기 때문이다.

또 한 가지 우리가 알아야 할 것은 최근 미국과 같은 선진국에서는 전통적으로 지적장애, 자폐증, 뇌전증, 뇌성마비 등 발달장애인을 포함한 중증장애인들을 위해, 최선의 직업재활서비스인 것처럼 인식되어 온 보호작업장이나 자립작업장과 같은 분리와 보호를 조장하는 보호고용체계로부터 과감하게 탈피하고 있다는 사실이다. 그리고 이들 국가들은 모든 장애인이 장애의 특성이나 중증 정도에 무관하게 정상적인 작업환경에서 비장애인들과 더불어 일할 수 있도록 직업재활 상황에서의 정상화와 사회통합을 구체적으로 실현하기 위한 방안을 모색하는 데 집중적인 노력을 기울이고 있다는 것을 알아야 한다.

따라서 우리나라에서도 이에 대한 대안 마련이 필요하다. 이를 위해서는 우리 실정에 맞는 지원고용 한국형 모델 및 소기업 모델, 이동작업반 모델 등을 개발할 수 있도록 지원하고, 성공 사례의 구체적인 프로그램 수행 내용과 과정을 담은 지원고용매뉴얼을 제작하여 전국적으로 보급하고 확산될 수 있는 방안을 모색할 필요가 있다. 또한 각 유형의 직업재활 실시기관마다 전환과정 설치를 유도하고 전환 실적이 높은 기관에 대한 인센티브 제공을 통해 통합고용을 위한 전환 프로그램을 강화할 필요가 있다.

(2) 지방자치단체의 역할강화

① 경영지원센터의 설립

미국의 경우, 어떤 지역에 거주하는 장애인이든 충분한 직업재활서비스를 받을 수 있도록 각 주(州)별로 운영하는 직업재활 주 정부 사무소(vocational rehabilitation state offices)를 갖추고 있다. 다시 말해, Division/Department of Vocational Rehabilitation(DVR), 또는 Office of Vocational Rehabilitation

(OVR), Division of Vocational Rehabilitation Services(DVRS) 등 그 명칭이나 소속 및 관할 부처는 주마다 다소 차이가 있지만 50개의 주와 1개의 컬럼비아 특별구(District of Columbia) 등 총 51개의 각 지방자치단체마다 산하 카운티(county)나 여러 주요 시티(city)에 취업을 원하는 장애인들의 직업재활과정을 돕기 위한 서비스 전달체계로서 최일선 창구라 할 수 있는, 직업재활 주 정부 사무소를 운영 또는 지원하고 있다.

우리나라에서는 이 역할을 장애인고용촉진공단이 하도록 하고 있으나, 부산의 1개 지소에서 수많은 장애인을 다 지원하기란 어렵다. 따라서 이를 지원하기 위한 경영지원센터를 만들 필요가 있다.

우리의 직업재활 실시기관들은 주로 서비스 중심의 체제로 구성되어 있고 연구개발 인력을 거의 갖추지 못하고 있기 때문에 기존의 직업재활 프로그램들을 좀 더 전문성 있게 발전시키거나, 장애인의 욕구에 부응하는 새로운 재활 서비스를 개발할 수 없는 상태다. 따라서 별도의 '산학협동 경영지원센터(가칭)'의 설치 · 운영을 통해 경영모델과 재활 프로그램을 개발하고, 직업재활 실시기관들이 현장에서 구체적으로 실행하도록 지원함으로써 향후 직업재활 사업이 보다 활성화되고 질적으로 개선될 수 있는 여건을 확립하는 것이 필요하다.

경영지원센터에서는 경영활성화 지원사업의 지속성 및 전문성을 보장하기 위하여 기업임직원 · 경영전문인 · 시설경영진 등으로 구성된 경영자문단을 발족하고, 경영진단 · 기술지도 · 경영교육 부문으로 세분화하여 지원 활동을 전개해야 한다. 경영자문단의 진단결과 보고서를 토대로 생산시설의 사업전환을 유도하기 위한 장비(설비), 전담인력 등의 필요한 자원을 집중적으로 지원하여 육성하는 우수직업재활시설 모델화 사업을 전개하는 것도 필요하다.

② 우선구매 제도의 강화

현재 생산활동을 전개하고 있는 직업재활 실시기관의 경우, 대부분 사양품목과 부가가치가 낮은 품목을 생산함으로써 판로개척이 어렵고 결과적으로 거기서 일하는 장애인에게 최저임금 이상의 급여를 제공하기 어려운 실정에 있다. 따라서 생산·영업·기술에 대한 경영지원과 판로개척을 통해 직업재활 실시기관들이 생산품 판매를 용이하게 할 수 있도록 지원함으로써 그들의 생산성 향상과 활성화를 근본적으로 도울 수 있는 체제를 확립해야 한다.

이를 위해 지자체에서 할 수 있는 일은 우선구매 제도를 적극적으로 지원하는 것이다. 또한 우선구매 품목 및 구매비율 확대, 공공기관의 우선구매 제도 참여 강화, 장애인생산품 품목별 협의체 활성화 등 우선구매 제도를 정비함으로써 판로개척을 위한 제도적 여건을 개선해 주어야 한다.

(3) 시설의 역할 개선

① 직종(생산품목) 개발

장애의 종류와 수준이 매우 다양한 만큼, 한두 가지에 편중된 직업재활 접근 방식만을 가지고는 장애의 종류와 수준의 다양성에 따르는 장애인의 다양한 욕구를 충족시키기에는 매우 한계가 있다. 하지만 그동안 우리의 직업재활 프로그램은 다양성이 매우 부족하기 때문에 장애인이 자신이 하고 싶은 일의 종류와 작업 형태를 선택하는 데 근원적인 제한점이 있었다.

예를 들면, 그동안 우리나라 보호작업 프로그램은 분리보호 지향적이라는 문제점 이외에도 그것이 제공되는 직종을 분석해 볼 때, 단순 제조 및 조립직 등의 2차 산업 일변도로 지극히 제한되어 왔다는 또 다른 중요한 문제점을 가지고 있다. 그러한 직종들은 부가가치가 매우 낮은 단순노동력을 요하기 때문에 기본생계를 보장할 수 없을 정도로 수입보장에 있어서 심각한 한계성을 지니고 있다. 아울러 그러한 직종에 대하여 발달장애인은 기본적으로 흥미와 적성이 맞지 않는 경우가 많기 때문에 일에 대한 흥미와 관심, 주의력을 상실하게 되어 그나마 낮은 생산성을 더욱 약화시키고, 결국에는 그 일에 지속적으로 종사하도록 종용하는 것이 그들의 삶에 괴로움과 고통마저 주고 있다.

하지만 보호작업 프로그램이라 할지라도 그 안에서 장애인이 종사할 수 있는 다양한 직종의 개발이 이루어진다면 앞서 언급한 문제점은 어느 정도 개선이 가능하고 중증장애인의 고용활성화에 나름대로 기여할 수 있을 것이다. 구체적으로, 발달장애인을 위한 바람직한 직종으로서 각종 화훼나 버섯 등 특용작물 재배와 같은 1차 산업이나, 서비스 업종과 같은 3차 산업 관련 직종에 대한 적극적인 개발의 필요성은 대단히 크다. 1차 산업은 그 특성상 물이나 비료 주기나 가지치기, 작물의 수거 등 누구나 비교적 쉽게 할 수 있는 단순한 노동, 또는 단순 제조나 조립직과 같은 2차 산업에서처럼 답답한 공간 내에서 여러 시간 동안 매일 반복적으로 매달려야 하는 고통이 필요 없는 노동을 요하는 부분이 많다.

소득보장의 측면을 고려할 때, 고소득이 가능한 특용작물이 엄선될 필요가 있고, 그럴 경우 그러한 특용작물의 재배가 장애인만으로는 불가능할 것이다. 그렇지만 고도의 재배기술을 요하는 부분은 비장애인에게 맡기고 단순노동 부분은 장애인이 할 수 있도록 역할분담을 한다면, 단순 제조나 조립직에 종사하는 것보다 훨씬 나은 소득을 보장하면서도 그들의 장애특성에 보다 적합한 일자리를 제공할 수 있을 것이다. 또한 최근 용역 대행업이 증가하고 있는 추세에 맞추어, 장애인재활시설들이 이동작업대를 구성하고 공원이나 체육·레크리에이션 시설, 학교 등 공공장소나 병원이나 사무실, 오피스텔 등의 건물청소나 관리 또는 세차용역 등 다양한 서비스 용역을 정부나 국영기업, 민간업체들로부터 수주계약을 받아 운영·관리한다면 발달장애인과 같은 중증장애인들에게 보다 다양한 고용기회를 제공할 수 있다. 아무튼 발달장애인이 할 수 있는 일들을 2차 산업에만 국한시키지 않고 1차와 3차 산업 관련 직종에까지 다양하게 확대시킴으로써 그중에서 자신에게 가장 맞는 일을 선택할 수 있는 기회를 제공하는 것이 그들을 진정한 인격체로 대우하는 하나의 방법이 될 수 있을 것이다.

지식정보화 시대로의 진입에 따른 정보망 구축 및 IT 교육, 재택·원격 근무 환경조성을 통한 장애인의 직업재활 가능성 제고 방안을 찾아보는 것도 직업재활방법의 다양화를 통해 장애인의 직업선택권을 보장할 수 있는 좋은 수단이 될 것이다.

② 판매 전략 선진화

직업재활시설들이 가장 어려워하는 것이 판매망을 확보하는 것이다. 따라서 판매를 촉진할 수 있는 방안들이 필요하다.

첫째, 장애인생산품 판매시설의 전자상거래망을 형성할 필요가 있다. 이는 장애인생산품을 인터넷쇼핑몰을 활용해 판매하는 것이다. 이를 위해서는 기존의 판매체계(생산품 판매시설)를 활용한 전국 단위의 물류기지를 구축해야 하고, 상거래를 통한 주문 및 배달이 가능해야 한다.

둘째, 중장기적으로 지역별로 생산하는 생산품의 데이터를 중앙 단위로 집산하여 지역 단위와 연계·관리할 수 있는 생산품공동관리망을 구축할 필요가 있다.

셋째, 품질인증 획득을 위한 생산시설 지원사업을 전개하고 상품의 부가가치를 높이기 위한 각종 디자인을 개발하고 보급하는 등 장애인생산품 품질개선 방안을 마련해야 한다. 장애인생산품의 품질을 보편적으로 인정받기 위해서는 사회적으로 공인된 KS 마크, Q 마크 등 품질인증 마크를 획득하도록 지원하는 것이 필요하다.

넷째, 직업재활기관들의 네트워크를 강화해서 생산품의 품목 및 수량을 조절하고 판매할 수 있도록 해야 한다. 가능하다면 직업재활기관들을 전체적으로 통폐합하여 규모의 경제를 실현할 수 있는 단위로 탈바꿈시키는 것도 필요하다.

③ 시설의 네트워크 강화

시설의 경영 성과를 높이기 위해서는 영세규모로 산재되어 있는 보호작업장의 네트워크를 구축하여 생산을 효율화해야 한다. 즉, 생산공장은 여러 군데로 분산되어 있으나 경영과 마케팅은 일괄적으로 처리하는 방식이다. 필요에 따라서는 기존의 시설 중 일부를 폐쇄하고 자본을 모아 큰 규모의 사업체를 만들 필요도 있다. 이를 통해 미국의 굿윌 인더스트리, 영국의 렘플로이, 스웨덴의 삼할 등과 같은 전국적이고 체계적인 장애인 다수고용기업을 만드는 것이다. 이를 추진하기 위해서는 부처 간 조정추진기구를 만드는 것이 필요하다고 생각된다. 이러한 사업장을 통해 생산된 생산품의 일부(예: 칫솔, 군복 등)를 국방부나 정부부처에서 일괄 구매를 해 준다면 매우 효과적일 것이다.

3) 국가의 일반 재정 역할강화

장애인 정책에 대한 정부의 예산지원은 각 부처 소관기관의 본래 목적사업에 대해서는 주로 일반재정에서 지원하는 것이 타당하다(예: 장애인복지관의 복지서비스 등). 그러나 장애인 고용의 주된 기관인 공단 및 공단의 사업에 대해서는 재정에서의 지원이 거의 없고 주로 기금을 사용하고 있다. 따라서 공단이 수행하는 직업훈련, 취업알선, 지원고용 및 고용 후의 장애인 근로자 및 사업주 지원, 장애인 자영업자 지원 등은 의무고용 미이행 사업주에 부과되는 부담금으로 주로 조성된 기금이 주재원이 되며, 기금의 일부는 복지부 소관기관들이 수행하는 취업알선, 직업훈련 및 지원고용, 보호고용 등 각종 직업재활사업에도 지원되고 있다(직업재활기금사업). 또한 기금 중 상당 부분은 의무고용률을 초과 달성한 기업에 대해 장애인 고용장려금으로 지출된다. 우리나라 장애인 관련 지출총액은 2010년 이후 지속적으로 GDP 대비 약 0.5~0.6%로 나타나고 있다. 이는 같은 시기 OECD 지출평균 약 2.0%의 1/3에도 미치지 못하는 수치다.

표 7-3 | OECD 주요국의 장애인 관련 지출

구성	OECD 주요국						OECD 평균	한국
	스웨덴	독일	프랑스	이탈리아	영국	미국		
GDP 대비(%)	3.84	2.25	1.70	1.78	1.86	1.06	2.02	0.60

자료: 한국장애인개발원(2022).

이러한 차이가 발생하는 근본적인 이유는 국가의 일반재정 투입이 미미하기 때문이다. OECD 국가의 경우 부담금 수입은 주로 사업주 지원에 지출하도록 하며 직업재활사업은 재정이나 사회보험기금에서 부담한다. 오스트리아, 독일, 스페인은 사회보험기관과 노동부처에서 부담하고, 의무고용제가 없는 호주, 노르웨이 등은 전부 일반회계에서 부담하며, 미국은 사회보험기관과 노동부처에서 부담하고 있다. 우리와 제도 구조가 가장 유사한 일본도 납부금(우리의 부담금)은 사업주를 지원하는 용도로 지출하며, 장애인 직업훈련·취업알선·연구사업 및 고용촉진기관 운영비 등은 모두 정부재정(일반 및 특별 회계)에서 부담하고 있다. 따라서 고용촉진기금의 재정문제 해결은 의무고용률을 조정하기보다는 일반재정 투입의 증가로부터 해결책을 모색해야 한다.

　　직업재활기금사업 역시 일반재정 투입 미흡으로부터 발생한 문제다. 2000년 「장애인고용촉진 및 직업재활법」 개정 당시 직업재활사업의 소관을 놓고 보건복지부와 노동부 및 장애인단체 간에 큰 갈등이 발생한 것은 사실이나, 보다 근본적인 문제는 직업재활사업에 정부의 재정 투입이 부족했다는 데 있다. 직업재활기금사업을 탄생시킨 「장애인고용촉진 및 직업재활법」 개정은 직업재활사업을 위한 재원확보라는 의의를 가짐에도 불구하고 이것이 일반재정이 아니라는 점에서 한계가 있으며, 더욱이 일선기관들은 보건복지부와 노동부 양 부처로부터 서로 다른 지침을 받아 사업에 혼선도 발생하고 있다. 따라서 이러한 문제를 해결하기 위해서는 정부의 일반재정 투입이 획기적으로 증가해야 한다.

제8장

접근권과 유니버설 디자인

1. 접근권의 개념

접근권이란 '장애인이 인간으로서의 존엄과 가치 및 행복을 추구할 권리를 보장받기 위하여 일반인이 이용하는 시설과 설비를 동등하게 이용하고 정보에 자유롭게 접근할 수 있는 권리'를 말한다. 이렇게 보았을 때 접근권은 장애인이 사회 전 분야에 걸쳐 기회의 균등과 적극적 사회참여를 목적으로 교육, 노동, 문화생활을 향유할 수 있는 근본적 권리라고 볼 수 있다.

접근권은 크게 이동권, 시설이용권, 정보접근권 등 세 가지로 나눌 수 있다.

첫째, 이동권을 보장하기 위한 방법은 크게 네 가지가 있다. 보행, 대중교통수단, 특별교통수단, 자가운전 등이다. 장애인의 보행권은 전동휠체어와 같이 보행을 도울 수 있는 각종 서비스의 제공으로 확보될 수 있다. 그리고 전동휠체어가 다닐 수 있도록 보도를 정비하는 것도 보행권을 확보하기 위한 필수적 방법이다. 대중교통수단은 버스, 택시, 지하철 등 일반 대중이 이용하는 교통수단을 장애인도 이용할 수 있도록 디자인함으로써 장애인의 이동권을 보장할 수 있다. 특별교통수단으로는 장애인콜택시나 순회이동수단 등의 보급이 있을 수 있다. 자가운전은 자동차를 장애인이 손쉽게 이용할 수 있도록 지원하는 대책을 통해 접근할 수 있다.

둘째, 시설이용권은 각종 건축물을 장애인이 이용할 수 있는 권리를 말한다. 이동권에 포함시켜 이야기되기도 하지만 이동권이 주로 교통수단에 관한 것이라면 시설이용권은 대개 건축물에 대한 접근을 말한다.

셋째, 정보접근권은 말 그대로 각종 정보에 장애인이 접근할 수 있는 권리를 말한다. 오늘날과 같은 정보화사회에서 일반인은 다양한 첨단 정보기술을 이용하여 공공의, 그리고 자신의 법적 지위와 관련된 정보를 취득하고 있다. 특히 인터넷을 통한 정보의 취득은 개인의 생활공간을 혁신적으로 확대시켰다. 이러한 새로운 정보문화에 장애를 이유로 참여할 수 없는 경우 장애인의 사회통합은 결정적으로 저해된다. 방송 및 인터넷과 함께 전화는 오늘날 중요한 의사소통 수단일 뿐 아니라 정보원이기도 하다. 장애인이 전화를 사용할 수 없는 경우 사회통합에 저해가 되기 때문에 장애인이 전화의 음성을 문자로 전환하여 접근할 수 있도록 하는 방법이 강구되었다.

2. 유니버설 디자인

지금까지 살펴본 접근권은 장애인이 접근하기 어려운 상황을 개선하기 위해 별도의 장치와 시책을 지원함으써 획득될 수도 있지만, 접근권을 획득하기 위한 가장 이상적인 방법은 애초 설계 당시부터 모든 사람이 함께 이용할 수 있도록 디자인하는 것이다. 예를 들어, 장애인용 화장실의 경우 장애인은 장애인용 화장실만 사용하여야 한다는 인식을 각인시키며(분리), 장애인이 자주 사용하지 않는 장애인용 화장실은 창고로 사용되고(방치), 별도의 장애인용 화장실을 설치해야 하는 예산의 낭비를 초래하게 된다. 이러한 한계를 극복하기 위해서는 별도의 특별한 장치 없이 모든 사람이 편리하게 이용할 수 있도록 디자인하는 것이 필요한데, 이것이 바로 유니버설 디자인(universal design)이다.

1) 유니버설 디자인의 개념

유니버설 디자인은 1970년대 미국에서 시작된 디자인 개념으로서 장애, 연령, 경험, 지식 등의 유무와 관계없이 누구나 안전하고 편리하게 이용할 수 있는 디자인을 의미한다. 이는 특별한 도움(Special Needs)의 제거를 기본으로 하며, 평등한 자연인, 동등한 의무를 강조한다. 다른 이름으로는 좋은 디자인 (Good Design), 평생 디자인(Lifespan Design), 포괄적 디자인(Inclusive Design), 모두를 위한 디자인(Design for All)이라고도 한다. 인간의 존엄성과 평등을 실현할 수 있는 21세기의 창조적 패러다임으로, 가능한 최대한의 사용자 요구를 만족시키는 환경 디자인이나 제품 디자인이라는 특징을 지니고 있다.

무장애 디자인(barrier free design)에서 출발한 유니버설 디자인은 장애인, 노인을 위한 디자인이라는 개념을 넘어 다양한 능력과 인간의 전체 생애주기를 수용하는 디자인 개념으로 발전되었다. 이러한 개념의 발전은 장애나 자유롭지 못한 신체적 능력을 특수한 상황으로 보는 것이 아니라 사람마다 누구나 가지고 있는 개별적 특성, 즉 개성으로 보는 시각을 견지한다. 모든 사람은 다양한 신체 조건과 능력을 가지며, 또한 그러한 다양성은 나이 또는 상황에 따라 변화하는 것이 자연스러운 현상이기 때문이다. 환경과 제품은 평균적인 인간을 대상으로 디자인하는 것이 아니라 사람의 다양한 개념을 있는 그대로 포용해 주어야 한다는 것이다(강동청, 2005).

유니버설 디자인 개념의 이론적 배경은 인간이 동등한 권리와 의무를 지니고 있고 사회의 모든 면에서 동일한 기회를 부여받은 존재라는 점이다. 이는 유니버설 디자인이 근본적으로 인간평등 사상을 기초로 하고 있으며 모든 사람을 대상으로 디자인의 기회를 공평하게 준다는 의미에서 사회적 평등의 개념을 함축하고 있다는 것을 의미한다. 그러므로 유니버설 디자인이란 사람의 능력이나 연령에 관계없이 가능한 한 많은 사람이 사용할 수 있는 환경과 제품을 창조하기 위한 총체적 접근방법이라고 할 수 있다(조한진, 2005).

2) 유니버설 디자인의 원리

유니버설 디자인이라는 용어는 1970년 로너드 메이스(Ronad Mace)에 의해 처음으로 사용되었으며, 1997년 미국의 유니버설 디자인 센터에서 유니버설 디자인의 원리로 4가지 기초 이념과 구체적인 7가지 원칙을 제시하였다.

(1) 유니버설 디자인의 4가지 기초 이념

유니버설 디자인의 4가지 원리는 기능적 지원성이 높은 디자인, 수용 가능한 디자인, 접근 가능한 디자인, 안전한 디자인이다(임진이, 2005).

① 기능적 지원성이 높은 디자인(Supportive Design)

사용자에게 불필요한 어떠한 부담도 느끼지 않도록 기능상 필요한 도움을 제공해야만 한다. 예를 들어, 작업공간의 경우 적절한 조도의 유지는 사용자의 작업의 용이성을 도모하며, 기능적 지원성이 높은 디자인이다.

② 수용 가능한 디자인(Adaptable Design)

다양하게 변화하는 대다수 사람들의 요구를 충족시켜야 한다는 것이다. 예를 들어, 엘리베이터는 비장애인뿐만이 아니라 장애인, 노인, 어린아이들까지 편리하게 이용할 수 있어 다양한 요구와 상황을 충족시킬 수 있다. 또한 높낮이 조절이 가능한 책상은 비장애인의 다양한 요구와 상황을 충족시킬 수 있을 뿐 아니라 어린이나 휠체어 사용자 등의 요구를 만족시켜 줄 수 있다.

③ 접근 가능한 디자인(Accessible Design)

장애물이 제거된 상태를 말하는 것으로, 건축물에서의 이동성과 접근성을 높이는 형태로 이동을 방해하거나 위협적인 환경을 제거함으로써 환경을 이용하는 사람에게 편리함을 제공한다. 예를 들어, 도로의 보도 연석을 제거하는 것은 휠체어 사용자뿐 아니라 시각장애인, 유모차 사용자들이 이용하기 좋

고 짐을 올리는 데도 편리하다. 폭이 넓은 문이나 자동문은 휠체어 사용자뿐만
이 아니라 짐을 들고 있는 경우에도 유용하다.

④ 안전한 디자인(Safety-Oriented Design)

심리적으로나 물리적으로 사용자가 위험 상태를 자각하고 제품을 사용할
수 있도록 하여야 한다. 예를 들어, 기둥의 모서리가 둥글게 처리되면 휠체어
에 탄 사람이나 시각장애인들이 부딪쳐 다칠 위험이 적고 또 지각 인지 범위도
확대시켜 주는 효과가 있다.

(2) 유니버설 디자인의 7가지 원칙

유니버설 디자인의 7가지 원칙은 공평한 사용, 사용상의 융통성, 간단하고
직관적인 사용, 쉽게 인지할 수 있는 정보, 오류에 대한 포용력, 적은 물리적
노력, 접근과 사용을 위한 크기와 공간으로, 제1회 국제 유니버설 디자인 대회
를 통해 전격적으로 보급되었다(강동청, 2005; 조한진, 2005).

① 공평한 사용(Equitable Use)

능력이 각기 다른 사람들에게 유용한 것으로서 모든 대상을 포함하고 있는
가에 관한 개념이다. 이를 위해 모든 사용자에게 동일한 사용 방법을 제공하
되, 가능할 경우 동일하게 하고, 불가능할 경우는 이와 유사하게 해야 한다는
것이다. 어떤 사용자라도 차별하거나 불명예스럽게 하지 않도록 하고, 프라이
버시 · 보안성 · 안전성이 모든 사용자에게 공평하게 제공되게 해야 하며, 디
자인이 모든 사용자의 마음에 들게 해야 한다는 것이다.

〈실내체육관 맨 앞의 장애인관람석〉

② 사용상의 융통성(Flexibility in Use)

개인의 다양한 기호와 능력을 광범위하게 수용하도록 해야 한다는 개념이다. 이를 위해 사용 방법상의 선택 가능성을 제공하고, 오른손잡이와 왼손잡이 모두가 쉽게 접근하고 사용할 수 있게 해야 한다. 또 사용자의 정밀도와 정확성을 조장할 수 있어야 하며, 사용자의 보조를 맞출 수 있어야 한다.

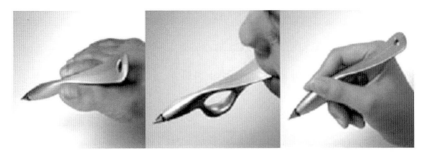

〈발 · 입 · 손 모두로 사용할 수 있는 펜〉

③ 간단하고 직관적인 사용(Simple and Intuitive Use)

사용자의 경험, 언어능력, 지식, 현재의 관심이나 노력에 상관없이 이해하기 쉬워야 한다는 개념이다. 이를 위해 불필요한 복잡성은 제거하고, 사용자의 기대와 직관에 부응하고, 교육 및 언어능력 수준의 다양한 범위를 수용해야 한다.

〈장애인 자동출입문〉

④ 쉽게 인지할 수 있는 정보(Perceptible Information)

사용자의 지각능력에 상관없이 필요한 정보를 효과적으로 전달해야 한다는

〈시각장애인용 음성 촉각 시계〉

개념이다. 이를 위해 중요한 정보는 다양한 방법(그림, 음성, 촉각 등)을 사용하여 다양하게 표시하고, 주변부와의 적절한 대비 효과를 주어 지각하기 쉽도록 하며 지시나 방향을 지각할 수 있도록 하여야 한다.

⑤ 오류에 대한 포용력(Tolerance for Error)

의도하지 않았던 행동으로 인한 불리한 결과를 최소화하는 것이며, 오류와 장애의 결과적 측면의 예방에 초점을 두었는가에 관한 내용을 포함한다. 이를 위해 장애와 오류를 최소화하도록 요소들을 배치하기 위해, 가장 많이 사용되는 것에 가장 접근성 높게, 장애를 일으키는 요소들은 제거 또는 분리하거나 막아 놓아야 한다는 것이다. 미리 장애와 오류에 관한 경고를 주고, 잘못 사용하는 사례가 많지 않도록 하는 특정 형태를 부여하며, 사용 시 주위를 기울여야 할 때 무의식적인 행동을 하지 않도록 해야 한다는 것이다.

⑥ 적은 물리적 노력(Low Physical Effort)

사용자가 최소한의 피로감을 느끼며 효율적으로 사용하도록 배려된 특성을 말한다. 이를 위해 사용자가 자연스러운 신체 자세를 유지하게 하고, 이치에 맞는 작동법을 사용하며, 반복적인 조절 행위는 최소화하며 물리적 힘을 지속적으로 사용하는 것도 최소화하는 것이다.

⑦ 접근과 사용을 위한 크기와 공간(Size & Space for Approach and Use)

사용자의 신체, 크기, 자세, 이동과 상관없이 접근하고, 손이 닿고, 조작하기 적합한 크기와 공간을 배려해야 한다는 특성을 말한다. 이를 위해 중요한 요소들은 앉았을 때나 섰을 경우 사용자가 확실히 볼 수 있는 시야에 제공하며, 모든 요소는 앉았을 때나 섰을 경우 사용자가 편안하게 접근하도록 배치하고, 손의 크기와 다양한 사실을 수용할 수 있도록 해야 한다는 것이다. 보조장치를 사용하거나 보조인의 도움을 받을 경우를 고려하여 적정한 공간을 제공하여야 한다.

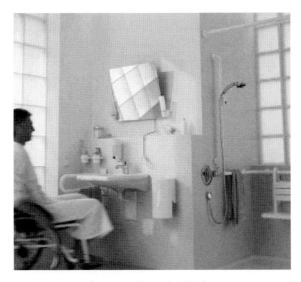

〈휠체어 장애인용 화장실〉

3. 접근권의 실태

1) 시설접근권의 실태

사회적 시설을 이용할 수 있는 권리가 장애인에게는 크게 제약되어 있다. 보건복지부의 발표 자료에 따르면, 장애인용 편의시설 설치율은 매우 높은 것으로 나타난다. 하지만 이러한 보건복지부의 발표와는 달리 실제로 장애인들이 실생활에서 느끼는 접근성은 매우 낮았다. 보건복지부의 장애인실태조사 결과에 따르면, 전체 장애인의 약 45% 내외의 많은 장애인이 집 밖 활동에 불편을 느끼고 있는 것으로 나타났다. 장애인의 집 밖 활동 시 불편한 이유를 알아보면, 가장 불편한 점으로는 '장애인 관련 편의시설이 부족해서'가 절반에 가깝게 나타나 장애인의 집 밖 활동을 위해서는 편의시설 확충이 필요함을 알 수 있다.

이러한 편의시설의 미비는 공공시설 및 건축물에 대한 장애인의 접근을 가로막는 가장 큰 요인이 되고 있으며, 이는 장애인이 외출 및 활동을 할 자유를 가로막고 있다. 이것은 단지 장애인이 시설을 이용하지 못함으로 끝나는 것이 아니라 똑같은 대한민국 국민임에도 불구하고 다른 국민이 자유롭게 이용하는 시설을 이용하지 못하는 차별을 받게 되는 것이다. 더 나아가 시설을 이용하지 못함으로써 결국 고용, 교육, 문화, 사회활동 등 생활 전반에 걸쳐 소외되고 참여가 제한되는 차별을 받게 되는 것이다. 따라서 편의시설 설치 여부는 삶의 질을 결정하는 데 중요한 요소인 것이고, 편의시설이 설치되어 있지 않다면 삶의 질은 낮아질 수밖에 없으며, 이것이 또 하나의 차별적 요소로 작용하게 된다(박종운 외, 2004).

2) 이동권의 실태

우리나라 보도는 유효폭, 기울기 등에 있어 아직도 장애인이 이용하기에 어려움이 많으며, 대다수의 보도가 좁거나 심하게 기울어져 있거나 공사 중이거나 심하게 울퉁불퉁하여 다니기 어려운 상태로 남아 있다. 점자블록이 설치되어 있지 않은 곳도 많으며, 횡단보도 턱 낮추기가 이루어지지 않은 곳도 여전히 존재한다.

휠체어를 사용하는 장애인이 이용할 수 있는 대중교통은 현재 지하철 정도다. 버스의 경우는 저상버스 보급이 아직 부족하고, 일반 택시의 경우 역시 휠체어를 사용하는 장애인이 휠체어를 탄 채로 탑승할 수 있는 택시는 단 한 대도 없다. 지하철의 경우는 그나마 사정이 조금 나은 편이지만 역시 이용에 어려움이 있다. 엘리베이터가 설치되지 않거나 환승이 어려운 역이 아직도 남아 있고, 점자블록도 제대로 갖추어져 있지 않기 때문이다. 장애인 콜택시의 경우도 수적 부족으로 인한 장시간의 대기, 비용 부담 등으로 이용에 제약이 많다.

이처럼 대중교통과 도로의 문제는 장애인의 이동을 제한하게 되며, 이동의 제한은 장애인에게 중대한 또 하나의 차별이 된다. 휠체어를 사용하는 장애인은 시내버스를 이용하지 못하는 차별을 당하며, 지하철을 이용할 때마다 도움을 청해야 하는 차별을 받게 된다. 더 나아가 이러한 대중교통과 도로의 여건은 장애인의 외출과 이동을 막는 차별을 가져온다. 그리고 그 결과는 고용, 교육, 사회활동 전반에 걸친 참여와 활동의 제약이라는 차별로 나타난다(박종운, 배융호, 유동철, 안선영, 이인영, 2004).

3) 정보접근권의 실태

장애인 정보접근권은 시각장애인, 청각장애인 등 감각장애인과 지적장애인 등 정신적 장애인에게 특별히 중요한 권리다. 감각장애인은 감각의 기능 제한으로 정보를 습득하는 데 어려움을 겪을 수 있으며, 정신적 장애인은 어려운 용어나 문장 등을 이해하는 데 어려움을 겪을 수 있기 때문이다. 최근 정보통신부와 미디어재단 등을 통해 장애인의 정보접근권이 많이 좋아지고 있다. 수어나 자막 방송, 화면해설 방송이 증가하고 있고 키오스크 등에서도 장애인의 이용환경이 좋아지고 있기 때문이다.

그러나 여전히 문제는 존재한다. 장애인 정보접근권의 문제점은 크게 두 가지다. 첫째는 정보 접근의 불편함, 둘째는 정보의 부족함이다. 정보 접근의 불편함은 일반적으로 제공되는 정보에 시각, 청각, 지능, 몸의 불편 등의 장애를 가진 사람들이 사용하기 어려운 형태의 정보가 많기 때문이다. 시각장애인은 시각적 정보를 습득하기 어렵기 때문에 시각 정보를 청각 정보나 촉각 정보로 전환해서 전달해야 하며, 청각장애인은 그 반대다. 특히 정신적 장애인은 일반적인 문서를 이해하는 데 어려움을 겪기 때문에 중요한 공공문서는 쉬운 언어로 제작되어 전달될 필요가 있다.

또한 장애인들은 필요한 정보를 얻기 위해 노력해야 하기 때문에 충분한 정보를 얻지 못하는 경우가 많다. 장애인들이 필요로 하는 정보는 장애인 일자리, 교육, 복지, 보조기구 등의 정보인데, 이러한 정보는 다양한 기관에서 제공하고 있지만, 이를 찾고 접근하는 것이 어렵다.

이를 개선하기 위해서는 정보를 제공하는 기관에서 장애인들의 접근성에 대한 보다 높은 수준의 노력이 필요하다. 접근성을 높이기 위해 정보를 직관적이고 생생한 형태로 제공하고, 접근성이 높은 매체를 사용하여 정보를 보급해야 한다. 또한, 정보제공자는 정보를 대상 장애인들의 요구에 맞게 제공하도록 노력해야 한다.

그리고 정보충분성을 확보하기 위해서는 장애인들이 필요로 하는 정보를 대상으로 정보보급을 적극적으로 해야 한다. 정보보급은 장애인들의 요구를 파악하고, 정보에 대한 정확성과 신뢰성을 높여야 한다. 또한, 장애인 단체 및 지역사회와의 협동관계를 강화하여 정보보급 활동을 보다 효과적으로 수행해야 한다.

장애인 정보접근권은 이제 어떠한 사유로도 밀릴 수 없는 중요한 문제다. 더불어, 장애인 정보접근권이라는 사회적 권리의 보장을 위해 국가적 지원과 사회층 전반적인 기여를 필요로 하며, 이에 대한 모든 이해와 지원이 필요하다.

4. 접근권 보장 대책

일상생활에서 장애인을 포함한 모든 사람이 시설물의 제한 없이 이용할 수 있는 기본적인 권리는 보장되어야 한다. 이동에 필요한 도로, 지하철을 포함한 각종 교통수단에서부터 정보통신시설, 주거 및 공공건물에 이르기까지 환경에 의한 장애물로 인해 접근의 제한을 받는다면 장애인 차별로 간주하게 된다.

유엔의 행동계획에서도 편의시설은 기회의 균등과 정상화의 원칙에 비추어 강조하고 있는데, 이는 차별 없이 모든 사람에게 접근가능한 상태가 기회의 균등이며 편의시설에서 고려되어야 할 원칙은 장애를 가지고 있다 하더라도 기본적으로 다른 모든 사람과 동일한 권리를 가지고 있고, 기회의 평등을 보장받아야 한다는 점이다(권선진, 2005).

1997년에 「장애인 · 노인 · 임산부 등의 편의증진 보장에 관한 법률」이 제정되기 이전까지만 해도 편의시설은 장애인 편의시설이었다. 하지만 편의시설은 장애인만 이용하는 것이 아니다. 따라서 편의시설이 장애인 전용이라는 생각이 오히려 편의시설의 설치를 막는 요소로 작용하고 있다(손광훈, 2004).

장애인 편의시설에서 유니버설 디자인을 강조하는 것은 장애인만을 위한 시설이 오히려 장애인을 분리시키는 또 다른 요인이 되고, 비용이 많이 들 뿐만 아니라 시각적으로도 좋지 않다는 인식을 바탕으로 하고 있다. 또한 장애인을 위해 이루어진 많은 환경적 변화가 실질적으로 모든 사람에게 유익하다는 점을 고려할 때 특수한 것이 아니라 보편적이기 때문이다. 일본의 경우, 나고야 중부 공항에 유니버설 디자인을 적용하여 신축과 설계 단계에서부터 유니버설 디자인을 반영하고 장애인의 참여를 통해 가장 편리한 공항으로 설계하였다.

따라서 건축, 도시, 교통 등의 국가 및 지방자치단체 정책을 수립할 경우 유니버설 디자인을 반영하여 정책을 수립해야 할 것이다.

첫째, 이를 위해서는 중앙정부 차원에서 '유니버설 디자인 국가종합계획'을 수립해야 한다. 여기서는 도시계획, 건설, 교통, 해양, 문화, 교육 등 각 분야에서 유니버설 디자인이 적용되도록 해야 하며, 국가종합계획의 수립에 따라 '지방 유니버설 디자인 종합계획'을 수립하고 이를 시행할 필요가 있다. 대만의 경우, 유니버설 디자인에 입각한 교통정책을 수립하고, 버스를 모두 저상버스로 교체하는 계획을 수립한 바 있다. 또한 노르웨이의 경우, 2010~2019년까지 유니버설 디자인에 기반한 교통정책계획을 수립하고, 모든 도로와 교통을 모든 사람이 안전하고 편리하게 이용할 수 있도록 수립하였다.

둘째, 이를 위해 국가 및 지방자치단체에 담당부서 또는 담당자를 둘 필요가 있다. 서울시 및 6대 광역시와 9개 도청에는 유니버설 디자인 담당부서를 설치하고 담당자를 두도록 하며, 담당부서 및 담당자는 '유니버설 디자인 국가종합계획'의 시행을 담당하도록 한다.

셋째, 이를 종합적으로 진행하기 위한 법률적 근거를 마련하기 위해 '유니버설 디자인법'을 제정할 필요가 있다. 일본의 경우, 2005년도에 유니버설 디자인을 기반으로 「고령자 및 장애자의 이동 원활화 촉진에 관한 법률」(배리어프리신법)을 제정하였다. 일본의 배리어프리신법은 기존의 교통배리어프리법과 하트하트빌딩법을 통합하면서 유니버설 디자인의 정책을 수립하기 위해 제정한 법으로서, 공간이라는 측면에서 장애인 및 노인의 이동을 지원하기 위한 법률이다. 경기도 화성시는 지방자치단체 최초로 「화성시 공공시설물 유니버설 디자인 조례」를 제정하였는데, 공공시설물에 대해 유니버설 디자인을 적용하는 내용이다. 경기도는 2011년에 '유니버설 디자인 가이드'를 제정하였다.

제9장
장애여성의 인권과 삶

우리나라 장애여성의 비율은 약 42%로 상당히 높은 비중을 차지하고 있다. 그럼에도 불구하고 아직 우리 사회는 장애여성에 대한 관심과 이해가 부족한 상황이다. 장애여성의 특수성에 대한 이해가 부족한 경우 정책이나 서비스를 제공함에 있어 장애인 내부에서의 차별이 발생할 가능성이 높다. 따라서 장애여성에 대한 이해는 매우 중요하다고 생각된다.

장애여성은 여성으로서의 차별과 장애인으로서의 차별을 동시에 받고 있는 것으로 알려져 있다. 일반적으로 장애여성에게 나타나는 성차별은 신체적 미(physical beauty)와 관련된 사회의 관념 때문이다. 이는 사회가 여성을 차별하는 경향이 있기도 하지만, 특히 장애인은 여성에게 요구되는 신체적 미를 상당 부분 상실하고 있기 때문이다(Hahn, 1987). 이러한 차별의 영향은 남성에 대한 내조와 가정보호자라는 전통적인 여성의 역할을 할 수 없을 것으로 간주되므로 더 크게 나타난다(Fine & Asch, 1988). 이에 대해 한나와 고로프스키(Hanna & Rogovsky, 1991)는 장애여성의 노동시장 참여율이 낮은 것은 양육(nurtrance)과 매력(attractiveness)의 규범 때문이라고 하며 장애여성에 대한 강한 성차별이 존재함을 지적하였다. 특히 우리나라와 같이 전통적인 여성상에 대한 봉건적 규범이 강하게 남아 있는 사회에서는 이러한 영향이 더 크게 나타난다.

1. 장애여성의 삶

장애여성에 대해서는 여러 가지 측면에서 살펴볼 수 있겠지만, 여기서는 공통적으로 많이 거론되는 고용과 소득, 교육, 출산과 육아, 학대와 폭력 등의 주제를 중심으로 살펴본다.

1) 장애여성과 노동

장애여성은 경제활동참가율, 고용률, 임금 수준 등에서 장애남성보다 더 열악한 환경에 처해 있다. 이러한 사실은 보건복지부의 장애인실태조사 결과에서 확인할 수 있다. 이에 따르면 경제활동참가율이나 인구대비 취업자 비율은 여성이 남성의 절반 정도에 불과할 뿐만 아니라 월평균임금도 여성이 남성의 절반에도 미치지 못하는 것으로 나타나고 있다.

이러한 현상에 대한 원인을 볼드윈과 존슨(Baldwin & Johnson, 1995: 555)은 장애여성이 경험하고 있는 이중차별(double discrimination)로 설명하고 있다. 즉, 장애여성은 노동시장에서 여성으로서의 차별과 장애인으로서의 차별을 동시에 겪고 있다는 것이다.[1]

따라서 장애여성은 여러 가지 점에서 빈곤에 처할 위험이 높으며 소득보장에 대한 욕구가 큰 집단이라고 할 수 있다.

---

1) 손드라(Sondra, 1993)는 신체적 차이(즉, 장애)를 가진 여성이 부정적으로 인식되고 있으며, 가치절하되어 성별과 장애로 인한 이중차별에 직면하게 된다고 주장하면서 이들에 대한 여권주의적 치료를 제안하였다.

2) 장애여성과 교육

우리나라에서 교육은 매우 중요한 의미를 지니고 있다. 학벌이 지배하고 있는 사회이기 때문에 교육수준이 낮거나 학벌이 좋지 않을 경우 취업에서도 불이익을 받을 뿐만 아니라 이것은 곧 소득에도 직결된다.

그런데 교육에 있어서도 장애여성은 장애남성에 비해 불리한 위치에 있는 것으로 나타났다. 평균학력에서 장애여성은 장애남성에 비해 더 낮은 것으로 나타나고 있다. 특수교육에서 남녀 간의 불평등은 이런 수적 측면만이 아니다. 특수교육의 학습자료들은 주로 일반교육의 학습자료를 따르고 있는데, 그 내용들은 주로 남자들에 관한 이야기이며 남녀 간의 성에 관한 고정관념을 고스란히 따르고 있다. 장애인과 여성은 의존적이고 수동적이고 무능력하다는 고정관념이 있기 때문에, 장애여성이 자신의 잠재력을 충분히 드러내기 위해서는 역할모델이 매우 중요하다. 따라서 한 가지 대안으로 교사를 교육시키는 교재가 성 고정관념으로부터 벗어나야 할 것이다.

직업재활도 장애인의 고용이라는 목표를 달성하기 위해 중요한 서비스다. 그런데 직업재활에서도 고소득직을 얻기 위한 훈련의 기회를 장애여성에게 동등하게 제공하지 못했다. 장애여성은 남성에 비해 훈련의 기회가 적다. 미국의 경우, 1976년 직업재활을 마친 여성들을 조사한 결과에 따르면, 남자들과 비교해 볼 때 여성은 임금획득과 상관없는 능력을 배우는 경향이 많았으며, 제조업직을 얻는 비율이 훨씬 낮았고, 임금이 훨씬 낮은 직종에 취업하는 것을 알 수 있었다. 직업재활 역시 노동시장의 구조에서 나타나는 성차별을 그대로 반영하고 있는 것이다(김용득, 김진우, 유동철, 2007: 538).

3) 출산, 육아와 가사

장애여성의 임신과 출산에 관해서 보면, 임신과 출산은 단지 신체적인 과정만이 아니라 심리적인 과정이기도 하다. 장애여성은 그들의 신체 이미지나 임신이 장애에 가져올 영향, 또는 좋은 부모가 될 수 있을까에 대해 많이 걱정한다.

임신과 출산에 접근하는 데 장애 요인은 이뿐만이 아니다. 장애여성은 성적인 존재가 아니라는 고정관념도 장애 요인이며, 장애여성이 장애아를 낳을 것이라는 우생학적 주장도 장애여성으로 하여금 임신하는 것을 막는다. 특정한 피임 방법이 장애여성의 기능 손상에 주는 효과에 대한 연구가 거의 없는 것도 문제이며, 장애여성이 부모가 될 자격이 없는 것으로 간주되어 단산의 남용이 벌어지는 사실과 불임에 대해 별다른 조치를 하지 않는 것, 그리고 낙태를 행하는 것도 장애 요인이다(김용득, 김진우, 유동철, 2007: 546-547).

실제로 보건복지부의 장애인실태조사 결과, 임신경험이 있는 20~49세 장애여성들은 임신 기간 동안 가장 힘들었던 점에 대해 모든 조사에서 '자녀가 장애를 가질 것에 대한 두려움'을 첫째로 꼽았고, 그다음으로 '자녀양육에 대한 두려움' '병원비 등 돈이 많이 들어서' '집안일 하기가 힘들어서' 순으로 나타났다. 장애와 유전적 요인과의 관련성에 대한 명확한 규명과 함께 이에 대한 홍보가 필요한 것으로 나타났다.

장애여성은 임신과 출산에 관련하여 다양한 산부인과적 의료 서비스를 필요로 한다. 임신과 출산, 피임방법, 폐경기에 대한 조치, 성병과 에이즈에 대한 조치, 낙태, 골반 검사, 유방의 건강, 대안적 의료, 성교육과 동료상담 등 욕구의 분야는 매우 다양하다. 이러한 서비스의 욕구는 대체로 비장애인 여성과 같지만 장애를 갖고 있음으로 인해 세부적으로 다른 점도 많다.

이런 이유로 장애여성은 임신 · 출산 전문병원, 정보제공, 출산비용 지원, 산후조리 서비스 등을 필요로 하고 있다.

육아에 대해서도 장애여성의 욕구는 매우 높다. 미국의 Through the Looking Glass의 조사에 의하면, 육아에 대한 서비스와 장비에 대한 욕구가 많다. 미국 각 지역으로부터 어디서 평가와 서비스를 받을 수 있는지에 대한 문의가 쇄도하고 있으며, 이런 어머니들은 육아 장비와 주택을 급하게 원하였다. 그러나 아직도 구할 수 있는 자원은 너무 적은 실정이다. 이 단체의 경험으로는 육아 장비의 영향력이 정말 대단하다. 아기돌보기함(트레이), 어린이 침대, 높은 의

자, 젖병, 기저귀, 기저귀 갈이대, 작업설비, 안전문, 고가 놀이 센터 등에 대한 적응은 어머니의 능력을 극대화함을 알 수 있었다. 따라서 이러한 육아 장비들의 구비와 제공이 장애인 어머니들의 육아를 도울 수 있는 중요한 방법 중 하나라고 할 수 있다(김용득, 김진우, 유동철, 2007: 552).

　실제로 보건복지부의 장애인실태조사 결과를 보면, 장애여성들은 자녀양육 서비스, 가사도우미, 교육도우미, 육아용품 대여 등에 대한 욕구를 높게 표출하고 있었다. 이를 통해서 볼 때 장애여성에게는 임신, 출산, 육아 및 가사에 대한 서비스가 절대적으로 필요함을 알 수 있다.

4) 학대와 폭력

(1) 가정폭력

　우리나라에서 장애여성은 경제 및 사회 활동은 물론이고 가정생활에 있어서도 제한된 삶을 살고 있으며, 비장애여성에 비해 가정폭력이나 성폭력에 쉽게 노출되어 있다. 사회적 약자이고 가장 취약계층인 장애여성에 대해 성폭력을 가하는 것은 신체적·정신적 장애로 항거할 수 없고, 신고가 용이하지 않으며 경제적 이유나 사회의 부정적 인식 등으로 인해 별다른 대응력을 갖지 못하기 때문에 한층 더 심각한 양상을 띠고 있다.

　가정폭력은 대체로 몇 가지 형태를 띠는데, 신체적 학대, 정서적 학대, 성적 학대, 위협 주기, 협박하기, 남성의 특권 사용하기, 고립시키기 그리고 경제적 학대로 나타난다. 그런데 장애여성은 여성들이 일반적으로 당하는 학대 외에도 장애와 관련해 더 심한 학대를 당할 수 있다. 예를 들면, 약이나 개인적 원조, 보조 장치 등을 주지 않는 경우도 있고, 휠체어를 없애 버린다거나 부숴 버리는 경우, 전화선을 절단하거나 음식을 주지 않은 경우도 있었다. 이런 물리적인 것뿐 아니라, 장애에 초점을 두고 가치절하하는 발언을 해서 장애여성을 정서적으로 학대하는 경우도 많다. 한편, 도우미에 의한 폭력도 가해자가 장애인을 돕는 도우미라는 점 외에 그 폭력의 형태가 가정폭력과 유사하다고 볼 수 있다(김용득, 김진우, 유동철, 2007: 553).

(2) 성폭력

우리 사회는 예로부터 남성 성기를 힘과 지위, 신통력의 상징으로 숭배하는 남성중심 사회를 만들어 왔으며, 남자는 남성다움으로, 여성은 여성다움으로 길들여져 왔다. 여성다움은 순결을 강요당하고 성에 무관심함을 보여야 하나, 남성다움은 성적 활력으로, 육체적인 힘으로, 공격성의 숭배로, 강제와 정복의 관계로 인식되어 왔다. 이러한 인식은 남성에게 여성의 성을 착취할 수 있는 특권을 지니게 하고 남성성을 발현하는 기회를 주는 반면, 여성의 성적 자율성을 박탈하고 통제하고 억압하기도 한다.

장애여성이 성학대에 취약한 이유는 이미 가정폭력에서 살펴본 바와 같이 여성과 장애인에 대한 복합적 가치절하와 과잉보호 및 내면화된 사회적 기대 등으로 인한 것이다. 또한 장애여성이 성적으로 좋고 나쁜 것이 무엇인지 배우지 못했을 가능성도 많다. 특히 발달장애인의 경우 극히 과잉보호된 환경에서 자라날 가능성이 많다. 이러한 양육환경으로 인해 장애여성은 지식 부족, 과잉순응과 사회화된 취약성, 모든 이가 친구라는 비현실적 관점, 제한된 사회적 기회, 낮은 자존감, 자기주장이나 거부 기술이 적거나 없는 등의 특징을 가질 수 있는데, 이런 특징들로 인해 학대에 대처하는 데 어려울 수 있는 것이다(김용득, 김진우, 유동철, 2007: 558-559).

2. 장애여성의 인권 향상을 위한 과제

앞서 살펴본 문제들을 해결하기 위한 대책들을 살펴보자.

첫째, 장애여성에 대한 교육과 고용에 대한 지원을 강화할 필요가 있다. 장애여성에 대한 균등한 고용기회를 확립하고 고용을 촉진하기 위해서는 장애여성에 대한 별도의 양성평등채용목표제를 도입할 필요가 있다. 그리고 의무고용제도에서 고용장려금 가산 비율을 확대할 필요성도 있으며, 창업자금 융자 등에서도 장애여성에게 가산점을 줄 필요가 있다. 국가공인 자격·면허 취득 관련 과정 수강에 대해서도 훈련수강료 지원을 강화할 필요가 있으며, 장애여성에게 적합한 직종을 개발하고 운영하는 것도 필요하다고 보인다. 장애여성에 대한 사회교육도 강화하여 교육의 불평등을 해소할 필요가 있다.

둘째, 장애여성의 모성보호를 위해서는 일단 안전한 임신·출산 환경을 조성할 필요가 있다. 장애여성을 모자보건사업의 특별지원 대상으로 포함시켜 보다 엄밀한 서비스가 제공될 수 있도록 지원하며, 지체·뇌병변·지적 장애여성을 일차적인 대상으로 하여 산전·산후 도우미 지원을 강화해야 한다. 그리고 임신·출산 관련 의료비 지원 범위를 확대하고 장애여성의 장애인 임신·출산에 있어 장애인재활병원이나 국공립병원 등을 전문병원으로 지정할 필요가 있다. 또한 장애여성의 육아 부담을 덜어 주기 위해 중증장애여성 자녀의 보육시설 우선입소를 보다 강화하고 장애여성의 가사 및 자녀학습 지원을 위한 도우미제도를 활성화할 필요가 있다.

셋째, 장애여성을 학대와 폭력으로부터 보호하기 위해서는 일단 장애여성에 대한 인권침해·가정폭력·성폭력 피해의 심각성을 알리는 대국민 홍보활동을 전개함과 동시에 수사기관에 대한 장애여성 인권교육을 실시하여야 한다. 또한 피해자 보호시설(상담소, 생활시설 등)을 지속적으로 확충하고, 성폭력 피해자의 입소기간을 필요한 경우 연장해야 한다. 보건복지부의 2014년 장애인실태조사에 따르면, 가정폭력이나 성폭력과 관련하여 상담을 해 줄 사람이나 시설이 필요한지를 물어본 결과 전체 응답 장애여성의 95.6%가 필요하다고 응답해 서비스의 중요성을 깨닫게 해 주었다. 또한 수사·재판 과정에서 피해를 입은 장애여성의 특수성을 고려한 지원체계와 보호장치가 마련되어야 한다.

넷째, 학대받는 장애여성에게 서비스를 제공해야 하는 서비스기관이나 실무자는 다음의 역할을 수행해야 할 것이다(김용득, 김진우, 유동철, 2007).

- 기존의 프로그램에 대한 장애여성의 접근을 증대시켜야 한다. 이는 경사로를 설치하는 등의 물리적 측면도 있지만 수화통역사 제공이나 점자 제공 등의 광범위한 개념으로 생각해야 한다.
- 장애인을 돕는 지역사회기관은 그들이 제공하는 도우미에 의한 학대나 폭력이 있다는 점을 인정하고, 장애인에게 도우미에 대한 기록을 제공한다거나 장애인이 쉽게 불만을 토로할 수 있도록 해 주어야 한다.
- 재활전문가나 상담가는 장애인의 학대를 식별하고 학대에 대해 질문하는 방법 등을 훈련받아야 한다. 그리고 학대나 폭력이 장애를 불러올 수도 있다는 사실을 알아야 하며, 장애여성이 과거 학대의 충격을 잘 해결할 수 있도록 도와야 한다.
- 경찰이나 검사 또한 판사들도 장애여성과 학대의 문제에 관해 지식을 가지고 있어야 한다.
- 장애여성의 성에 관해 인정해야 한다.
- 건강한 성이 무엇인지 가르쳐야 하며, 무엇보다도 긍정적인 자아상을 강화해 주어야 할 것이다.

제3부

장애인 인권 실현을 위한 실천 모형

제10장 인권 기반 장애인복지 서비스 실천 원칙

제11장 개인별 지원을 위한 서비스 실천

제12장 장애인복지관의 서비스 현황과 실천 대안

제13장 자기결정권과 자립생활센터

제14장 거주 서비스 현황과 인권 기반 실천 방안

제15장 장애인 인권 운동

장애인복지는 매우 체계적이고 통합적인 노력을 필요로 한다. 장애의 특성 자체가 매우 복잡하고 다양하기 때문이다. 장애남성과 장애여성이 직면하는 문제가 서로 다르고, 장애유형별로도 매우 다른 접근방법과 서비스를 필요로 한다. 연령별로도 서비스 내용과 방법이 달라져야 하며, 장애 정도별로도 상이한 접근방법이 필요하다. 이런 이유로 장애인복지는 매우 다양하되 통합적인 노력을 필요로 한다.

제3부에서는 이러한 체계적이고 통합적인 복지실천을 위해서 장애인복지실천 전문가에게 이론적 기초와 실천의 새로운 아이디어를 제공한다. 특히 인권이라는 관점에서 접근할 때 필요한 것이 무엇인지를 탐구한다.

제10장

인권 기반 장애인복지 서비스 실천 원칙

1. 주요 원칙

인권모델에 입각해서 서비스를 제공하는 경우 총체성과 사회변화의 관점, 이용자 중심주의, 강점 위주의 접근 방식, 그리고 개별화된 지원의 강조를 활용해야 한다.

1) 총체성과 사회변화의 관점

총체성과 사회변화의 관점이란 장애가 개인에게 국한된 문제가 아니라 사회 속에서 창출되고 사회의 억압적인 상황에서 문제가 된다는 것을 인지하는 것으로부터 시작된다. 과거에는 장애로 인한 의학적 문제가 개입의 초점이었으나, 최근에는 환경의 이슈가 함께 논의되는 추세다. 따라서 기존의 패러다임에서는 장애로 인한 직접적 손상에 대한 개입 전략이 있었다면, 새로운 접근에서는 장애로 인한 직접적 손상뿐만 아니라 간접적 영역, 예컨대 환경의 개선까지를 포함한 통합적 복지를 도모하고자 한다. 이 역시 세계보건기구(WHO)의 국제기능장애건강분류(ICF)에 잘 반영되어 있다(김미옥, 2003: 18-19).

총체성과 사회변화의 관점은 사회적 모델을 받아들여야 한다는 요구이기도 하다. 따라서 문제를 개인에 국한된 것이 아니라 사회적 억압으로부터 파생된 것으로 파악하고, 이를 시정하기 위해 사회변화를 추구해야 한다. 예를 들어, 다리가 불편하여 바깥출입을 잘 못하는 장애인이 있다고 하자. 기존의 관점에서는 물리치료나 작업치료를 통해서 장애인의 운동적 기능을 향상시키고자 노력하였다. 그러나 장애라는 것이 소위 말해 '완치'되지 않는 것이기 때문에 장애를 원천적으로 제거하고자 하는 노력은 실패할 수밖에 없다. 아무리 재활치료를 통해 운동기능이 향상된다고 하더라도 중증하지마비 장애인이 계단을 자유롭게 오르내리거나, 버스를 아무 문제없이 이용한다는 것은 불가능하다. 따라서 이들에게는 계단과 버스를 별 무리 없이 이용할 수 있도록 사회환경을 바꾸어 주어야 한다.

이러한 노력은 개별 시설 안에서 전문가들이 서비스를 제공한다고 해결되지 않는다. 사회적 장벽을 없애는 노력을 함께해 가야만 문제를 해결할 수 있는 것이다.

2) 이용자 중심주의

전통적으로 사회복지 전문직은 예측 · 통찰 · 지식 · 활동계획을 가지고 있는 우월한 사회복지사가 통찰 · 지식 · 행동계획이 부족한 의존적 클라이언트를 돕는 것이었다. 장애인은 서비스 수혜자 또는 의료적 재활 접근의 대상인 환자이거나 연구대상이었다. 그러나 새로운 모델에서는 클라이언트를 경험과 역량을 가진 원조과정의 중심적인 주체로 바라본다. 원조과정의 중심은 클라이언트이며, 사회복지사는 원조하는 파트너가 되는 것이다. 따라서 클라이언트는 변화과정에 능동적으로 참여하는 파트너이며, 자신이 처한 환경과 능력을 가장 잘 알고 있는 사람으로 간주된다. 이는 사회복지사와 클라이언트 간 상호 협력적인 파트너십을 갖게 한다. 협력이란 단순히 돕는 전문가와 클라이언트 사이의 협동관계가 아니라 사회복지사와 클라이언트 간의 동맹과 유사한 개념이다.

3) 강점 위주의 접근 방식

강점 관점은 클라이언트를 독특한 존재로서 다양성을 인정하고 존중하면서 클라이언트의 결점보다는 강점에 초점을 두고, 가능한 모든 자원을 활용하여 역량을 실현해 나가도록 돕고자 하는 것을 말한다(김미옥, 2003: 25).

강점 위주의 접근(strength-based approach) 방식은 문제보다는 해결을 강조한다는 데 의미가 있다. 전통적인 장애인복지 서비스는 장애인의 약점을 찾고 이를 보완하기 위한 서비스를 제공하는 것으로 일관해 왔다. 구조화된 사정도구를 가지고 사정을 하여 약점을 찾고 이를 보완하는 것을 목표로 삼아 서비스를 제공해 왔다. 그러나 강점 관점은 장애인에게는 이미 힘과 능력이 있지만, 사회적 환경에 의해 능력을 발휘할 적절한 기회가 차단되어 있다고 본다. 따라서 힘과 능력을 최대한 발휘할 수 있는 방향으로 서비스가 제공되어야 한다고 본다. 그리고 이 관점에서는 당면한 문제를 위기로 인식하는 것이 아니라 성장과 도전을 위한 기회라는 긍정적 시각을 유지한다.

서비스의 제공도 이들의 힘과 장점을 찾고 이를 개발할 수 있도록 광범위한 사회적 지원을 통하여 자연적으로 약점이 보완되는 방향으로 제공이 이루어져야 한다는 것이다. 예를 들어, 문제가 발생하는 시점에 관심을 집중시키는 것이 아니라 '문제가 발생하지 않는 경우는 어떠한 경우인가?'라는 데 중점을 두거나, 장애인의 잠재력을 발굴하고 지역사회의 잠재적 자원을 최대한 활용하여 이들의 잠재력을 현실화시켜 내는 것이다.

강점 관점에 기초하여 가장 활발히 사용되는 실천 모형이 바로 임파워먼트 접근이다. 강점 관점은 임파워먼트 과정을 활용하여 클라이언트의 역량을 향상시키고자 하는, 사회복지사에게 중요한 하나의 준거틀이다.

이렇게 보았을 때 강점 관점은 인간의 존엄성과 사회정의를 실천하고자 하는 사회복지의 기본 가치와 맥을 같이한다. 즉, 인간의 존엄성, 가치, 자기결정을 증진시키고자 하는 사회복지의 가치는 궁극적으로 클라이언트의 내재된 잠재력, 능력, 강점을 인지하여 이를 발현할 수 있도록 하는 것이다(김미옥, 2003).

4) 개별화된 지원의 강조

장애야말로 매우 다각적이고 복잡한 요인을 안고 있다. 장애인은 영아기부터 노년기에 이르기까지 생애주기가 다양하며, 여기에 장애의 범주와 정도에 따라 매우 복잡한 스펙트럼이 탄생된다. 즉, 같은 장애인이라 해도 지적장애혹은 신체장애 여부, 아동기인지 노년기인지에 따라 매우 다른 지원 전략을 모색해야 한다. 여기에 각 개인의 인성 및 환경의 특성을 고려한다면 장애인복지는 매우 복잡한 매트릭스로 표현되어야 할 것이다. 따라서 이용자의 보편성과특수성을 고려한 개별화된 지원의 강조는 장애인복지의 필수 요소 중 하나다. 이러한 강조의 연속선상에는 사례관리 개입, 생애주기 개입의 강조 등 최근 장애인계에서 논의되는 이슈들이 관련되어 있다(김미옥, 2003: 19-20).

2. 구체적 실천과제

인권 기반 접근을 위해서 사회복지 서비스 제공기관은 다음과 같은 것들을 준비해야 한다.

1) 사정, 계획, 평가 과정의 장애인 참여

최근 이용자 중심의 서비스 흐름은 변화하는 장애의 개념적 모델에도 부합하는 것이며, 역량강화와 강점 중심의 접근과 일치한다. 사정과정에서 장애인의 참여는 실질적이고 구체적이어야 한다. 이러한 방안으로 사정결과를 논의하는 절차인 사례회의 과정에서 장애인 본인이나 보호자의 참여를 권리로 인정하고, 이를 적극적으로 격려하여야 한다.

사례회의 과정에서 장애인 본인이나 보호자는 질문을 제기할 권리가 있으며, 본인의 의사와 일치되지 않는 정보에 대해서는 수정을 요구할 수 있어야 한다. 그리고 사례회의를 거쳐 개별 서비스 계획이 확정되는 과정에서 본인이나 보호자가 서비스 계획에 동의하는 서명을 서비스가 시작되는 전제조건으로 제도화하여야 한다(김용득, 이동석, 2003: 61).

평가과정에서도 마찬가지다. 평가결과에 대해 함께 참여하고 평가결과를 토대로 한 이후의 계획에 대해서도 함께 고민해야 할 것이다.

보다 장기적으로는 자기주도지원(self-directed support)으로 가기 위한 준비를 해야 한다. 자기주도지원은 장애인이 자신이 원하는 삶을 영위하는 데 어떤 지원이 필요하고 어떻게 사용할 것인지를 장애인 본인과 그 가족이 결정할 수 있다는 것을 의미한다. 물론 발달장애인과 같이 계획을 수립하는 데 지원이 필요한 경우는 가족을 포함한 조력자들이 이를 지원해 준다.

2) 당사자의 자기결정을 지원하는 정보제공 및 안내기능 강화

장애인의 서비스 국가 및 민간의 서비스 이용과 미래 계획의 수립을 위해서는 적절한 정보의 제공이 필수적이다. 자립생활모델에 입각하여 영국의 SIA(Spinal Injury Association)에서 제공하는 대표적인 복지서비스가 '정보제공 및 안내기능'이다. 이 안내기능을 통해서 척수장애인에게 제공된 정보제공 서비스는 경제적 이슈, 요실금, 다른 정보제공기관으로의 연결, 독립생활, 주택, 의료, 보조장구 및 장비, 통증, 우울증, 성문제, 아동양육, 여성자조집단, 고용, 연구, 이동, 법, 주거보호, 여가, 도우미, 교육, 접근권, 기타 등의 24개 범주로 나타나고 있다(d'Aboville, 1991).

우리나라의 장애인복지 서비스 기관에서 제공하는 정보제공 기능은 기관의 서비스 종류와 중앙정부 및 지방정부에서 제공하는 공공복지 서비스 영역에 국한되어 있는 것으로 보인다. 따라서 정보제공 기능이 취약하기 때문에 정보제공 상담은 중요한 프로그램으로 부각되지 못하고 있는 실정이다. 정보제공 및 안내기능이 구체적으로 도움이 되기 위해서는 서비스 기관의 정체성과 관련이 있는 몇 가지 장애영역들을 특화시키고, 정보제공의 종류도 공공 서비스, 의료·직업·교육·민간 서비스 정보, 법률, 주택, 재활 보조기기 등의 광범위한 분야를 포함하도록 하는 것이 필요할 것이다. 장애인복지관의 사회복지사 등은 개인의 실질적인 정보제공 상담에 응할 수 있도록 준비하는 것이 필요할 것이다(김용득, 이동석, 2003: 63).

3) 의사소통 지원 강화

정보제공과 안내를 위해 필수적으로 강화되어야 할 것이 보완대체 의사소통(Augmentative and Alternative Communication: AAC) 기술을 개발하는 것이다. 그동안 시각장애인과 청각장애인의 정보접근성을 보장하고 의사소통을 지원하기 위한 대책은 많이 고려되어 왔지만, 발달장애인의 장애특성을 고려한 적절한 의사소통 지원체계를 위한 노력은 상대적으로 미미하였다. 예를 들어, 영국의 경우 MIND, People First, Change People과 같은 발달장애인 옹호단체는 발달장애인이 자신의 권리를 주장하고, 사회참여 및 서비스에 대한 접근을 높이기 위해서는 관련 정보에 대한 접근성이 보장되어야 한다는 점을 강조한다. 무엇보다 발달장애인에게 있어 필요한 정보들은 '이해 가능하고 쉽게 읽힐 수 있는 방식으로(Easy Read)' 제공되어야 함을 강조하면서, 다음과 같은 실행지침을 마련하고 있다.

- 복잡한 문서를 이해하기 쉽게 만들기
- 자신의 욕구에 대한 정보를 얻을 수 있도록 보장하기
- 정보접근 욕구를 충족하기 위하여 큰 인쇄물과 그림을 활용하기

- 모든 것을 포함시키기
- 전문용어를 사용하지 않기

따라서 발달장애인의 의사소통 지원이 각종 권리옹호의 기초적 측면으로 간주될 수 있다는 점을 명확히 인식하고, 발달장애인의 의사소통상 특성, 비언어적 의사소통 양식, 발달장애인과의 의사소통을 지원하는 각종 매체를 우리나라의 상황에 맞추어 개발·보급하는 작업이 지속적으로 행해질 필요가 있다(최복천, 2015).

4) 배치모델에서 지원모델로 전환

우리나라 대부분의 장애인복지 서비스 기관의 서비스 제공 내용은 '프로그램'이라는 명칭으로 묘사된다. 그리고 이러한 프로그램은 대상기준, 실시시간, 담당자, 활동내용 등이 미리 구조화되어 있는 상태에서 장애인을 배치하는 방식으로 운영되고 있다. 이러한 이유로 인하여, 장애인에 대한 초기 사정과정은 재활서비스 계획에 필요한 정보를 수집하는 과정으로서의 의미보다는 제공기관의 프로그램 대상으로 적절한가, 그리고 적절하다면 어떤 프로그램에 투입되는 것이 바람직한가를 결정하는 과정으로서의 의미가 더 강하다고 할수 있다. 그리고 서비스 제공기관의 전문 인력들은 대부분 각 프로그램 담당자로 배정되어 있어 다른 형태의 융통성 있는 서비스 제공은 불가능한 구조를 가지고 있다.

이러한 경직된 서비스 제공 방식에 벗어나기 위해서는 서비스의 제공 모델이 배치모델에서 지원모델로 전환될 필요가 있을 것이다. 지원모델에 의한 서비스는 개인의 사정과정에서 능력과 환경의 양 측면에 대한 다양한 정보가 수집될 것이며, 이 정보에 의하여 개인에게 적합하다고 생각되는 다양한 서비스 대안이 논의될 것이다. 또한 서비스 제공 전문가는 개인 중심의 융통성과 창의성에 입각한 지원 방안을 논의하고 모색하게 될 것이다(김용득, 이동석, 2003:

65). "어떻게 하고 싶습니까?" "어떤 쪽이 더 좋습니까?"라는 기본적인 질문이 있어야 한다.

자신이 선택한 프로그램이 어떠한 결과를 도출하는지, 즐기거나 흥미 없어 하지는 않는지, 다른 사람들의 반응은 어떤지 등에 대해서 피부로 느끼면서 스스로를 느낄 수 있도록 지원해야 한다. 예를 들어, 지역사회 체험 중심의 10주간의 프로그램이 구성된다고 할 때, 어디를 어떤 교통수단을 통해서 갈 것인가 등의 문제는 먼저 결정되어 있어야 할 영역이 아니라 초기의 프로그램 과정에서 프로그램 참여자들이 참여해서 결정하는 방식들로 일반화되어야 한다. 그리고 지체장애인의 컴퓨터를 이용한 직업재활 프로그램에서 미리 결정된 일련의 훈련 프로그램만으로는 적합성과 효율성이 낮을 가능성이 높을 것이다. 직업훈련 프로그램의 자조적인 운영은 관련 업종의 취업환경의 탐색, 적합한 세부 훈련 영역 등의 결정과정에 당사자의 주도적인 참여가 최대화될 수 있도록 하는 실질적인 자조성의 확보가 중요할 것이다.

5) 개인파일의 공유

'개인에 관한 자료는 본인에게 귀속된다.'라는 명제는 분명한 것이다. 개인에 관한 자료에 대해 개인이 접근하지 못하거나 접근성이 떨어지는 것은 정보의 불평등을 조장하게 된다. 개인파일은 당사자나 부모에게 제공해야 할 것이다. 각 사례의 개인파일을 전문가가 점유하고 있는 것은 결국 장애인 당사자나 그 가족이 직면하고 있는 문제를 '전문가에게 일임하는' 결과를 가져오게 된다.

개인파일에 적혀 있는 내용들은 장애인 개인에 관한 것이며, 따라서 거기에서 계획되고 도출되는 모든 결과는 장애인 당사자의 손을 거쳐야만 한다.

6) 장애인에 의한 서비스 평가 체계 구축

서비스 제공기관은 판정회의, 사례회의 및 평가회의 때 장애인을 대상화시켜 두고 평가한다. 장애인의 약점은 무엇이며 무엇을 더 지원해야 하는지를 전문가들이 평가하고 계획한다. 그러나 다음과 같은 평가도 있을 수 있다.

'이 기관이 나의 욕구에 부합하는 프로그램을 얼마나 잘 제공하고 있느냐?'이다. 서비스를 받는 장애인들이 함께 모여 서비스 프로그램에 대해 사례회의를 하는 것이다. 서비스 제공 과정과 내용에 장애인들이 평가할 수 있는 틀을 만들고 이를 반영하여 서비스를 제공하는 과정이 오히려 더 필요할 것이다.

7) 자조집단 접근의 강화

일반적으로 장애인 자조집단은 자발적 동기와 신뢰에 바탕을 둔 조직으로서 상호지지 체계를 이용해 지역사회에 기초한 서비스를 제공하고 장애인의 역량강화를 위해 노력하는 조직이라고 할 수 있다. 즉, 장애인 당사자가 참여하여 장애인 당사자가 결정하고 장애인들 간의 상호 지지 및 옹호 기능을 통해 장애인의 사회참여를 실현하고자 하는 조직인 것이다.

장애 개념의 변화 및 장애인복지 서비스의 새로운 패러다임은 장애 당사자의 주체적인 참여와 자기결정 및 선택권을 강조하고 있다. 이러한 경향은 환경 측면에서 볼 때, 장애인 당사자들의 환경에 대한 통제능력을 강화시킴으로써 주체적으로 환경을 활용할 수 있도록 한다는 점에서 환경의 중요성을 강조하는 흐름과도 부합된다.

그러나 다음과 같은 질문을 해 볼 수도 있다. '장애인 자조집단은 분리주의적이지 않은가?' '장애인들로 구성되고 장애인들이 스스로 방향을 정하는 집단은 장애인들을 분리시키고 분리를 조장하는 경향이 있는 것은 아닌가?' 하는 의문이 있을 수 있다. 분리가 위험하다는 것은 분명하다. 그러나 이 위험은 그 집단들이 성취하려는 중요한 기능과 비교해서 판단되어야 한다.

첫째, 그런 집단은 사회적 상호작용 및 자기 표현의 기회를 제공할 수 있다. 자조집단 경험을 통하지 않고서는 이런 정도의 기회를 갖기 어려울 것이다. 예를 들면, 일부 장애인 청년은 비장애인들과 섞이기가 쉬울 수 있다. 그러나 더 나이가 많은 장애인은 통합된 방법으로 그들의 사회적 요구를 충족하는 것이 상대적으로 훨씬 더 어려울 수도 있다. 아마도 그들 중 다수는 이 열망의 표출을 위해 장애인에 의해 운영되는 집단에 연결되기를 바랄 것이다.

둘째, 이 집단들은 지역사회 생활에 참가하는 계기를 제공함으로써 더 많은 통합을 가져오는 가장 중요한 매개로 작용할 수 있다. 더 많이 경험하게 되고, 더 많은 능력을 가지게 됨으로써 장애인은 다른 조직, 클럽 및 사회적 집단과 연결되는 데 있어 다양한 선택을 할 수 있다.

셋째, 이전에 별다른 대안이 없었던 사람들에게 이 집단들은 여전히 또 다른 선택권을 부여한다. 어떤 사람이 그러한 집단에 참가하면서 동시에 통합된 다른 집단에, 혹은 다른 곳의 더 통합된 활동에 참여할 수도 있다는 것을 이해하는 것이 중요하다. 일부 장애인은 특별한 집단이 필요하지 않을 수도 있고, 그것에 가입하지도 않을 것이다. 반대로 그렇지 않은 다른 사람은 단기 회원이 되어 도움을 받을 수 있다. 가장 중요한 것은 그러한 집단이 새로운 선택권을 제공하며, 장애인이 그것을 이용하든 안 하든 또 얼마나 많이 이용하든 자신이 결정할 수 있는 자유를 얻는다는 사실이다.

넷째, 매우 특정한 목표를 가지고 자조집단에 소속되기를 원하는 장애인도 있을 것이다. 예를 들면, 여가활동에 관심을 두는 모임이 아니라 자신의 이익을 표출하고, 또 이익을 실현하기 위해 힘을 기르는 기회를 제공하는 모임에 소속되기를 원하는 사람도 많을 것이다.

자조집단은 다음과 같은 형태로 나타날 수 있다.

먼저, 시설 안에서 자기결정을 연습하기 위한 거주자와 클라이언트의 구조화된 모임이 건설될 수 있을 것이다. 이런 모임의 발달은 단지 덴마크와 스웨덴에서뿐만 아니라 캐나다와 미국을 비롯한 세계 어느 곳에서도 일어나고 있다. 예를 들어, 장애인복지시설 자치위원회를 구성하고 자치위원회의 대표는 시설의 운영위원회에 참여하는 방안을 생각해 볼 수 있다.

다음으로, 장애인 성인을 위한 집단, 모임 그리고 지역조직의 성장이 사회적 조직 안에서 다른 장애인 집단이나 다른 사회적 모임과 협력하면서 독립적으로 발달될 수 있다. 이러한 자조집단은 우리나라에서는 아직도 요원한 일인 것처럼 여겨지고 있다.

> 성인 지적장애인들이 자기결정에 대한 발달들을 어디까지 그리고 얼마나 멀리 주도할 것인지는 전적으로 지역적인 모험들과 독창성들에 달려 있다. 성인 지적장애인들이 자기결정권을 공공연하게 그리고 행동으로 표현하면, 그때는 시민들의 존경을 얻고 경험하게 될 것이다. 그들은 또한 명백하게 더 능력 있는 소수집단들뿐만 아니라, 사회에 대해 가르칠 것이다. 그것은 민주주의 사회에서 민주주의적 기회들에 대한 더 많은 중요성과 모든 사람에 대한 존중이며, 그것이 없다면 민주주의는 완성되지 않는다는 교훈이다.

우리나라 장애인복지관에서는 대체로 전문가 주도의 프로그램 형태가 일반적이다. 자조집단이 활성화되기 위해서는 전문가의 자조집단에 대한 지원 의지 이전에 장애인의 지역사회생활에 기초적인 경제, 교육, 직업 등의 영역에서 일정 수준 이상의 지원이 전제되어야 한다. 우리나라의 경우는 아직 지역사회의 재활 기반이 취약하기 때문에 당사자 주도의 다양한 자조집단 형성에 좋은 조건을 갖추고 있다고 보기는 어려우며, 이러한 점이 현재 우리나라에서 이러한 경향의 프로그램이 활성화되지 못하고 있는 맥락이라고 볼 수 있을 것이다. 우리나라에서의 이러한 현실적 어려움에도 불구하고, 장애인의 자기결정권을 존중하고, 자기결정에 기초한 선택이 이루어지도록 하는 방식을 다양하게 모색할 수 있는 현실적인 가능성도 인정해야 한다.

우리나라의 장애인복지 실천현장에서 자조 성격의 프로그램들이 잘 발전되지 못하고 있는 이유는 환경 취약성의 문제 이외에도, 관료적 조직 형태로 운영되는 장애인 서비스 조직상의 문제, 개별적 모델에 입각한 훈련을 받아 온 전문가들의 지향성 문제, 공공 서비스에 대하여 권리로 인식하는 경험이 빈약하여 서비스에 의존적인 경향을 가진 클라이언트의 문제 등으로 설명될 수 있을 것이다.

이러한 문제점들을 점차적으로 개선하면서 장애 개념의 변화와 서비스 패러다임에 부합하는 실천이 이루어지기 위해서는 현재의 프로그램 과정에 자조적인 요소들을 대폭 강조하는 것이 필요할 것이다. 예를 들어, 장애청소년의 방과후 프로그램에서 10주간의 지역사회 체험 중심의 프로그램이 구성된다고 할 때, 어디를 어떤 교통수단을 통해서 갈 것인가 등의 문제는 먼저 결정되어 있어야 할 영역이 아니라 초기의 프로그램 과정에서 프로그램 참여자들이 참여해서 결정하는 방식들이 일반화되어야 한다. 그리고 지체장애인의 컴퓨터를 이용한 직업재활 프로그램에서 미리 결정된 일련의 훈련 프로그램만으로는 적합성과 효율성이 낮을 가능성이 높을 것이다. 직업훈련 프로그램의 자조적인 운영은 관련 업종의 취업환경에 대한 탐색, 적합한 세부 훈련 영역 등의 결정과정에 당사자의 주도적인 참여가 최대화될 수 있도록 하는 실질적인 자조성 확보가 중요할 것이다.

제11장

개인별 지원을 위한 서비스 실천

　앞선 장들에서 이미 언급하였듯이, 장애인은 장애 정도, 장애유형, 연령, 성별 등에 따라 매우 다양한 욕구를 지니고 있다. 게다가 장애인은 의료, 심리, 가족, 경제 등 다양한 측면의 욕구를 지니고 있고 이들 서비스를 필요로 한다. 따라서 장애인들의 다양화된 욕구에 대응하기 위해서는 장애인 개개인별로 욕구를 파악하고 생애주기에 따라 적절히 서비스를 달리하며 지원하는 것이 필요하다.

　사회복지 서비스는 장애인을 인생에서 비상하도록 하는 활주로와 같다. 활주로가 정비되어 있지 않으면 비행기는 이륙할 수 있을 정도의 속도를 얻을 수 없다. 그런데 이 비행기들은 각기 다른 특징들을 가지고 있다. 제트기는 경비행기의 활주 속도로는 이륙할 수 없고, 경비행기를 제트기의 활주 속도로 이륙시키면 곧바로 추락할지도 모른다.

　장애인은 각기 다른 비행 엔진을 가지고 있다. 이를 위해서는 서로 다른 활주로가 필요하다. 즉, 서로 다른 서비스 과정이 필요하다는 것이다. 그래서 개인별 지원을 하기 위한 장치들이 필요하다. 이를 위해 필수적으로 필요한 것이 소위 사례관리(case management)다.

최근에는 사례관리 대신 개인중심계획(person centered planning)이 점차 확산되고 있다. 사례관리가 단어 그대로 사람보다는 서비스를 대상화(case)시키고 서비스 이용자의 주도성보다는 서비스 제공자의 관리(management)에 초점을 두고 있기 때문이다. 개인중심계획은 서비스 이용자의 꿈과 희망을 중심으로 장애인 본인, 가족 그리고 주요 관계자들이 함께 모여 꿈과 희망을 이루어 줄 자원들을 찾고, 행동계획을 수립해서 함께 수행해 나가는 절차로 이루어진다.

이 장에서는 기존 사례관리의 필요성과 그 과정을 살펴보고, 사례관리의 한계점을 보완할 수 있는 개인중심계획의 진행과정을 살펴본다.

1. 사례관리의 필요성 및 정의

장애인의 삶은 어느 한 시기에 고정되어 있는 것이 아니라 일생에 걸쳐 발달한다. 이들은 보통 특수교육체제에서 성인재활 서비스 체제로 나아가는 전환과정을 가지게 된다. 또한 장애인의 욕구는 매우 다양하다.

장애인의 생애주기에서 이전 단계의 개별적 장애인 상황을 확인하고 연속적인 서비스를 제공하기 위해서, 그리고 각 단계마다 존재하는 다양한 욕구를 포괄적으로 충족시키기 위해서는 사례관리 기법이 매우 필요하다.

지난 20년 동안 서비스 실천에 있어 사례관리 방법은 사회복지 서비스를 제공하는 데 있어 뛰어난 방법론으로 발전해 왔다. 사례관리는 사회사업의 실천모형에 있어 케이스웍(개별사회복지실천)과 유사하다. 그렇지만 사례관리는 미시적 체계에 초점을 두고 우선적으로 개입하기보다는, 클라이언트에게 영향을 주는 체계들과의 전문적인 개입을 강조한다.

사례관리는 두 개의 기능들을 동시에 포함하고 있다. 첫째, 지역사회 내의 클라이언트에게 개별화된 조언, 상담, 치료를 제공하는 기능이다. 둘째, 지역사회기관과 비공식적인 원조망들에 의해서 제공될 수 있는 자원들과 필요한 서비스들을 클라이언트에게 연결시키는 기능이다. 이러한 점에서 사례관리는 거시적인 동시에 미시적이다. 따라서 개인적 실천과 지역사회의 실천에 있어 통합된 형식을 필요로 한다.

게다가 사례관리는 지역사회로부터 넓은 범위의 조정과 함께 장기적인 관리를 가능하게 한다. 한 사례관리자가 개별 장애인의 현 상태와 욕구 및 자원을 지속적으로 관리해 줌으로써 장기적인 계획이 제공될 수 있으며, 전환과정에서도 적절한 연계가 가능하도록 도울 수 있다. 장애를 가진 사람에게 사례관리 기법을 사용하는 데 있어 사례관리자는 사정을 하고, 개인에게 필요한 서비스들을 찾는다. 이 서비스들에는 주거, 건강, 정신건강, 사회화, 여가생활 그리고 교육 등이 포함될 수 있다. 필수적인 서비스들이 달성된 후에는 사례관리자가 이 서비스들이 유지되고 있는지 지속적으로 각 사례들을 점검한다(김용득, 2008).

사례관리가 각 하위 체계로부터의 자원을 복합적으로 활용한다는 면에서 매우 뛰어난 실천기법으로 인정받고 있지만, 서비스 제공자가 사례에 대한 관리를 주도한다는 면에서 한계가 있다는 비판이 제기되었다. 이러한 측면에서 개인중심계획은 전문가들이 개인의 상태를 규정하는 것을 넘어서서 개인이 자신의 꿈과 희망을 만들어 낼 경우 더 성공적인 결과를 가져온다고 본다. 결국 개인중심계획은 개인이 스스로 규정한 꿈과 희망을 중심으로 계획을 수립하는 절차를 가장 중심에 둔다.

표 11-1 조직중심과 개인중심에 따른 차이

조직중심	개인중심
진단 붙여진 명칭(label)에 초점을 둠	사람을 먼저 생각함
부족한 것과 필요한 것을 강조함	능력과 재능을 찾음
정형화된 진단과 평가에 중점을 둠	이용자를 아는 데 시간을 투자함
판단을 전문가에게 맡김	이용자와 가족, 서비스 제공자에게 맡김
문서화된 보고서를 찾아보며 작성함	이용자를 잘 아는 사람들로부터 정보를 모음
사람을 대인 서비스의 대상으로 생각함	사람을 지역사회의 일원으로 생각함
다른 사람들과의 차이점을 강조함	공통점을 찾기 위해 사람들을 모음

자료: 장비(2013).

2. 팀접근의 적용

장애인들의 욕구는 매우 다양하고 복잡하다. 따라서 이러한 욕구들을 충족시킬 수 있는 서비스들의 연계 또는 통합이 필요하다. 그렇다고 해서 모든 서비스를 백화점식으로 제공하는 시설을 만드는 것도 바람직하지 않다. 서비스의 효율적 관리가 되지 않기 때문이다.

이를 위해서는 팀접근(team approach)이 필요하다고 판단된다. 미국의 경우, 신체적 · 정신적으로 기능이 쇠퇴해 가는 노인에 대한 사례관리 기법의 한 형태로서 팀접근법을 시도하고 있다(Collier & Early, 1995). 이 사례관리 팀은 의사, 간호사, 지역방문간호사, 사회복지사로 구성되어 지역방문간호사를 중심으로 모든 구성원이 역할을 분담하여 노인 환자의 신체적 · 정신적 · 사회적 욕구를 해결해 나간다. 환자의 일반적 의료와 관련된 사항은 지역방문간호사가 담당하고, 사회적 보호, 지역사회 자원의 발굴 및 연결 등과 관련된 것은 사회복지사가 담당하며, 의사와 간호사는 지역방문간호사가 파악한 정보에 따라 적절한 처치와 간호를 유기적으로 담당한다. 또한 캐나다의 경우, 사회복지사와 보건부가 한 팀을 이루어 사례관리를 실시하는데, 보건부는 클라이언트의 건강이라는 관점에서, 사회복지사는 사회생활 지지라는 관점에서 관여한다(정순둘, 2005: 32).

테스트(Test, 1993)는 팀접근법 구조의 장점을 다음과 같이 제시하였다. 즉, ① 보다 연속적인 서비스 범위의 확보와 조정, ② 여러 전문인으로 구성되어 다양한 관점에 바탕을 둔 보다 합리적인 계획, ③ 개인 사례관리자의 소진에 기여할 수 있는 고립 문제의 해결 등이다. 그리고 테스트(1993)는 사례관리가 성공하기 위해서는 해당 서비스 행정 담당자들과 지역사회 조직들의 지원이 필수적이며, 사례관리자들 입장에서는 지역사회 서비스 기관들이 갖고 있는 자격기준 등에 대해 이해하고 있어야 하는데, 팀접근법이 이 점에서 유리하다고 하였다.

로버츠-데게나로(Roberts-DeGennaro, 1993: 107-109)도 어떤 한 사례에 관한 포괄적 책임이 개인 사례관리자에게보다는 여러 분야의 서비스 제공자로 구성된 사례관리 팀에게 주어지는 팀 형태의 사례관리 모델을 제안하였다. 이 모델에서 각 사례에 대한 사례관리 추진은 사례에 따라 지정된 한 개인이 주도하되 총체적 책임은 사례관리 팀에게 주어진다.

개인중심계획 또한 사람은 부분적으로 쪼개어서 볼 것이 아니라 전체로서 보아야 하며, 이를 위해서는 그 개인을 알고 있는 많은 사람이 함께 모여야 효과적인 계획을 수립할 수 있다고 본다. 많은 사람 중에는 전문가들만 포함되는 것이 아니라 부모, 형제, 친구, 이웃 등 장애인 주변의 주요한 사람들이 모두 포함된다. 기존의 팀접근 사례관리에서 전문가 중심의 팀을 구성했던 것과는 확연한 차이가 있다.

3. 사례관리의 과정

사례관리의 과정은 이용자나 기관의 성격, 사례관리자의 역할에 따라 상이할 수 있다. 사례관리 팀에 의한 사례관리의 절차와 그에 따른 장점들을 살펴보자.

■ 1단계: 자원망의 개발

서비스의 연속성을 보장하는 데 필요한 각종 지역사회 자원을 찾아냄에 있어서 여러 기관과 관련되는 것이 유리하다. 또한 기관 및 시설들 간의 협조를 이끌어 내고 서비스의 조정을 원활히 하기 위해서도 여러 분야의 서비스 제공자들로 구성된 팀이 좋다. 팀접근이 유리한 또 하나의 이유는 서비스와 서비스 사이의 틈(service gap)을 확인하고 각자 갖고 있는 정보나 기술을 교환하기가 용이하다는 것이다. 자원망 개발에서 특히 유의하여야 할 것은 서비스 이용자들이 갖고 있는 비공식적 지원망(예: 가족, 친지, 친구, 이웃 등)을 파악하고 필요할 경우 적극적으로 활용하는 것이다.

■ 2단계: 서비스 이용자의 확보

사례 발견, 서비스 이용자의 모집, 이용 가능한 지역사회 자원 및 서비스에 대한 오리엔테이션, 자격 조건에 관한 교육 등에서도 여러 분야의 전문가들로 구성된 팀접근이 유리하다.

■ 3단계: 서비스 이용자의 욕구 및 장점 사정

문제 자체에 집착하기보다는 서비스 이용자의 욕구와 그들이 갖고 있는 장점을 파악하여 활용한다. 다양한 욕구가 발견되면 욕구의 우선순위를 정한다.

■ 4단계: 서비스 계획의 수립

서비스 제공의 목적에 대해서 사례관리자와 서비스 이용자 사이의 합의가 필수적이다. 사례관리 팀 구성원들, 서비스 이용자 자신, 서비스 이용자의 가족이나 친지 또는 친구, 이웃 등이 당당해야 할 일들을 분명히 하고 기록해야 한다.

■ 5단계: 계약의 작성

여기에는 주 계약과 부계약이 있을 수 있다. 주 계약은 사례관리 팀과 서비스 이용자 사이에, 부계약은 사례관리 팀과 서비스 제공자들 사이에 이루어진다.

■ 6단계: 개별화된 자원망의 구성

이용 가능한 자원의 범위 내에서 서비스 이용자의 욕구를 충족시키는 데 적합한 서비스를 선정한다. 이때 서비스 이용자 측면의 특성을 충분히 고려해야 한다. 예를 들어, 서비스 이용자가 현재 갖고 있는 가용 자원, 서비스를 이용하고자 하는 클라이언트의 의지와 동기, 클라이언트가 자연적으로 소지하고 있는 자연적 지지망 등의 동원 가능성 등을 고려한다.

■ 7단계: 서비스 계획의 이행

다양한 서비스 자원을 이용하여 서비스를 제공하되 서비스 이용자가 갖고 있는 자원을 동원하는 것이 중요하다. 다양한 서비스의 제공을 총지휘·조정하기 위해 서비스 제공자들, 서비스 이용자의 자연적 지지망과 수시로 의사소통을 하려고 노력하며, 정기적인 사례관리 팀 회의를 갖는다.

■ 8단계: 서비스의 모니터링

체계적이고 합리적으로 계획된 서비스가 계획대로 제공되고 있는지를 확인하고 기록한다. 이행 여부에 대한 확인은 앞서 작성된 계약 내용에 기초한다. 여기서는 어떤 서비스가 언제 어떻게 제공되고 있는지를 확인해야 한다. 공식적인 서비스 제공자들로부터뿐만 아니라 비공식적·자연적 지지망으로부터 지원되는 내용도 파악해야 한다.

■ 9단계: 평가

서비스 제공의 목적이 달성되었는가의 여부, 예기치 않은 서비스 결과의 발생 여부 등을 사례관리 팀 내부, 서비스 제공자, 서비스 이용자 등의 세 가지 관점에서 파악한다. 모든 종류의 사례관리 체계 운영에서 핵심 원리는 서비스 이용자로 하여금 복지 여건 향상에 대한 책임을 스스로 질 수 있도록 도와주는 것이다. 훌륭한 사례관리 실천은 서비스 이용자의 자기결정 원리를 존중해 주는 것이어야 한다.

■ 10단계: 사례의 종결

사례관리 팀 내 협의에 의하여 사례의 종결 여부를 결정한다. 이때 서비스를 제공한 기관 및 시설 또는 자연적 지지망 등에게 지금까지 일어난 긍정적·부정적 변화 또는 무변화 등의 사실을 통보한다. 비공식적 지지망에게는 향후 계속적인 지원을 당부한다.

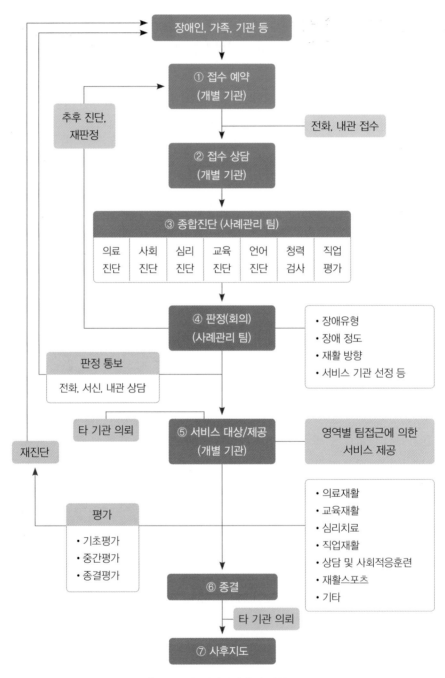

[그림 11-1] 사례관리 총괄 진행도

■ 11단계: 사후관리

문제의 재발 또는 개입을 요하는 새로운 문제의 출현 여부를 알아보기 위해 클라이언트와 접촉하고 그 정보를 팀 구성원들과 공유한다.

이와 같은 과정을 실천 현장에서 이루어지는 과정으로 전환해서 도식화하면 [그림 11-1]과 같다.

이와 달리 개인중심계획은 좀 다른 절차를 밟는다. 개인중심계획에는 여러 가지 다양한 방법이 있지만 마운트(Mount, 1984)와 오브라이언(O'Brien)에 의해 개발된 'Personal Futures Planning'을 중심으로 과정을 간단히 정리하면 다음과 같다(장비, 2013).

■ 1단계: 탐색

이 단계는 진행을 어떻게 할 것이냐를 탐색하는 단계로 계획을 작성하기 위한 모임에 누가 참석할 것인지, 진행과정을 어떻게 조절할 것인지, 최선의 계획 실천을 위해 어떤 분위기를 만들어야 할 것인지 등을 탐색한다.

■ 2단계: 기회를 찾아내기

개인의 약력을 살핀다. 대상자와 소집단 친구들, 가족, 직원들이 모여서 관련 사항들을 작성한다. 그 사람이 살아온 이야기, 현재의 상태, 그 사람의 기회와 능력들, 미래 발전에 장애가 되는 조건들을 찾아낸다. 이를 토대로 계획 작성을 위한 기초 작업을 한다. 관계망, 활동 장소, 배경, 선호도, 꿈, 희망과 두려움, 건강, 존경 등에 대한 자료가 알아보기 쉬운 도표 형태로 만들어진다.

■ 3단계: 새로운 방향 찾기

계획 작성을 위해 모이는 단계다. 사람들이 함께 모여 미래에 대한 꿈을 좀 더 분명하게 규정하며, 시작을 어디에서 할 것인가, 이를 하기 위해 어떻게 조직을 할 것인가를 토론하게 된다. 이 계획 작성 모임은 다음의 4단계로 구성된다.

① 계획 작성을 위해 참여한 구성원 모두가 미래에 대한 그림을 공통적으로 개발한다.
② 꿈을 실현시키기 위해 참여한 사람 모두가 아이디어를 낸다.
③ 적용 과정에서 사용할 기회와 나타날 수 있는 장애물을 찾아낸다.
④ 집단의 구성원들이 실질적인 조치를 취할 수 있도록 돕는다. 2단계에서 나왔던 아이디어를 살펴보고, 실천 가능하며 효과를 얻을 수 있는 구체적인 실행 방안을 뽑는다. 그리고 다음에 모임 일자를 확정한다.

■ 4단계: 사후조치

장기적인 문제 해결 과정으로 이전 모임에서 결정을 하여 실행에 옮기는 단계다. 이 단계는 노력들이 실제로 효과를 보았는가의 여부를 살펴본다. 따라서 이 모임은 반복적으로 이루어지며, 장기적인 문제 해결을 위한 모임이 될 수 있다. 정기적으로 만나는 것에 동의한 사람들과 만남을 지속한다.

① 적용 사례에 대한 반성
② 다음 단계에 해야 할 일을 찾음

이와 같은 과정을 도식화하면 [그림 11-2]와 같다.

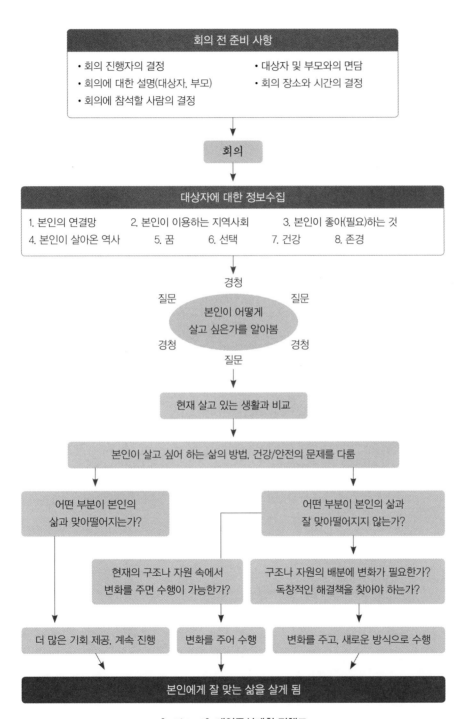

회의 전 준비 사항

- 회의 진행자의 결정
- 회의에 대한 설명(대상자, 부모)
- 회의에 참석할 사람의 결정
- 대상자 및 부모와의 면담
- 회의 장소와 시간의 결정

회의

대상자에 대한 정보수집

1. 본인의 연결망 2. 본인이 이용하는 지역사회 3. 본인이 좋아(필요)하는 것
4. 본인이 살아온 역사 5. 꿈 6. 선택 7. 건강 8. 존경

경청
질문   질문

본인이 어떻게
살고 싶은가를 알아봄

경청   경청
질문

현재 살고 있는 생활과 비교

본인이 살고 싶어 하는 삶의 방법, 건강/안전의 문제를 다룸

어떤 부분이 본인의
삶과 맞아떨어지는가?

어떤 부분이 본인의 삶과
잘 맞아떨어지지 않는가?

현재의 구조나 자원 속에서
변화를 주면 수행이 가능한가?

구조나 자원의 배분에 변화가 필요한가?
독창적인 해결책을 찾아야 하는가?

더 많은 기회 제공, 계속 진행

변화를 주어 수행

변화를 주고, 새로운 방식으로 수행

본인에게 잘 맞는 삶을 살게 됨

[그림 11-2] 개인중심계획 진행도

제12장

장애인복지관의 서비스 현황과
실천 대안

　장애인 재활을 위해서 설치되어 있는 지역사회 기관으로는 장애인복지관 이외에도 장애인의 교육을 전문적으로 담당하는 특수학교, 장애인의 고용 문제를 전문적으로 담당하는 장애인고용촉진공단 및 직업훈련원, 의료적인 영역을 전문적으로 담당하는 재활병원 및 의원 등이 있다. 이 중 사회복지 영역에서 활용되고 있는 가장 대표적인 기관이 장애인복지관이다. 장애인복지관은 대다수의 장애인 거주시설과 달리 장애인이 지역사회에서 살아갈 수 있도록 지원하는 기관이라는 면에서 기본적인 지역사회 생활권을 보장해 주는 기관이라 볼 수 있다.

　그래서 장애인복지관은 「장애인복지법」에 의해 장애인 지역사회 재활시설 중 하나로 분류된다. 장애인 지역사회 재활시설의 종류와 기능은 〈표 12-1〉과 같다.

　이 중 장애인복지관은 2022년 현재 전국에 261개소가 설치되어 있으며, 종사인력은 물리치료사, 사회복지사, 심리사, 언어치료사, 의사, 작업치료사, 직업재활상담사, 특수교사 등의 전문적인 교육을 받은 인력들로 구성되어 있다. 이들의 각 전문 분야들은 소집단으로 나뉘어 특수교사는 교육재활, 사회복지사는

표 12-1 **지역사회 재활시설의 종류와 기능**

종류	기능
장애인복지관	장애인에 대한 각종 상담 및 사회심리·교육·직업·의료재활 등 장애인의 지역사회 생활에 필요한 종합적인 재활서비스를 제공하고 장애에 대한 사회적 인식 개선 사업을 수행하는 시설
장애인의료재활시설	장애인을 입원 또는 통원하게 하여 상담, 진단·판정, 치료 등 의료재활 서비스를 제공하는 시설
장애인 주간보호시설	장애인을 주간에 일시 보호하여 장애인에게 필요한 재활서비스를 제공하는 시설
장애인 단기보호시설	장애인을 일정 기간 보호하여 장애인에게 필요한 재활서비스를 제공하는 시설
장애인공동생활가정	스스로 사회적응이 곤란한 장애인이 장애인복지 전문인력에 의한 지도·보호를 받으며 공동으로 생활하는 지역사회 내 소규모 주거시설
장애인체육시설	장애인의 체력 증진 또는 신체기능 회복 활동을 지원하고 이와 관련된 편의를 제공하는 시설
장애인 심부름센터	이동에 상당한 제약이 있는 장애인에게 차량운행을 통한 직장 출퇴근 및 외출 보조, 기타 이동서비스를 제공하는 시설
수화통역센터	의사소통에 지장이 있는 청각·언어장애인에 대한 수화통역 및 상담서비스를 제공하는 시설
점자도서관	시각장애인에게 점자간행물 및 녹음서를 열람하게 하는 시설
점자 및 녹음서 출판시설	시각장애인을 위한 점자간행물 및 녹음서를 출판하는 시설
장애인수련시설	장애인의 문화·취미·오락 활동 등을 통한 심신수련을 조장·지원하고 이와 관련된 편의를 제공하는 시설

사회재활, 치료사는 의료재활, 사회복지사 및 직업재활상담사는 직업재활, 사회복지사 및 회계관리인력은 기획 및 총무 분야로 조직이 구성되어 있다.

1. 장애인복지관의 기능

장애인복지관은 지역사회의 가정 내에서 생활하고 있는 장애인을 대상으로 장애의 사정 및 평가, 사회심리 및 직업재활, 특수교육, 의료재활 등의 종합적인 서비스를 제공하고 있다. 장애인복지관은 장애인의 시설보호에 의존하던 과거의 장애인 재활 대책의 한계를 극복하기 위하여 물리치료사, 사회복지사, 심리치료사, 언어치료사, 작업치료사, 재활의사, 직업재활상담사, 특수교사 등의 다양한 전문 분야의 사람들이 통합적으로 재활 서비스를 제공하고 있다.

장애인복지관의 기능에 대하여 전봉윤(1992)은 장애인의 사회적응과 복귀를 위한 재활 서비스 센터의 기능, 장애예방과 대중 계몽을 위한 사회교육 센터의 기능, 지역사회 내의 전반적인 서비스 조정과 관련된 통합 조정 센터로서의 기능, 프로그램 개발을 위한 종합계획 센터로서의 기능, 재활환경의 조성 및 자원동원을 위한 지역사회조직 및 자원 동원 센터로서의 기능과 사회운동 센터의 기능 등을 제시하고 있다.

장애인복지관의 기능은 사회·심리재활 서비스, 교육재활 서비스, 의료재활 서비스, 직업재활 서비스 등을 각기 고립된 채로 장애인에게 제공하는 것이 아니라, 각각의 여러 가지 서비스를 동시에 필요로 하는 장애인에게 서로 조정된 서비스를 제공하는 기능을 수행하여야 한다. 이러한 기능이 장애인복지관에 고유한 역할로 정립되어 다른 재활기관들과의 협력을 요하는 경계가 보다 분명히 설정되어야 하며, 동시에 기관 내에서의 전문인력들 간의 활발한 참여가 이루어지는 가운데 서비스가 제공되어야 한다(김용득, 유동철, 2005: 335-336).

2. 장애인복지관의 조직

장애인복지관은 장애인에 대한 상담, 평가, 의료재활, 직업재활, 사회생활

적응지도, 조기 특수교육 등의 서비스를 제공하기 위하여 분화된 조직체계를 갖추고 있다. 그리고 이러한 분화된 조직체계는 서비스 기능을 중심으로 하위 조직을 구성하고 있다. 첫째, 의료적 기능을 수행하는 의료재활 부서에는 의료에 관련된 물리치료사, 언어치료사, 작업치료사 등이 소속되어 있다. 둘째, 교육적 기능을 수행하는 교육재활 부서에는 특수교사들이 소속되어 있다. 셋째, 사회적응을 지원하는 상담 및 사회재활 부서에는 사회복지사들이 주로 소속되어 있다. 넷째, 직업재활 서비스를 제공하는 직업재활 부서에는 사회복지사 및 직업재활상담사 등이 주로 소속되어 있다(김용득, 유동철, 2005: 336).

3. 서비스의 절차와 내용

일반적으로 복지관에서의 서비스는 다음과 같은 절차로 이루어진다(김용득, 유동철, 2005: 312-313).

① 예약 및 접수
전화 또는 직접 방문하여 예약 및 접수를 한다. 전화상담이나 내관상담을 통하여 접수된 서비스 신청자 중 좀 더 깊이 있는 사정이 필요하다고 판단되는 경우는 미리 일정을 예약하고 접수하게 된다.

② 초기면접
이용 신청자의 기본적인 욕구를 파악하고 사정이 필요한 영역을 결정한다.

③ 사정
각 영역의 전문가들에 의하여 장애와 관련된 여러 가지 능력과 강점 등을 사정(assessment)하는데, 사회 · 의료 · 교육 · 언어 · 심리 · 직업 영역 등에서 필요한 검사, 관찰, 면접 등이 이루어진다.

④ 판정 회의(서비스 계획 회의)

각 영역의 사정에 참여했던 전문가들이 한자리에 모여 서로의 소견을 교환하고 서비스 신청자에 대한 종합적인 서비스 계획을 수립한다. 여기에서 해당 복지관의 서비스 제공 여부가 결정될 뿐 아니라, 타 기관의 서비스가 필요한 경우에는 그곳으로 의뢰하게 된다.

⑤ 서비스 제공

서비스 계획 회의에서 결정된 서비스 영역들에 대하여 각 부서에서 계획에 의한 서비스를 제공하며, 서비스 제공과 관련된 전체 과정은 개인파일에 기록된다.

⑥ 서비스 평가

제공된 서비스에 대하여 진전 사항을 자체 점검하여 차후의 서비스 계획을 세우는 데 자료로 삼는다.

⑦ 서비스 종결

기관에서 제공할 수 있는 기간이 만료되거나, 더 이상 이용자가 서비스를 원하지 않을 때, 또는 담당 부서에서 더 이상 서비스의 제공이 필요하지 않다고 판단할 때 서비스를 종결한다.

⑧ 사후관리

서비스를 종결한 이용자에 대해서 서비스의 효과성이 지속되고 있는지, 상황에 잘 적응하고 있는지, 또 다른 문제는 야기되지 않았는지 등에 대해 확인한다.

1) 예약 및 접수

예약 및 접수 시에는 등록신청서 또는 회원신청서를 작성하도록 한다. 가능하면 내담자나 내담자의 보호자가 직접 작성하게 하는 것이 좋다. 이용 신청자의 성명, 성별, 생년월일, 학력, 거주지, 장애유형, 장애등록 여부, 진단명, 복지관을 이용하고자 하는 이유 등을 파악해야 하고, 가족과 관련하여 가구원 현황, 수급자 여부 등을 확인하도록 한다. 일반적으로 대부분의 복지관에는 접수 양식이 구비되어 있다.

접수된 이용 신청자는 모두 일관된 일련번호를 부여해야 하며, 일련번호는 접수대장에 의거해서 부여되어야 한다. 매일 고정적인 접수자가 있어 내담자가 불편해하지 않도록 배려해야 한다. 고정적인 접수자가 없는 경우 접수의 일관성이 사라지며, 내담자가 누구와 초기 접촉을 해야 할지 당황하게 되기 때문이다.

2) 초기면접

① 초기면접의 정의
초기면접은 내담자의 방문 동기, 문제 및 욕구를 파악하고 보다 적합한 서비스를 제공하기 위해 실시하는 상담이며, 일반적으로 전화 또는 방문을 하여 상담일시를 예약한 후 각 서비스로 인계하게 되는 과정으로, 상담자와 내담자 사이에 첫 만남이 이루어지는 순간을 말한다.

② 초기면접의 목적
초기면접의 목적은 상담자와 내담자 간에 좋은 관계를 형성하고 정보를 교환하는 데 있다. 초기면접을 통해 이용 신청자에 대한 서비스 가능 여부와 이후 사정이 필요한 영역 등에 대한 판단을 내릴 수 있다. 초기면접을 통해 해당 복지관의 서비스를 이용하기 어려운 경우 다른 기관에 의뢰하는 과정에도 유의해야 한다.

③ 초기면접의 방법

처음 상담을 받으러 오는 내담자에게는 첫 면접이 상담의 전체 기간 중에서 가장 불안하고 두려운 시간이다. 내담자는 상담자의 인간적이고 전문적인 능력과 상담 자체에 대한 의심과 불안을 느끼며, 비밀 누설에 대한 불안과 자기가 상담자에게 어떻게 보일까 하는 등의 불안을 갖는다. 그러므로 상담자는 편안한 분위기를 조성하여 내담자가 불안감이나 긴장감 없이 방문 목적과 동기를 이야기할 수 있도록 유도하여야 한다. 상담자 소개를 한 후 일상적인 대화를 간단하게 함으로써 편안한 분위기를 조성할 수 있다. 예를 들어, "오시는 데 힘들지 않으셨어요?" 등의 간단한 대화를 나누는 것이다.

상담자는 신청서나 의뢰서를 통해 신청자의 정보를 알고 있어야 한다. 신청서에 기재된 내용을 상담자가 이미 파악하고 있음을 표시해야 신뢰가 형성될 수 있다. 예를 들어, "자녀가 이제 초등학교에 입학할 나이네요?" 등의 질문을 던질 수 있다. 신청서에 기재되어 있는 내용을 중복적으로 질문하는 것은 관심이 없다는 느낌을 줄 수 있으므로 금기시해야 하지만 내용을 확인하는 방식의 질문은 해야 한다. 이용 신청자에 대한 관심을 표명하는 것도 관계를 개선하는 데 도움이 된다. "이 아이가 ○○군요. 귀엽게 생겼네요." 등의 가벼운 멘트는 관심을 표명하는 좋은 방법이다.

상담자는 내담자의 비합리적인 두려움과 상담자에 대한 비현실적인 기대를 줄여 주어야 하며 상담자 자신의 불안과 긴장감을 통제할 수 있어야 한다. 또한 상담자는 내담자가 상담을 받으러 오게 된 문제에 대한 기초 정보를 수집하고, 내담자가 자유롭게 자신의 생각을 말할 수 있게 하며 상담에 대한 긍정적인 기대를 갖도록 해야 한다. 결국 초기면접이 효과적이려면 내담자가 자유롭게 말할 수 있는 편안하고 수용적인 분위기를 조성하고, 내담자의 문제에 대한 정확한 정보를 수집하며 적절한 상담계획을 세울 수 있어야 한다.

상담과정에 복지관의 기능 및 프로그램, 서비스 절차 등을 설명하는 것도 중요하며, 종결하기 전에는 반드시 파악된 정보를 확인해야 한다. "이러이러한 것들이 제가 당신에 관해 알고 있는 것들입니다." "당신이 하고자 하는 것은 이러이러한 것들입니다. 제 이야기가 맞습니까?"라는 질문을 통해 정보를 확인할 수 있다. 종결할 때에는 "더 하시고 싶은 이야기가 있습니까?"라는 질문을 통해 충분한 정보교환이 이루어졌음을 확인해야 한다.

④ 초기면접 시 파악해야 할 내용

초기면접 시에는 주로 신청서에 기재된 내용을 중심으로 추가 정보와 불명확한 내용을 확인한다. 무엇보다도 이용 신청자의 욕구와 기대를 분명히 하는 것이 중요하다. "어떻게 본관에 오게 되셨지요?" "로또복권 1등 당첨이 되면 무엇을 하시겠어요?" 등의 질문은 욕구를 분명하게 하는 데 도움이 된다.

초기면접 시 파악해야 할 내용들은 다음과 같다.

▣ 신체적 요인
　- 어떠한 특수한 신체적 손상이 있는가?
　- 장애를 얼마나 오랫동안 겪어 왔는가?
　- 과거에 어떠한 장애와 관련된 치료를 받았는가?
　- 효과적인 약물을 복용하고 있는가?
　- 신체적 손상의 정도를 명확하게 알 수 있는 최근의 의료적 진단결과가 있는가?
　- 신체적 장애는 일상생활에서 어떻게 기능하는가?

▣ 사회심리적 요인
　• 개인의 적응
　　- 최근의 심리검사 결과에서 개인의 적응에 대한 질문이 포함되어 있다면 살펴본다.
　　- 개인의 적응 문제에 대해서 전문적인 치료를 받은 적이 있는가?
　　- 진정제나 수면제를 복용하고 있는가?
　　- 장애의 발생 후 업무나 사회적인 상황에서의 언급을 회피하거나 불필

요한 언급을 하는가?
- 가족 및 친구 관계
  - 부부관계는 어떠한가?
  - 내담자가 자신의 가족과 함께 사는가?
  - 양육해야 할 자녀가 있는가?
  - 재활을 위해서 지원해 줄 가장 중요한 가족 구성원이 있는가?
  - 다른 가족 구성원과는 어떻게 어울리는가?
  - 가까운 친구가 있는가?
  - 하루의 시간을 어떻게 보내는가?
  - 가족이 장애인의 치료나 교육을 위해서 기관 가까이 이사할 수 있는가?

◼ 교육적·직업적 기술발달 요인
- 교육내력
  - 학교에 등교하는 데 어느 정도 시간이 걸리는가?
  - 학교에 대해 좋아하고 싫어하는 점은 무엇인가?
  - 학교를 중단하게 된 이유는?
  - 특수한 직업을 갖기 위해 직업훈련을 받았는가?
- 직업내력
  - 장애인이 원하는 3가지 정도의 직업은 무엇인가?
  - 월수입, 근무시간, 업무의 수행 정도, 업무에 대한 선호도, 이전 직장을
    그만두게 된 이유는 무엇인가?
  - 장애를 갖게 된 후에 직업을 갖고 있는가?

◼ 경제적 요인
  - 장애인을 지원해 줄 중요한 자원은 무엇인가?
  - 채무가 있는가?
  - 고정적으로 지불해야 할 치료비(교육비)와 생활비는 어느 정도인가?

-기초보장, 사회보험으로 급여를 받을 수 있는가?

　　-건강보험, 의료급여의 혜택을 받고 있는가?

　　-가족 전체의 월수입은 어느 정도이고, 장애인이 받고 있는 임금은 어느
　　정도인가?

　　-장애인 또는 가족이 경제적 상황에 대해서 걱정하고 있는가?

3) 사정

　　장애인복지관에서의 사정은 다음과 같은 목적을 가진다. 첫째, 장애를 가지
고 있는지 아닌지를 판단하는 것, 둘째, 장애의 정도나 기능의 수준을 평가하
는 것, 셋째, 클라이언트에게 적절한 서비스가 어떤 것인지를 선정하고 서비스
계획을 세우는 것, 넷째, 일련의 서비스를 제공할 때 필요한 클라이언트에 대
한 정보를 제공하고 서비스 계획을 폭넓게 발전시키는 것 등이다.

　　사정은 크게 세 분야에 걸쳐 이루어진다. 첫째, 욕구와 문제를 사정하는 것
이다. 둘째, 강점과 자원을 사정하는 것이다. 강점 위주의 사정을 위해 사용되
는 질문의 예는 아동에 국한되는 것이지만 [부록 1]에 실어 두었다. 셋째, 여러
가지 장애물을 사정하는 것이다.

　　장애인복지관에서는 다양한 영역에 걸쳐 전문가들에 의해 사정이 이루어지
고 있는데 사정영역별 대략적인 내용들은 다음과 같다.[1] 장애인복지관이 아
닌 일반복지관에서 지적장애인을 대상으로 프로그램을 운영하는 데 심리상담
사가 없는 경우가 많다. 이럴 때는 사회복지사가 간단한 심리사정을 하게 되는
데, 대표적인 것이 사회성숙도검사와 적응행동검사다. 이에 대해서는 간단한
매뉴얼을 [부록 2] [부록 2-1]에 실어 두었다.

1) 사정에 관해서는 김용득, 유동철(2005)에서 인용하였다.

(1) 사회적 사정

• 개요

처음 방문하는 대부분의 내관자를 대상으로 실시되며, 서비스의 전반적인 계획을 일차적으로 수립한다.

• 평가대상

대부분의 내관자

• 평가방법

관찰 및 구조화된 지침

• 세부 내용

구분	사정도구	사정 내용	소요시간	평가의 결과
개인	면접 및 관찰	발달력, 현재의 발달단계, 건강 상태, 경제상태, 직업상태, 정신건강 상태, 현재 상태에 대한 자기통찰력, 심리사회적 상태(대인관계성, 정서적 안정성) 등	30분	종합적인 발달력 및 발달상황에 대한 판단에 의하여 포괄적인 필요 서비스 영역 제시
가족	면접 및 관찰/가족계보도	가족 구성원, 구성원들 간의 관계역동성, 가족의 직업, 가족의 경제상태, 가족의 종교, 가족의 장애에 대한 지지(인지)도, 가족의 심리사회적 상태 등	20분	서비스 진행에서 활용될 수 있는 가족의 잠재력 및 강점과 서비스 진행에 방해가 될 수 있는 가족의 잠재적 요소들이 제시되며, 가족 자체를 위하여 필요한 지원 요소가 제시됨

〈계속〉

환경	면접 및 관찰/ 생태도	거주환경, 사회적 관계망의 정도, 사회보장급여의 상태, 이동보조자(장구)의 활용 가능성, 주택상태 등	10분	서비스 진행에 활용할 수 있는 환경적 지원 요소와 서비스의 진행에 방해가 되는 환경적 요소가 제시됨
평가의 최종 결과	개인, 가족, 환경에 대한 1시간 동안의 종합적인 사정을 통하여 포괄적인 서비스 계획을 제시하고, 구체적인 필요 서비스 영역에 사정을 의뢰한다.			
평가자	사회복지사			
사회적 사정의 과제	1) 사정도구 및 사정 내용이 표준화될 필요가 있다. 2) 사회적 사정을 보조할 수 있는 간이도구들이 개발되어야 한다.			

(2) 심리적 사정

• 개요

심리치료를 받고자 하여 찾아온 경우 또는 지능이나 정서적 측면에 대한 평가가 필요하다고 판단되는 경우의 클라이언트를 대상으로 실시된다.

• 평가대상

전체 연령(정서적인 부분에 문제가 있다고 판단되는 경우 또는 지적인 수준을 확인하는 것이 필요한 경우)

• 평가방법

관찰 및 표준화 도구

• 세부 내용

구분	사정도구	사정 내용	소요시간	평가의 결과
지능	K-Wisc(아동) K-Wais(성인) Binet 지능검사 CMMS(특수아 지능검사) DAP(인물화) K-PTI(그림)	언어성, 동작성, 형태지각이나 협응능력, 회상능력 등의 종합적인 능력	1시간	원점수에 대한 환산표에 의하여 언어성 지능, 동작성 지능, 전체 지능이 산출됨
정서	HTP(투사형 그림 검사)/ 가족화검사	집, 나무, 사람을 그리는 행위를 통하여 아동의 정서상태 파악	20분	그림의 크기, 지면의 활용정도, 형태 등에 대한 해석을 통하여 위축정도, 과다표현의 정도 등의 왜곡된 정서상태 서술
	TAT(그림통각검사)	제시된 그림에 대한 피험자의 의미부여 문장을 통하여 아동의 정서상태 파악	20분	제시된 그림의 상황에 대한 부적절한 문장 표현에 대한 해석을 통하여 정서의 왜곡 정도 제시
사회	사회성숙도검사	자조능력, 이동능력, 작업능력, 언어능력, 자기지향성, 사회화 등의 발달 정도	20~40분	생활연령에 대비되는 사회연령으로 제시됨
평가의 최종 결과	전체 검사도구 중 피험자에게 필요한 1~2개 검사도구의 시행을 통하여 지능지수, 발달지수, 정서상태 서술 등이 최종 결과로 제시됨(평균 총 소요시간 약 1시간 30분)			
평가자	심리사			
심리적 사정의 과제	1) 대부분의 검사가 일반 아동을 대상으로 개발된 도구이기 때문에 도구의 난이도가 부적절하거나 실시 자체가 어려운 경우, 해석이 어려운 경우가 많다. 2) 국내에서 쓸 수 있는 간단한 체크리스트 형식의 간이도구가 개발되어 표준화된 검사도구와 병행하여 사용될 수 있는 방안이 모색되어야 한다.			

(3) 교육적 사정

• 개요

특수교육을 받고자 하여 찾아온 경우 또는 아동의 학습능력에 대한 사정이
필요하다고 생각되는 경우의 아동에게 실시한다.

• 평가대상

특수교육 대상자

• 평가방법

관찰 및 표준화 도구

• 세부 내용

구분	사정도구	사정 내용	소요시간	평가의 결과
인지	관찰 및 면접 포테이지 교육진단검사	기본개념 학습, 사물의 명명, 주의집중과 기억, 크기와 수, 글자 등에 대한 인지수준	15분	검사항목 해당 연령 및 환산표에 의해 발달연령이 제시됨
언어	관찰 및 면접 포테이지 교육진단검사	표현언어 및 수용언어, 대화기술	15분	검사항목 해당 연령 및 환산표에 의해 발달연령이 제시됨
사회성	관찰 및 면접 포테이지 교육진단검사	자아개념, 사회적응성 및 대인관계성	15분	검사항목 해당 연령 및 환산표에 의해 발달연령이 제시됨
대소근육	관찰 및 면접 포테이지 교육진단검사	전반적인 운동능력과 미세작업능력	15분	검사항목 해당 연령 및 환산표에 의해 발달연령이 제시됨
신변처리	관찰 및 면접 포테이지 교육진단검사	대소변 처리 및 식사하기, 옷 입기 등의 능력	15분	검사항목 해당 연령 및 환산표에 의해 발달연령이 제시됨

〈계속〉

학습능력	관찰 및 면접 기초학습기능검사	정보처리, 셈하기, 읽기, 독해력, 쓰기 등의 기본적인 학습능력	1시간	같은 연령 또는 학년 집단 내에서의 상대적인 위치를 나타내는 백분위 점수와 학년(연령) 점수가 제시됨
평가의 최종 결과	인지, 언어, 사회성, 대소근육, 신변처리 등 각 영역의 발달연령으로 제시되고, 아동의 능력에 따라 기초적인 학습능력이 평가됨. 종합소견으로 장애 정도 및 필요한 교육서비스의 내용이 제시됨			
평가자	특수교사			
교육적 사정의 과제	1) 검사도구가 표준화되어야 한다. 2) 검사자를 훈련할 수 있는 프로그램이 필요하다.			

(4) 언어적 사정

• 개요

언어치료를 욕구로 내관한 경우와 언어치료가 필요하다는 사회적 사정 영역에서의 의뢰가 있는 경우 실시된다.

• 평가대상

언어치료 대상자 및 언어능력의 사정이 필요하여 타 영역에서 평가를 의뢰한 경우에 실시한다.

• 평가방법

관찰 및 표준화 도구

• 세부 내용

구분	사정도구	사정 내용	소요시간	평가의 결과
어휘력	PPVT (그림어휘력검사)	사용하는 어휘 수를 통하여 언어능력 측정	30분	원점수에 대한 환산표에 의하여 표준점수 및 발달연령이 제시됨
수용언어 및 표현언어	PLS (미취학 아동에 대한 언어검사도구)	어휘 수, 언어개념, 수용언어 능력, 표현언어 능력, 추상능력, 사고 능력 등을 측정	1시간	수용언어 점수, 표현언어 점수, 평균언어 점수, 발달지수가 제시됨
언어 이해력	언어이해 · 인지력 검사	대명사, 부정어, 크기, 위치, 색, 수량 등의 언어개념, 시제, 의문사 사용능력 등을 측정	30분	원점수를 통하여 백분위 점수와 등가연령이 제시됨
문제 해결력	TOPS	문제 상황에 대한 이해와 해결능력을 측정함. 즉, 논리적인 생각을 언어를 사용하여 표현하는 능력을 측정함	30분	취득 점수의 합을 통하여 등가연령, 백분위, 각 영역마다의 표준점수가 제시됨
조음	그림조음검사	각 자음, 모음별로 하나씩 들어간 그림에 대하여 표현하게 하고 그 오류 정도를 체크함	30분	조음 정확도(%), 조음의 오류가 발생하는 음소가 제시됨
평가의 최종 결과	전체 검사도구 중 피검사자에게 필요한 1~2개의 검사도구를 시행하여 언어발달지수, 언어발달 연령이 제시되며, 필요한 언어치료 서비스의 종류가 제시됨(소요시간 1시간 30분)			
평가자	언어치료사			
언어적 사정의 과제	1) 검사도구가 표준화되어야 한다. 2) 라포 형성이 되지 않은 상태에서 검사를 실시할 경우 실제 능력보다 낮은 점수가 나올 가능성이 있다.			

(5) 운동기능 사정

• 개요

재활의사의 진단결과를 기초로 운동능력 및 치료 관련 사항에 대하여 실시
된다.

• 평가대상

신체기능에 관한 문제로 내관한 경우

• 평가방법

관찰 및 표준화 도구

• 세부 내용

구분	사정도구	사정 내용	소요시간	평가의 결과
관절	관절검사용 각도기	관절의 정상가동범위의 측정	10분	관절의 정상가동범위가 각도로 제시됨
근력	근력검사표	각 근육의 현재 보유 능력을 측정	10분	정상부터 0점까지 6등급으로 근력의 정도를 표시함
보행능력	보행관찰	보행자세, 속도, 균형 등의 측정	10분	병적 보행 유형이 제시됨 (첨족보행, 계상보행, 회전보행)
반사	반사검사표	병적 반사 유무의 측정	10분	병적 반사를 보이는 세부 항목이 제시됨
평가의 최종 결과	근력, 보행능력, 반사 등의 발달연령이 제시되고 관절의 비정상적인 내용이 서술된다. 그리고 필요한 운동훈련의 종류와 발달한계가 제시된다.			
평가자	의사 또는 물리치료사			
운동기능 사정의 과제	현재의 나타내는 운동능력상의 문제만을 치료표적으로 삼기 위한 사정은 치료 효과를 유지하는 데 부적절하다. 따라서 전체적인 기초 건강(순환, 배설, 소화 등)에 관한 표준화된 체크리스트가 병행되어야 한다.			

(6) 직업적 사정

• 개요
성인 지적장애인 내관자를 대상으로 실시된다.

• 사정대상
성인 지적장애인

• 사정방법
관찰 및 표준화 도구(McCarron-Dial Systems)

• 세부 내용

구분	사정도구	사정 내용	소요시간	평가의 결과
언어영역	PPVT (그림어휘력검사)	명칭에 대응하는 그림 찾기	10~15분	원점수에 대한 환산표에 의하여 표준점수 및 발달연령이 제시됨
감각영역	BGT (벤더-도형검사)	제시된 카드를 보고 그림 그리기	30~40분	그림에 대한 30개의 오류 평가 문항 체크 점수의 환산표에 의해 표준점수로 제시됨
	HVDT (촉각-시지각 변별검사)	모양, 크기, 감촉 영역에서 만진 물건에 대응하는 그림 찾기	20분	원점수에 대한 환산표에 의해 표준점수로 제시됨
운동성영역	MAND	소근육 해당 문항 5가지와 대근육 해당 문항 5가지에 대한 작업지시 수행 정도 및 아귀힘, 보행, 균형감각 등	20분	원점수에 대한 환산표에 의해 표준점수로 제시됨

〈계속〉

통합대응 능력	BRS (행동평가척도)	언어, 감각, 운동 등의 통합적인 발달 정도에 대한 보호자 면담을 통한 측정 (색깔, 시간, 수개념 등)	10분	원점수에 대한 환산표에 의해 표준점수로 제시됨
평가의 최종 결과	약 1시간 30분의 평가결과에 의해서 일상활동훈련 수준(37점 이하), 직업 전 수준(37~49점), 확장된 직업 전 수준(49~70점), 직업적응/전환적 훈련 수준(70~82점), 지역사회고용 수준(82점 이상)으로 평가되며, 평가의 결과 프로그램의 배치는 일상활동 프로그램, 보호작업장, 직업적응훈련, 지원고용 등의 대상으로 결정됨			
평가자	직업평가사			
직업평가의 과제	1) 순수 지적장애인에 맞게 구성된 것이며, 중복장애의 경우는 적용하기 어렵다. 2) 많은 검사도구가 나와 있지만 표준화되어 있지 않다.			

4. 개인별 프로그램 계획

1) 개인별 프로그램 계획의 의미

하루하루 시간에 쫓겨 행동하다 보면 자신의 목표가 무엇이었는지 잊어버리는 경우가 종종 있다. 그래서 그 목표를 분명히 하고 이에 따라 행동하도록 해야 한다. 개인별 프로그램 계획(Individual Program Plan: IPP)은 기관에서 제공하는 일률적인 서비스와 달리 '한 사람 한 사람의 목표'를 정해서 종합적으로 실행하는 프로그램이다. 프로그램을 실시하는 기관이 중심이 아니라, 목표로 나아가고자 하는 사람을 중심으로 프로그램 본래의 취지를 발휘하는 것이다.

대부분의 장애인 시설의 집단지도 프로그램은 '집단 속에서 개인이 무시당하고 만다.'라는 위험성을 갖고 있다. 무시당하는 개인은 개인별로 의미 있는 성취를 이루어 내기 어렵다. 특히 장애인의 경우는 더욱 그렇다. 그래서 개인별 프로그램 계획은 너무도 중요하다.

2) 프로그램 계획의 과정

계획은 사정에서 수집한 정보를 이용자에게 도움이 되는 서비스의 목록과 일정을 정리함으로써 이용자의 욕구를 충족시키고 서비스의 목표를 달성하기 위한 전략을 세우는 것이다. 이때에 계획은 가설적인 것이어서 서비스 제공과정에서 변화될 수 있다. 무리한 계획이었다면 목표와 프로그램을 하향 조정해야 하고, 이미 목표를 달성하였다면 새로운 목표와 서비스 계획을 만들어야 한다. 공식적이고 구조화된 계획은 다음의 3단계로 이루어진다.

(1) 상호 간의 목표 수립하기

사례관리자는 이용자나 이용자의 보호자와 함께 목표를 수립한다. 이때의 전제조건은 사례관리자와 이용자 사이의 신뢰관계 형성, 욕구, 요구사항, 능력 및 자원에 대한 충분한 사정을 통하여 이용자의 현재 상황에 관해 충분히 파악하고 있어야 한다는 것이다. 특히 목표는 서비스 제공자의 전문적인 판단에 일방적으로 근거해서는 안 되며, 이용자의 욕구가 분명히 반영되어야 한다.

(2) 우선순위 정하기

이용자의 중요한 욕구를 명확히 하고 문제를 파악하여 목적들 중에서 우선순위를 정한다. 우선순위를 정하는 데 있어서 기준이 되는 사항은 다음과 같다.

- 이용자가 가장 중요하다고 인식하는 것
- 이용자의 삶에 즉각적인 위험을 미칠 가능성이 있는 것
- 달성하기 쉬운 것

이외에 실행 가능성, 자원의 유용성 및 적합성 등을 고려하여 우선순위를 결정해야 한다.

개인별 프로그램 계획서

등록번호		성명			장애		
회의 일자		회의 참가자					
주 욕구							
사정결과							

계획 결과	서비스 제공	상담	사회 · 심리	교육	의료	직업	CBR	환경개선	기타
	의뢰	기관		일자		
		의뢰 내용			
	대기	서비스 내용		담당부서	

강점	
선호 활동	
장기목표	
단기목표	

제공 서비스	서비스 내용	시작	평가			종결일	종결 사유
			초기	중간	최종		

이상 _____에 대한 서비스 제공 계획에 동의합니다.

○○○○년 ○○월 ○○일

담 당 자: ○○○   서명

이용자(보호자): ○○○   서명

이용서약서

접수번호			
이용자 성명		성별	남 / 여
생년월일		전화번호	
주소			
재활서비스 방향		서비스 시작	

〈이용에 관한 사항〉

1. 프로그램 진행시간 외에 발생한 사고나 모든 문제는 본 복지관에서 책임지지 않습니다.

2. 이용자의 개인적인 사유로 출석하지 않은 경우, 수업에 대한 보강은 하지 않습니다.

3. 전염성 질환을 앓고 있을 시 이용이 불가능합니다.

4. 무단결석이 5회 이상 계속될 경우 퇴원 의사로 간주하겠습니다.

〈이용료 수납에 관한 사항〉

1. 프로그램 이용은 월 수납을 원칙으로 하며, 주 3회 72,000원/주 2회 48,000원입니다.

2. 기초생활보장 수급자는 상담 후 무료 이용이 가능합니다.

3. 수납한 이용료는 환불, 연기되지 않습니다.

4. 이용료가 2개월 이상 미납되었을 시 자동 종결됨을 알려드립니다.

〈서약내용〉

1. 본인은 복지관 프로그램에 적극적으로 참여하겠습니다.

2. 치료에 있어 복지관의 판정결과나 복지관 이용에 필요한 제반 준수사항을 성실히 이행하며 이를 위반하였을 시 복지관의 조치에 따르겠습니다.

서약자: (인)

이용자와의 관계:

년   월   일

○○장애인복지관 귀하

(3) 전략 수립하기

전략 수립은 목표 달성을 위한 방법을 선택하는 것으로 기법, 전략 또는 개입이라고도 한다. 이는 이용자와 함께 이루어져야 하며, 이때 브레인스토밍 등의 방법을 활용할 수 있다.

이용자의 참여를 기초로 여러 가지 전략이 제시되면, 이 중에서 이용자의 현재 상황, 즉 욕구, 능력, 보유자원 등을 기초로 최선의 전략을 선택한다. 이때 이용자의 욕구 및 강점과 선호를 충분히 반영할 수 있도록 전략을 수립하는 것은 매우 중요하다. 일반적으로 대부분의 전략이 이용자의 문제를 중심으로 형성되는 경우가 많은데, 이는 이용자를 더 힘들게 만드는 것일 수 있다. 따라서 이용자의 강점과 선호를 중심으로 전략을 수립하면 도움이 된다.

예를 들어, 축구를 좋아하는 아동이 있다면 공을 활용해서 대근육 기능을 향상시키는 프로그램을 기획할 수 있다. 또한 또래 아동과 함께하는 공놀이를 통해 집단 규칙 따르기 등 사회성 향상을 기획할 수도 있다. 사교성이 좋은 아동은 친구들과의 놀이 과정에서 숫자나 문자를 익히게 하면 훨씬 잘 적응한다. 이런 방식으로 이용자의 강점과 선호를 활용하면 이 전략은 매우 재미있고 흥미로운 계획이 될 것이다.

3) 프로그램 계획을 문서화하기

전략이 수립되었으면 이에 따른 목표와 계획을 문서화할 필요가 있다. 프로그램 계획서에 들어갈 내용은 등록번호, 성명, 장애, 주 욕구, 강점, 선호, 장기목표, 단기목표, 제공될 서비스 내용, 담당자와 이용(보호)자의 서명 등이다. 특히 이용(보호)자와 함께 계획을 수립한 것이므로 이용자의 동의를 반드시 받아야 한다.

간혹 앞에서와 같은 이용서약서를 받는 기관들이 있는데, 이는 공급자 중심의 일방적인 내용으로, 매우 인권침해적이므로 삼가야 한다. [부록 3]에 수록된 계약서 또는 동의서를 활용하는 것이 좋다.

5. 서비스 제공

개인별 프로그램 계획이 설정되고 나면 구체적인 개입을 하게 된다. 개입은 서비스 제공의 형태로 나타나는데, 이때는 크게 내부자원 획득을 위한 직접적 서비스 제공과 외부자원 획득을 위한 간접적 서비스 제공의 형태로 나타난다. 장애인복지관에서 제공되는 주요한 서비스는 다음과 같다.[2]

1) 사회·심리 영역의 서비스

- 재활상담: 장애인 및 그 가족에게 재활에 필요한 각종 상담을 제공한다. 장애의 적절한 수용과 적응을 위한 상담, 재활 방향 수립을 위한 상담, 각종 정보의 제공, 지속적인 추후관리 등이 이에 속한다. 주로 사회사업가에 의해 제공된다.
- 아동·청소년 사회적응훈련: 학령기 아동·청소년에게 또래관계 및 사회적 경험을 확대할 수 있는 기회를 제공하기 위한 서비스다. 사회사업가와 특수교사 또는 심리사 팀으로 제공된다.
- 가족지원 서비스: 장애아동의 부모상담 및 교육, 장애아동의 형제들을 위한 프로그램 등이 포함된다. 주로 가족의 적응과 장애수용을 목적으로 하고 가족들 서로 간의 지지적인 관계를 맺을 수 있는 기회를 제공한다. 주로 사회복지사에 의해 주도된다.

2) 교육 영역의 서비스

- 조기 특수교육: 영아부터 생활연령 만 4~5세 정도의 아동을 대상으로 신

---

2) 장애인복지관 제공 서비스에 관해서는 김용득과 유동철(2005)에서 인용하였다.

변처리, 사회성, 인지, 언어, 운동성 등의 전반적인 발달을 촉진하기 위한 서비스다. 주로 특수교사가 주도하며 물리치료사, 작업치료사, 언어치료사가 팀으로 참여한다. 장애아동의 가족에 대한 접근이 강조되면서 사회복지사가 참여하여 가족지원을 돕는다.

- 통합지원 서비스: 만 5세 이상의 일반 학교 입학이 가능한 장애아동을 주 대상으로 하여 일반학교 통합을 준비하는 서비스다. 주로 특수교사가 주도하고 언어치료사가 팀으로 개입한다.

3) 의료 영역의 서비스

- 물리치료: 주로 대근육 운동성의 발달을 촉진하기 위한 접근이다. 물리치료사가 수행한다.
- 작업치료: 주로 소근육 운동성의 발달을 촉진하기 위한 접근으로 작업치료사가 수행한다.
- 수치료: 물의 부력과 압력 등 물의 성질을 활용하여 운동성의 발달, 근육의 적절한 사용을 유도하기 위한 서비스다. 주로 물리치료사가 수행한다.
- 언어치료: 수용 및 표현 언어 능력에 장애가 있는 사람을 대상으로 언어치료사가 서비스를 제공한다.

4) 직업 영역의 서비스

- 직업적응 훈련: 성인 지적장애인을 대상으로 직업생활의 준비를 위한 생활교육, 작업교육 등을 실시한다.
- 현장 취업 지원: 현장 취업이 준비된 성인 지적장애인을 대상으로 취업 현장에서 전문가가 동행하여 적응 전반에 필요한 일대일 지원을 실시한다.
- 보호작업: 현장 취업에 생활기능상 어려움이 있는 장애인을 대상으로 복지관 내에 작업공간을 마련하여 직업경험을 가지도록 한다.

5) 지역사회 영역의 서비스

- 가정방문을 통한 직접 지원: 거동이 거의 불가능한 장애인을 대상으로 물리치료, 이동보조, 가사원조, 학습지원 등의 서비스를 실시한다.
- 장애인 가족에 대한 교육: 장애인이 있는 가족을 대상으로 장애에 대한 대처와 치료에 대한 교육을 실시한다.
- 장애예방과 인식 개선을 위한 프로그램: 지역사회 내의 학교 등을 방문하여 장애예방과 장애인에 대한 인식 개선을 도모할 수 있는 강의를 실시한다.
- 자원봉사자 관리: 지역사회 내에서 자원봉사자를 모집, 교육, 배치함으로써 자원봉사자에게는 봉사의 기쁨을 주고 장애인에게 필요한 자원을 연결한다.

6. 서비스 평가

평가는 '제공되는 서비스가 이용자에게 삶에 유의미한 긍정적 영향을 미치고 있는지'를 파악하는 것이다. 평가는 다음과 같은 영역에서 이루어진다.

- 이용자에 대한 서비스와 개입계획에 대한 평가
- 목표 달성에 대한 평가
- 서비스의 전반적 효과성에 대한 평가
- 이용자의 만족도에 대한 평가

평가는 중간평가와 종결평가로 이루어지는데, 중간평가는 평가결과를 활용하여 서비스의 계획과 실행을 변화시킬 수 있기 때문에 매우 중요하다. 중간평가가 없으면 효과적이지 않은 서비스가 지속적으로 제공될 여지가 있으며, 이는 자원의 낭비와 이용자의 시간을 허비하는 결과로 나타날 것이다.

7. 서비스 종결 및 사후관리

기관에서 제공할 수 있는 기간이 만료되거나, 더 이상 이용자가 서비스를 원하지 않을 경우 또는 더 이상 서비스의 제공이 필요하지 않다고 담당 부서에서 판단하는 경우 서비스를 종결한다. 서비스를 종결한 이용자에 대해서 서비스의 효과성이 지속되고 있는지, 상황에 잘 적응하고 있는지, 또 다른 문제는 야기되지 않았는지 등에 대해 확인한다.

이를 문서화하기 위해 종결보고서가 작성되어야 한다. 이 종결보고서에는 이용자의 기본적인 정보 및 종결 사유, 사후관리 계획이 포함되어야 하고, 이에 따라 사후관리가 이루어져야 한다.

종결보고서

등록번호		성명			장애		
종결 일자		종결 사유	기간만료	이용자 요구	목표 달성		기타
종결평가 결과							
사후관리 계획							
담당자		○○○ (서명)					

8. 서비스 실천과정의 과제

장애인복지관에서 제공되는 서비스는 대부분 사례관리의 절차에 따라 진행된다. 이 과정에서 생기는 대표적인 문제가 사정과 서비스의 내용이라고 생각된다. 각각의 문제와 과제를 짚어 보도록 하자.

1) 사정과정에서의 문제와 과제

서비스를 계획하기 위해 주로 의존하는 것이 이용자의 욕구와 전문가에 의한 사정결과인데, 몇 가지 문제가 있어 보인다.

첫째, 사정 영역이 너무 많고 복잡하다는 것이다. 이용자의 능력과 자원을 사정하기 위해 시행되는 절차와 도구가 너무 많아서 이용자는 복지관 서비스를 이용하는 첫 단계에서부터 이미 주눅이 든다. 이용자나 보호자가 이해할 수 없는 많은 사정도구가 동원되고 이 과정에서 이용자는 이미 의료적 진단을 받고 있다는 느낌을 받게 된다.

이에 비해 외국의 경우 사정과정을 축소하고 관찰하는 것으로 대신하는 경우가 많다. 일례로 지적장애를 가진 아동을 제대로 키우기 위해 캐나다로 이민을 갔던 어느 어머니의 사례를 살펴보자. 이 어머니는 다른 부모들과 마찬가지로 우리나라의 열악한 장애인 생활환경 때문에 캐나다로 이민을 갔다. 그야말로 맹모삼천지교를 감행한 어머니다. 캐나다에 안정적으로 정착할 즈음 장애아동을 맡길 장애인복지기관을 찾았다. 그 기관을 찾아가는 동안 이 어머니는 불안에 떨었다고 한다. 아동에 대한 수많은 질문과 복잡한 사정과정을, 그것도 낯선 곳에서, 잘 안 되는 영어로 어떻게 통과할 수 있을까라는 생각 때문이었다. 그런데 그 아동을 만난 사회복지사는 친절한 인사와 간단한 초기면접 후에 아동이 가장 좋아하는 것이 뭐냐고 물어 왔다. 어머니는 '축구'라고 말했고, 이때부터 그 아동은 마음껏 축구를 할 수 있었다. 우리나라에서 경험했던 복잡한 사정과정과 사정도구는 동원되지 않았다. 아동이 좋아하는 놀이를 통해 기관에 적응하도록 배려한 것이며, 아동이 축구를 하는 동안 나타나는 여러 가지 행동과 반응을 관찰함으로써 복잡한 '사정'을 대신한 것이다.

그래서 올리버(Oliver, 1991)는 전문가들이 장애인의 욕구를 사정하고 규정하지 말고 장애인이 스스로 욕구를 말하고 정의하도록 하라고 주장한다. 대부분의 장애인복지기관들은 전문가들이 장애인의 욕구를 사정하고 관리한다. 몇 가지 정형화된 사정도구를 가지고 장애인의 욕구와 발달 수준을 평가하고 이를 토대로 전문가들이 서비스를 계획하고 시행한다. 이 책에서는 이러한 전통적인 서비스 기획과정에 대해 철저하게 장애인 당사자의 눈으로 바라볼 것을 요구하고 있다. 장애인 스스로 욕구를 정의하고 이러한 욕구 정의에 기반하여 변화시킬 장벽을 함께 공유하라는 것이다.

둘째, 이 복잡한 사정이 매우 의료적이고 심리적인 것에 국한되어 있다는 것이다. 사회복지 실천이 '환경 속의 개인'을 강조함에도 불구하고 환경에 대한 사정이 거의 이루어지지 않는다는 것이다. 따라서 의료적이고 심리적인 사정 결과에 따라 제공되는 서비스도 대부분 이에 국한된 것들이다. 환경을 개선하기 위한 계획들은 잘 수립되지 않고 이행되지 않는다. 따라서 환경을 더불어서 사정할 수 있는 사정도구의 개발이 매우 절실하다고 생각된다.

어떤 장애인이 있다 치자. 사정 영역에서의 전통적인 장애에 대한 질문은 이렇게 구성된다.

- "당신은 장애로 인해 일상용품(예: 주전자, 병, 단지)을 쥐는 데 어려움이 있습니까?"
- "당신은 장애로 인해 일상적인 활동을 어느 정도 제한받습니까?"

이러한 질문을 거꾸로 해 보면 다음과 같을 수 있다.

- "일상용품의 설계상 결함 때문에 일상용품을 다루는 데 어려움이 있습니까?"

• "당신의 장애에 대한 타인들의 반응 때문에 일상적인 활동을 어느 정도
  제한받습니까?"

전자의 질문이 개별 모델에 기초한 질문이라면 후자의 질문은 사회적 모델
에 기초한 질문이다. 어떤 시각을 지니느냐에 따라 질문들이 이렇게 달라질 수
있는 것이다.

대부분의 장애인복지 서비스 기관에서는 앞선 질문을 통해 장애인을 사정
한다. 장애로 인해 어떤 문제가 발생하고 장애인이 어떤 부적절한 행동을 하
는지가 항상 관심의 핵심이다. 우리가 사용하는 많은 사정도구가 이러한 질문
에 기초해 있다. 적응행동검사도구, 사회성숙도검사도구 등 대부분의 사정도
구는 장애인의 일상생활 능력이 어느 정도 되는지, 언어능력은 어느 정도 되는
지, 어떤 영역에서 유의미한 발달지체를 보이는지를 질문한다.

그러나 인권 기반 모델은 사회적 환경이 장애인들의 활동을 얼마나 제약하
는지를 고민해야 한다고 제안하고 있다. 휠체어를 타고 있는 장애인에게 계단
오르내리기가 어느 정도 가능한지를 물을 것이 아니라, 엘리베이터가 없어서
층간 이동이 얼마나 어려운지를 물어보라는 것이다.

2) 서비스 제공에서의 문제와 과제

다음으로 복지관에서 제공되는 서비스에 관련하여 몇 가지 문제점을 지적
할 수 있다.

첫째, 서비스의 내용이 복지관에 찾아오는 사람들을 위한 치료와 교육에 많
이 치중해 있다는 것이다. 일반적으로 유 · 아동기에 장애가 있는 것으로 판정
되면 보통 보이타법(Voita's techniques)[3]과 보바스법(Bobath's techniques)[4]과

---

3) 보이타법은 유아의 조기 치료체계를 보이타(V. Voita)가 정리한 방법으로 7가지의 자세반응에 의해
   중추성 협조장애를 조기에 검출하고 훈련하는데, 이상자세 반사현상이 어느 정도 나타나기 전에 사

같은 조기재활 훈련 프로그램에 참여하게 된다. 유아기부터 학교를 졸업할 때까지는 주로 신체와 지적 기능을 향상시키기 위한 프로그램에 기초하여 서비스가 제공된다.

자녀의 기능이 향상된다는 확신을 가지고 있는 부모는 의사나 재활치료 전문가의 지시대로 착실히 복지관을 찾는다. 그러나 대부분의 장애아동은 중학생 정도의 나이가 되면 한계를 보이기 시작한다. 발달 정도가 서서히 더뎌지고 진전 속도가 현격히 느려진다. 10년 이상 '기능 향상'만을 목적으로 실시해 온 프로그램이 목표를 상실하게 되면, 다음 목표를 찾기 전에 많은 부모는 단념한 상태로 생활하게 된다. 이는 치료 관점에서 접근해 온 과정의 결과다.

복지관의 서비스가 치료와 교육에 집중되면서 복지관에 찾아오지 못하는 중증장애인에 대한 서비스는 매우 협소해질 수밖에 없다. 더욱이 장애인이 처해 있는 사회 여건이나 불이익을 개선하기 위한 노력은 많지 않다. 심지어 장애인들이 필연적으로 관계를 맺을 수밖에 없는 지역사회 내의 기관들, 예컨대 학교, 다른 치료기관들, 공공기관에 대한 연계 작업도 잘 이루어지지 않고 있다.

그래서 올리버(1991)는 "장애인을 관리해야 한다는 행정적 모델이 장애인과 전문가 모두를 무력화시킨다."라고 주장한다. 장애인을 관리해야 하기 때문에 전문가는 법적 맥락이나 재정적 환경 내에서 장애인에 대한 서비스만을 제공하고 있다. 법적 맥락과 재정적 환경을 뛰어넘을 생각을 하지 않는다고 한다. 이로 인해 장애인도 무력화되며, 전문가 역시 역동성과 저항성을 잃고 스스로 무력해진다고 한다. 따라서 사회복지사는 장애인이 주어진 환경에서 어떻게 무력화되는지를 이해해야만 장애인에게 도움이 되며, 스스로에 대한 신뢰도 형성할 수 있다고 주장한다.

용하는 치료법이다.
4) 보바스법은 중추성 마비에 관한 치료방법으로 성인 편마비나 뇌성마비 아동의 수의성, 근긴장, 이상자세 반사 등이 어느 정도 나타난 단계에 받는 재활치료법이다. 이상패턴의 억제, 평형반응의 촉진, 정신적·신체적 긴장을 제거한 상태에서 훈련할 필요성을 강조한다.

둘째, 복지관 서비스의 대상이 지나치게 아동 위주로 흐르고 있다는 것이다. 복지관에서 제공되는 대부분의 서비스가 아동을 주 대상으로 하고 있고 아동 가운데에서도 주로 학령기 이전의 아동을 주 대상으로 한다. 따라서 취학 후 청소년이나 성인 장애인이 받을 수 있는 서비스는 많지 않다. 이것은 서비스가 치료와 교육 위주로 구성되는 것과 깊은 관련이 있다.

따라서 장애인종합복지관이 지역사회 내 장애인의 재활을 위한 센터로 자리 잡기 위해서는, 아동의 치료와 교육을 위주로 하는 서비스 전달에서 벗어나서 생애주기 전체를 포괄할 수 있는 다양한 서비스의 제공, 장애인의 가족을 비롯한 자연적 지원체계에 대한 접근의 활성화, 지역사회 내의 다양한 관련 기관에 대한 연계 작업 등이 이루어져야 할 것으로 보인다(김용득, 유동철, 2005: 324).

제13장
자기결정권과 자립생활센터

1. 자기결정권의 의미

1) 자기결정권의 가치

자기결정권이란 일상적인 활동의 결정권을 장애인 당사자가 행사하겠다는 것이다. 자기결정권은 자립생활운동의 핵심적인 가치다. 자립생활(independent living)의 근본 개념은 장애인도 다른 사람들과 동일한 주체적 권리를 누릴 수 있도록 해야 한다는 것이다. 즉, 장애인 당사자가 스스로 자신의 삶의 방식을 결정하고 그 생활 전반에 걸쳐 스스로의 삶을 주체적으로 이끌 뿐만 아니라 사회활동에 적극적으로 참여함을 의미한다.

장애인에게 있어 자신의 삶의 방식을 결정하고 주체적으로 의사결정이나 일상생활 중의 활동에 참여하기 위해서는 타인에 대한 의존도를 최소화하는 것이 필요하다. 타인에 대한 의존도를 최소화하는 방법으로는 자신이 속해 있는 장애인 집단의 정체감을 형성하고 자신의 생활양식에 대한 선택을 주장하며, 이와 관련된 장애인 당사자에 의한 역량강화 서비스를 제시하는 것이다.

일례로, 부산에서 일본의 휴먼케어협회 사무국장인 츠카다 요시아키 씨를 초청하여 한일 자립생활 심포지엄을 개최한 적이 있다. 일본의 휴먼케어협회는 일본에서 가장 오래된 장애인자립생활센터다. 츠카다 씨는 사지가 모두 불편한 휠체어 장애인이다. 25세 때 사고로 그렇게 되었으며, 사고가 난 뒤로 10년 동안 가족과 함께 지냈다고 했다. 가족들은 늘 자신에게 애정을 보여 주었지만 정작 본인은 "항상 가족들의 눈치를 볼 수밖에 없었다."라고 털어놓았다. '오늘은 누가 나를 돌봐 줄 수 있을까? 엄마가 오늘은 시간이 될까?'라는 식의 눈칫밥이었다고 한다. 그러다가 혼자서 살아가는 자립생활을 감행하였고, 이를 통해 그는 '개인으로서의 나'를 생각할 수 있었다고 한다. 스스로 결정하고 스스로를 중심으로 생각하는 삶이 새롭게 시작된 것이었다. 그 느낌이 너무도 감격적이었으며 그 느낌을 잊지 못해 자립생활운동을 계속하고 있다고 했다.

'오늘은 몇 시에 잠을 잘까?' '내일 아침엔 뭘 먹을까?' 이런 상황에 대한 판단은 우리에게 너무도 익숙해져 있어서 전혀 낯설지가 않다. 그런데 이러한 판단을 할 수 있는 권리를 저당잡힌 사람들도 있다.

만약 당신에게 운동처방사라는 전문가가 "아침마다 5시에 일어나세요. 1시간 정도 적절한 운동을 한 후 아침 식사는 야채와 저지방 우유로 대신하고 점심은 100g의 밥과 양념되지 않은 구운 쇠고기를 약간 곁들여서 먹고, 저녁은 반드시 7시 이전에 하세요. 그리고 8시 이후에는 어떠한 음식도 먹어서는 안 됩니다."라고 처방하고 일거수일투족을 감시한다고 생각해 보자. 만약 당신이 직접 운동처방사를 찾아가서 적절한 처방을 요구했다면 그나마 나을 것이다. 당신이 전혀 요구하지도 않았고 그럴 생각도 별로 없는데 주위 사람들과 전문가에 의해 '이것이 당신 건강에 최고이기 때문에 반드시 지켜야 된다.'라고 결정될 경우 당신은 그 상황에서 어떻게 반응할 것인가?

자립생활은 이제까지의 문제의 근원이 장애인이 아니라 사회가 가지고 있는 불합리성에 기인한다고 믿는다. 이러한 측면에서 자립생활은 전통적인 재활(rehabilitation) 패러다임과 비교될 수 있다.

표 13-1 재활 패러다임과 자립생활 패러다임의 비교

항목	재활 패러다임	자립생활 패러다임
문제의 정의	신체적 손상 / 직업기술의 결여 / 심리적 부적응 / 동기와 협력의 부족	전문가, 친척 등에의 의존 / 부적절한 지원 서비스 / 건축물의 장애 / 경제적 장애
문제의 위치	개인	환경 안 / 재활과정
문제의 해결	의사, 물리치료사, 작업치료사, 직업재활상담원 등에 의한 전문적 개입	동료상담 / 옹호 / 자조 / 소비자권 / 사회적 장애의 제거
사회적 역할	환자 / 클라이언트	소비자
통제 주체	전문가	소비자
요구되는 결과	최대한의 ADL(일상생활활동) / 유급취업 / 심리적 적응 / 증대된 동기화 / 완벽한 신변처리	자기관리 / 최소한의 제한된 환경 / 생산성(사회적, 경제적)

자료: Dejong (1981).

2) 위험의 가치

자기결정권을 주장할 때 우리는 위험의 가치를 이야기하지 않을 수 없다. 왜냐하면 자기결정권을 보장하는 것이 결국 장애인을 위험에 빠뜨릴 수 있다는 주장이 끊임없이 제기되어 왔기 때문이다.

사실 장애인, 불이익을 받는 사람 및 노인들과 일하는 많은 이는 '보호하기' '편안하게 하기' '안전하게 돌보기' '감시하기' 등에 지나치게 몰두하는 경향이 있다. 적절한 때에 이런 충동들이 발휘된다면 이익이 되고, 발달에도 도움이 된다. 하지만 그것들이 각 이용자의 개별성 및 성장능력을 고려하지 않고 배타적으로 또는 과도하게 행해지면, 수혜자들을 과잉보호하게 되고 정서적으로 나약하게 만들 것이다. 사실 그러한 과잉보호는 클라이언트의 인간적 존엄을 위험하게 만드는 것이며, 인간의 정상적인 성장 및 발달에 필수적인 일반적 삶의 위험을 감수해야 하는 경험으로부터 클라이언트를 격리시키는 경향이 있다.

종사했던 기간과 상관없이 현장에서 일하는 많은 사람은 이용자들의 삶 속에 있는 위험을 피하도록 하기 위해 우리가 만들어 왔던 기발한 방법을 확인할 수 있다. 그것은 클라이언트들의 행동 범위를 제한하는 것으로, 즉 지역사회, 직업, 여가, 이성과의 교제에서의 상호작용들의 범위를 제한하는 것이다. 심지어 장애인을 위해 지어진 건물들조차도 거주자가 위험을 피하도록 설계된 것들로 가득 차 있다.

사실 우리가 아침에 일어나서 살아가야 하는 하루하루에는 우리가 위험을 겪어야만 하는 모든 상황이 있으며, 따라서 우리의 생명까지도 위협하는 상황에 대비해야 할 필요가 있다. 이것은 현실 세계의 방식이다. 어떤 사람에 대해 위험을 경험할 기회를 박탈하면 오히려 그들을 무능하게 만들 뿐이다.

우리는 실패와 좌절을 통해 성큼성큼 자라왔던 스스로를 돌이켜 볼 필요가 있다. 결론적으로 우리는 장애인의 삶 속에 그리고 비장애 아동의 삶 속에도 위험과 위기가 있다는 것을 당연한 것으로 받아들여야 할 것이다. 그들에게는 실패할 권리도 있다. 다만 자기결정권을 행사한다는 것이 전적으로 아무런 지원 없이 혼자서 결정한다는 의미가 아님을 명심해야 한다.

2. 자립생활센터의 운영원칙

지역사회의 접근을 위한 권익옹호활동과 결합되어 장애인에 의해 장애인에게 전달되는 자립생활지원서비스의 실천은 1971년 버클리 자립생활센터(Center for Independent Living: CIL)를 그 원형으로 하고 있다. 버클리 모델은 직접적이건 의뢰를 통한 간접적인 조정 역할을 하건 중증의 개별적인 장애인이 자기결정권을 신장하고, 타인에 대한 불필요한 의존성을 최소화하기 위해 서비스를 제공하였다(Nosek, 1988). 자립생활센터의 주요 사명은, 장애영역에 관계없이 모든 장애인이 자립적으로 살아갈 수 있고 자신의 생활에 대해 주도적일 수 있도록 지원해 주고 이를 위한 서비스를 제공하는 데 있다.

자립생활센터는 중증장애인들이 당사자의 입장에서 지역사회 활동과 생활을 위한 지원서비스를 개발하고 그 서비스를 동료들에게 제공하는 과정에서 만들어진 독특한 형태로 발전되었다. 이는 기존의 재활서비스체계가 다양한 욕구를 충족하기에는 제한적이었고, 시민적 권리를 보호하고 보장하는 데에는 무기력했기 때문에 장애인들(특히 중증장애인)이 만족할 수 없었던 데에 따른 자연스러운 결과물이었다. 따라서 자립생활센터는 서비스의 중심을 장애인의 신체적·심리적 기능을 개선하고 높이는 데 두기보다 지역사회에 참여하고 활동하는 과정에서 발생되는 역동적인 문제점들을 전방위적으로 해결하려는 지점에 중심을 두고 있다. 또한 자립생활운동의 본질과 그 핵심 가치인 개인의 선택(individual choice), 개별관리(personal control), 자기결정의 욕구(need for self-determination; Lachat, 1988)를 서비스 프로그램과 지역사회 권익옹호활동으로 구체화하는 기능을 자립생활센터가 수행한다.

　지역사회의 환경조건에 따라 자립생활센터의 서비스 접근 방식은 매우 다양하나, 효과적인 지역사회 중심의 자립생활서비스를 설계하고 유지하기 위해 다음과 같은 필수적인 핵심 요소를 공통으로 한다(Lachat, 1988).

　첫째, 정책결정과 운영에 있어서 당사자가 주도해야 한다. 장애를 가진 사람이 조직의 정책이나 운영절차, 서비스 제공, 지역사회 활동 등을 관장하는 결정에 주도적인 역할을 하여야 한다. 의사결정에 있어서의 당사자 주도는 정책, 운영절차, 서비스, 활동 등이 장애인들의 욕구에 민감하게 반응하고 이들의 권리가 존중될 수 있도록 하기 위한 것이다.

　둘째, 서비스의 목적과 방법에 있어서 당사자가 주도해야 한다. 자립생활서비스의 이러한 측면으로 인해 서비스의 욕구를 파악하고, 자립생활의 목적과 목표를 설정하고, 서비스 참여를 결정하는 최우선적인 책임을 서비스를 받는 당사자에게 맡기게 되는 것이다. 다시 말해, 서비스 제공자의 역할이 서비스를 조정하고 원하는 사람들에게 이를 제공하는 것으로부터 당사자에 의해 선택된 서비스 참여라는 맥락 안에서 당사자의 독립성과 자기 충족감을 증진시켜 주는 것으로 바뀌었음을 의미하게 된다.

셋째, 전 장애영역을 포괄해야 한다. 자립생활은 모든 장애인의 욕구에 대응해야 함을 강조하고 있다. 이 점에서 특정 장애집단에 대한 서비스를 강조하는 일반 프로그램과 자립생활 프로그램이 차별화되고 있다.

넷째, 지역사회 기반과 지역사회 요구에 대해 적절히 부응해야 한다. 자립생활센터는 서비스 현장에 있는 장애 공동체의 욕구에 부응해야 하며, 이들에 접근할 수 있도록 설계되어 있다.

다섯째, 동료 역할이 잘 반영되어야 한다. 자립생활에서 동료 역할모델을 강조하는 것은, 장애를 가지고 자신의 지역사회에서 생산적이고 의미 있는 삶을 성공적으로 달성한 동료 장애인의 식견과 지원이 장애를 가진 다른 이들에게 크게 도움이 된다는 신념을 반영하고 있는 것이다. 독립적인 생활을 얻어 내고자 노력하는 장애인 당사자에게 이러한 동료는 강력한 역할모델이자 촉매자가 되는 것이다.

여섯째, 제공되는 서비스의 범위가 적절해야 한다. 자립생활은 개인적인 독립의 성취와 관련된 지식, 기술, 선택, 지원 등 다양한 차원의 요구에 반응해야 하므로 일정한 서비스가 제공되어야 한다. 정보제공 및 의뢰, 기술훈련, 옹호, 동료상담 등의 핵심 서비스를 포함하여 활동보조서비스, 주택서비스, 이동서비스, 교육서비스, 직업서비스, 보장구 서비스, 의사소통 서비스, 법률서비스, 사교 및 오락 서비스 등이 이에 포함된다.

일곱째, 지역사회 권익옹호활동이 있어야 한다. 자립생활은 당사자가 독립적인 생활양식을 이루어 내기 위해서 지역사회 내의 환경적 · 사회적 장애물이 반드시 제거되어야만 한다는 입장을 가지고 있다. 따라서 이를 위해 개별서비스와 지역사회 권익옹호, 이 두 가지 모두에 힘을 쏟아야만 한다. 이러한 지역사회 권익옹호활동은 장애인이 지역사회 생활의 모든 측면에서 평등한 접근권을 가지며 이 사회의 의미 있는 통합을 이루어 낼 수 있도록 장애를 가진 사람들의 기회를 넓혀 내는 것을 말한다.

여덟째, 상시적(ongoing)이며 열려 있는 서비스가 제공되어야 한다. 자립생활은 종결 지향적인 서비스가 아니다. 서비스는 당사자의 요구와 관심을 끊임없이 반영하면서 늘 당사자에게 열려 있고, 이용에 제한이 없도록 한다.

이상과 같은 자립생활서비스 모델의 주요 특성은 당사자 주도의 중요성, 동료지지의 강력한 영향력을 강조하는 것이며, 자립생활센터가 기존의 재활서비스를 통해 적절한 서비스를 받지 못한 장애인 집단의 욕구를 충족시키고자 설립되었다는 사실을 강조하는 것이다. 더불어 자립생활서비스 모델은 삶에 대한 선택과 결정을 신장시켜 주는 개별적인 지원서비스와 사회적·경제적 주류의 통합화를 지향하는 지역사회 권익옹호라는 양날을 세우고 있는 것이다(Lachat, 1988). 따라서 자립생활센터는 장애인 당사자에 의해 주도되고 지역사회에 기반하며, 모든 장애영역을 포괄하는 비수용시설이어야 한다(Nosek, 1988).

3. 자립생활의 등장과 확산

자립생활이 최초로 시작된 곳은 미국이다. 1962년 가을 에드 로버츠(Ed Roberts)라는 전신마비 장애인이 버클리 대학교(U.C. Berkeley)에 입학하였다. 로버츠는 호흡보조장치에 의해 살아야 할 정도의 중증장애인이었으며, 대학 생활에서 그는 건물의 비접근성에 매우 큰 어려움을 겪고 있는 중이었다. 로버츠의 소식을 듣고 몇몇 장애인이 다음 해에 입학하였고, 그들은 언론자유운동, 반전시위, 정치적 사건, 여성운동 등에 대해 두루 토론하며 생활하였다.

그러던 중 그들의 대학생활 중 1968년 주 정부 재활국에서 코웰병원 입원환자 프로그램으로 지원을 받게 되었다. 그러나 그들은 모든 것이 통제되는 병원에서의 환자 생활에 불만을 가지게 되었다. 그들은 각종 간섭과 제약으로부터의 독립을 원했으며, 1969년 자립생활전략(Strategies of Independent Living)이라는 자조집단을 결성하게 되었다. 이듬해 1970년 그들은 신체장애학생 프로그램(The Physically Disabled Student Program)을 구성하여 활동보조인을 지원하는 프로그램을 운영하였다. 재원은 연방정부와 버클리 대학교가 지원하였다. 그 결과 코웰병원에 있던 100여 명의 학생이 병원에서 나와 자립적인 생활을 꾸려 나갈 수 있었다.

그런데 문제가 발생하였다. 졸업을 한 장애인은 이러한 서비스를 받을 수가 없었던 것이다. 이에 이들은 1972년 졸업생들 및 지역사회 거주 장애인을 보조하기 위해 최초의 자립생활센터를 설립하였고, 이 조직이 바로 장애인 운동과 ADA의 진원지였다. 자립생활센터는 이후 300여 개소로 확대되었다.

한편, 같은 해에 연방정부의 재정지원을 받고 있는 프로그램이나 서비스에서 장애인을 차별하면 안 된다는 「재활법(the Rehabilitation Act)」 개정안이 미의회를 통과하여 장애인들이 많은 기대를 가지고 있었다. 그런데 닉슨 대통령이 거부권을 행사함으로써 차별금지제도는 물 건너가는 것 같았다. 그러나 대통령의 거부권 행사를 목도한 장애인들은 전국적인 항의 시위를 벌여 나갔다. 이 시위를 주도한 사람은 뉴욕의 휴먼(Judy Heumann)이었다. 이러한 시위 끝에 1973년 닉슨의 거부권이 의회에서 번복됨으로써 「미국장애인법(Americans with Disabilities Act: ADA)」의 전신인 「재활법」 504조가 탄생하였다. 이러한 승리를 바탕으로 휴먼이 버클리 자립생활센터에 가담함으로써 정치적 행동주의와 자립생활서비스가 결합되었다.

1973년 개정된 「재활법」은 시행규칙이 만들어져야 효력을 지닐 수 있는 법이었다. 따라서 장애운동가들은 시행규칙을 조속히 제정해야 한다고 생각한 반면, 연방정부는 504조의 시행에 따른 물리적 시설의 개선 등 장애인에 대한 차별철폐에 소요되는 사회경제적 비용과 부담을 이유로 법의 시행을 미루고 있었다. 거부권을 행사했던 닉슨 대통령은 차별금지 규정을 선언적 규정에 불과하다고 생각하여 시행규칙 제정에 매우 소극적이었다. 닉슨 대통령이 워터게이트 사건으로 사임하고 포드 부통령이 차기 대선을 의식하여 시행규칙을 만들려는 움직임을 보였으나 포드는 카터에게 패배하고 말았다. 카터 행정부가 들어선 후, 보건교육복지부 장관인 칼리파노는 일부를 축소 개정하려는 움직임까지 보이고 있었다. 장애인을 위한 시설에 '분리되어서 그러나 평등하게(separate but equal)'라는 이념을 포함시키려 하였다. 장애인을 사회에서 격리시키려는 움직임을 보인 것이다. 이에 크게 반발한 장애인들은 역사상 가장 치열한 운동을 펼쳤다. 장애운동가들은 1977년 3월 18일자로 카터 대통령 등 관계자에게 서한을 보내 한계 시한인 4월 4일까지 서명하지 않을 경우 미국 전역에서 대규모 실력행동을 취할 것임을 통고하였다. 그리고 마침내 4월 5일 날이 밝자 미국 각지에서 장애인의 항의가 벌어지고 300여 명의 장애인들이 보건교육복지부 장관의 사무실에서 밤샘 농성을 하였으며, 캘리포니아주에서는 휴먼이 이끄는 시위대가 보건교육복지부 건물에서 25일간 점거 농성을 하였다. 이들은 끌려 나가지 않기 위해 서로의 휠체어를 쇠사슬로 묶은 채 25일을 버텼다. 농성 도중 정부는 건물 안으로의 음식 반입을 전면 금지시키고 많은 장애인을 체포하였다. 그러나 이러한 제재에도 불구하고 그들의 요구를 물리치지는 못했다. 이러한 노력의 결과 칼리파노는 일체의 변경 없이 시행규칙에 서명하였으며, 장애인차별금지조항이 법적 효력을 얻게 되었다.

차별금지조항에 대한 시행규칙 제정을 위한 대규모 시위라는 방법 이외에도 장애운동가들은 법정 투쟁을 또 하나의 축으로 이끌어 나갔다. 대표적인 것이 가만킨(Gurmankin) 사건이다. 가만킨은 12세에 실명한 시각장애인으로서 일반고등학교에서 반 수석으로 졸업하고 템플 대학교에서 학사와 석사학위를 취득함으로써 영어교사 자격을 얻었다. 교사가 되어 일반 아동들이 장애인을 보다 잘 이해하도록 하겠다는 가만킨의 꿈은 필라델피아 교육청에 의해 거부되었다. '만성 또는 급성 신체적 결함이 있는 자'는 교사채용시험에 응할 수 없다는 규정 때문이었다. 이후 「재활법」 개정으로 채용시험에는 응할 수 있었으나 면접에서 계속 낙방하였다. 이에 가만킨은 소송을 제기하였다. 그 결과 연방법원은 가만킨이 자신의 수업능력을 보여 줄 수 있는 기회를 아예 제공하지 않고 수업이 불가능할 것이라고 판단한 교육청에 문제가 있었다고 판결하였다. 이 판결은 재활법 시행규칙을 제정토록 하는 데 큰 도움이 되었다.

이 외에도 권리를 찾기 위한 작은 투쟁들은 끝없이 일어났다. 1981년 데니즈 메크에이드는 휠체어리프트가 장착되어 있는 버스를 운행함에도 이를 작동하지 않는 것에 분개하였다. 휠체어 사용자인 그녀는 맨해튼행 버스를 타려고 하였으나 버스 운전자는 열쇠가 없어 리프트를 조작할 수 없다는 이유로 승차를 거부하였다. 그녀는 버스의 승강대에 앉아 열쇠를 가지고 올 것을 요구하였다. 그녀는 체포될 것을 각오하고 있었다. 승객들은 그녀의 행동을 비난하였다. 그러나 그녀는 "장애인의 권리는 매일같이 침해되고 있다. 그렇기 때문에 오늘 이와 같이 승객에게 불편을 주는 일이 생긴 것이다. 그러나 이것은 한 번뿐인 일이다. 여러분은 불편하더라도 한 번쯤 참아 주어야 한다."라고 승객들을 설득하였다. 교통국이 특별차량을 보내 왔지만 그녀는 이 차량에 타기를 거부하였다. 거의 7시간이 지난 후 교통국 직원이 열쇠를 가지고 와서 데니즈는 군중의 환호 속에서 버스를 타게 되었다. 그녀의 필사적인 행동이 알려져 이와 같은 행동이 여러 곳에서 전개되었고 그것이 지금의 미국을 만들었다.

한편, 자립생활운동가들은 「재활법」 504조의 차별금지 법리를 사적 부문으로 확대하여 실질적인 평등권이 보장되고 체계적인 서비스가 제공될 수 있도록 하는 법 체계를 구상하게 되었다. 이에 1983년 저스틴 다트 2세(Justin Dart Junior)라는 휠체어 장애인은, 장애인이 지역사회에 통합되기 위하여 어떤 법률, 어떤 정책이 필요한가를 상세히 기술한 '장애인에 대한 국가정책(National Policy for Persons with Disabilities)'이라는 문서를 작성하여 ADA의 기초를 제공하였다. 그리고 같은 해 발족한 '전미자립생활협의회'는 다트의 문서를 법안으로 실현시키기 위해 공동의 노력을 기울이기로 하고, 상하 양원의 의원들을 만나 법안을 설명하고 전국 각지를 순회하며 장애인과 전문가의 의견을 수렴하여 보다 완벽한 대안을 마련하고자 헌신적인 노력을 기울였다. 이러한 노력 결과 대통령의 자문기관인 '전미장애인평의회'는 1986년 저스틴 다트의 문서를 ADA의 초안으로 의회에서 통과시킨다는 방침을 정하였고, 1988년 ADA 법안은 미국 의회에 제출되었다. 이것이 1990년 7월 26일 서명된 ADA였다.

4. 자립생활센터의 서비스

자립생활의 이념을 구현하기 위해 설립된 시설이 자립생활센터다. 자립생활센터에서는 다음과 같은 서비스를 통해 장애인의 역량강화에 이바지하고 있다.

- 동료상담(peer counseling): 동료상담의 핵심 기능은 경험의 결과를 공유하는 것이다. 상담을 통하여 자립생활에 필요한 실천할 수 있는 기량을 얻게 된다. 자신과 동일시할 수 있는 상황에 처해 있는 장애인에게 경험은 최고의 재활전문가 조언보다도 더 강력한 조정적 힘을 갖게 된다. 동료상담은 적절한 역할모델을 제공할 수 있고, 자립심을 갖게 하는 데 도움이 될 뿐 아니라, 자신의 생활에 대한 책임감을 불러일으킬 수 있다. 이 서비스를 통하여 장애인을 더 이상 다른 사람들의 자선의 대상이 되지 않도록 하여 장애의 유형과 정도에 관계없이 자신에 대해 책임지도록 할 수 있다.
- 활동보조서비스(personal assistance service): 활동보조서비스의 목적은 자신이 할 수 없는 일들을 타인에게 위임함으로써 자신이 성취할 수 있는 일들에 시간과 에너지와 잠재력을 활용할 수 있게 한다. 활동보조서비스는 자원봉사 서비스와는 달리 장애인이 선택권과 결정권을 가지고 서비스를 구매하는 소비자의 입장에서 서비스 시간, 용도 등을 결정한다.
- 교통편의 제공(transportation): 자립생활을 달성할 수 있는 구체적이고 핵심적인 일종의 이동서비스다.
- 자립생활 기술훈련(independent living skill training): 실질적이며 기능적이고 전략적인 기술훈련으로, 동료교육(Peer approach)을 기본 방침으로 하고 있다. 다시 말해, 장애에 대한 실질적인 이해와 경험에서 얻어지는 내용을 바탕으로 구성된 교육과정을 기반으로 자립생활을 달성할 수 있는 전략을 제공하는데, 그 구체적인 내용은 스스로의 의사결정의 중요성, 활동보조서비스 관리, 신변처리 및 일상생활 관리, 개인 재정관리 등이다.
- 정보제공과 의뢰(information/referral): 장애인은 직접서비스 외에도 각종 결정, 자원의 활용, 자립생활에 영향을 미칠 수 있는 각종 제도, 정책에 대한 정보가 필요하다. 의뢰지원은 자립생활을 달성하기 위하여 대리인이

나 기관의 참여가 필요하기 때문에 핵심적인 서비스다. 정보제공과 의뢰는 다른 서비스 기관과 지역사회에도 제공되어 장애에 대한 사회 인식을 제고시키고, 장애인이 지역사회나 다른 서비스 기관으로부터 제공받을 수 있는 서비스나 자원을 알려 주는 중요한 기능을 갖는다.

- 권익옹호(advocacy): 권익옹호 서비스는 자립생활서비스가 이전의 지역사회 중심의 기타 프로그램이나 기관들과 확연히 차이 나게 한다. 장애인이 자신의 생활을 주도하고 선택권을 행사한다는 것은 자신의 신념에 따라 행동하고 이제까지의 전통적 · 의존적 규범을 탈피하여 장애인 스스로 소비자로서 권리와 능력을 인정하고 행사함을 의미한다.
- 서비스 안내 및 의뢰(service referral: interpreter, reader, attendants): 다른 기관으로의 의뢰, 수화통역, 대독 등을 제공한다.
- 주택서비스(assistance in obtaining and modifying accessible housing): 자립생활을 달성함에 있어 주택 관련 권익옹호, 정보제공 및 기술적 지원 등을 제공한다.
- 장비관리, 수리 및 임대(equipment maintenance, repair and loan): 장애를 최소화시키는 각종 재활기구의 유지 · 관리를 지원한다.
- 복지혜택에 대한 상담(benefit counseling): 공적부조, 연금, 의료급여 등 각종 제도의 수혜에 대한 일종의 정보제공으로 정기적인 정보의 신속한 최신화(updating)가 필수적인 서비스다.

5. 우리나라 자립생활의 현황과 과제

1) 현황

자립생활센터에 대한 우리나라의 법적 공식 명칭은 장애인자립생활지원센터다. 「장애인복지법」 제53조에는 "국가와 지방자치단체는 중증장애인의 자기결정에 의한 자립생활을 위하여 활동지원사의 파견 등 활동보조서비스 또는 장애인보조기구의 제공, 그 밖의 각종 편의 및 정보제공 등 필요한 시책을 강구하여야 한다."라고 규정하고 있다. 같은 법 제54조 제1항은 "국가와 지방자치단체는 중증장애인의 자립생활을 실현하기 위하여 장애인자립생활지원센터를 통하여 필요한 각종 지원서비스를 제공한다."라고 규정되어 있다.

우리나라에 자립생활 개념이 처음 소개된 것은 1997년 '서울 국제장애인 학술대회'에서 일본의 자립생활 운동가인 나카니시가 일본의 자립생활 운동을 소개하면서부터다. 그리고 2000년 가을에는 일본자립생활센터협의회의 후원으로 한국자립생활지원기금이 조직되었으며, 이 기금으로 우리나라 최초의 자립생활센터인 '동대문 피노키오 자립생활센터'와 '광주 우리이웃자립생활센터'가 개소되었다.

이후 수많은 자립생활센터가 생겨나 현재 약 300여 개의 센터가 존재하고 있으며, 그 외에도 자립생활센터들이 모인 조직이 두 개(한국장애인자립생활센터협의회와 한국장애인자립생활센터총연합회) 형성되어 있다. 실로 짧은 기간 동안 비약적인 양적 성장이 이루어졌다고 볼 수 있다.

한편, 「장애인복지법」은 자립생활에 관한 핵심 서비스로 활동보조인 사업과 동료상담을 규정하고 있다. 같은 법 제55조는 "국가와 지방자치단체는 중증장애인이 일상생활 또는 사회생활을 원활히 할 수 있도록 활동지원급여를 지원할 수 있다."라고 규정함으로써 활동지원인 사업이 국가의 공식적인 자립생활 서비스로 받아들여져 있다. 같은 법 제56조에는 "국가와 지방자치단체는 장애인이 장애를 극복하는 데 도움이 되도록 장애동료 간 상호대화나 상담의 기회를 제공하도록 노력하여야 한다."라고 하여 동료상담을 자립생활의 주요한 서비스로 간주하고 있다.

이 중 정부의 지원이 이루어지고 있는 것은 활동지원인 서비스 하나에 불과하다. 장애인 활동지원서비스는 장애로 인해 하지 못하는 장애인의 일상활동을 유급보조원을 통해 지원하는 서비스다. 장애인의 자기결정과 선택을 지지하고, 장애인의 지역사회 생활을 지원하는 한편, 장애인의 사회활동을 지원하는 것이 특징이다. 시설 수용 중심의 복지정책에서 탈피해 장애인의 지역사회 자립생활을 지원하는 새로운 패러다임에 근거한 서비스로, 학계는 물론 장애인 당사자들로부터 큰 호응을 받고 있다.

이와 같은 중요성을 감안하여 「장애인활동지원에 관한 법률」이 2011년 10월부터 시행되었다. '장애인활동지원제도'의 주요 내용은 다음과 같다.

(1) 급여대상

- 혼자서 일상생활과 사회활동을 수행하기 어려운 장애인으로, 대통령령으로 정하는 연령과 자격심의 기준을 충족하는 장애인이다.
- 활동지원급여를 신청할 수 있는 자격은 만 6세 이상의 장애인이며, 신청자를 대상으로 심신상태와 활동지원 필요 정도 등을 심의해 수급자를 선정한다.

(2) 급여내용

- 현행 신체활동 · 가사활동 · 사회활동 등을 지원하는 활동보조에서 방문목욕, 방문간호 등이 있다.
- 수급자는 본인의 상태와 가족 상황 등에 따라 주어진 급여 한도 내에서 원하는 급여를 자유로이 선택하여 이용할 수 있다.

(3) 활동지원인

- 지방자치단체에서 지정받은 교육기관에서 보건복지부장관이 정하는 교육과정을 수료하거나 대통령령으로 정하는 일정 자격을 갖추어야 한다.
- 활동보조는 활동지원인을 중심으로 하도록 하고 있으며, 방문목욕과 방문간호에는 요양보호사, 방문간호사가 참여한다. 그리고 활동지원인은 50시간의 교육을 받아야 하며, 사회복지사, 요양보호사나 방문간호사 등 유사 경력자는 최소 42시간의 교육을 수료해야 한다.

(4) 본인일부부담금

• 국민기초생활보장 수급자인 경우 활동지원급여비용의 15/100 한도 내에
  서 소득수준에 따른 본인일부부담금을 차등 부담하도록 규정되어 있다.
  다만 생계급여 및 의료급여 수급권자는 이를 부담하지 않으며, 차상위 계
  층은 정액의 본인일부부담금을 부담하도록 한다.

(5) 전달체계

• 읍 · 면 · 동 등 주민센터는 서비스 신청서를 받고, 등급 조사 및 심의는

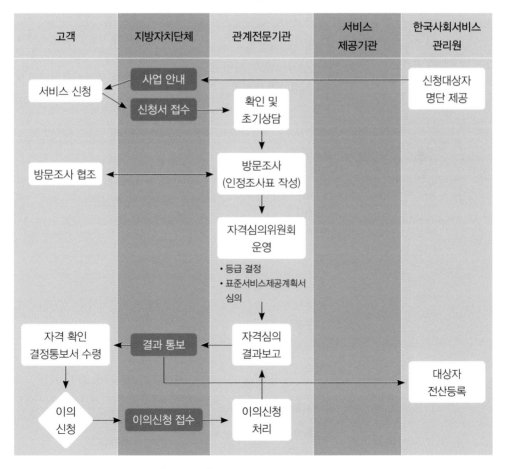

[그림 13-1] 장애인활동지원사업의 흐름도

심사 전문기관인 국민연금공단에서 시행한다. 국민연금공단은 사회서비
스관리원과 함께 활동지원급여 이용 지원, 급여 모니터링 및 사후관리 등
의 업무를 수행하게 된다.
- 서비스 제공기관은 활동지원급여를 제공하는 데 필요한 시설 및 인력 등
  을 갖추어 특별자치도지사 · 시장 · 군수 · 구청장으로부터 지정을 받아
  야 한다.

표 13-2 장애인활동지원제도와 노인장기요양보험제도 비교

구성	장애인활동지원제도	노인장기요양보험제도
재원 조달 방식	• 조세방식	• 사회보험방식(건강보험)
대상	• 혼자서 일상생활 등이 어려운 중증장애인 중 인정 조사에 의해 대상자 선정	• 만 65세 이상의 노인 중 인정조사에 의해 대상자 선정 ※ 65세 미만의 특정노인성질환자 포함
급여내용	• 재가 급여 －활동보조(신체활동, 가사지원, 이동보조 등) －방문간호 －방문목욕	• 재가 급여 －방문요양(신체활동, 가사지원 등) －방문간호 －방문목욕 －주야간 · 단기보호 －복지 용구 등 • 시설 급여 • 현금 급여
서비스 제공인력	• 활동보조인(교육 수료) * 요양보호사, 방문간호사 등 공동 활용	• 요양보호사(국가자격증), 방문간호사
본인부담금	• 기초 무료 • 차상위 정액 • 차상위 초과 15% 한도 내에서 소득에 따라 차등 부과	• 기초 무료 • 차상위 7.5%(재가), 10%(시설) • 차상위 초과 15%(재가), 20%(시설)
시행 주체	• 보건복지부, 지방자치단체 • 국민연금공단	• 국민건강보험공단

한편, 조세로 운영되는 장애인활동지원사업은 노인장기요양보험제도와 유사하면서도 다른 점이 많다.

2) 과제

우리나라의 자립생활 이념의 도입 및 자립생활센터의 발전과정은 선진국의 이념 및 실천방법의 보급을 통해서 이루어졌다는 면에서, 장애인 운동 과정을 오랜 시간 거친 후 자립생활센터가 생겨나기 시작한 미국 및 일본과 차이가 있다. 따라서 아직까지도 자립생활을 둘러싼 논란이 많으며, 지원체계도 엉성하기 그지없는 수준이다. 이러한 상황에서 자립생활이 정착되기 위해서는 다음과 같은 문제점들이 해결되어야 한다고 생각된다.

첫째, 자립생활센터의 정체성을 정립해야 한다. 자립생활 이념은 장애인의 권익옹호운동이라는 차원에서 시작된 것이다. 그럼에도 불구하고 자립생활센터가 권익옹호보다는 서비스를 전달하는 기능에 너무 많은 사업을 할애하고 있다는 것이다. 물론 권익옹호와 서비스 제공이 별개로 분리된 것은 아니다. 그러나 권익옹호라는 본연의 역할을 잊고 서비스를 제공하는 데 치중한다면 결국 기존의 장애인복지관을 일부 변형한 조직과 크게 다를 바가 없게 될 것이다. 미국의 경우 권익옹호는 필수 서비스이지만, 우리나라 장애인자립생활센터에서 가장 많이 제공하고 있는 활동보조서비스는 필수 서비스가 아니다. 그만큼 권익옹호가 중요하다는 것이다. 앞서 언급했던 에드 로버츠는 "장애인들이 내재적 갈등에 놓이도록 하는 서비스, 장애인들이 서로의 갈등을 일으킬 소지가 있는 서비스 상황에 놓이도록 하는 서비스를 제공하면 안 된다. 우리는 항상 장애인의 편에 있어야 한다."라고 하였다.

자립생활센터가 서비스 제공에만 몰두하다 보면 장애인의 편이 아닌 단지 서비스 제공기관의 입장만으로 전락해 버릴 수도 있다. 따라서 자립생활센터는 원칙에 의해 자립생활센터의 모든 프로그램을 이끌어 가야 하고, 운동성이 내재된 서비스를 만들어야 하며 제공해야 한다.

둘째, 한국적 자립생활센터 모형을 개발할 필요가 있다. 미국의 자립생활센터가 의무적으로 제공해야 할 핵심 서비스(core services) 네 가지는 정보제공과 의뢰, 자립생활 기술훈련, 동료상담, 개별적이고 조직적인 권익옹호이며, 우리나라에서도 이를 따르고 있다. 그러나 우리나라의 경우 장애인복지관이라는 서비스 조직이 있으며, 대규모 거주시설도 여전히 큰 비중으로 존재한다. 이와 같은 환경 속에서 장애인복지관과의 협업이나 거주시설에 대한 일정한 역할을 가지는 등 한국적 역할을 찾을 필요가 있다.

셋째, 장애인 자립생활이 가능한 지원체계를 다양하게 갖추어야 한다. 자립생활이 가능하기 위해서는 실질적인 지역생활을 가능하게 해 줄 수 있는 것들이 필요하다. 소득의 안정적 확보, 접근권의 보장, 활동보조서비스의 확충 등이 해결되어야만 실질적인 자립생활이 가능할 수 있을 것이다.

넷째, 활동보조서비스의 절대적 확충이 필요하다. 지금의 서비스 제공시간과 관련해서 최중증장애인의 경우 식사와 배변, 옷 갈아입기, 휠체어 오르내리기 등 기본적인 동작을 하는 데에도 시간이 절대적으로 부족하다는 지적이 많다. 이에 대해 장애인들은 현재 지원수준으로 중증장애인의 기본적인 식사해결도 불가능하다고 지적한다. 최중증장애인 한끼 식사에 2시간이 소요된다고 가정할 때, 식사에만 월 180시간(30일×2시간×3식)이 필요하다는 것이다.

다섯째, 바우처가 아니라 현금을 직접 지급하는 직접지불제도(direct payment)를 도입하여 자립생활의 근본 이념인 자기결정권을 강화할 필요가 있다. 직접지불제도의 본격적인 도입 이전에도 장애인이 지역사회에서 자립생활을 해 나가기 위해서는 활동보조서비스 외 보조기구, 주택개조, 이동지원, 주야간 보호 등의 서비스가 동시에 이루어질 수 있어야 한다.

여섯째, 활동보조서비스를 받던 장애인이 65세에 이를 경우에도 서비스의 연속성을 보장받을 수 있도록 노인장기요양보험제도와 장애인활동지원제도 중 하나를 선택할 수 있도록 해야 할 것이다.

일곱째, 장애인자립생활센터에 대한 기본 운영비를 지원해야 한다. 현재 법적인 근거는 만들어졌으나 이에 대한 충분한 재정지원이 따르지 않아 다양한 서비스를 제공하는 데 어려움을 겪고 있다. 물론 정부의 지원을 받음으로써 장애인의 권익옹호라는 본연의 역할이 제한될 여지는 있으나, 이것은 오히려 지원의 문제보다 센터의 정체성을 고민함으로써 충분히 해결될 수 있다고 생각된다.

제14장

거주 서비스 현황과 인권 기반 실천 방안

1. 주거공간과 삶의 질

일반적으로 주거는 물리적 거처로서의 '주택'과 사회적 의미로서의 '주거'를 포괄하고 있다. 물리적 거처로서의 주택은 최소한의 인간다운 생활이 가능한 시설과 서비스가 확보된 주택으로, 단순한 거처로서의 의미를 넘어 각종 자연 재해 등의 위협으로부터 안전할 수 있어야 하며, 거주가구가 쾌적한 생활을 영위할 수 있을 정도의 최소 필요공간을 확보하고, 또한 전기, 상하수도, 도로 등 편의시설과 서비스가 기본적으로 갖추어져 있어야 함을 말한다. 그리고 사회적 의미로서의 주거는 적절한 사회적·문화적·경제적 환경을 향유할 수 있는 권리로, 부당한 사생활 침해나 강제퇴거 등의 위협으로부터 보호받을 수 있고, 직장과 이웃관계, 적절한 문화생활을 향유할 수 있는 등의 주변 사회적 연계망으로부터 소외·배척당하지 않을 권리를 의미한다(문진영, 2008: 85). 따라서 주거시설은 이상의 기본적인 조건을 만족하여야 할 것이다.

장애인의 주거시설은 특수 주거시설과 일반 주거시설로 나누어진다(양옥경, 1996). 여기서 특수 주거시설은 다시 대단위 시설과 소규모 특수 주거시설로 나누어진다. 대단위 시설은 대규모 입원 정신병원, 요양원 등을 포함하는 시설이다. 반면에 소규모 특수 주거시설은 중간집(halfway house), 위탁가정(foster home), 장애인공동생활가정(그룹홈) 등이 있다. 그리고 일반 주거시설은 반독립 주거, 가족 주거, 독자 주거 등으로 나누어진다.

이러한 각 주거 유형에 따른 생활만족도 및 적응 정도의 차이를 규명한 연구들이 보여 주는 대체적인 결과는, 특수 주거시설에 거주하는 사람들보다는 일반 주거시설에 거주하는 사람들의 생활만족도가 높은 것으로 나타나고 있다. 특수 주거시설 가운데서도 대단위 시설에 거주하는 사람들보다는 소규모 특수 주거시설에 거주하는 사람의 생활만족도가 더 높은 것으로 나타나고 있다(양옥경, 1966).

지적장애인 주거시설은 원가정(natural home), 대리가정(foster home), 그룹홈(group home), 입양가정(adoptive home), 요양원(nursing home), 수용시설(institution) 등으로 나눌 수 있다(김명선, 임해용, 조병주, 김경순, 1995).

김명선 등(1995)은 이러한 주거시설 가운데 수용시설의 입주자들은 원가정이나 그룹홈의 입주자에 비하여 지적장애인의 '삶의 질'이 거의 모든 영역에서 가장 낮은 점수를 보이고 있는 것으로 나타났다(김명선 외, 1995).

이러한 두 가지 장애영역에서 각 주거시설의 만족 정도는 대체적으로 수용시설의 경우보다는 소규모 단위의 생활 형태에서 보다 높게 나타나는 것으로 볼 수 있다. 이러한 연구결과들은 우리나라의 수용시설 중심의 주거형태가 다양해져야 함을 시사하는 것이라고 볼 수 있다(김용득, 유동철, 2005).

2. 거주시설의 유형과 현황

1) 거주시설의 기능과 유형

거주시설은 특수한 욕구 또는 가정상의 이유로 보호가 필요한 사람들에게
가정을 대신하여 생활의 장을 제공해 주며, 자활·재활 서비스를 통하여 거주
자의 사회복귀를 최대한 돕는 것을 목적으로 하는 시설이다(변용찬, 2005). 장
애인복지법에 따르면 거주공간을 활용하여 일반가정에서 생활하기 어려운 장
애인에게 일정기간 동안 거주·요양·지원 등의 서비스를 제공하는 동시에
지역사회생활을 지원하는 시설이다.

이러한 장애인 거주시설의 기능으로는, 첫째, 생활서비스 제공 기능, 둘째,
기술(치료·훈련) 서비스 제공 기능, 셋째, 원조서비스 제공 기능 등으로 구분
해 볼 수 있다. 먼저 생활서비스 제공 기능은 거주자의 가정에 대한 대체적인
기능을 수행하는 것으로 가정환경과 유사한 생활서비스를 제공하고 이용자의
선택권이 보장될 수 있는 프로그램의 개발이 필요함을 시사하고 있다. 또한 생
활서비스 제공 기능이 제대로 이루어지면 장애인들의 기능회복이나 사회복귀
를 준비하는 과정으로서의 각종 재활서비스 제공 기능이 필요하게 되는데, 여
기에는 각종 치료 및 훈련서비스가 포함된다. 마지막으로 이러한 두 가지 서비
스 제공 기능 수행과 더불어 장애인의 사회복귀를 구체적으로 지원하는 제3의
서비스 기능으로서 장애인을 둘러싼 인간관계나 사회와의 관계성 조정, 권리
의 확보, 지역사회 자원 동원 등을 내용으로 하는 원조적 서비스 기능이 필요
하다(박태영, 2000).

우리나라에서 장애인 거주시설의 기능을 담당하는 시설은 장애유형별 거주
시설, 중중장애인 거주시설, 장애영유아 거주시설, 장애인 단기 거주시설, 장
애인공동생활가정(그룹홈), 장애인 유료시설 및 미신고 또는 조건부 신고시설
등이 있다. 장애인 유료시설은 비용 수납의 상한선 규제로 인해 실제로 운영되

지 못하고 있으며, 지침상의 실비시설이라는 명칭으로 장애인 거주시설의 유형에 포함되어 운영되고 있다.

그러나 이러한 분류는 단지 형식적인 분류일 뿐, 법적으로는 모든 시설이 주거서비스와 전문적 재활서비스를 실시하도록 규정하고 있다. 또한 신고를 했느냐 안 했느냐, 몇 명이 생활하느냐, 장애 정도가 어떠한가에 따른 인력배치 기준이나 시설설비 기준만 다를 뿐, 거주시설 유형 간의 기능과 역할의 구분은 매우 모호한 실정이다(임성만, 2006).

표 14-1 **장애인복지법상 거주시설의 종류와 기능**

구성	법적 정의(법 58조)	시설의 종류 및 기능(시행규칙 41조 관련)
장애인 거주시설	거주공간을 활용하여 일반가정에서 생활하기 어려운 장애인에게 일정 기간 동안 거주·요양·지원 등의 서비스를 제공하는 동시에 지역사회 생활을 지원하는 시설	**장애유형별 거주시설** 장애유형이 같거나 또는 유사한 장애를 가진 사람들을 입소 또는 통원하게 하여 그들의 장애유형에 적합한 의료·교육·직업·심리·사회 등 재활서비스와 주거서비스를 제공하는 시설
		중증장애인 거주시설 장애의 정도가 심하고 항상 도움이 필요한 사람을 입소하게 하여 상담·치료 또는 요양서비스를 제공하는 시설
		장애영유아 거주시설 6세 미만의 장애영유아를 입소 또는 통원하게 하여 보호함과 동시에 그 재활에 필요한 의료·교육·심리·사회 등 재활서비스를 제공하는 시설
		장애인 단기 거주시설 장애인을 일정 기간 보호하여 장애인에게 필요한 재활서비스를 제공하는 시설
		장애인공동생활가정 스스로 사회적응이 곤란한 장애인들이 장애인복지 전문인력에 의한 지도와 보호를 받으며 공동으로 생활하는 지역사회 내 소규모 주거시설

2) 거주시설의 운영 현황

장애인 거주시설은 장애인이 필요한 기간 동안 생활하면서 재활에 필요한 상담·치료·훈련 등의 서비스를 받아 사회복귀를 준비하거나 장기간 요양할 수 있도록 지원하는 시설이다. 각 시설별 입소대상 장애인은 〈표 14-2〉와 같다.

표 14-2 | **거주시설 종류별 입소 대상 장애인**

대상시설		시설별 대상 장애인(장애등급)
장애유형별 거주시설	지체장애인 및 뇌병변장애인을 위한 시설	지체·뇌병변장애인(중복장애 포함)
	시각장애인을 위한 시설	시각장애인(중복장애 포함)
	청각·언어장애인을 위한 시설	청각·언어장애인(중복장애 포함)
	지적·발달장애인을 위한 시설	지적장애인(중복장애 포함)
중증장애인요양시설		중증장애인
장애인영유아생활시설		6세 미만의 장애영유아
단기거주시설		보호자가 일시적으로 부재인 장애인
공동생활가정		제한 없음

이와 같은 시설은 국민기초생활보장 수급자를 우선 입소대상으로 하고 수급자가 아닌 경우 30% 범위 내에서 실비 입소가 가능하다. 다만, 국민기초생활보장 수급자가 70%에 미달하는 때에는 시·도지사의 승인을 얻어 입소비율을 조정·시행할 수 있다. 실비 입소의 경우 1인당 비용부담에 제한이 있으며, 지적장애인이나 중증장애인에 대해서는 추가비용을 수납받을 수 있도록 되어있다. 수납 한도액을 초과하여 수납하고자 하는 경우에는 시·도지사의 승인을 얻어야 한다. 거주시설은 현재 약 1,500개소 정도가 운영 중이며, 이 중 약절반이 공동생활가정이다.

우리나라 장애인 거주시설의 특성을 살펴보자. 우리나라의 경우, 단기보호시설과 공동생활가정을 제외하면 아직도 평균 거주인원이 50명에 가까울 정도로 규모가 크다. 장애인 거주시설 간 복지권 침해는 이와 같은 집단성에 기인하는 면이 크다. 물론 집단이 크다고 해서 즉시적으로 복지권이 침해되는 것은 아니다. 규모를 뒷받침하지 못하는 국가 지원의 부족, 오래된 시설 인프라가 가져오는 시설 구조의 문제 등이 결합되면서 복지권이 침해될 수 있는 가능성을 확장시킨다고 볼 수 있다. 그렇지만 집단이 가지고 있는 원래 속성이 개별적 인권을 침해할 수 있는 여지는 있다. 집단은 기본적으로 집단을 유지하기 위한 기준이 있어야만 한다. 이것은 조직 유지를 위한 기준이기도 하며 공동생활을 위한 기준이기도 하다. 우리나라의 거주시설과 같이 집단이 대규모인 경우 공동생활을 위한 기준은 엄격할 수밖에 없다. 실제로 우리나라의 대부분의 거주시설은 하루 일과 시간 및 취침 시간, 외출 시간, 외부인 접촉 방법, 용돈 관리 방법, 종교 활동 등 다양한 생활에서 기준을 정해 두고 있다. 이것은 결국 개인의 자기결정권과 다양성을 침해할 수밖에 없다(유동철, 김경미, 김동기, 신유리, 2013: 410).

대규모성으로 인해 장애인 거주시설은 지역사회에서 격리되는 현상을 보인다. 일반적인 주거지역에 대규모의 거주시설이 안착한다는 것은 쉬운 일이 아니다. 거주시설이 먼저 정착한 주위가 개발되면서 자연히 지역사회와 가까워지는 경우는 있지만 주거지역에 대규모의 시설이 들어선 경우는 찾아보기 어렵다.

이와 같은 문제점으로 인해 지역사회에서 장애인이 살아갈 수 있도록 소규모화한 대표적인 시설이 다음의 장애인공동생활가정이다.

3. 장애인공동생활가정

1) 장애인공동생활가정의 개념

지역사회 내의 소규모 주거시설을 지칭하는 용어는 통일되어 있지만, 영어

문화권 나라의 경우 그룹홈(group home)이라는 용어가 대부분 사용되고 있고, 유엔, 국제보건기구 등의 문서에도 사용되고 있는 점으로 미루어 국제적인 공통어로 볼 수 있겠다. 그룹홈의 직접적인 정의는 '몇 사람으로 이루어지는 집단이 함께 살고 있는 일반적인 집'이다. 그룹홈이란 현재 많은 선진국에서 지적장애인을 위하여 설립되는 거주지 중에서 가장 인기 있고 보편화된 지역사회 거주시설(Community Residential Facility: CRF)이다. 일반인들이 살고 있는 동네에 위치하는 이 그룹홈 안에서 지적장애 입주자는 고용된 직원(들)의 보조와 관리를 받으며 생활한다.

지적장애인의 장애 정도 및 특성에 따라 이 그룹홈이 그들의 영원한 거주지가 되는 사례가 있는가 하면, 많은 경우 보다 독립적인 생활처로 이주하는 것을 궁극적인 목표로 삼고 그에 대비하기 위한 과도기적 훈련장이 된다. 따라서 그룹홈은 지역사회 내에 있는 보통 주택에서 소수의 지적장애인이 공동으로 생활하고, 그들의 익숙하지 못한 일(금전 관계, 대인관계 등)을 전문직원(동거)에 의하여 원조를 받는 생활 형태로서 사회적 자립을 목적으로 한다.

그룹홈의 정의와 관련해서 황의경과 배광웅(2000)은 "지역사회 내에 있는 일반인이 살고 있는 동네 주택에서 소수의 지적장애인이 고용된 직원의 보호와 관리를 받으면서 공동으로 생활하는 곳"이라고 정의 내렸다. 그리고 서울장애인종합복지관의 『재활용어사전』(1995)에서는 "그룹홈은 대규모 수용시설을 중심으로 실시되었던 기존의 장애인 거주 프로그램에 대한 비판으로 정상화(normalization)의 원리에 입각하여 새롭게 형성된 장애인 거주 프로그램이며, 장애인의 가치 회복과 일탈 방지를 위하여 보다 쉽게 지역사회에 통합될 수 있도록 물리적 환경을 제공하는 프로그램"이라고 밝히고 있다.

이와 같은 개념적 정의를 통해서 알 수 있듯이, 장애인 그룹홈은 주로 지적장애인을 대상으로 지역사회 내에 설치된 소규모의 주거 프로그램으로, 그 목적을 장애인의 재활과 사회적 자립 및 사회적 통합에 두고 있는 "장애인을 위한 소규모 지역사회 주거 프로그램"을 말한다고 정의 내릴 수 있다(손광훈, 2004: 101-102).

2) 장애인공동생활가정의 특성과 장점

장애인의 지역사회 주거생활이란 지역사회에 단순히 물리적 통합을 이루는 것이 아니라 지적장애인도 당연히 지역사회의 주체적인 구성원으로서 존재해야 하며, 지역사회 구성원들 속에서 공동체 의식과 소속감을 가지고 지역사회에 참여하는 것을 의미한다.

이와 같은 일련의 흐름은 지적장애인의 생활 형태가 '대규모 시설로부터 소규모 시설로' '지역사회에서 분리된 환경으로부터 지역사회와 통합된 환경으로' '시설복지로부터 지역사회 거주시설'로 변해야 한다는 사회적 요구로 표현되고 있다. 이에 따라 지적장애인의 지역사회 생활배치(community living arrangement) 형태도 체계적으로 연구ㆍ개발되어, 그 결과 지적장애인이 지역사회와 격리되지 않고 생활할 수 있는 지역사회 배치의 한 형태로서의 서비스 중의 하나가 바로 '그룹홈(장애인공동생활가정)'인 것이다(손광훈, 2004: 103).

이러한 장애인 그룹홈은 장애인의 사회통합이라는 측면에서 매우 바람직한 장애인 주거서비스라고 할 수 있다. 또한 그룹홈은 장애인 개개인의 능력에 적합한 프로그램을 입소자의 입장에서 개별적인 차원으로 진행시키는 데 매우 유리하다. 또한 집단생활과 직업생활을 통해서 사회성을 향상시킬 수 있으며, 이웃과의 지속적인 관계를 통하여 비장애인과의 통합도 가능해진다. 장애인의 사회적 자립과 사회적 통합을 모색하는 것을 목적으로 하는 그룹홈은 전통적인 시설보호와 구별되는 몇 가지 특성 및 요건을 가지고 있다(오혜경, 1997: 314).

- 그룹홈은 훈련이나 교육보다는 생활이 강조되므로 최대한 가정적인 분위기와 생활환경을 조성하는 것이 필요하다. 이를 위하여 가구나 주방용품, 가전제품, 일상용품, 의류, 오락기구 등이 일반 가정에서 사용하고 있는 것과 동일한 것을 사용하여 일반 가정의 분위기와 요소를 갖추어야 한다.

- 지적장애인도 성인이 되면 독립적인 생활이 가능하다는 인식에서 출발하였다. 기존에는 지적장애인이 영원히 보호받아야 할 대상으로서만 인식되었으나, 현재는 일정한 교육과 훈련을 통해서 사회적으로 직업을 가지고 가정을 이룰 수 있다는 것이다.
- 그룹홈의 주거지는 일반 주택지 내에 배치되고 특별한 표식이 없는 것이 바람직하며, 그룹홈을 한곳에 모이게 하는 것은 좋지 않다.
- 그룹홈은 단순히 시설을 소규모화한 것이 아니다. 또한 시설을 부정하는 것이 아니고 상호 보완적인 관계다.
- 그룹홈의 입주 및 서비스는 장애인과 운영 주체 간의 계약에 있어 강제적인 것이 아니다.
- 그룹홈의 교육이나 훈련은 기본적으로 개인생활이라는 입장에서 개별성을 강조하는 최소한의 관리성이 배제된다.
- 그룹홈의 구성원에게 지역사회에서 균등한 참여와 권리가 보장될 수 있는 배려가 있어야 한다. 이러한 노력을 기울이기 위해 전문인력이 필요하다. 이 점에서 그룹홈이 단순히 가정이 아니고 복지 측면이 강조되는 공동체라는 것을 알 수 있다.
- 그룹홈 구성원의 생활은 기본적으로 개인생활이어야 하며, 본인이 희망하는 한 그룹홈 생활은 계속될 수 있다. 즉, 일반시민으로서 지역사회 생활을 하는 데 합당한 개인생활이 확보되고 한 시민으로서의 모든 권리가 보장될 수 있는 최대한의 배려가 있어야 한다.
- 집단가정의 보호자(house parents)가 항상 있어야 하는데, 이것은 단순히 집단가정이 주택가정의 주택시설이 아니고 복지시설이란 점을 강조하는 것이다. 그 자격조건은 거주하는 장애인들을 위한 사명의식을 가져야 하며, 훌륭한 조직자여야 할 뿐만 아니라 전반적으로 집안일에 정통하고 이웃, 정부기관 및 거주자들과 쉽게 의사소통을 할 수 있어야 한다는 것이다.

또한 장애인 그룹홈과 같은 소규모 지역사회 주거시설은 대규모의 주거시설에 비하여 다음과 같은 장점을 가지고 있다(김용득, 유동철, 2005).

- 일반 사회구성원과 비슷한 방식으로 욕구를 충족시킬 수 있기 때문에 생활 전반에서 일상생활에 대한 접근 기회가 극대화된다.
- 장애인의 기본적인 권리를 보장하는 방법이다. 즉, 장애인의 기본적인 인권은 장애의 정도와 종류에 관계없이 다른 사람들과 동일한 지역사회에서 살아갈 수 있는 권리를 의미하는 것이기 때문에 소규모 주거시설을 통하여 이러한 기본적 인권의 보장이 보다 용이해진다.
- 장애인의 사회통합을 보다 활성화할 수 있다. 비장애인들과 비슷한 지역사회 환경에서 생활함에 따라 장애인을 비정상적인 사람으로 보는 편견을 완화할 수 있을 것이다.
- 입주자의 성장과 발달의 기회를 더 많이 제공할 수 있다. 발달적 접근에서 개인의 성장은 발달에 대한 과업과 기대가 주어지는 상황에서 나타날 수 있는 것이라고 보는데, 이러한 견지에서 소규모 주거시설에서는 개인의 역할이 존중되기 때문에 성장에 보다 유리한 조건을 제공한다고 할 수 있다.

이와 같이 장애인 그룹홈의 특성과 장점들은 결국 장애인의 사회재활과 사회통합을 촉진하는 방법으로 유용하다. 또한 대규모 시설의 유지를 위해 소요되는 막대한 예산을 줄일 수 있다는 점과 함께 장애인 부모가 가지는 부양에 대한 부담도 일부 경감시킬 수 있다는 점 또한 장점으로 부각되고 있다. 또한 비장애인은 지역사회에 거주하는 장애인을 동일한 삶의 공간에서 일상적으로 접촉할 수 있기 때문에 장애인에 대한 편견과 선입견을 해소할 수 있는 좋은 기회가 될 수 있다.

3) 장애인공동생활가정의 유형과 서비스[1)]

(1) 장애인공동생활가정의 유형

개별 그룹홈은 설치 목적에 따라 영구 거주형, 훈련형, 순회 지도형 등으로 나눌 수 있다. 먼저, 영구 거주형 그룹홈은 신변 자립이나 경제적 자립이 가능한 장애인을 대상으로 영구적으로 독립적인 생활이 가능하도록 하고 지역사회와의 완전한 통합을 이룰 수 있도록 하는 유형이다. 다음으로, 훈련형은 일정 기간 동안 입주하게 하여 전문적인 직원의 원조를 통하여 자립할 수 있는 능력을 갖출 수 있도록 도와주기 위한 목적으로 설치되는 유형이다. 끝으로, 순회 지도형은 독립적인 생활이 가능하지만 완전 독립적으로 영구히 거주하기 어려운 경우에 상주 직원 없이 필요시 방문하는 직원의 도움을 받는 유형이다.

(2) 서비스의 내용

그룹홈에서 제공되는 서비스는 지역사회에서의 소규모 주거공간에서 개인의 적응과 사회통합을 극대화할 수 있는 방향으로 제공된다. 이러한 서비스의 내용들을 지역사회 생활기술(community living skills)의 지원·교육·훈련으로 설명할 수 있을 것이다.

데버(Dever, 1988)의 연구에서는 지역사회 생활기술을 다섯 가지로 분류하고 있다. 다른 모델과 달리 이 모델은 사람들의 일상생활을 구성하는 활동의 세부 내용과 구체적인 부합성이 발견되고 있다는 점과 장애인을 위한 기관에서 서비스가 제공되는 상황에 적합하게 만들어졌다는 점이 두드러진다. 이 분류 체계의 다섯 가지 영역과 그 내용을 요약하면 다음과 같다.

첫째, 개인 유지 및 발달 영역이다. 이는 스스로의 생활을 유지하기 위하여 개별적으로 필요한 기술을 포함하는 것으로서 씻기, 화장실 가기, 몸치장하기 등의 고전적인 자조 기술부터 일상생활에서 가족이나 친구와 관계를 유지하

---

1) 장애인공동생활가정의 유형과 서비스에 관해서는 김용득과 유동철(2005)에서 인용하였다.

는 데 필요한 기술에 이르기까지 다양한 요소를 포함한다.

둘째, 가사와 지역사회 생활이다. 이는 주거 공간을 확보하고 금전적인 계산을 하고 영양을 유지하는 등의 활동을 포함한다. 그리고 이웃이나 상점, 지역사회의 공공기관과 좋은 관계를 유지하는 데 필요한 기술을 포함한다.

셋째, 직업 영역이다. 일의 세계와 관련된 것으로 직업을 찾고, 직업을 수행하고, 작업장을 활용하는 등의 기술을 포함한다. 직장 상사나 동료와 좋은 관계를 유지하는 기술, 그리고 작업장에서 예상되는 갈등을 다루는 기술도 포함한다.

넷째, 여가 영역이다. 휴식에 관한 영역으로서 일하지 않는 동안 자신을 돌보는 방법을 포함한다. 그리고 새로운 여가 기술을 익히는 방법, 희망하는 활동을 잘할 수 있는 방법 등을 포함한다.

다섯째, 이동 영역이다. 이는 지역사회에서의 이동에 필요한 기술이다. 여기에는 교통수단을 이용하거나 지역사회 지리에 관한 윤곽을 파악하는 내용 등이 포함된다. 그리고 여행하는 동안 적절한 타인과의 상호작용을 유지하는 방법도 포함된다.

지역사회 생활은 각 개인에게 개별적인 특성을 갖고 있기 때문에 어떤 분류 도식을 적용한다 하더라도 완전할 수는 없다. 따라서 그룹홈에서 훈련 서비스를 계획하기 위해서는 지역사회 생활기술의 전체 내용 가운데 입주 장애인의 개별적인 특성과 욕구에 기초하여 개별화된 계획이 수립되어야 할 것이다.

4. 거주시설의 발전 방향

1) 거주시설 개편 방향

장애인 주거시설 서비스 자체가 이용자 선택중심의 서비스 체계와는 상당한 거리가 있다는 지적은 이미 오래전부터 제기돼 왔던 것이 사실이다. 시설

내 비리와 인권유린 사건이 밝혀지면서 시설에 대한 사회적 불신이 커져 가고 있다. 새로운 시설 정책의 수립은 이제 피할 수 없는 과제가 되었다. 이를 위한 개편 방향을 제시하면 다음과 같다(김용득, 2008).

첫째, 시설 기능을 재점검해야 한다. 「장애인복지법」의 개정에 따라 장애인 생활시설은 장애인 거주시설로 명칭과 목적이 변경되었다. 이에 장애인 거주시설은 거주와 함께 지역사회 생활을 동시에 지원할 수 있는 시설로 변경되었다. 따라서 시설의 지역사회 생활을 지원하는 기능이 강화되어야 한다.

둘째, 시설을 소규모화해야 한다. 거주서비스의 흐름을 집단으로 거주하는 대형시설에서 지역사회와의 소통이 상대적으로 용이한 소규모 시설로 바꿔야 한다. 대규모 생활시설의 문제점이 제기되고, 소규모 거주시설로의 전환이 요구됨에도 여전히 대형 생활시설 중심의 서비스를 제공하고 있다. 대규모 시설을 점차적으로 줄이고, 신규 시설의 규모 제한을 통해 전체적인 시설의 규모를 대대적으로 소규모화할 필요가 있다.

이를 위해서는 일본의 경우처럼 소규모화된 공동생활가정을 지원하기 위하여 현재의 장애인 생활시설이 공동생활가정의 지원센터 역할을 수행할 수 있도록 함으로써 장애인들의 희망에 따라 대규모의 생활시설에서 4~5인 정도의 가정 분위기로 운영되는 지역사회 중심의 공동생활가정으로 분화하여 장애인의 시설수요에 대처할 수 있는 제도의 도입도 하나의 방안이 될 수 있을 것이다(임성만, 2006).

이를 촉진하기 위해서는 예산의 흐름도 소규모 시설에 유리하게 바꿔야 한다. 현재는 시설의 거주자 수에 비례한 보조금 지원방식으로 운영되기 때문에 소규모 시설일수록 운영이 어렵다. 따라서 인원에 따라 동일하게 누적 합산되는 방식이 아니라 대형시설에는 단위비용보다 낮은 저율을 적용해 예산 산정 기준이 대형시설에 유리하지 않은 방식으로 변경할 필요가 있다.

셋째, 시설 운영을 통합화해야 한다. 시설과 지역사회는 배타적인 것이 아니다. 시설 거주인들의 지역사회가 참여 가능하고 자기 선택이 가능한 방향으로 시설 운영체계를 전면 개편해야 한다는 주장을 펼쳤다. 장애인들은 지금까지 지역사회에 남을 것이냐와 시설에 입소할 것이냐의 사이에서 경직된 선택을 강요당해 왔다. 하지만 거주배치 서비스는 지역사회 서비스의 연속선상에 위치시켜야 한다. 시설보호를 별도의 체계로 운영하는 것이 아니라 지역사회 서비스 체계와 통합하는 것이 바람직하다.

넷째, 시설을 다양화하고 이용자의 선택권을 보장할 필요가 있다. 우리나라에서 생활인 스스로 거주시설의 유형을 결정하고 선택하는 것은 현실적으로 불가능한 실정이다. 법적으로는 시설선택권이 보장되어 있지만 선택할 수 있는 시설이 거의 없기 때문이다. 이와 같은 문제를 해결하기 위해서는 시설의 종류를 유형별·크기별로 다양하게 설정하고 서비스 이용자들의 욕구에 맞는 주거서비스를 선택할 수 있도록 해야 한다.

또한 국민기초생활보장 수급권자 중심의 입소 정책을 개편해야 한다. 현재는 수급권 여부로 시설 입소를 제한함으로써 그 밖의 거주시설 서비스를 이용하고자 하는 사람들의 욕구를 원천적으로 봉쇄하고 있다. 앞으로는 수급권 여부에 따라 결정되는 것이 아니라 보호욕구에 대한 사정에 근거해서 이뤄져야 한다.

다섯째, 마지막으로 강조하고 싶은 것은 지원주택(supported housing)의 도입이다. 지원주택이란 저렴하고 적절한 주거와 지원서비스가 결합된 주택을 말하며, 적절하고 안정적인 주거환경에서 독립적인 생활과 발전에 필요한 서비스를 지원하는 것을 목표로 한다. 서비스 제공자가 함께 거주하지 않고 아웃리치(out-reach) 서비스를 제공하는데, 이를 연계·조정해 주는 사례관리자가 핵심 인력이다. 지원주택은 최근 장애인자립생활센터에서 운영하는 체험홈, 자립홈과 유사하다. 사실 지금까지 공동생활가정 대규모 시설의 대안으로 생각되어 왔지만, 공동생활가정 또한 사회재활교사가 함께 거주하고 이 교사를 중심으로 가정이 운영된다는 면에서 공동생활가정도 또 하나의 시설이라는 비판에 직면해 왔다. 이를 극복할 수 있는 대안이 바로 지원주택이다. 장애인이 지역사회에서 독립적으로 생활하지만 필요한 경우 서비스를 지원받을 수 있다는 점이 지원주택의 매우 큰 장점이다.

2) 거주시설의 서비스 개선

첫째, 자기결정권의 인정과 이용자의 참여를 확대해야 한다. 거주시설에서 생활하는 장애인은 식사의 시간과 식단의 구성, 하루의 일과, 외출 등 일상생활에서 자기결정권이 제한된 상태로 획일적인 생활을 경험하고 있는 경우가 많기 때문이다.

둘째, 거주시설의 환경을 가급적 일반 가정과 유사한 형태로 재구조화해야 한다. 시설에서 집단 급식하는 배식판으로 일률적인 식사만을 하던 사람이 지역사회에 잘 적응할 것이라고 생각하는 사람은 아무도 없을 것이다. 따라서 가정화된 주거환경, 주류화된 용구의 활용 등 서비스 환경에 대한 가이드라인이 제시될 필요가 있다.

셋째, 권리구제 절차와 조직이 필요하다. 해마다 사회복지시설에서 발생하는 심각한 인권유린 사건이 신문기사를 장식하고 있다. 이와 같은 끔찍한 인권유린 사건 이외에도 생활시설 장애인의 약 38.2%가 폭력이나 폭행을 당한 경험이 있는 것으로 조사되었고, 폭력 형태는 신체폭력 37.8%, 폭언 20.1%, 굶김 14.0%, 성폭력 9.1% 등 매우 심각한 수준으로 나타났다(국가인권위원회, 2005). 물론 이 조사가 조건부 신고시설을 중심으로 한 것이나, 상당수 장애인 생활시설에서 인권침해가 자행되고 있음을 알 수 있다. 이와 같이 인권침해 현상이 발생하더라도 거주시설 이용자는 지적장애인이나 발달장애인이 대부분을 차지하고 있기 때문에 이들의 권리구제 절차는 많은 한계가 있다. 따라서 장애를 가진 사람의 신속하고 적절한 권리구제를 위해서는 공정한 고충처리기관을 설치할 필요가 있으며, 자신의 의사를 표현하는 데 문제가 있을 수 있기 때문에 자기의사의 대리기관으로 후견인 제도를 도입할 필요가 있다.

넷째, 전문가의 역할 변화가 필요하다. 사회복지사 및 재활전문가들은 이용자에 대한 교육과 훈련, 치료와 지원 과정에 대한 장애인의 선택과 참여, 자기결정을 확대시키는 노력을 해야 한다.

마지막으로 신선한 사례를 하나 소개하면서 거주시설에 대한 글을 마치고자 한다.

영국의 시각장애인시설인 레더헤드(Leatherhead)에서 있었던 일이다(Oliver, 1991). 이 시설은 우리가 일상적으로 경험하는 대부분의 장애인 생활시설과 마찬가지의 경험들을 가지고 있던 시설이었다. 시설 거주 장애인들의 독립에 대한 격려는 없고, 거주자와의 토론이나 의견의 청취 없이 직원에 의해 서비스가 결정되는 그러한 전통적인 시설이었다고 한다.

그러나 새로운 시설장이 임명되면서 조용한 반란이 시작되었다. 새로운 시설장은 '권리 · 존중 · 선택'이라는 명제하에 직원과 생활인들의 불평등한 관계를 변화시킬 것을 요구하였다. 첫 단계로 건물 구조 개혁 작업을 서둘렀다. 외부 세계와의 접촉을 단절시킨 거대한 철문을 제거하였고, 소규모 아파트식 구조로 시설의 구조를 뜯어 고쳤다.

다음 단계는 프로그램 개혁이었다. 프로그램의 초점이 각 개인의 독립을 최대한 보장할 수 있는 것으로 변화되었고, 이로 인해 개인 소유물, 식사시간, 의복 형태 등에서 개인의 사생활이 최대한 보장될 수 있도록 바뀌었다. 프로그램 개발에는 처음부터 장애인들이 함께 참여하였다.

이뿐만이 아니었다. 장애인 생활인들이 새로운 직원을 채용하는 데 공식적으로 관여하기 시작하였다. 이 시설에서 새로 채택한 직원 채용 방식은 다음과 같다. 장애인 생활인들과 직원들이 먼저 지원자의 지원서를 꼼꼼히 체크하고 이후에 면접에 들어간다. 이 면접은 우리가 일상적으로 보아 온 몇 분간의 면접이 아니다. 지원자는 먼저 거주자 및 직원들과 함께 커피를 마신다. 그리고 거주자들과 먼저 만남을 가진다. 직원 선발의 우선권이 거주자들에게 있다는 것이다. 이후에 지원자는 거주자들 및 직원들과 함께 점심 식사를 한다.

점심 식사가 끝나면 두세 명의 직원과 두 명의 거주자가 참여하는 공식적인 면접 과정을 거친다. 이러한 과정을 거친 후 직원과 거주자들의 협의에 의해 직원이 선발된다.

우리나라의 시설에서 본다면 이러한 과정들이 꿈같은 이야기일 수도 있다. 그러나 레더헤드가 이 과정을 처음 시작할 때 거기에서도 마찬가지로 꿈같은 이야기였음을 알아야 할 것이다.

하여튼 이 시설의 직원들은 장애인 스스로가 더 잘 알고 있다는 것을 받아들이도록 요구되었으며, 시설의 일은 대부분 장애인과 직원들의 협동작업에 의해 이루어졌다. 이들은 이와 같이 장애인의 눈으로 세상을 바라보는 사회복지사의 역할을 강조하고 있다.

마지막으로, 이 시설에서 신임 사회복지사들에게 전하는 황금률 하나를 소개한다. "당신이 모른다면, 거주자에게 물어보라! 거주자들은 언제든 답을 알고 있거나 답해 줄 사람을 알고 있다."

제15장

장애인 인권 운동

장애인에 대한 차별과 배제는 노동, 교육, 시설, 이동, 선거, 방송 등 모든 생활영역에 팽배하게 자리 잡고 있어서 일일이 열거하기 어려울 정도다. 한편, 차별과 배제가 존재한다는 사실은 차별에 대한 반작용 또한 존재할 수밖에 없음을 말하는 것이며, 차별에 대한 반작용은 차별받는 당사자들의 저항운동으로 표출된다. 이와 같은 저항운동을 우리는 장애인 운동이라고 부른다.

김상호(1994)는 "장애인 운동이란 장애인의 열악한 삶을 개선하려는 제 활동을 말하며, '장애해방'을 그 목적으로 한다."라고 정의하고 있다. 여기서 '장애해방운동'이란 "장애인이 장애를 입었다는 이유로 사회로부터 받는 온갖 차별과 소외에서 해방되어 인간답게 사는 사회를 건설하기 위한 일련의 노력, 즉 장애인의 인권을 회복하기 위한 모든 사회적인 활동(김상호, 1994)"이다. 즉, 장애인 운동의 궁극적 가치는 장애로 인해 차별되고 소외되는 인권의 회복에 있다.

이러한 운동은 장애인 정책의 변화로 귀결된다. 최근 제정된 모든 법률이 장애인 운동에 의해 제안되고 형성되어 왔다는 점에서 장애인 운동의 주도적 역할을 이해할 수 있다.

그러나 차별과 배제에 대한 저항운동, 인권회복 운동은 항상 동일한 모습으로 드러나지는 않는다. 당시대를 지배하는 패러다임과 그 시기에 조응한 주체의 역량에 따라 다양한 모습으로 나타난다. 따라서 이 장에서는 대표적인 영역에서의 장애인 운동의 궤적을 훑어본 후 장애인 운동의 주체적 흐름을 패러다임 속에서 확인해 보고자 한다.

1. 장애인 운동의 역사

　　장애인 운동을 크게 (1) 운동의 가치와 목표(사회정의와 개혁성), (2) 조직 형태(지속적이고 대중적인 조직화), (3) 운동 주체, (4) 운동 방식(체계화된 전략과 전술의 활용) 등에 따라 구분해서 살펴보자.

　　장애인 운동을 차별에 대한 저항의 표출 형태라고 본다면, 광의의 장애인 운동은 해방 이전 시기까지도 거슬러 올라갈 수 있다. 그러나 장애인 운동을 조직적이고 지속적인 저항운동으로 정의할 경우 이와 같은 장애인 운동은 해방 이후 시기에서 관찰할 수 있다. 따라서 여기서는 해방 이후에 발생한 장애인 운동을 주로 다룬다.

1) 장애인 운동의 태동기(1987년 이전)

　　민주항쟁의 원년으로 불리는 1987년까지는 장애인 운동의 태동기라고 말할 수 있다.[1] 장애차별에 대한 저항이 시작되긴 하였지만 조직적이고 지속적이며 개혁지향적인 장애인 운동은 존재하지 않았다. 장애차별에 대한 저항은 주로

---

1) 장애인 운동과 관련해 존재하는 대부분의 연구는 1980년 이전을 장애인 운동의 암흑기라고 평가하면서 1981년부터 1987년 민주항쟁 사이의 시기를 초보적인 대응기로 분류하고 있다. 이는 신용호(1996)의 분류를 따른 것인데, 여기서는 1987년 이전 시기를 하나로 묶는다.

입학과 공공직 임용에서 낙마한 장애인들을 구제해 달라는 식의 대응이었다.

(1) 입학거부에 대한 운동

장애인의 집단적인 움직임을 촉발한 사건은 1960년대 말부터 지속되었던 장애인 입학거부 사건이었다. 1967년 부산중학교에 지원한 윤철 군이 학과시험에서는 만점을 받고도 장애를 가졌다는 이유로 입학을 거절당해 1968년 한국특수보육협회(현 한국소아마비협회)에서 서명운동을 벌인 일이 있었다. 당시 일류 중학교로 꼽히던 경기중학교나 서울중학교는 합격선이 100점 만점에 97점에 육박할 정도로 치열했기 때문에 장애인의 경우 체력장에서 5점을 손해 보게 되어 설사 필기시험에서 만점을 받더라도 합격할 수 없었다(한국재활재단, 1996: 275-276). 이러한 항의의 결과로 당시 문교부(현재 교육부)는 소아마비 아동에게 체능특전을 주는 안을 마련하였으나, 문교부장관의 교체로 체능특전 안이 전면 백지화되었다가 결국 여론에 밀려 1972년부터 중·고등학교 입학시험에서 장애학생에 대한 체능검사를 면제하기로 결정하였다(김윤정, 1997).

1974년에는 예비고사에 합격하였으나 시각장애를 가졌다는 이유로 대학입시원서 접수를 거절당한 5명에 대해 시각장애 관련 11개 단체가 문교부장관과 각 대학 총장 앞으로 탄원서를 보내 시각장애학생들이 대학에 진학할 수 있도록 보장해 줄 것을 요청하였다. 이후 학생과 부모 등이 '비교육적 입학제한 규탄 궐기대회'(1976) 등을 가졌지만 대안을 찾지는 못하였다(김윤정, 1997: 35).

그리고 1976년 30여 명의 장애인이 서울대학교에 대거 낙방하는 사건이 발생하자 부모 및 장애인계에서 거세게 항의했으며, 이는 비교육적 입학제에 대한 궐기대회 등으로 이어졌다.[2)]

---

2) 장애를 이유로 입학을 거절당한 사례는 이 외에도 1977년 서울대학교 응용미술학과에 지원한 청각장애인 박치곤, 영남대학교 약학대학에 지원한 장기석, 구본영 등이 각각 장애라는 이유로 입학을 거부당했으며, 1978년에는 부산대학교 윤여진, 김호남 등 7명이 무더기로 입학을 거부당하는 등 입학거부 사례는 끊이지 않아 왔다.

이와 유사한 사건들이 줄줄이 뒤를 이었지만,[3] 이렇게 빈번한 입학차별에 대해 당시의 장애인계는 조직적으로 대응하기보다 단발적이고 개별적으로 대응하였으며 그 목표도 개인구제 차원에 머물렀다.

(2) 공공직 임용거부에 대한 운동

입학거부와 같은 장애인 차별은 공공 노동시장에서도 되풀이되고 있었다. 1981년에 경주에서 5급 행정직에 지원하여 합격한 장애인이 불합격되는 사건이 발생하였다. 무엇보다도 노동시장에서의 장애인 운동의 시발점이 된 사건은 1980년 제22차 사법시험에 합격하여 사법연수원을 수료한 4명의 장애인이 1982년 법관 임용에 이유 없이 탈락된 사건[4]이었다. 당시에 운동 역량이 성숙되지 못한 장애인계는 단발적이고 개별적인 움직임을 보여 왔는데, 이 사건을 계기로 처음으로 '공동대책위원회'를 결성하여 100만인 서명운동, 집단탄원서 제출 등을 통해 전국적인 반향을 불러일으켰으며 결국 대법원으로부터 구제조치를 획득하게 되었다. 이와 같이 노동영역에서도 마찬가지로 지속적이고 개혁지향적인 장애인 운동은 존재하지 않았다. 개인구제 차원의 움직임만이 존재했을 뿐이다.

---

3) 1980년 영남대학교 약학대학의 필기시험에서 상위를 차지한 장애인을 지체장애인이란 이유로 낙방시킨 사건이 발생하였으며, 1986년에는 가톨릭의과대학에서 소아마비 학생 3명이 불합격하는 사건이 발생했다. 영남대학교의 경우 장애인대표학생회의 불합격 철회 요청이 있었으나 학교 측이 받아들이지 않자 소송이 제기되었으며, 1981년 2월 승소하여 입학이 허가되었다. 이뿐만 아니라 이후 영남대학교에서 장애인이라는 이유로 입학을 거절하는 일은 사라졌다. 가톨릭의과대학에서도 5일 동안의 문교부와 보건사회부(현재 보건복지부) 간의 갈등, 김수환 추기경의 담화, 장애인단체의 항의 등으로 1명을 빼고는 불합격을 번복하고 합격 처리하였다.

4) 1980년 제22차 사법시험에 합격한 장애인은 박은수, 박찬, 조병훈, 김신 등 네 사람의 장애인이었으며, 이들은 1982년 사법연수원을 수료하고 법관 임용에 지원했으나 아무런 이유 없이 탈락되고 말았다. 이에 20여 개의 장애인단체가 공동대책위원회를 결성하여 다각적인 대응을 전개하였다.

(3) 장애인 운동의 평가

이 시기 장애인 운동은 일부 조직화를 이루었다는 점 이외에 합목적적인 전략과 전술은 없었던 시기로 평가할 수 있다. 대부분의 움직임은 특정한 사안에 대한 즉각적 반응으로 평가할 수 있다. 또한 운동의 전략과 전술도 거의 부재하다시피 했는데, 정부에게 문제를 해결해 달라는 청원식의 형태밖에 존재하지 않았다.

이 시기에 장애인단체들이 없었던 것은 아니었다. 한국장애인재활협회(1954), 대한정신박약자애호협회(1968), 한국소아마비협회(1975), 한국뇌성마비복지회(1977), 한국신체장애인복지회(1981), 한국장애인부모회(1985), 한국장애인연맹(DPI; 1986) 등이 조직되었지만 조직적인 운동은 보여 주지 못하였다. 따라서 이 시기 운동의 주체도 장애인 당사자라기보다는 장애인단체의 전문가나 부모, 학생들을 중심으로 이루어졌다.

이런 면에서 이 시기는 본격적인 장애인 운동의 시기였다기보다는 본격적인 장애인 운동을 준비하는 태동기로 분류할 수 있을 것이다.

2) 장애인 운동의 성숙기(1988~1990년대 중반)

1987년 민주항쟁 이후 자리 잡기 시작한 시민사회의 성숙은 장애인계에도 크나큰 영향을 미쳤다. 장애인계에서 본격적인 목소리 내기에 나선 것도 이 시기였다. 주요 이슈는 장애인의 생존권, 노동권, 교육권 등 핵심적인 영역에 관한 것들이었다.

(1) 심신장애자복지법 개정 및 장애인고용촉진법 제정 운동

이 시기에 장애인 운동의 중심을 이루었던 이슈는 장애인 생존권 확보, 노동권 확보, 교육권 확보 운동이었으며, 이 시기 촉매제가 되었던 것은 1988년의 제8회 서울장애인올림픽(1988. 10. 15.~10. 24.)이었다. 1988년 3월 28일 '보람의 집' 장애인 20여 명이 장애인의 생존권 보장을 요구하며 서울 종로의 연동교회를 점거해서 한 달 이상의 단식투쟁을 전개한 사건이 발생하였다. 목사들이 순복음교회에서 거둔 헌금을 장애인올림픽 지원금으로 기부하려는 것을 몇몇 장애인들이 장애인올림픽이 아닌 영세장애인들에게 나누어 주어야 한다고 주장하면서 사건은 시작되었다.[5]

　이러한 인식이 확산되면서 동년 4월 16일 명동에서 장애인들의 최초의 대중집회라고 할 수 있는 '기만적인 장애인복지정책 규탄대회'를 개최하였다. 이 집회에서 장애인들은 "한국의 장애인복지정책이 전무한 상태에서 장애인올림픽을 개최하는 것은 장애인을 우롱하는 처사"라고 주장하며 대규모 가두시위를 벌이는 등 권리운동을 시작하게 되었다.

　그러나 정부 및 매스컴에 의해 집회가 왜곡되고 사회의 관심을 불러일으키지 못하자 다음 날인 17일 삼육재활원을 점거하여 단식농성과 삭발로 다시 결의를 다졌다. 이러한 노력에도 불구하고 여전히 사회는 무관심하였고 국가로부터 뚜렷한 약속을 받아 내지 못하자, 7월 20일에는 장애인올림픽 조직위원회를 점거하여 올림픽의 기만성을 폭로하면서 전시적 장애인올림픽 전면 거부, 「장애인고용촉진법」 제정, 장애인 실태파악 즉각 실시 등을 요구하였다(김윤정, 1997: 44).

　같은 해 10월 9일 안암동 개운사에서 '기만적인 장애인올림픽 거부 및 장애인 생존권 결의대회'를 개최하였다. 이들은 우리나라의 열악한 장애인 현실 속에서 엄청난 돈을 소비하며 개최되는 장애인올림픽은 의미가 없으며, 진정한 장애인올림픽은 「장애인복지법」 개정과 「장애인고용촉진법」 제정임을 주장하였다. 특히 이 날의 행사는 장애인뿐만 아니라 사회복지(사업)학과 학생들과 특수교육학과 학생들도 대거 참여하여 장애인문제를 함께 공유하고 실천하였다.

　그러나 장애인들의 이러한 움직임과 노력에도 불구하고 정부나 정책입안자들은 아무 반응이 없었다. 이에 울분을 품은 장애인들이 명동성당에서 그해

---

5) 이 당시 장애인복지 예산은 겨우 50억 원 정도였으나 장애인올림픽에 배정된 예산은 직접적인 비용만 약 200~300억 원이었다(함께걸음, 2003년 12월호: 16).

11월 17일부터 24일까지 8일간의 노상철야단식을 통해 각 당의 정책입안자로부터 장애인복지청 신설과 「장애인복지법」 개정, 「장애인고용촉진법」 제정의 약속을 받아 냈다(장애우권익문제연구소, 2001).

1989년 1월 27일에는 '장애인고용촉진법 제정을 위한 공청회'를 개최하여 각 당에서 제출한 법안의 문제점과 한계를 지적하고, 가능한 한 장애인단체에서 만든 법안을 관철시켜 줄 것을 요구하였다. 그해 4월 16일 장애인의 날을 맞아 서울, 대전, 대구, 부산, 이리 등 전국에서 동시다발적으로 양 법안 제정을 다시 한번 촉구하였다. 같은 해 10월 30일에는 「심신장애자복지법」 개정과 「장애인고용촉진법」 제정에 초점을 두고 1988년에 창립된 한국장애인총연맹을 중심으로 전국의 많은 장애인단체가 하나가 되어 '양 법안 쟁취를 위한 전 장애인 공동대책위원회(이하 공동대책위원회)'[6]를 구성하였다. 공동대책위원회 역시 김성재 한국장애인총연맹의 공동대표가 위원장을 맡았으며 장애인계의 주요 인사들을 고문으로 구성하였다. 또한 각계 사회 인사들을 주축으로 하여 자문단을 구성하여 「장애인고용촉진법」 등에 대한 논의가 장애인계만의 문제가 아니라 전 사회문제임을 확산시켜 나갔다. 이러한 사회적 명성이 있는 외부 인사 영입은 사회정치적으로 지지 기반이 약한 장애인 운동조직의 입지와 자원을 확보하기 위한 전략적 측면이 강했다고 분석될 수 있다(이인영, 2001).

한편, 공동대책위원회의 대외협력부를 담당하고 있던 전국지체부자유대학생연합회(이하 전지대련)[7]에서는 지금 단계는 문제만 제기하고 촉구할 단계가 아니라, 확실한 성과물을 필요로 하는 단계라고 인식하고 약 10일간에 걸쳐 평민당, 민주당, 공화당을 차례로 점거하여 혈서, 삭발, 단식농성 등의 활동을 전

---

6) 처음에는 한국장애인총연맹, 장애우권익문제연구소, 서울장애인단체협의회 등 5개 단체만이 참여하였으나, 11월 2일에 재활협회, 정립회관 등 법인단체가 포함되어 31개 단체로 구성된 공동대책위원회가 꾸려졌다.

7) 전지대련의 투쟁적 활동에는 변혁적 장애인 운동을 고민하고 있던 울림터의 영향이 컸다. 울림터는 이후에 1991년 장애인운동청년연합회(이하 장청), 1993년 전국장애인한가족협회(이하 전장협)로 운동의 맥을 이어 나갔다.

개하였다. 이 과정에서 각 당의 총재 배석하에 보건사회위원회 대표 국회의원
과 노동부 대표 국회의원 간의 면담이 이루어졌다. 야 3당에서는 여당에서 반
대하더라도 야 3당 단일안으로 관철시켜 줄 것을 약속하였다.

1989년의 막바지인 11월 11일에는 공동대책위원회 주최로 국회의사당 앞
에서 '심신장애자복지법 개정과 장애인고용촉진법 제정을 위한 4백만 장애인
총결의대회'를 열어, 전지대련, 전국특수교육학과연합회, 사회복지(사업)대학
생협의회, 재활협회 등에서 참석한 사람들이 양 법안이 이번 국회에서 반드시
통과되어야 함을 한 목소리로 외쳤다. 집회 이후로 공동대책위원회는 양 법안
심사소위원회에 참여하는 등 장애인들이 직접 입법 활동에 참여하였으며, 이
러한 노력의 결과 1989년 12월 국회 본회의에서「심신장애자복지법」이「장애
인복지법」으로 개정되었고,「장애인고용촉진법」이 제정되었다.

(2) 님비현상에 대한 운동

1980년대 후반「장애인복지법」개정과「장애인고용촉진법」의 제정이라는
커다란 성과를 얻어 낸 장애인계는 이후 장애 관련 사안에 보다 조직적인 대응
을 보여 주었다.

1991년 10월 정부에서는 천안에 장애아동을 가르칠 공립 특수학교를 설립
하고자 했으나 주민들의 반대에 부딪혀 공사를 중단하고 있었다.[8] 학교 주변
의 땅 주인들과 군청 그리고 주민들이 합세하여 원천적으로 학교를 지을 수 없
도록 반대하고 있었다. 이 사건을 계기로 '천안 인애학교 해결을 위한 공동대
책위원회'를 구성하고 청와대나 국회에 대한 로비를 비롯해서 대중집회 등 강
력한 대응을 해 나갔다. 그 결과 1992년 초 인애학교 문제는 해결되었다. 이
사건은 장애인시설반대에 대한 장애인 운동의 첫 번째 성과라는 점에서 중요

---

8) 그동안 장애인시설 건립 반대는 꾸준히 있어 왔는데 대표적인 것으로 1987년 강서재활원, 1988년
   신망애재활원 건립 반대를 들 수 있다. 이때마다 정부에서는 건립을 중단한 채 물러서는 수동적인
   모습을 보였고, 장애인계에서도 적극적으로 대응하지 못하였다.

한 사건으로 인식되었다(장애우권익문제연구소, 2001).

그런데 1992년 또 다시 마장동에 성동장애인종합복지관을 건립하려고 했지만 교육상 좋지 않고 땅값이 떨어진다는 이유로 주민들이 반대하여 시작 하루만에 중단되었다. 이를 계기로 '장애인복지를 위한 공동대책위원회(이하 공대위)'를 결성하여 사안에 따른 대책위원회가 상시적인 조직으로 자리매김하게 되었다.

(3) 장애인교육권 확보운동

1992년 대통령선거 때 공대위에서는 장애인복지정책안을 만들어 그해 10월 19일 김대중 민주당 대통령 후보 초청 정책 토론회를 개최하였고 3당 후보의 대통령 공약사업에 장애인들의 구체적인 요구를 반영하도록 하였다. 또한 1993년에는 「장애인교육에 관한 기본법」을 전체 장애인의 안으로 국회에 입법청원하였다(장애우권익문제연구소, 2001).

이와 함께 공대위는 다른 시민사회단체에 공동대응해 줄 것을 제의하고 27개의 시민사회단체가 장애인의 교육받을 권리를 위해 함께 참여하여 '장애인교육권 확보를 위한 범국민대책회의(이하 대책회의)'라는 한시적 조직을 결성하였다. 대책회의는 서명작업, 법안 토론회, 공청회, 세미나 등의 과정을 거쳐 「장애인교육에 관한 기본법」을 만들어 민주당 안으로 제출하였다(김윤정, 1997). 한편, 전국특수교육연합회 등 장애인교육과 관련되어 학생들도 단식농성, 수업거부, 대중집회 등을 통해 이 과정에 힘을 실어 주었으며, 마침내 1993년 12월 「특수교육진흥법」 개정안이 국회를 통과하였다.

(4) 생존권 확보운동

이런 흐름과 별개로 장애인의 생존권과 관련된 운동 또한 지속적으로 전개되었다. 운동의 시초는 1993년으로 거슬러 간다. 1993년 8월 가평 지역에 야시장을 벌이려는 한국지체장애인협회(이하 지장협) 회원들과 공무원이 마찰을 빚게 되는 과정에서 공무원이 장애인을 심하게 폭행하는 일이 발생하여 한국지체장애인협회가 8월 27일 여의도에서 '장애인 폭행 규탄 및 인권 쟁취 결의 대회'를 갖고 장애인 생존권 보장을 요구하기도 했다. 그리고 1995년 1월 성북 구 정릉동에 야시장을 열려고 한 장애인들과 불법 가건물을 단속하려고 하는 성북구청과의 마찰로 인해 충돌이 발생하자 전국장애인연합회가 그동안 묵인 되어 왔던 야시장을 철거하려는 성북구청의 무리한 단속을 비난하며 생존권 보장을 요구하였다(장애인복지신문, 1995. 1. 20).

장애인들의 생존권 운동이 대중의 관심을 끌게 된 계기는 1995년 3월 청계 천8가의 노점철거로 인해 생존의 터전을 잃게 되자 분신자살한 고 최정환 씨 (지체장애 1급)의 죽음이었다. 최정환 씨의 죽음으로 전국노점상연합회, 전국 장애인한가족협회 등 25개 단체가 모여 비상대책위원회를 구성하여 연세대학 교에서 장례식을 장애빈민장으로 거행하기로 하였다. 그리고 '장애인자립추 진위원회'를 결성하여 관련자 처벌과 장애인 생존권 확보를 위한 특별법 제정 을 요구하기로 하였다(장애인복지신문, 1995. 3. 24.). 이 외에도 1996년 7월 부 산 해운대해수욕장 해안도로에서 노점을 하던 장애인 이동재 씨가 구청의 노 점단속에 항의하며 분신을 기도한 사건이 발생하자 부산장애인단체연합회 차 원에서 대책위원회를 구성하여 영세장애인 생존권 문제를 제기하기도 했다.

(5) 장애인 운동 평가

이 시기의 장애인 운동을 평가해 보도록 하자.

첫째, 장애인 운동의 가치나 목표라는 면에서 기존의 장애인 운동과는 커다 란 차이를 보인다. 기존의 장애인 운동이 개인적 구제라는 목표에 치중해 있었 다면 이 시기에는 장애인문제를 국가가 책임져야 하는 사회구조적인 문제로 인식하고 장애인의 권리를 주장하기 시작했다는 것이다. 따라서 운동은 주로 대정부투쟁으로 나타나며, 운동의 구체적인 목표는 주로 법과 제도를 만드는 것에 집중되었다.

둘째, 이 시기 장애인 운동의 핵심 주체는 경중지체장애인과 전문가 집단이 었으며, 생존권, 교육권, 노동권이라는 문제가 주요한 쟁점이 되었다. 교육이나 노동이라는 문제는 사실상 중증장애인에게는 아직도 그림의 떡 같은 것이었으며, 경중장애인들에게는 매우 절실한 제도였다고 할 수 있다. 앞서 살펴본 바와 같이, 이 시기 장애인 운동을 끌어 나갔던 조직으로는 한국장애인총연맹, 장애우권익문제연구소, 전국지체부자유대학생연합회를 들 수 있다. 한국장애인총연맹은 장애인단체의 대표성을 띠고 적극적으로 결합하였으며, 장애우권익문제연구소는 전문가 집단으로서 정책과 법률 입안에서 큰 역할을 하였다. 또한 전지대련은 경중 지체장애인 중심으로 장애인 운동을 역동적으로 이끌어 가는 역할을 하였다.

셋째, 운동의 전략과 전술 면에서도 입법청원, 서명, 점거농성, 혈서, 공청회, 대규모 거리집회 등의 다양한 전술을 보여 주었으며, 운동조직 면에서도 개별 단체의 개별적 운동을 인정하면서도 공대위를 구성하는 연합 전술 및 일반 시민사회단체와도 결합하는 개방성을 보이면서 적극적인 모습을 보였다. 특히 이 시기에 결성되었던 공대위는 장애인문제에 대해 보다 적극적이고 공격적이어서 진보적인 노동단체와 다른 시민사회단체와의 연대의 틀을 구성할 수 있었다. 특히 장애인계의 숙원이었던 단일한 공동창구 마련을 위한 계기가 되었다는 점에서 장애인 운동을 진일보시킨 것으로 평가되고 있다.

연합전술의 일환으로 공대위의 성과가 가시적으로 나타나자 1990년대 중반에는 공대위와 별도로 장애인 유형별 단체의 연맹체가 탄생하였다. 1996년 9월에 창립한 한국장애인단체총연합회가 그것이다. 한국장애인단체총연합회(1996~1998, 이하 1기 장총련)는 한국지체장애인협회(회장 장기철), 한국농아인협회(회장 안세준), 한국맹인복지연합회(회장 유정종), 지적장애인애호협회(회장 강홍조)로 구성되었는데, 지·농·맹·지적장애의 4개 유형별 장애인단체로는 최초의 구성이었다. 그러나 1기 장총련은 정부에 대한 정책건의 등을 제외하고는 별다른 장애운동을 보여 주지 못하고, 1998년에 한국장애인단체총연맹이 설립되면서 와해되기에 이른다.

3) 장애인 운동의 다원화기(1990년대 후반~현재)

1990년대 후반 장애인 운동은 매우 커다란 변화를 겪는다. 장애조직은 거대 조직 이외에 풀뿌리 조직들이 장애인 운동의 전면에 나서기 시작했으며, 운동 방식도 소송, 입법청원, 단식, 점거, 서명운동, 국토순례, 공청회, 국제세미나, 철로점거, 쇠사슬 시위 등 다양한 방식이 나타났다. 운동의 주체들도 경증장 애인에서 중증장애인 중심으로 이동하는 경향이 짙고, 운동의 가치도 차별과 당사자주의를 중심으로 형성되고 있으며, 운동의 이슈도 생활 전반에 관련된 포괄적인 문제로 확대되었다.

(1) 장애인단체 간의 갈등, 그리고 장애인고용촉진법 개정 운동

1990년대 초반까지 왕성했던 장애인 운동은 1990년대 중반에 들어서 다소 침체되는 분위기였다. 1995년에 결성된 장애인복지대책협의회와 1996년에 결성된 1기 장총련이라는 연대 조직이 있었으나 특별한 활동은 없었다. 특별 한 움직임이 없던 장애인계는 1997년 국민회의 후보였던 김대중의 대통령 당 선 직후 극심한 내홍에 빠지게 되었다. 내홍에 빠진 주된 원인은 장애인단체의 이원화와 「장애인고용촉진법」 개정 과정의 입장대립이었다.

1998년 12월 또 하나의 장애인단체 연맹체인 한국장애인단체총연맹(이하 한 국장총)이 출범하였다.[9] 장애인복지대책협의회장을 맡고 있던 김성재 교수[10]

---

9) 한국장애인단체총연맹의 발족을 논의하는 자리에는 한국지체장애인협회(이하 지장협) 장기철 회 장은 빠져 있었다. 지장협 장기철 회장이 제외된 것에 대해 장기철 회장은 본인의 의사라고 밝히고 있으나 한국장애인복지단체연합회 설립 측은 설립 당시의 조직체를 사회복지법인화할 것을 목표 로 하였다. 이에 장기철 회장은 「국가보조금예산 및 관리에 관한 법률」 위반으로 1997년 7월 16일 제천지원에서 징역 10개월, 집행유예 2년의 형을 선고받았으며, 이후 청주지원에서 가진 2심 항 소심에서도 유죄를 선고받아서 임원의 자격이 되지 않았기 때문이라고 밝히고 있다(장애인신문, 1998. 11. 2.).

10) 김대중 정부시절 청와대 민정수석, 정책기획수석, 문화관광부장관, 한국학술진흥재단 이사장 등을 역임하였다.

가 초대 회장을 맡고 당시 국민회의의 이성재 의원이 한국장총에 깊게 결합되어 있었다. 정치적인 권력을 지닌 두 사람이 깊게 개입되어 있는 이 단체의 출범으로 인해 한국장애인단체총연합회의 회원단체였던 한국농아인협회와 지적장애인애호협회가 한국장총으로 넘어가고 한국장애인단체총연합회는 와해되고 말았다.

장애인단체가 이원화되는 과정에서의 분열은 「장애인고용촉진법」 개정 과정에서 또다시 재현되었다. 「장애인고용촉진법」과 장애인고용촉진공단의 문제점이 불거지면서 장애인계에서는 장애인고용촉진공단을 복지부로 이관해야 한다는 주장이 제기되기 시작하였다. 장애인복지공동대책협의회는 1998년 2월 공동대표회의를 갖고[11] '고용촉진공단의 복지부로의 이관'에 대한 입장을 가지고 "새 정부는 장애인직업정책을 복지담당부처에서 관리하도록 하여야 한다."라는 내용의 성명서를 1998년 2월 9일에 발표하였다.[12]

노동부의 반대입장에도 불구하고, 1998년 9월 15일 여당인 국민회의는 8년간 시행한 결과 뚜렷한 효과를 보지 못한 이 법을 재검토할 시기가 왔다고 판단하고 장애인직업정책기획단(단장 김명섭 의원)을 발족하였다. 장애인직업정책기획단이 결성되어 법 제정 움직임이 공식화되자 공단의 이관을 찬성하는 분위기였던 장애인계에 반대하는 장애인 조직의 입장이 드러나기 시작하였다. 이러한 움직임으로 장애인계는 '직업재활법 제정 찬성 세력'과 '직업재활법 제정

11) 1998년 2월 5일 공동대표회의에서는 공단 이관 논의에 대해 노동부에서 복지부로 이관되어야 한다고 합의하였다. 참석자는 김성재(장애우권익문제연구소 이사장), 조일묵(한국재활협회 회장), 김정희(부름의전화 대장), 서광웅(한국장애인부모회 부회장), 양동춘(한국장애인선교단체총연합회 이사장), 임통일(한국교통장애인연합회 회장) 등이었다.

12) 이러한 장애인계의 문제제기가 있게 되자 보건복지에 관심 있는 국회 내의 소모임인 국회복지포럼(회장 유재건)은 1998년 3월 12일 국회의원회관 소회의실에서 '중증장애인 직업재활 정책의 방향 및 실천 방안'에 대한 공청회를 개최하여 부처 이관에 대한 논의를 본격화하였다. 이때 직업재활 전문가들은 공단 설립 이전의 장애인직업정책을 담당했던 재활협회의 실적과 공단의 실적을 비교하여 사업의 효과성이 전혀 없음을 지적해 전달체계의 소관부서 이관에 대한 지지 입장을 밝혔다. 그러나 노동부는 장애인고용촉진공단의 이관에 '반대'라는 입장을 분명히 나타냈다.

반대 세력'으로 이분되기에 이르렀다. 장애인직업재활법(안)에 대한 찬성 세력은 주로 한국장애인복지공동대책협의회를 중심으로 한 지역의 장애인단체, 기존의 장애인단체총연합회의 구성 단체였던 농아인협회, 맹인복지연합회, 지적장애인애호협회였고, 반대 세력으로는 한국지체장애인협회, 전국장애인한가족협회, 한국 장애인연맹(DPI), 교통장애인협회 등이었다. 반대 입장에 서 있는 단체들은 '복지는 복지부에서, 장애인 고용은 노동부에서'라는 성명서를 제출하면서 가시화되었으며, 11월 8일 여의도에서 한국지체장애인협회가 중심이 되어 직업재활법 제정을 반대하는 '범국민장애인총궐기대회'를 가져 본격적으로 반대하였다(이인영, 2001).

한편, 지장협을 중심으로 한 세력들은 2002년 3월 한국장애인단체총연합회(이하 장총련)란 이름으로 새로 결집하였다. 초대 회장으로는 한국시각장애인연합회의 정광윤 회장이 추대되었으며, 2004년 현재 한국시각장애인연합회, 한국지체장애인협회, 한국 DPI, 한국교통장애인협회, 한국산재노동자협회로 구성되어 있고 지체장애인협회의 장기철 회장이 연합회 회장을 맡고 있다.

두 단체는 그 이후의 운동 방식이 온건한 운동 중심으로 전환되었다. 두 단체에서 해 온 일들이란 대부분 세미나, 교류대회, 공청회, 연수회, 정책간담회, 교육, 자료집 발간 등에 국한되었다.

(2) 이동권 확보운동

이와 같은 두 단체의 알력과 갈등을 지켜봐 온 많은 풀뿌리 장애인단체는 법인화된 두 단체의 운동성을 인정할 수 없다는 입장을 표명하면서 새로운 운동을 이끌었는데, 그 시작이 바로 이동권 투쟁이었다. 이동권 투쟁은 제도화되어 지리멸렬하는 장애인 운동판에 새로운 기운을 불어넣고 장애인 운동의 전형을 보여 주었다는 평가를 받고 있다. 특히 기존의 장애인 운동과 달리 무명의 중증장애인들이 중심이 된 운동이라는 면에서 새로운 면을 보여 준 운동이었다.

장애인 이동권 운동의 뿌리는 1984년 휠체어 장애인이던 고 김순석 씨가

"서울 거리의 턱을 없애 달라."라는 요구를 하며 자살한 사건이었다. 김순석씨 사건과 관련해서는 대학정립단 등의 장례식투쟁이 이어지자 서울시장이 도로의 턱을 없애겠다는 약속을 하였으며, 한국방송공사가 그다음 해에 도심 적응훈련 '이제는 파란불이다'를 방영하기도 하였다.

이후 편의시설 설치와 관련된 장애인단체 등의 실태조사 등이 이어졌고, 1997년 「장애인·노인·임산부 등의 편의증진 보장에 관한 법률」이 제정되기까지 장애인 운동진영 측의 적극적인 의견수렴 과정 등이 있었지만 두드러진 활동은 전개되어 오지 않았다.

그러다가 1999년 혜화역에서 휠체어 리프트가 추락하는 사고가 발생하자 '혜화역 리프트 추락사 대책위원회'를 구성하고 대중교통에 있어 장애인 편의시설 투쟁을 시작하였다. 당시 대책위원회는 안전성이 검증된 승강기로 교체해 줄 것을 요청하였지만 예산상의 이유로 거부당하자 손해배상소송을 제기하였고, 500만 원의 위자료지급 판결이 내려지기도 하였다.

2001년 지하철 4호선 오이도역에서 장애인용 휠체어 리프트가 추락하면서 70대 장애인이었던 부인이 죽고 남편은 중상을 입은 사건을 계기로 이동권 문제는 이윽고 새로운 국면을 맞이하게 되었다. 이 사건을 계기로 '오이도역 장애인 수직형 리프트 추락참사 대책위원회'가 구성되면서 장애인 이동권 문제가 공론화되기 시작하였다. 이 대책위원회는 장애인 이동권 확보를 위한 운동을 지속적으로 해 나가야 한다는 필요성을 인식해 2001년 4월 '장애인 이동권 쟁취를 위한 연대회의'(공동대표 박경석 외 2인)를 발족하고, '단식농성' '장애인 버스 타기 운동'과 '이동권 확보를 위한 100만인 서명운동' '천막농성' '지하철역 선로 점거농성' '이동권침해 손해배상소송' 등을 전개하면서 장애인 이동권 확보운동을 우리 사회 전역에 확대시켜 왔다.

그러나 2002년 발산역에서 또다시 휠체어 리프트 추락사고가 발생하였고, 2003년에는 송내역에서 시각장애인(장영섭, 57세)이 선로에 떨어져 들어오던 열차에 치여 사망한 사건이 발생하여 장애인이동권연대만이 아닌 전체 장애인계로 운동의 파장이 넓어져 갔다. 2004년 9월 24일에도 지체장애 1급인 이광섭

씨가 제37차 '장애인도 버스를 탑시다' 행사에 참여했다가 귀가하는 길에 서울
역의 휠체어 리프트가 추락해 두개골 일부가 파열되는 사고가 발생하였다.

　이와 함께 장애인이동권연대는 지하철을 이용하는 장애인을 중심으로 자신
들의 이동권이 침해되었다는 이유로 서울시, 지하철공사, 도시철도공사를 상
대로 손해배상청구소송을 제기하였다. 보건복지부장관을 상대로 '저상버스
도입의무 불이행'이 위헌임을 구하는 헌법소원을 제기하는 등의 운동을 전개
하기도 했는데, 법률적 소송행위에서는 성과를 보지 못하였다.[13] 이에 이동권
운동진영 측은 철로 및 버스 점거를 통한 시위와 함께 '이동권보장에 관한 법
률 제정'이라는 입법 운동을 전개하였고, 그 결과 「교통약자의 이동권보장에
관한 법률」(2005)이 제정되기에 이르렀다. 이 법은 정부가 교통약자의 이동권
보장 계획을 수립하게 하고, 저상버스와 장애인 콜택시를 의무적으로 도입하
도록 하였으며, 이동편의시설을 의무적으로 설치하게 하는 등 장애인의 이동
권 보장에 큰 역할을 담당하고 있다.

　이동권 투쟁에는 많은 비장애인 청년도 참여하였다. 이들은 특수교육 전공
대학생, 장애인 야학교사, 학생운동가, 진보정당 당원 등 그 구성이 매우 다양
하였다. 이들은 중증장애인의 활동보조와 같은 개인적 지원은 물론이고 선전
물 배포, 몸싸움 등 직접 투쟁에도 가담하다가 구속되는 경우도 있었다(윤삼호,
2012).

　이 운동을 주도했던 장애인들이 매년 지속적으로 진행했던 장애인차별철폐
투쟁의 결과로 결성한 단체가 전국장애인차별철폐연대(이하 전장연; 2007)이
다. 전장연은 2022년부터 '장애인권리예산 확보'와 '이동권 보장'을 요구하며
출퇴근 시간 지하철 승차 투쟁을 벌였다. 그들은 대중적인 관심과 정치권의 반
응을 이끌어 낼 정도로 매우 극적인 운동을 이어 나갔다.

---

13) 헌법재판소는 "장애인이 복지를 향상해야 할 국가의 의무가 다른 다양한 국가 과제에 대하여 최우
　선적으로 배려를 요청할 수 없을 뿐 아니라, 「헌법」의 규범으로부터 '장애인을 위한 저상버스의 도
　입'과 같은 구체적인 국가의 행위 의무를 도출할 수 없다."라는 이유로 청구를 기각하였다.

(3) 장애인차별금지법 제정 운동

이 시기 또 하나의 특징적인 운동은 '장애인차별금지법' 제정 운동이었다. 2003년 4월 15일 서울의 프레스센터에서는 장애인차별금지법제정추진연대[14]가 출범하였다. 그동안 극심한 갈등 양상을 보여 온 한국장총과 장총련을 비롯한 크고 작은 58개의 장애인 단체가 그 흐름에 동참하였다. 장추련이 출범하기 3년 전부터 열린네트워크라는 시민단체는 장애인차별금지법 제정을 위해 세 차례에 걸쳐 서울과 부산, 제주도를 도보로 행진하며 국토순례를 했었고, 전국에 걸친 서명운동을 진행했었다. 그 흐름이 장추련으로 총화되어 조직적인 움직임을 보여 왔다. 장추련 산하 법제정위원회에서는 법률가, 교수, 장애활동가 등을 중심으로 1번의 공청회의, 9번의 연속공개토론회를 거쳐 의견들을 수렴했고, 다시 수렴된 안을 토대로 전국을 순회하며 지역공청회를 개최하였다. 이런 흐름 끝에 2007년 4월 드디어 「장애인차별금지법」이 제정되었다.

장애인차별금지법 제정 운동은 그동안 갈등을 보여 왔던 양대 장애인단체가 한자리에 모일 수 있었다는 것이 가장 큰 성과라고 할 수 있으며, 국토순례, 서명운동, 공청회, 지역토론회, 국제세미나 등 다양한 활동을 치러 냈다는 데 큰 의미가 있어 보인다.

(4) 420장애차별철폐투쟁

이 시기 주목할 만한 또 하나의 장애인 운동은 '420장애차별철폐투쟁'이다. 이 투쟁은 전국장애인차별철폐공공투쟁단이 중심이 되어 이끌어 가고 있다. 2002년부터 시작된 이 운동은 장애인의 날인 4월 20일이 정부와 관제화된 장애인단체에서 주최하는 전시성 행사 위주로 진행되는 것에 문제를 제기하면

---

14) 상임공동대표로는 박경석(노들장애인야학 교장), 변경택(열린네트워크 대표), 이예자(한국여성장애인연합 대표), 정광윤(장총련 회장), 주신기(한국장총 회장)가 선임되었고, 상임집행위원장은 김대성(한국 DPI 이사), 신용호(장애우권익문제연구소 사무국장)가 공동으로 맡았으며, 상임집행위원은 풀뿌리 장애인 운동단체와 한국장총, 장총련에서 골고루 선임되었다. 법제정위원장은 기독변호사회의 박종운 변호사를 선임하였다.

서 시작되었다.

공공투쟁단은 매년 3월 26일부터 4월 20일까지를 '장애인차별철폐의 날'로 규정하고 다양한 행사를 진행하고 있다. 거리 선전전, 추모제, 버스 타기, 퍼포먼스, 토론회, 사진전시회, 서명전 등 서울과 지역에서 다양한 행사를 통해 장애인에 대한 차별을 드러내고 규탄하는 날로 활용하고 있다. 2004년의 경우 3월 27일부터 4월 19일까지 거의 한 달여 동안 세종문화회관 앞에서 하루도 거르지 않고 매일 집회와 노숙 투쟁을 동시에 전개하였다.

이 운동에는 장애인단체뿐만 아니라 진보정당과 천주교인권위원회, 전국교직원노동조합, 전국민중연대 등 수많은 시민사회단체들도 결합되어 있다.

(5) 자립생활운동

이 시기 또 하나의 중요한 흐름은 자립생활운동이다. 1990년대 후반 일본의 휴먼케어협회의 지원을 통해 자립생활운동이 시작된 이후 2007년에 '자립생활의 지원'이 제도화되었고, 같은 해 4월에는 500억 규모의 중증장애인 활동보조 지원사업이 시행되면서 매우 빠른 속도로 장애인자립생활이념과 사업이 전국에 퍼져 나가고 있다. 2017년 현재 우리나라의 자립생활센터는 200여 개소 이상이며, 국비를 지원받는 센터가 50여 개소, 지방비를 지원받는 센터가 100여 개소에 이른다.

자립생활운동은 장애인 당사자가 스스로 자신의 삶의 방식을 결정하고 그 생활 전반에 걸쳐 스스로의 삶을 주체적으로 이끌 뿐만 아니라 사회활동에 적극적으로 참여하는 것을 지향한다. 이러한 철학이 당시 한국 DPI를 중심으로 유행하고 있던 '당사자주의'라는 단어와 결합되면서 우리나라의 자립생활운동은 폭발적으로 확대되었다.

특히 '차별에 저항하라'라는 기치 아래 장애인이동권연대의 성과를 계승하여 2005년 10월에 출범한 전국장애인차별철폐연대준비위원회(전장연의 전신)는 한국장애인자립생활센터협의회와 함께 활동보조서비스 제도화 투쟁을 이끌어 내었다. 전장연(준)은 내부적인 논의와 각 단체들의 간담회를 통하여 '활동보조인서비스제도화투쟁위원회'를 구성하고, 2006년 3월 20일부터 서울시 청 앞 노숙 농성에 돌입하였다. 그리고 43일간의 노숙 농성을 벌이면서 중중 장애인 39인의 집단 삭발(4월 17일), 한강대교를 중중장애인들이 맨몸으로 6시 간 동안 기어 건너는 투쟁(4월 27일) 등을 전개한 끝에 활동보조서비스 제도화 에 있어 새로운 전기를 마련하게 되었다(김도현, 2007: 143).

그런데 자립생활운동을 이끌었던 중중장애인 집단 내에서도 의견 차이가 나타나기 시작하였다. 이동권 투쟁을 이끌었던 현장 투쟁 중심의 장애인 집단 과 당사자주의를 중심으로 운동과 서비스를 병행하자는 집단 간의 의견 대립 이 발생했고, 결국 이들은 한국장애인자립생활센터협의회와 한국장애인자립 생활센터총연합회(2006)로 분화되었다.

(6) 참정권 확보운동

지금까지 살펴본 운동들이 2000년대 들어 주목받을 만한 대표적인 운동이 었지만, 이 외에도 2000년대 들어 장애인 운동은 다양한 이슈별로 지속적으로 제기되고 있다. 대표적인 것이 장애인 참정권 확보운동이다.

장애인의 참정권 문제가 부각되기 시작한 것은 그리 오래되지 않았다. 1997년 한국농아인연합회가 방송 3사를 상대로 한 수화자막방송 실시를 위한 가처분 신청을 한 것을 시작으로, 2000년 투표시설 미비로 인한 참정권 침해소송에서 부터 불거지기 시작하였다.

2000년 제16대 총선에서 장애인 운동진영 측은 투표소가 2층에 설치되어 선거권을 행사하지 못한 중중장애인 8명과 함께 국가를 상대로 손해배상청구 소송을 제기하였으며, 원고 중 서승연 씨에게 국가의 손해배상책임을 물어 국 가가 참정권 보장의 의무가 있다는 판결을 이끌어 냈다. 이 소송에서 장애인 참정권 보장에 대한 국가기관의 책임을 환기시키고, 장애인 선거권 확보에 대 한 사회 일반의 높은 관심을 끌어낼 수 있었다.

이후 제16대 대통령선거를 앞두고는 장애인 선거권을 보장할 것을 내용으 로 담은 장애인 참정권 확보를 위한 개정선거법(안) 등을 요구했지만, 현재까지 정치권의 무관심으로 법제화되지는 못하고 있는 실정이다.

(7) 장애여성인권 확보운동

장애여성이 '장애'와 '여성'이라는 이중차별적 지위를 갖고 있음은 장애인 운동진영 측으로부터 꾸준히 제기되어 온 문제였다. 그럼에도 불구하고 우리나라 최초의 독자적인 장애여성 조직인 '장애여성 공감'이 설립된 것은 1998년 2월이다. 이 단체를 결성한 활동가들이 그 이전에 활동했던 곳은 '빗장을 여는 사람들'이었다. '빗장을 여는 사람들'은 집 안에만 머물고 있던 장애여성의 독립적인 생활을 위한 자조 모임으로 출발했으나, 장애우권익문제연구소와 협력하며 지원을 받다가 독립하게 되었다.

'장애여성 공감'은 장애여성 전문 잡지 『공감』을 발행하고, 장애여성을 위한 주제별 세미나, 장애여성인권 캠프, 장애여성 문화 퍼포먼스 '난장' 등을 개최하는가 하면, 장애여성의 생활 및 차별실태를 조사하고 관련 정책을 제안하는 등 활발한 활동을 펼치고 있다. 한편, 1999년에는 장애여성들의 전국적 연합조직인 한국여성장애인연합이 건설되면서 각 지역별로 특성 있는 정책사업과 연대사업을 진행하고 있다(김도현, 2007: 89-90).

그러나 이러한 준비와 활동 속에서도 장애여성의 이중차별적 지위가 우리 사회에 적나라하게 노출되고, 이것에 운동진영 측이 적극적으로 대응하기 시작한 것은 2000년 강릉의 지적장애여성이 지역주민 7명에 의해 10여 년간 성폭행당한 사건이 알려지면서부터였다. 이 사건이 알려지자 장애여성운동진영 측은 여성운동진영 측과 함께 이 사건에 대응하기 위해 여성지적장애인성폭력공동대책위원회를 결성하여 성명서를 내고 공청회 등을 개최해 적극적으로 알려 나가는 한편, 가해자 고소로 적극 대응하였다. 이 사건을 계기로 노출되지 않았던 여성장애인성폭력실태가 사회문제로 이슈화되었고, 여성장애인 성폭력전문상담소가 개소되는 성과를 얻게 되었다.

하지만 이 사건은 성폭행을 당한 지적장애여성이 자신의 의사를 제대로 표현하지 못한다는 이유로 재판부가 가해자에 대해 1년 이하의 징역이나 불기소

처분 등으로 종결하는 데 그쳤으며, 이 사건 외에도 여성장애인에 대한 성폭력 사건은 잇따라 발생하였다.

또한 2000년 3월 가정 내 상습적인 폭행을 일삼던 남편을 살해한 혐의로 기소된 유순자 씨의 사례 역시 장애여성의 가정 내 폭력문제의 심각성을 일깨운 것인데, 이 사건에서 장애여성단체와 여성단체들의 적극적인 구명활동으로 상습적 폭행에 의해 우발적으로 발생한 범죄인 점이 참작되어 유순자 씨는 2000년 5월 집행유예를 선고받고 풀려났다.

이와 함께 장애여성의 결혼 및 출산, 양육의 문제 등도 심각한데, 일례로 여성장애인이 이혼하면서 양육권 분쟁이 일어날 경우 이들에게 양육권이 인정되는 경우가 거의 희박하다. 실제「국민기초생활보장법」수급권 현실화 투쟁의 선봉에 섰던 고 최옥란 씨도 이혼한 상태에서 자녀에 대한 양육권을 되찾기 위해 소송을 제기하려 해 보았지만 결국 현실의 벽에 부딪혀 포기하고 말았다.

(8) 형사절차상 인권대응운동

수사나 재판 과정에서 장애인이 겪게 되는 어려움은 장애유형별로 다양한데, 특히 수사나 재판이 형사법과 관련될 경우 단지 수사나 재판 과정에서 그치는 것이 아니라 부당한 인신구속이나 처벌로 이어지기에 더더욱 차별적인 행위가 된다. 수사나 재판 과정에서 장애인에게 일어나는 차별행위는 이미 여러 차례 발생되었고,[15] 이런 사례에 대한 대응은 장애인 운동진영 측의 인권센

---

15) 2001년 2월 한 오락실에서 오락을 하고 있던 지적장애 2급 한 씨는 성남 중부경찰서 강력계에 근무 중인 두 경사에게 영문도 모른 채 연행돼 절도죄를 뒤집어쓰고 불구속 입건되는 일이 있었다. 2002년 11월 평소 학교 근처나 교회를 배회하는 습관을 가진 18세의 지적장애인 홍 군은 학교 근처를 배회하던 중 경찰에게 연행되어 강압에 의해 겁에 질린 상태에서 절도를 허위자백하고 검찰로부터 기소유예 처분을 받은 일이 있었다. 그리고 2002년 쌍둥이 안 군 형제(형제 모두 지적장애인)가 도둑으로 몰려 긴급체포된 일(오마이뉴스, 2002. 12.), 지적장애인 3급 최 씨가 할머니 살인 사건에서 용의자로 지목된 일(SBS 〈그것이 알고 싶다〉 방영)도 있었다. 또한 시각장애인 정 씨가 2003년 8월 한 노인으로부터 성추행을 당하자 경찰에 신고하였으나 경찰은 오히려 수사과정에서 '보이지 않는데 어떻게 아냐.'라는 식으로 피해자의 고소를 무시하고 임의로 수사를 종결하는 등의

터 등에 접수되어 공익변호사들에 의해 사례별로 구제되어 왔다. 하지만 이러한 구제과정 속에서 침해당한 인권을 회복하기 위한 변호사 비용 등의 물질적 피해와 정신적 피해 등은 이루 말할 수 없는 상황이 반복되어 가고 있는 실정이다.

이러한 문제들이 연이어 발생하자 수사나 재판 과정에서 불리한 입장에 처하지 않도록 하기 위하여 2004년 3월 '형사소송법개정을 통한 장애인인권 확보 공동행동'을 결성하고 「형사소송법」 개정을 추진하였다. 이 결과 의사소통 보조인제도, 전담경찰관제도 등이 도입되기에 이르렀다.

(9) 장애인 자가운전권 확보운동

실제 사회활동을 하는 많은 장애인은 자동차를 소유하여 이를 이동이나 생계의 수단으로 이용하고 있기에 이동권이 보장되지 않고 있는 현실에서 장애인 자가운전은 불가피한 대안이기도 하다. 그럼에도 장애인은 운전면허 취득에서 상당한 제한을 받아 왔는데, 지체장애인에게 1종 면허가 허용되기 시작한 것이 1994년에 이르러서였으며, 청각장애인에게 운전시험 응시자격이 부여된 것도 1995년에서였다. 이것 또한 지체장애인 중 양하지장애인에게는 허용되지 않았으며, 청각장애인에게는 1종 면허가 제한되어 왔다.

1999년 장애인 운동진영 측은 1종 면허 취득제한 철폐를 위해 공청회 및 경찰청 항의방문 등을 전개하였고, 2000년이 되어서야 허용되기 시작하였다. 이에 2004년 2월부터 한국농아인협회를 중심으로 한 청각장애인들이 청각장애인의 1종 면허 취득제한을 철폐할 것을 촉구하는 운동을 전개하기 시작하였다.

이와 함께 운전면허 취득에 있어 차별을 철폐하려는 운동도 활발하게 전개되고 있는데, 현행법상 장애인에게만 부과되는 '운전능력측정검사'의 차별성

부당한 처분을 하였다. 2001년 시각장애인 임 씨도 동업자와의 다툼으로 경찰서에서 조사를 받는 과정에서 직원이 동석하여 진술서 등을 대독해 줄 것을 요청했으나, 경찰로부터 거절당해 진술서의 진위 여부를 알 길 없이 경찰에 의해 진술서에 확인도장을 찍는 등 형사상 절차에 있어 자신의 권리를 보장받지 못하였다.

에 대한 저항이다. 자동차산업의 발달로 자동차의 각종 장치를 조작하는 데 드는 힘이 감소되는 등 장애로 인한 운동능력의 부족이 운전보조장치의 개발로 인해 상당한 정도로 보완될 수 있음에도, 현행법에서는 이러한 차이를 무시하고 일률적인 운동능력을 요구하고 있다는 점이다.[16] 이러한 차별성에 대해 장애인 운동진영 측은 '장애인 자가운전권 확보를 위한 사람들의 모임'을 결성, 국가인권위원회에 진정서를 제출, 2003년 7월 제도개선에 대한 권고조치가 내려지도록 유도하였다.[17] 하지만 국가인권위원회의 권고조치에도 불구하고 경찰청이 시행규칙을 개정하지 않자 2003년 7월 '장애인운전면허제도개선위헌소송연대'를 결성, 2003년 10월 28일 별도의 헌법소원을 제기하였고[18] 운동능력측정검사의 완전폐지운동을 전개하고 있다.

(10) 소비자로서의 권리침해에 대한 대응

민간영역에서의 권리침해에 적극적으로 대응하기 시작한 것은 최근의 일이다. 장애인들은 소비자이면서도 소비자적 지위를 박탈당해 왔는데 그 대표적 사례가 바로 '민간보험'이었고, 이에 적극적으로 대응한 사례가 바로 민간보험사의 보험가입상의 차별문제였다.

보험시장에서 보험사들이 장애인의 보험가입을 거부해 오고 있다는 것은 공공연히 알려져 있던 사실인데, 특히 보험사들은 심신상실·박약자(정신장애인)를 피보험자로 한 보험계약은 무효라는「상법」제732조를 들어 보험가입을 거부해 왔다. 이와 같이 민간보험 영역에서 장애인이 소비자적 지위를 찾지 못

---

16) 운전능력측정검사 중에서 가장 문제되는 것은 핸들조작시험이다. 시험용 핸들의 무게는 4.8kg이다. 그런데 현재 시판되는 장애인 자동차는 모두 파워핸들이고, 무게는 약 2.5~3kg 정도다. 시험을 볼 때에는 4.8kg의 핸들을 2.5초 내로 580도로 돌려서 24초간 유지하고 있어야 하는데, 이는 비장애인 여성도 쉽게 통과하기 어려운 시험이다.

17) 국가인권위원회는 2003년 7월 4일 신체적 장애를 이유로 운전면허 취득을 제한하는 것은 평등권을 침해하는 차별행위라는 판단을 내리고, 경찰청장에게 장애인 운전면허 발급 시 개인별 특성·보조장치 사용 등에 의한 운동능력 보완가능성이 반영되도록 관련 규정을 개선하라고 권고하였다.

18) 위드뉴스, 2003. 10. 28.

하는 것에 대해 2004년 2월 12일 서울중앙지방법원 민사28단독 황문섭 판사는 1급 뇌성마비 장애인이라는 이유로 보험 가입을 거절당한 조병찬 씨(28)가 "장애인 차별로 정신적 고통을 겪었다."라며 푸르덴셜 보험사를 상대로 낸 손해배상청구소송[19]에서 "보험사는 위자료 200만 원을 지급하라."라며 원고 일부승소 판결을 내렸다.

(11) 학습권 확보운동

장애를 이유로 자행되었던 입학거절은 1997년 「특수교육진흥법」 개정으로 정당성을 상실하게 되었다. 개정된 「특수교육진흥법」 제13조에 학교장 등이 장애를 이유로 입학을 거절하지 못하도록 명문화했기 때문이다.[20] 이 조항의 영향으로 1999년 서원대학교에 원서 자체를 접수하지 못했던 서주현 씨(뇌병변 1급)는 소송을 제기해 "학교 측은 모두 500만 원의 위자료를 지급하라."라는 판결을 받아 냈으며, 학교 측은 이와 더불어 50만 원의 벌금형도 함께 받았다. 이 외에도 2000년 서울교육대학교에 입학거절을 당한 김훈태 씨, 2000년 청주대학교에 편입원서를 냈다가 거절당한 황선경 씨(시각 1급) 등이 장애우권익문제연구소와 함께 학교를 상대로 소송을 제기하여 학교 측으로부터 편입학 권리를 획득하게 되었다.

한편, 장애인 교육권의 문제는 단순히 입학의 문제뿐 아니라 적절한 교육환경과도 직결되는 문제인데, 장애인 교육환경에 대한 장애인들의 적극적인 대응은 1995년 장애인특례입학제가 도입되고 많은 수의 장애인들에게 대학입학의 문이 활짝 열린 이후부터 본격적인 논의의 쟁점으로 부각되기 시작하였다.

적극적인 대응의 첫 사례로는 2001년 3월 학내의 편의시설 부족으로 학습

---

19) 서울중앙지방법원 2003가단150990 손해배상

20) 제13조(차별의 금지 등) ① 각급학교의 장은 특수교육대상자가 당해 학교에 입학하고자 하는 경우 그가 지닌 장애를 이유로 입학의 지원을 거부하거나 입학전형 합격자의 입학을 거부하는 등의 불이익한 처분을 하여서는 안 된다.

권을 침해받았다고 학교를 상대로 손해배상청구소송을 낸 박지주 씨(지체장애
1급)의 사례다. 2002년 7월 26일 1심 법원은 편의시설과 관련, 장애학생에 대
한 대학 측의 '배려 의무'를 확인하고 "장애인용 책상 설치 등 비교적 손쉬운 요
구를 배려하지 않아 원고가 신체적 불편과 정신적 피해를 본 점이 인정된다."
라면서 "피고는 원고에게 250만 원의 위자료를 지급하라."라는 판결을 내렸
고, 항소 및 상고를 거쳐 결국 2003년 10월 9일 위자료 250만 원을 지급받는 것
으로 확정되었다.[21]

이 판결로 인해 대학 내 장애인의 학습권 보장에 대한 욕구와 목소리가 커지
면서 국내의 대표적 대학인 서울대학교에서도 장애학생들의 교육환경 보장의
목소리가 커져 가고 있는데, 2004년 서울대장애인인권연대사업팀과 장애인편
의시설촉진시민연대를 비롯한 40여 개 장애인·대학생단체는 2004년 3월 18일
서울대학교 측에 '장애인 교육환경 개선과 교육권 확보를 위한 공동요구안'과
공개질의서를 전달하였다.[22]

(12) 생존권 확보운동

장애인의 생존권운동은 한때 주춤하다가 2000년 10월 「국민기초생활보장
법」이 시행된 이후 다시 제기되기 시작하였다. 국민기초생활보장 수급자이던
최옥란 씨(뇌병변 1급)는 2001년 12월 최저생계비조차 되지 않는 수급액을 국
무총리에게 반납하고 최저생계비의 현실화를 촉구하며 명동성당에서 1주일
간 노상투쟁을 전개하였다. 또한 현행 최저생계비 산출방식이 장애인 가구 등
의 특성을 고려하지 않고 추가비용을 개인에게 전가해 「헌법」상의 행복추구권
과 평등권 등을 침해한다며 헌법재판소에 위헌확인 소송을 내기도 했다.

---

21) 2003. 10. 9. 대법원 2003다38337

22) 이들 단체는 공동요구안에서 모든 교육환경 예산을 고정책정하고 예산을 투명하게 공개할 것, 장
　　애인 교육환경을 위한 장기적인 연구·계획·평가를 전담하는 전문기구를 장애인 학우들과 함께
　　민주적으로 설치·운영할 것, 현 셔틀버스를 모든 사람이 이용할 수 있는 저상버스로 교체할 것,
　　장애인 학우의 교육권 침해를 공개 사과할 것 등을 촉구하였다.

이러한 운동과정에서 최 씨는 2002년 3월 자살을 기도하기도 했으며 끝내 심장마비로 사망하였고, 이 헌법소원은 이후 이승연 씨에게 넘겨졌으며, 시민 단체와 빈민장애인의 생존권을 촉구하는 장애인 운동진영 측에 명동, 서울역 광장에서는 '빈곤문제 해결과 최저생계비 현실화'를 위한 농성 투쟁이 계속되었다.

장애인 생존권 운동은 '무기여장애연금법' 제정 운동으로 이어졌고 2002년 대선 당시 노무현 후보와 이회창 후보로부터, 그리고 2007년 정동영 후보와 이명박 후보로부터 무기여장애연금을 시행하겠다는 공약을 얻어 냈다. 이후 무기여장애연금은 장애인계의 커다란 이슈가 되어 왔으며, 결국 2010년 7월부터 「장애인연금법」이 시행되었다.

(13) 장애등급제 · 부양의무제 폐지운동

2010년대에 들어 장애인계에서 가장 뜨거운 운동은 단연 장애등급제 · 부양의무제 폐지운동이다. 2012년 12월의 대통령선거를 앞두고 같은 해 8월에 시작된 광화문 지하도의 노숙 농성은 2017년 2월 현재 만 4년을 넘어 지금도 진행 중이다.

220개가 넘는 장애인단체나 관련 기관으로 구성된 장애등급제 · 부양의무제 폐지 공동행동(이하 공동행동)은 의료적 · 해부학적 기준에 따라 주어지는 6개의 장애등급에 따라 대부분의 사회복지 급여와 서비스가 기계적으로 결정되는 현 제도를 악법이라고 바라본다. 이에 장애인 개인의 욕구와 상황을 반영할 수 있는 서비스 기준과 전달체계를 만들 것을 요구하고 있다.

또한 공동행동은 장애인에 대한 보호 의무를 국가가 아닌 가족에게 전가하는 부양의무제를 악법 중의 악법이라고 칭한다. 장애인이 성인이 되었음에도 불구하고 가족에게 보호를 받아야 하는 의존적 존재로 규정하는 비인권적 제도가 부양의무제의 기준이기 때문이다.

공동행동의 농성에 힘입어 2012년 대통령 후보였던 박근혜와 문재인은 장애등급제 폐지 및 부양의무자 기준 완화라는 공약을 내놓았지만, 대통령에 당선된 박근혜는 부양의무자 기준을 일부 상향조정하고 장애등급제 재편을 위한 시범사업을 하는 등의 조치 이외에는 별다른 뚜렷한 결과를 내놓지 못했다. 이후 문재인 정부 시절 부양의무자 기준이 점차 완화되어 의료급여를 제외하면서 사실상 폐지되고, 장애등급제는 기존 6등급 체계에서 '장애 정도가 심한 장애인'과 '심하지 않은 장애인'으로 재편되었다.

(14) 탈시설 운동

장애인 탈시설을 둘러싼 운동의 역사는 2008년부터 본격화되었는데, 2008년 장애인 생활시설을 운영하던 ○○재단의 비리를 계기로 '사회복지시설 비리척결과 탈시설권리쟁취를 위한 공동투쟁단'이 결성되었다. 탈시설정책위원회는 생활시설에서 거주하던 장애인들이 지역사회에서 살아갈 권리가 있다는 주장과 함께 서비스 변경을 신청하는 등 거주시설정책에 대해 꾸준히 문제를 제기하였다. 이와 함께 2009년 보건복지부에서도 장애인 생활시설의 역할 변화를 모색하는 한편, 생활시설 대신 장애인 거주시설이라는 용어를 사용하면서 거주시설의 서비스 권장 기준을 마련한 바 있다(유동철, 2011: 48).

장애인단체들은 2012년 대선을 앞두고 시작한 광화문 천막농성을 4년 이상 지탱하며 탈시설 정책을 공약화하도록 요구하였고, 2017년 대통령에 당선된 문재인 대통령이 공약을 국정과제로 채택하면서 공식적인 국가 아젠다로 떠올랐다.

우리나라가 2007년 비준한 UN 장애인권리협약 제3조와 제19조도 '자립생활과 통합의 원칙'을 강조하고 있다. 그러나 2014년 UN 장애인권리위원회는 대한민국 정부가 '탈시설화 전략이 효율적이지 않고, 장애인의 지역사회 동참을 위한 조치가 충분하지 않다.'라고 지적하고 '장애인의 지역사회 동참을 위한 정책(장애인활동지원서비스를 포함한 모든 필요한 지원서비스)을 대폭 확대할 것을 촉구한다.'라고 권고하였다(유동철 등, 2018: 1). 우리나라 국가인권위원회 또한 2019년 '장애인 탈시설 로드맵마련을 위한 정책 권고'를 채택하였고 정부에서는 이에 따라 탈시설 로드맵을 발표하였다.

국민의 나라를 지향한 문재인 정부는 '장애인도 지역사회 정착생활이 가능한 환경을 조성'하기 위해 탈시설지원센터 설치, 자립지원금 지원, 임대주택 확충, 탈시설장애인의 부양의무자 규정 적용 우선 폐지 등을 추진하는 동시에 범죄 시설 폐지 및 탈시설정책 추진을 위한 시범사업의 성격으로 대구희망원 문제 해결을 공약으로 선정했다. 또한 '국민의 기본생활을 보장하는 맞춤형 사회보장'을 위해서 장애인 지역사회 정착생활 환경 조성을 국정과제로 선정하였다. 이렇게 중앙정부 차원의 최초 탈시설정책이 발표되기까지는 탈시설장애인 당사자그룹과 장애인 단체의 지속적인 운동과 요구가 있어 왔다(박숙경, 2016). 이에 따라 20대, 21대 국회에서 탈시설 관련법안들이 발의되고 논의되고 있다.

(15) 장애인 운동 평가

2000년대의 이동권 운동이나 420장애차별철폐투쟁은 장애인 운동진영에 새로움을 안겨 주었다. 새로움이 두드러지는 것은 전략과 전술 면에서다. 하나의 사안을 두고 다소 과격해 보이는 다양한 전술을 동원하여 줄기차게 운동을 전개한다는 것이다. 이러한 광경은 장애인계에 매우 낯선 풍경이었다. 왜냐하면 장애인계는 현안이 발생하면 성명서를 발표하고 대규모 집회나 시위를 통해 항의하는 방법을 추구해 왔기 때문이다. 사안에 따른 '일시적 힘 모으기'는 자주 시도되었지만 문제가 해결될 때까지 일관성 있게 표출되지는 못하는 경우가 대부분이었다.

이 시기 장애인 운동의 또 다른 특징은 장애인 운동의 가치로서 당사자주의가 전면화되었다는 것이다. 당사자주의란 장애인의 자기결정을 핵심적인 것으로 간주하는 이념적 지향을 말한다.

당사자주의의 보편화와 함께 운동의 주체에 있어서도 새로운 현상이 나타났다. 장애인 운동 성숙기(1988~1990년대 중반) 때의 중심 세력이 경중의 지체장애를 가진 당사자들과 전문가들이었다면, 이 시기에는 중증장애인이 장애인 운동의 중심 세력으로 전면에 등장하였다. 이동권 확보운동, 420장애차별철폐투쟁, 자립생활운동, 장애인연금법 제정 운동 등을 이끌고 있는 사람들은 중중장애인들이다.

중중장애인들이 장애인 운동의 중심 세력으로 급부상한 것은 크게 두 가지 이유에서 비롯된 것으로 판단된다. 첫째, 앞서 살펴보았던 자립생활 이념의 보편화를 들 수 있다. 자립생활은 철저하게 장애인의 자기결정권과 자율성을 강조하고 있고, 이것이 우리나라에서는 당사자주의라는 단어로 표현되고 있다. 중중장애인들이 당사자란 중중장애인을 일컫는 것이라고 주장하며 사회 진출을 위한 준비로서 생활 일반에 걸친 화두를 중심으로 장애인 운동을 하고 있는 것이다.

둘째, 중중장애인들이 장애인 운동의 중심에 서게 된 이유는 다른 데에서도 찾을 수 있다. 앞서 살펴본 바와 같이 1990년대 중반까지 장애인 운동의 화두는 빈곤, 노동, 교육 등이었다. 1980~1990년대를 거치면서 경중장애인들은 「특수교육진흥법」이나 「장애인고용촉진법」 등이 제정·개정되면서 교육과 취업에 대한 욕구를 조금이나마 해결할 수 있었다. 그러나 학교나 직장에 접근조차 불가능한 중중장애인에게는 그림의 떡이었다. 여전히 중중장애인에게는 집이나 시설에서 떠먹여 주는 밥에만 의존해야 하는 상황이었다(함께걸음, 2003년 12월호: 17). 이와 같은 상황에서 중중장애인들은 무기여연금, 자립생활, 이동권 등과 같이 일생생활에서 자신들의 생활환경을 변화시킬 수 있는 이슈를 중심으로 지속적인 운동을 전개하고 있다.

운동조직의 형태에서도 새로움은 묻어난다. 이 시기 장애인 운동조직은 수많은 풀뿌리 운동단체가 연합(coalition)[23] 관계를 형성해 운동하고 있다는 점

---

23) 연합 관계는 특정한 이슈나 전략을 중심으로 참여하는 조직들이 협조적인 관계를 맺는 것을 말한다. 개별적인 행동만으로는 문제 해결이 쉽지 않을 경우 이러한 연합관계를 형성하는 것이 일반적이다. 여기서 참여하는 조직들이 대표를 선발하고 운영위원회 같은 조직을 구성하여 공동행동을 취하게 된다. 별개의 조직이지만 특정 이슈에 대해 하나의 조직처럼 행동할 수 있다는 것이 큰 장점이다. 반면, 연맹 관계는 유사한 목적을 지닌 조직들이 영구적이고 전문적인 직원을 둔 대규모의 조직 관계망을 갖는 것이다. 이 관계 속에서 각 조직들은 각각의 이슈에 대해서 계속적으로 협의할 필요가 없으며, 전문 직원들이 회원조직들을 대표하여 필요한 활동을 하게 되고 회원조직들에게 기술적인 지원을 제공한다(최일섭, 류진석, 1997).

이 두드러진다. 물론 한국장총과 장총련이라는 연맹(alliance) 조직도 있지만 이 거대 조직은 저항이라기보다는 문제제기와 대안제시, 그리고 정부와 정치권에 대한 협상 전략을 주로 채택하고 있다. 그러나 풀뿌리 운동단체들의 연합체들(이동권연대회의, 장애인차별금지법제정추진연대, 자립생활 네트워크, 장애인연금법제정공동대책위원회 등)은 시위, 선전전, 단식, 삭발, 농성 등의 직접적인 행동전략을 구사하였다. 물론 입법청원과 같은 합법적인 전략도 함께 구사했지만 이들 조직은 보다 직접적인 행동전략에 무게 중심을 두고 있었다.

4) 각 시기 장애인 운동의 비교 정리

지금까지 살펴본 장애인 운동을 비교해 보도록 하자. 비교의 기준은 앞서 밝힌 바와 같이 운동의 가치와 목표, 조직의 형태, 운동 주체 그리고 운동 방식이될 것이다. 단순화의 위험을 무릅쓰고 이들을 간단히 정리하면 다음과 같다.

첫째, 운동의 가치와 목표 측면에서 비교해 보자. 먼저, 태동기 때는 장애인을 보호의 대상으로 보는 시각이 지배적이었다. 장애의 문제를 사회구조적인 문제라기보다는 개인적인 문제로 보고 개인을 보호하고 배려해야 한다는 차원에서 접근하였다. 개인적으로 커다란 성취를 이루었음에도 불구하고 보호받지 못하는 경우가 장애인 운동의 대상이 되었다. 그래서 학업을 지속하거나 공공직에 입직할 수 있을 정도로 훌륭한 성적을 지닌 사람들이 주로 장애인 운동의 대상이었던 것이다. 이러한 이유로 당시 장애인 운동의 목표는 문제에 처한 개인이 구제받도록 하는 것이었다.

다음으로, 성숙기 때는 장애인을 권리를 가진 국민으로 생각하였으며, 권리는 국가에서 보장해 주어야 한다는 가치가 지배적이었다. 권리를 보장해 주지 못하는 것은 사회제도의 부재와 구조의 부실 때문이라고 인식하였다. 따라서 운동의 목표는 사회제도를 갖추고 이를 뒷받침하기 위한 법률을 정비하는 데 있었다.

마지막으로, 다원화기 때는 장애인을 고유한 가치를 지닌 인간으로 생각했으며 따라서 보편적 인권의 주체로 사고하였다. 그리고 인권을 지닌 개인이 인간적 존엄성을 유지하기 위해서는 인권의 담지자로서 자기결정권이 당연히 있어야 한다는 생각이 지배적이었다. 따라서 운동의 목표는 제도 개선과 법률 제정·개정 이외에 장애인의 생활 전반(이동, 운전, 보험계약, 자립생활, 투표, 언론, 재판 등)에 걸친 사회적 제약 요인을 제거하는 것이었다.

둘째, 운동조직의 형태를 비교해 보자. 먼저, 태동기는 장애인의 자생조직이 처음으로 발생한 시기다. 그런 이유로 이 시기 운동조직은 주로 개별 단체 중심으로 이루어졌다. 물론 1982년의 법관 임용 거부에 대해 최초의 공동대책위원회가 설립된 적은 있으나, 주된 활동은 주로 개별 단체 중심이었다.

다음으로, 성숙기 때는 개별 단체가 각개 약진하면서 연합조직을 만들어 공동 대응하는 전략이 자리를 잡았다. 「장애인복지법」 개정, 「장애인고용촉진법」 제정, 「특수교육진흥법」 개정 등의 과정에서 대부분의 활동은 공동대책위원회를 중심으로 이루어졌다. 제도를 개선하고 법률을 정비하는 데는 개별 단체의 힘만으로는 역부족이라는 인식을 공유했기 때문이다.

마지막으로, 다원화기에는 각종 연대체 형식의 연합체와 한국장총 및 장총련의 연맹체를 중심으로 장애인 운동이 전개되었다. 연맹조직은 장애인계에 발생하는 일상적이고 제도적인 흐름을 감시하고 대응해 갔으며, 각종 연대 등 연합조직은 특정 이슈를 중심으로 정부를 압박하고 사회적인 분위기를 마련하는 방향으로 운동을 이끌어 갔다. 각종 연대조직의 활성화는 이 시기의 가장 큰 특징이라고 할 수 있다.

셋째, 운동 주체 면에서도 시기별 차이는 분명하다. 먼저, 태동기 때는 장애인단체를 만든 전문가나 부모들 중심으로 운동이 이루어졌다. 다음으로, 성숙기 때에는 경중 지체장애인과 전문가 집단이 운동의 중심에 섰다. 1987년의 민주항쟁을 경험한 전지대련은 주로 경중 지체장애인들로 구성되었는데, 이들은 민주항쟁을 몸으로 경험하면서 운동성을 키워 나갔던 집단이었다. 그리고 이 시기의 운동이 대안을 제시할 정도로 성숙하면서 장애우권익문제연구소를 중심으로 한 전문가 집단들이 운동을 이끌었다. 마지막으로, 다원화기에는 중증장애인들이 운동의 중심 세력으로 등장하였다. 이를 통해 자립생활 이념의 보급과 교육과 노동 등의 영역에서 경증장애인에 비해 철저히 소외되었던 경험들이 중증장애인들을 운동의 중심에 서도록 하였다.

넷째, 운동 방식[24]을 비교해 보자. 먼저, 태동기 때의 운동 방식은 청원하는 형식이었다. 서명을 받아 청원하고 여론의 힘을 빌어 구제를 바랐다. 다음으로, 성숙기 때는 주로 압력과 법적 전술이 활용되었다. 시위를 통해 정부를 압박하고 법률적인 대안을 통해 행정부와 입법부를 움직여 권리를 찾고자 하였다. 물론 점거농성 등 항의 전술을 채택하기도 하였으나, 주된 방법은 시위와 대안 제시를 중심으로 이루어졌다. 마지막으로, 다원화기 때는 보다 다양한 전술이 사용되었다. 한국장총과 장총련과 같은 연맹조직은 주로 압력 및 법적 전술을 통해 정부를 압박해 들어갔고, 각종 풀뿌리 단체는 연합조직을 결성하여 항의 전술 위주로 정부를 압박하고 장애인에 대한 사회적 억압을 고발하고 장애인들이 적극적으로 변화를 이끌어 내겠다는 사회적 분위기를 만들어 갔다. 법적 전술에서 소송이 많이 활용되었다는 것도 이 시기의 특징이라 할 수 있는데, 무엇보다도 큰 특징은 풀뿌리 단체 연합조직의 항의 전술이었다. 몸을 쇠사슬로 묶고 버스 타기를 시도하기, 한 달 내내 노숙 투쟁을 하기, 목숨을 건 단식 점거농성을 하기, 지하철을 몸으로 막는 철로 점거농성을 하기 등의 다소 과격해 보이는 항의 전술을 통해 정부를 압박함은 물론 사회적 공감대를 형성하는 데 막대한 역할을 하였다.

---

24) 사회운동의 행동 전술(tactics)은 크게 압력(pressure) 전술, 법적(legal) 전술, 항의(protest) 전술로 구분될 수 있다. 압력 전술은 합법적인 공간에서 시위나 피케팅, 공청회 등을 통해 상대를 압박해 들어가는 것이다. 법적 전술은 기존의 법적 규칙을 지키면서 상대방으로 하여금 법을 지키도록 하거나(소송, 준법 투쟁 등) 합리적인 법(법률안 대안 제시)을 만들어 내기 위한 것이다. 항의 전술은 기존의 법이 공정하지 못함을 알리기 위해 적극적인 행동(장애인 버스 타기, 지하철 선로점검, 점거농성 등)을 통해 새로운 규칙을 만들어 내기 위한 전술이다.

2. 장애인 인권 운동의 성과와 과제

지금까지 우리나라 장애인 운동의 역사를 몇 가지 기준으로 개괄하였다. 많은 진보를 이루어 낸 것은 분명하지만 여전히 많은 과제를 안고 있다. 앞서 분류한 기준을 따라 성과와 과제를 고찰해 보자.

1) 장애인 운동의 성과

(1) 가치와 목표(인권과 자기결정권)

장애인 운동의 가치를 장애인의 인권과 자기결정권의 확대로 분명하게 자리 잡게 한 것은 매우 큰 성과라고 할 수 있다. 장애인문제는 한동안 장애인 개인이 가지고 있는 신체적·정신적 특성에 기인한다고 보아 왔다. 그러나 장애인문제는 개인의 신체적·정신적 차이에서 비롯되었다기보다는 이를 비정상이나 결핍으로 바라보고 다수 중심의 사회체계를 꾸려 온 데 근본적인 이유가 있다.

그리고 이러한 가치를 토대로 사회구조의 변화와 일상생활 지원체계의 확립을 중심으로 운동의 목표가 설정되었다는 사실은 매우 고무적인 사실이다. 특히 매우 다양한 일상생활에서의 변화를 꾀한다는 것은 포스트모던 사회에 적합한 운동의 목표라고 생각된다.

(2) 조직 형태(연대의 틀 마련)

아주 오랫동안 장애인 운동은 소수의 젊은 층을 중심으로 한 진보적 운동과 법인(사단법인, 사회복지법인)의 관제화된 요구가 대부분이었으나, 1989년 양법안 입법화 운동과정에서 공동대책위원회를 구성하여 전체 장애인의 요구를 수렴하고 힘을 결집시킬 수 있는 틀의 기초를 확보했고, 이후 운동과정에서 공동대책위원회나 연대회의와 같은 연합전술이 운동의 중심이 되었다. 이로 인해 의사결정은 소수의 상층 지도자에 의해 이루어지기보다는 구성원의 합의를 중시하게 되며, 의사결정과 더불어 권한도 중앙집중화되기보다는 분산되는 성과를 이루어 냈다.

특히 1993년의 '장애인교육권확보를 위한 범국민대책회의'에는 최초로 많은 일반 시민단체가 결합하였고, 이후에도 일반 시민단체와의 연대모임이 활성화되고 있다. 이는 장애조직이 열린 조직으로서 사회운동의 보편성을 획득하고 있는 과정이라고 보아도 무방해 보인다.

(3) 운동 주체(운동 주체의 다변화와 중증장애인의 등장)

초기 장애인 운동의 주체는 장애인 법인단체들의 전문가들이거나 부모들이 주축을 이루었다. 이것이 지속적으로 확대되어 지금은 장애인 운동을 이끌어 가고 있는 주체가 매우 다양해졌다. 장애인 자조단체들만 해도 수를 헤아리기 어려울 정도로 많아졌으며, 여기에 장애인 지원단체나 학생단체 등 매우 많은 단체가 제각기 활동하고 있다. 지역별로도 장애인단체들이 있다.

이와 더불어 중증장애인이 운동의 주체로서 전면에 등장한 것은 무엇보다도 큰 성과라고 볼 수 있다. 외국의 경우 장애인 운동의 핵심 주체는 중증장애인들이었다. 경증장애인은 사회적 차별 분위기가 가라앉고 몇 가지 지원책만 있어도 충분히 일상생활이 가능하다. 그러나 중증장애인은 그렇지 않다. 중증장애인은 자본주의적 경쟁원리가 지배적인 사회에서는 생활하기 어려운 사람들이다. 따라서 속성상 반자본주의적일 수밖에 없다. 평등과 연대를 고민하고 느리게 함께 가는 사회를 지향한다. 이들이 운동의 주체로 등장함으로써 자본주의적 경쟁 논리에 깊숙이 길들여진 사람들에게 새로운 메시지를 던져 줄 수 있을 것이다.

(4) 운동 방식(전술의 다양화와 비제도성)

운동 방식에 있어서도 장애인 운동은 큰 성과를 이루어 내었다. 단순한 시위나 서명 등의 압력 전술뿐만 아니라 소송, 법률적인 대안 제시 등 법적 전술도 가능할 정도로 전문적인 역량이 성숙되었으며, 최근에는 매우 다양한 항의 전술을 선보여 사회운동의 모범이 되고 있다.

한때 장애인 운동은 세미나, 공청회, 정책대안 제시, 성명서 발표 등 매우 제도화된 모습을 띤 적이 있다. 그러나 최근 중증장애인 중심의 운동은 비제도성을 띠면서 아주 활발히 운동을 전개하고 있다는 면에서 매우 고무적이다. 이는 최근의 장애인 운동이 신사회운동으로서 새로운 가치와 규범을 지향할 수 있는 준비가 되어 있다는 사실을 입증해 주는 것이기도 하다. 일반적으로 신사회운동은 의회와 기타 제도화된 경로 밖에서 직접 행동에 크게 의존하게 되며, 직접 행동의 방식들로는 시위, 공공시설 점거, 연좌항의, 농성, 시설물 파괴와 같은 과격한 유형들이 적극 활용된다.

2) 장애인 운동의 과제

지금까지 살펴보았듯이, 장애인 운동은 많은 성과를 이루어 내었다. 그러나 풀어야 할 숙제들은 아직 여전히 남아 있다.

(1) 가치의 정립

장애인 운동은 인권과 자기결정권(당사자주의)을 주요한 가치로 상정하고 있다. 그러나 이러한 가치들에 대한 운동 주체 간의 충분한 공감대는 아직도 형성되어 있지 않다. 인권을 주장하는 사람들이 있기도 하고, 자기결정권을 우선적으로 주장하는 사람이 있기도 하다. 인권을 장애인 운동의 모토로 내걸 것인지, 자기결정권 또는 당사자주의를 모토로 내걸 것인지가 정리되어야 할 것이다.

사실, 인권이 1990년대 후반 이후 장애인 운동의 주요한 주의(ism)가 되었음에도 불구하고 인권이라는 이념을 장애인 운동의 핵심 가치로 상정하기 위한 체계적인 논의들은 매우 부족한 실정이다. 인권은 단지 캠페인을 위한 단순한 수사로서 활용되고 있는 실정이다(Drewett, 1999: 125).

당사자주의 또한 마찬가지다. 우리나라에서는 자기결정권이 당사자주의로 둔갑되어 당사자주의라는 용어가 널리 사용되고 있다. 그러나 당사자주의를 주창하는 사람들조차도 당사자주의의 명확한 개념을 잘 모르고 있다. 지적장애인의 부모는 당사자주의자가 맞는지 아닌지, 장애인의 자기결정권을 주장하는 비장애인은 당사자주의자가 맞는지 아닌지, 장애인복지관을 장애인단체에서 운영해야겠다고 주장하는 것이 당사자주의인지 아닌지, 또는 당사자들의 자기결정권이 완벽하게 보장만 되면 모든 상황이 끝나는 것인지 등 이와 같은 질문에 명확하게 답할 수 있도록 준비되어야 한다.

(2) 운동조직 간의 네트워크 강화

그동안의 장애인 운동은 운동조직 연대의 틀을 다양화, 광범위화했다는 점에서 매우 큰 성과를 남겼다. 그러나 아직도 운동조직 간의 네트워크가 부족하다는 평가를 받을 수밖에 없는 이유가 있다.

우리나라 장애인단체들은 교류가 부족한 단계를 넘어 서로 적대시하는 관계까지 형성하고 있다. 그 대표적인 예가 한국장애인단체총연맹과 한국장애인단체총연합회 간의 알력 관계다. 「장애인고용촉진법」 개정 과정에서 불거진 두 단체의 주축 세력들 간의 알력은 지금까지도 지속되고 있으며, 서로를 인정하는 것이 아니라 주도권을 장악하기 위한 불필요한 다툼을 하고 있다. 2003년 4월에 결성된 장애인차별금지법제정추진연대에 두 단체가 함께 합류하기도 했지만 두 단체의 적극적인 노력이 없다면 장애인단체의 한 목소리를 내기는 요원할 수밖에 없다.

이와 별도로 풀뿌리 장애인 운동단체들과 연맹체인 두 거대 단체 간의 교류도 거의 없다는 문제점을 드러내고 있다. 풀뿌리 단체들은 한국장총과 장총련을 신뢰할 수 없는 단체라고 평가하고 있다. 그리고 연맹 단체인 한국장총과 장총련은 소속 단체 중심으로 사업을 운영함으로써 장애인단체들 간의 광범위한 연대를 저해하고 있다는 비판을 받고 있다. 이를 극복하기 위해서는 두 연맹 단체가 연맹에 속해 있지 않은 많은 풀뿌리 단체를 지원함으로써 이들 단체가 지니고 있는 불신의 벽을 뛰어넘는 것이 일차적인 방법이다.

(3) 운동 주체의 대중화

장애인 운동의 가장 큰 문제점은 장애인 운동이 몇몇 명망가나 내부권력가 중심으로 진행되고 있다는 것이다. 이와 같은 현상이 발생하는 이유는 사람과 조직 중심이기보다는 이슈 중심으로 운동을 이끌어 가고 있기 때문이다. 이를 극복하기 위해서는 운동 주체를 대중화해야 하며, 운동 주체의 대중화를 위해서는 장애인 운동단체가 철저히 장애인 회원 중심으로 운영되어야 한다. 회원들 간의 소모임 활성화, 회원들의 직선에 의한 대표자 선출, 운영위원회에 의한 단체 운영, 회원들에 의한 평가 통로 활성화 등 일반 회원들이 적극적으로 참여할 수 있는 공간을 만들어야 한다. 그렇지만 아직도 명망가 중심의 명령계통에 의한 사업 수행이라는 전근대적 운영 행태를 보이고 있는 조직이 많다.

(4) 운동 방식의 총체성 지향

지금껏 장애인 운동은 사회구조개혁이라는 명분 아래 제도적인 변화에 매몰되어 왔다. 「장애인복지법」 「장애인고용촉진법」 「특수교육진흥법」 그리고 최근의 「장애인연금법」이나 「교통약자의 이동편의증진법」 「장애인차별금지법」 등 대부분의 운동이 제도적인 변화에 집중해 왔던 것이다. 이 때문에 장애인 운동은 공청회, 서명운동, 입법청원 등 제도 개선의 틀을 벗어나지 못하고 있다.

그러나 운동이란 단순히 제도를 바꾸는 것이 아니다. 제도 개선에 매몰되는 것은 본질적인 변화를 방기하고 부분적인 개선에만 집착하는 것이다. 장애인 운동은 생활을 둘러싸고 있는 환경의 총체적인 전환을 기도하는 것이다. 이를 위해서는 일반 장애대중 또는 일반 국민과 함께할 수 있는 운동 방식을 보다 적극적으로 찾아야 한다. 또한 장애와 연관된 사회문제의 해결에 적극적으로 동참해야 할 것이다. 반전평화운동이나 환경운동, 소수자 인권운동 등은 좋은 예가 될 것이다.

지금까지 장애인 운동은 몇몇의 주도적인 활동가 또는 수적 우세를 점하고 있는 장애인단체 중심으로 이끌어져 왔다. 장애인단체의 운동은 운동산업(movement industry)이 되었으며, 운동산업은 독점산업으로 변질되고, 운동 권력은 제도 권력의 대리인이 되며, 운동문화는 대항문화를 차단하는 안전판의 구실을 해 왔다. 국가의 지원금에 의존하면서 정부의 시의적절한 파트너가 되어 적절한 긴장관계 속에서 적절한 타협점을 찾아온 것이 현 시기 장애인 운동의 주소다. 그나마 그러한 관계는 몇몇 독점적 운동단체들의 몫이었다.

게다가 장애인 운동의 관심 영역은 장애인의 문제에만 국한되었다. 예를 들어, 새만금 사업, 미국의 이라크 침공 등 수많은 사회적 문제에 제대로 대응하지 않았다. 이와 같은 현상은 운동을 이끌어 가는 지도 이념에 대한 고민이 부족하고, 이러한 이념을 대중적인 사업으로 확장시키려는 노력이 부족했기 때문이다.

장애인 운동은 보다 더 진보적이어야 한다. 진보적 장애인 운동은 지금까지와 같이 정부에 대해 정책을 요구하는 장애인 운동과 차별화되는 정책 대안들과 개혁 프로젝트를 제시할 수 있어야 하며, 다양한 장애인의 요구에 귀 기울이고 사회적 소수자들과의 연대를 넘어 진보세력과의 연대의 틀을 만들어 나갈 수 있어야 한다. 그렇게 해야만 장애인 운동은 비장애인들의 독점에 의해 각인된 삶의 구체적 양식들을 전복시키고 다양성이 공존하는 대안적 사회를 만들 수 있는 기초가 될 것이다.

이러한 운동 지평을 넓혀 줄 수 있는 이념이 인권이라고 생각된다. 장애인 운동의 당사자들 또는 참여자들 중 대부분은 진보적이라기보다는 그저 소박하게 세상이 좋아지기를 바라는 사람들이다. 이들을 진보적 장애인 운동으로 포섭하기 위해서는 단순한 정책 요구가 아니라 진보적 이념을 토대로 새로운 개혁 프로젝트를 시행해야 한다. 운동은 정답 풀이가 끝난 시험 문제가 아니다. 다양한 이념 논쟁과 전략 전술의 구사에 의해 채색되고 완성되어 가는 것이다.

부록

[부록 1] 강점 위주의 질문 예시

강화자극을 위한 질문지

지시: 다음의 질문들은 여러분이 강화 프로그램에서 특정 개인에게 사용될 수 있는 물건이나 활동들의 강화자극을 찾는 데 도움이 되도록 고안된 것입니다. 각 질문을 자세히 읽고 밑줄 친 부분에 답을 써 주십시오.

1. 소모되는 강화자극: 아동이 무엇을 먹거나 마시기를 좋아합니까?

1) 아동이 먹는 것 중 가장 좋아하는 것은 무엇입니까?
   ① 특히 좋아하는 음식 _____
   ② 과일류 _____
   ③ 과자류 _____

2) 음료수 중 좋아하는 것은 무엇입니까?
   ① 우유류 _____
   ② 주스류 _____
   ③ 청량음료류(콜라, 사이다) _____

2. **활동류의 강화자극**: 아동이 무엇을 하는 것을 좋아합니까?

1) 집안이나 주거지 안에서 할 수 있는 활동들
   ① 취미 _____

② 공예 ＿＿＿＿＿＿＿＿＿＿＿＿＿＿＿

③ 장식 ＿＿＿＿＿＿＿＿＿＿＿＿＿＿＿

④ 집안일 ＿＿＿＿＿＿＿＿＿＿＿＿＿＿

⑤ 음식 만들기 ＿＿＿＿＿＿＿＿＿＿＿＿

⑥ 기타 ＿＿＿＿＿＿＿＿＿＿＿＿＿＿＿

2) 마당에서 할 수 있는 활동들

　① 운동 ＿＿＿＿＿＿＿＿＿＿＿＿＿＿＿

　② 정원 가꾸기 ＿＿＿＿＿＿＿＿＿＿＿＿

　③ 기타 ＿＿＿＿＿＿＿＿＿＿＿＿＿＿

3) 이웃에서 할 수 있는 활동들(걷기, 뜀뛰기, 자전거 타기……)

＿＿＿＿＿＿＿＿＿＿＿＿＿＿＿＿＿＿＿＿＿＿＿＿＿＿＿＿

4) 야외에서 할 수 있는 활동들(하이킹, 수영, 캠핑, 등산……)

＿＿＿＿＿＿＿＿＿＿＿＿＿＿＿＿＿＿＿＿＿＿＿＿＿＿＿＿

5) 돈을 내고 할 수 있는 활동, 놀이들(영화, 연극, 운동경기 관람……)

＿＿＿＿＿＿＿＿＿＿＿＿＿＿＿＿＿＿＿＿＿＿＿＿＿＿＿＿

6) 기타: 수동적 활동들(TV 보기, 라디오 듣기, 음악감상, 목욕하기, 가만히 앉아있기……)

＿＿＿＿＿＿＿＿＿＿＿＿＿＿＿＿＿＿＿＿＿＿＿＿＿＿＿＿

3. 조작할 수 있는 강화자극: 아동이 갖고 놀고 싶어 하는 장난감이나 게임은 무엇입니까?

1) 장난감, 자동차, 트럭 ＿＿＿＿＿

2) 인형 ＿＿＿＿＿

3) 풍선 ＿＿＿＿＿

4) 호루라기 ＿＿＿＿＿

5) 줄넘기 ＿＿＿＿＿

6) 크레용 _____

7) 맞추기 _____

8) 기타 _____

4. 소유할 수 있는 강화자극: 아동은 무엇을 갖기를 원합니까?

　　1) 빗 _____

　　2) 지갑 _____

　　3) 향수 _____

　　4) 인형옷 _____

　　5) 장갑 _____

　　6) 기타 _____

5. 사회적 강화자극: 아동은 어떤 종류의 칭찬을 받기를 원하며 누구에게서 받는 것을 특히
　좋아합니까?

　　1) 언어적 칭찬
　　　　① "착하구나." _____
　　　　② "잘했다." _____
　　　　③ "좋아요." _____
　　　　④ "열심히 해라." _____
　　　　⑤ 기타 _____

　　2) 신체적 접촉
　　　　① 안아 주기 _____
　　　　② 등을 두드려 주는 것 _____
　　　　③ 입 맞추기 _____
　　　　④ 머리를 쓰다듬어 주는 것 _____
　　　　⑤ 기타 _____

[부록 2] 사회성숙도검사의 개요

사회성숙도검사(Social Maturity Scale)

1. 개요

- 미국 Edgar Doll의' Vineland Social Maturity Scale'을 김승국과 김옥기가 3개 문항을 추가하여 8개영역 117개 문항으로 제작함
- 표준화된 검사지를 통해서 실시함
- 검사대상: 전 연령의 모든 사람. 특히 정신지체 가능성이 있는 사람
- 질문대상: 초기평가–피검자를 잘 아는 부모 또는 친척, 후견인
  (최소 3개월 이상 관찰한 자)
  피면접자의 대답의 신뢰도가 떨어지는 경우 피검자를 직접 관찰
  응답 후 정확성을 다른 정보제공자나 관찰 후 확인
  이후 평가–검사자 관찰
- 환경: 편안하고 안락한 환경 제공. 실험실이나 진료실 분위기를 내면 안 됨. 관찰 시
  피검자와의 라포를 형성해야 함
- 검사 전 검토사항: 피검자의 연령, 교육 정도, 일반 능력, 직업, 장애 등
  부모의 교육과 직업 등

2. 검사의 실제

- 검사의 영역: 일반적 자조능력(Self help general: SHG)
  옷입기, 옷벗기 및 청결 자조능력(Self help dressing: SHD)
  식사 자조능력(Self help eating: SHE)
  언어능력(Communication: C)
  이동능력(Locomotion: L)
  작업능력(Occupation: O)
  사회화(Socialization: S)
  자기지향성(Self direction: SD)
- 기록자: 검사자
- 검사지 시작 지점: 1번부터가 아니라 생활연령을 감안하여 예상되는 급간에서 시작
- 검사 시점 변경: +가 3개 연속되면 다음 급간부터 시작
  +가 3개 연속되지 않으면 낮은 급간으로 내려가면서 질문

- 검사의 종료: 일반아동(-가 3개 연속되면 중단)

　　　　　　　　지적장애아동(-가 5개 연속되면 중단)
- 유목별로 판단해도 좋으며 추가질문도 가능

　비슷한 질문으로 바꾸어 해도 좋음(경력이 쌓였을 때)
- +, ±, -만 기입해도 됨

3. 채점 방법

- + = 1점,　　± = 0.5점,　　- = 0점
- 기본점: +가 3개 이상 연속되는 끝 점수

　가산점: 기본점 이외의 점수의 합

　총점: 기본점 +가산점

4. 사회연령 및 사회지수 산출 방법

- 사회연령(SA): 사회연령 환산표
- 사회지수(SQ): SA/CA × 100

5. 검사의 활용

① 지적장애 여부와 정도 판별

[지적장애 판별 준거]

분류	IQ	SQ	비고(『장애인복지법』)
교육가능 지적장애	55~69	55~74	3급 50~70
훈련가능 지적장애	25~54	25~54	2급 35~49
중도 및 최중도 지적장애	24 이하	24 이하	1급 IQ 34 이하

② 각 영역별 발달 정도와 프로그램 기획

③ 모든 사람이 대상이 되므로 지적장애인을 보다 엄밀히 판별하기 위해서는 다른 도구를 함께 사용해야 함(K-ABS, 교육진단검사 등)

④ 일반적으로 SQ가 70 이하이면 장애등급을 하나 높임

⑤ 부모는 사회연령을 받아들이지 못하는 경우가 많음. 이를 감안해서 부모에게 알려야 함

[부록 2-1] 적응행동검사의 개요

적응행동검사(Adaptive Behavior Scale)

1. 개요
- K-ABS는 미국 정신지체협회가 개발한 적응행동척도의 개정판을 김승국이 번안 표준화하여 21개 세부 영역의 95개 하위 척도로 구성함
- 표준화된 검사지를 통해서 실시함
- 검사대상: 지적장애, 정서장애, 학습장애 등
- 질문대상: 초기평가–피검자를 잘 아는 부모 또는 친척, 후견인
    (최소 3개월 이상 관찰한 자)
    피면접자의 대답의 신뢰도가 떨어지는 경우 피검자를 직접 관찰
    응답 후 정확성을 다른 정보제공자나 관찰 후 확인
  이후 평가–검사자 관찰
- 환경: 편안하고 안락한 환경 제공. 실험실이나 진료실 분위기를 내면 안 됨
    관찰 시 피검자와의 라포를 형성해야 함
- 검사 전 검토사항: 피검자의 연령, 교육 정도, 일반 능력, 직업, 장애 등
    부모의 교육과 직업 등

2. 검사의 실제
- 검사의 영역: 1부–정신지체(9개영역)
    독립기능(식사, 용변, 청결, 외모, 의복 관리, 입기·신기·벗기, 왕래, 기타)
    신체발달(감각발달, 운동발달)
    경제활동(돈의 취급과 예산 세우기, 구매 기술)
    언어발달(언어표현, 언어이해, 사회적 언어발달)
    수와 시간
    직업전활동
    자기관리(솔선, 인내, 여가)
    책임
    사회화

2부–정서장애나 공격성향 등이 있는 아동(12개 영역)

　　　　　　　공격, 반사회적 행동, 반항, 신뢰성, 위축(필수)

　　　　　　　버릇, 대인관계 예법, 발성 습관, 습관, 활동수준, 증후적 행동, 약물 복용

- 기록자: 검사자
- 검사 항목: 정신지체 1부 전부, 지적장애 외에 정서장애나 공격성향이 있으면 1부와 2부
- 주의사항: '도와주면'–신체적 도움을 의미

　　　　　　'일러 주지 않아도'라는 말이 없을 경우 언어적 조언이 있어도 점수를 줌

　　　　　　모든 항목에 체크할 것
- 질문 유형

　가. 1부

　　　① 한 항목에만 ○표 → 해당 항목을 아래 □에 기입

　　　② 모든 항목 ○표 → 합산하여 아래 □에 기입

　　　　　　　'위와 같이 하지 못한다'가 있으면 무조건 0점

　　　③모든 항목 ○표 → 주어진 총점에서 합산 점수를 뺀 점수를 □에 기입

　나. 2부

　　• 가끔은 1에 ○표, 자주는 2에 ○표, 위와 같이 하지 않는다 0에 □표

　　• 합산하여 아래 □에 기입

3. 진단 프로파일의 활용

- 원점수: 개별 항목 점수의 합산(요인별로 합산함)
- 환산점수: 평균이 50이고 만점이 55점, 최저가 40점인 분포의 상대 점수를 구하는 것

　　　　　　요인환산점수표로 계산(평균 50, 표준편차 3 가정)

　　　　　　연령별 원점수별 요인환산점수가 나옴
- 비교점수: 아동이 어느 집단 아동과 가장 유사한가를 보여 줌
- 척도점수: 준거집단의 평균을 10으로 보았을 때 어느 위치에 있는지를 판단

　　　　　　척도점수 환산표를 활용(연령별, 장애 정도별로 환산)

　　　　　　1~19점 분포. 평균이 10, 표준편차 3
- 교육가능 및 훈련가능 정신지체인 구별: 비교점수 분포표 활용

4. 교수계획 프로파일의 작성

- 요약: 각 영역별 합산 점수를 매기기
- 프로파일(그래프): 백분위수 환산표를 활용

5. 검사의 활용

① 아동의 적응 행동 수준을 선별(일반, 교육가능, 훈련가능)

　＊점수 해석상의 일반 지침

　가. 백분위수

　　• 10백분위수 이하-심한 결함

　　• 독립기능, 경제활동, 언어발달, 수와 시간 등은 15백분위수 이하-심한 결함

　　• 25백분위수 이하-평균보다 낮은 수준

　나. 요인 척도점수

　　• 7 이하의 점수는 기능에 유의미한 결함이 있음

　다. 비교점수

　　• 비교점수가 일반아동의 하위 5% 범위 내에 있으면 지적장애로 판단해도 됨

② 각 영역별 발달 정도와 목표에 따른 프로그램 기획

　가. 과정

　　• 연간 목표와 단기 목표를 설정(구체적 문항을 알아야 함)

　　• 목표를 달성할 수 있는 프로그램 기획(선호도나 장점을 중심으로 단점을 보완할

　　　수 있도록)

　　• 평가 및 피드백

　나. 진단

　　[1부 프로파일]

　　• 신체발달: 원점수 20 이상-장애가 없음

　　　　　　　원점수 11~19-어느 정도 장애

　　　　　　　원점수 10 이하-심한 장애

　　• 인지발달: 언어발달 및 수와 시간은 지능과 관련 있으므로 비슷하게 나옴

　　　　　　　두 가지가 크게 불일치하면 신체장애나 가정환경의 문제가 있을 수 있음

　　• 개인적 독립: 독립기능, 경제활동 및 직업활동

　　　　　　　　인지영역과 함께 보아야 함 → 인지영역보다 낮으면 기능발달로

　　　　　　　　(과보호아동 등에서 나타남)

　　• 의지기술: 자기관리와 책임 영역. 자율성이나 동기에 문제

　　• 사회화: 주로 대인관계

　　[2부 프로파일]

　　10분위 이하이면 문제

③ 1부나 2부 중 하나를 할 수도 있으나 함께하면 더욱 좋음

　2부의 부적응 행동이 1부의 원인이 될 수도 있음

[부록 3] 서비스 계약서 예시

서비스 계약서(동의서)

프로그램을 운영하는 (   )복지관(이하 '복지관'이라고 한다)과 프로그램을 이용하고자 하는 (   )(이하 '이용자'라고 한다)은 프로그램의 원활한 운영을 위해 다음과 같이 계약한다.

제1조(목적) 이용자의 권리를 보장하고 양질의 서비스를 제공하기 위해 복지관이 프로그램을 원활히 운영하는 데 있어서 필요한 사항을 규정함을 목적으로 한다.

제2조(용어의 정의) 본 동의서에서 사용하는 용어의 정의는 다음과 같다.

1. "복지관"이라 함은 서비스를 제공하는 담당직원을 포함한 당해 기관을 포괄한다.

2. "이용자"라 함은 프로그램을 이용하는 당사자와 당사자의 주 보호자를 의미한다.

3. "프로그램"이라 함은 제3조(서비스 내용)에서 명시하는 프로그램을 의미한다.

제3조(서비스 내용)

프로그램명	( )프로그램
프로그램 이용기간	( )년 ( )개월
프로그램 내용	* 필요한 경우에는 별지를 첨부하는 것도 좋음

제4조(서비스 이용과 관련된 동의사항)

1. 복지관의 권리와 의무

  1) "복지관"은 전문적인 기술을 최대한 활용하여 이용자에게 양질의 서비스를 제공하여야 한다.

  2) "복지관"은 성별, 종교, 지위 및 빈부 등의 차이에 상관없이 공정하게 이용자를 대우하여야 한다.

  3) "복지관"은 "이용자"의 사생활을 존중하고, 직무상 취득한 정보에 대해서는 이용자에게 전문적인 서비스를 제공하기 위한 목적 외에는 비밀보장의 의무를 가진다.

4) "복지관"은 이용자에게 제공되는 서비스의 내용과 운영방법을 "이용자"에게 설명해야 한다.

5) "복지관"은 프로그램 일정을 변경하고자 할 경우에는 사전에 "이용자"와 합의하여 결정할 수 있도록 한다.

6) "복지관"은 아래와 같은 경우에 프로그램 이용을 종결시킬 수 있다.

① "이용자"가 통보 없이 무단으로 (   )회 이상 결석한 경우

② "이용자"가 프로그램 이용료를 (   )회(개월) 이상 미납한 경우

③ 다른 "이용자"의 신변을 위협하는 공격행위를 가하였거나 위험의 가능성(공격행위, 전염성 질환 등)이 발견되었을 경우

7) "이용자"가 프로그램을 이용하면서 겪은 불편한 사항에 대한 건의나 이의를 제기할 경우 "복지관"은 이에 대해 성심껏 답변할 의무를 가진다.

8) "복지관"은 서비스의 전문성 제고를 위해 해당직원을 각종 교육연수 프로그램에 참여시킬 수 있으며, 이로 인해 발생되는 프로그램 시간의 결손에 대해서는 별도로 보강할 의무를 지지 않는다. (*경우에 따라서는 연간 교육연수의 최대일수를 정하여 명시하는 경우도 있음)

9) 서비스 운영지침을 "이용자"에게 설명할 의무를 가진다.

2. "이용자"의 권리와 의무

1) "이용자"는 개인적인 차이를 가진 특정한 개인으로 인정받을 권리를 존중받는다.

2) "이용자"는 성별, 종교, 지위 및 빈부 등의 차이에 상관없이 공정하게 대우받을 권리를 가진다.

3) "이용자"는 프로그램 이용시간을 엄수하도록 하며, 부득이한 사유로 정해진 시간 내에 프로그램 이용 장소에 도착할 수 없을 경우에는 사전에 "복지관"으로 통보한다.

4) "이용자"는 부득이한 사유로 출석이 어려울 경우나 조퇴가 이루어져야 할 경우 사전에 "복지관"에 알려야 하며, 프로그램 이용을 조기종료하고자 할 때에는 최소 2주 전에 "복지관"에 알려야 한다.

5) "이용자"는 "복지관"이 주관하는 부모상담, 부모교육이나 간담회 등에 적극적으로 참여하여야 한다.

6) "이용자"는 프로그램 이용에 대한 불편한 사항이나 이의사항이 있을 경우에는 "복지관"에서 운영하는 제안 제도나 직원과의 상담 등의 공식적인 절차를 통해 "복지관"에게 이를 건의할 수 있다.

7) "이용자"는 프로그램 참여 시 "복지관"의 지시를 따르지 않아서 발생한 사고나 프로그램 참여시간 외에 발생한 사고에 대해서는 "이용자"가 일체의 책임을 진다.

8) "이용자"는 서비스의 전문성 제고를 위해 "복지관"이 해당직원을 각종 교육연수 프로그램에 참여시키고자 할 때 적극 협조하여야 한다.

9) 서비스 운영지침에 대한 내용에 대해 적극 협조하도록 한다.

"복지관"과 "이용자"는 상기 조항을 숙지하여 서비스 동의서를 약정·체결한다.
본 서비스 동의서는 "복지관"과 "이용자" 각각 1부씩 보관한다.

년　　　월　　　일

"복지관": 프로그램 운영기관	"이용자": 프로그램 이용자(보호자)
기관명: (　　)복지관	성명:　　　　　　(인)
대표자:　　　　　(인)	주민등록번호:
사업자등록번호:	주소:
소재지:	

* 별첨: 서비스 운영지침

🌸 참고문헌

강동청(2005). 유니버설디자인 전략에 따른 패키지디자인 연구: 시각장애인을 배려한 패키지디자인을 중심으로. 홍익대학교 산업미술대학원 석사학위논문.

강현경(1994). 한국의 장애인복지정책 결정요인에 관한 연구: 장애인고용촉진법을 중심으로. 고려대학교 대학원 석사학위논문.

고병진(2000). 한국 장애인 운동의 단계와 향후 과제 연구. 국민대학교 대학원 석사학위논문.

국가인권위원회(2005). 장애인 생활시설 생활인 인권상황 실태조사.

권선진(2005). 장애인복지론. 청목출판사.

권육상, 김남식, 홍석자, 이경숙, 김동호(2005). 장애인복지론. 유풍출판사.

김기덕(2002). 사회복지윤리학. 나눔의집.

김대성(1995). 장애인운동의 역사. 삼애마당. 정립회관.

김도현(2007). 차별에 저항하라. 박종철출판사.

김명선, 임해용, 조병주, 김경순(1995). 정신지체인의 거주형태에 따른 '삶의 질'에 관한 연구—원가정, 그룹홈, 재활 시설의 비교 분석. 정신지체연구, 3.

김문현(2000). 현대 사회의 기본권 보장. 법과 사회정의. 이화여자대학교 출판부.

김미옥(2003). 장애인복지실천론. 나남출판.

김미옥, 김용득, 이선우(2004). 장애와 사회복지. 학지사.

김미옥, 정진경, 김회성, 최영식, 윤덕찬(2006). 장애인 생활시설 인권교육 교재 및 프로그램 개발. 국가인권위원회.

김상호(1994). 한국사회복지운동에 관한 정치사회학적 고찰: 그람시적 시각에서. 고려대학교 대학원 석사학위논문.

김용득(2008). 2007 성공회대학 사회복지연구소 연구성과 발표회 자료집.

김용득, 김진우, 유동철(2007). 한국장애인 복지의 이해(제5판). 인간과 복지.

김용득, 유동철(2005). 한국 장애인복지의 이해. 인간과 복지.

김용득, 이동석(2003). 장애담론과 장애인복지의 변천. 한국사회복지연구회 정례세미나 발표문.

김윤정(1997). 우리나라 장애인운동의 역사적 전개에 관한 고찰. 가톨릭대학교 대학원 석사학위논문.

김철환(2016). 한국수화언어법 제정: 억압의 언어에서 해방의 언어로. 한국농아인협회.

김태완, 김성아(2015). 장애아동·청소년 지원제도의 현황 및 한계. 보건복지포럼, 2015년 1월호, 64-74.

문진영(2008). 사회권 지표개발을 위한 기초연구. 국가인권위원회.

박숙경(2016), 한국의 장애인 탈시설 현황과 과제, 지적장애연구, 18(1), 205-234.

박영란, 이예자, 이용교, 이찬진, 임성택, 짐 아이프(2001). 한국의 사회복지와 인권. 인간과 복지.

박옥희(2006). 장애인복지론. 학문사.

박종운, 배융호, 유동철, 안선영, 이인영(2004). 장애인차별과 법의 지배.

박태영(2000). 사회복지시설론. 양서원.

배융호(2001). 편의시설의 정의와 편의증진법의 이해. 2001 편의시설 시민대학 자료집.

백은령, 임성만(2006). 거주시설 이용자 참여의 현황과 과제. 제14회 RI KOREA 재활대회 자료집.

변용찬(2005). 한국의 장애인 생활시설 현황 및 발전방안. 장봉혜림재활원 개원 20주년 학술세미나 발표자료.

변용찬, 윤상용, 배화옥, 강동욱, 권문일, 권선진, 김용하(2004). 장애인 연금제도 도입방안 연구. 한국보건사회연구원.

보건복지부(2022). 2022년 장애인복지사업안내.

보건복지부, 보건사회연구원(각 연도). 장애인실태조사.

빈부격차·차별시정위원회(2006). 장애인지원종합대책.

서울장애인종합복지관(1995). 재활용어사전.

손광훈(2004). 장애인복지론. 학현사.

신용호(1996). 한국장애인운동의 실제에 관한 소고. 장애우권익문제연구소.

양옥경(1996). 지역사회정신건강. 나남출판.

오혜경(1997). 장애인복지학입문. 아시아미디어리서치.

유동철(2000). 노동시장의 장애인 차별 영향 분석. 서울대학교 대학원 박사학위논문.

유동철(2003). 장애운동의 깃발: 당사자주의인가, 인권론인가. 시민과세계, 제4호, 273-293.

유동철(2011), 장애인 생활시설의 주거권 확보에 대한 장애인차별금지법의 함의, 비판사회정책, 31, 47-84.

유동철, 김경미, 김동기, 신유리(2013). 복지권 관점에서 본 한국 장애인 거주시설의 개선방안-자립과 돌봄 사이-. 사회복지연구, 44(2), 405-431.

윤삼호(2012). 장애인운동의 어제와 오늘-장애민중주의와 장애당사자주의를 중심으로-, 진보평론, 51, 296-319.

윤찬영(1998). 사회복지법제론 I. 나남출판.

이봉철(2001). 현대인권사상. 아카넷.

이선우(1997). 장애인의 취업 및 취업형태에 미치는 요인에 대한 분석. 한국사회복지학, 통권 33호.

이성규(2001). 장애인복지정책과 노말라이제이션. 홍익재.

이익섭, 정소연(1997). 소득보장정책의 근거를 위한 장애아동가정의 추가비용에 관한 연구. 재활복지연구, 1권 1호.

이인영(2001). 신사회운동으로서의 장애인운동에 관한 고찰. 중앙대학교 대학원 석사학위논문.

이재우(1998). 장애인고용촉진의 법리. 서울대학교 대학원 석사학위논문.

이흥재(1989). 장애인 인권의 사회법적 보장. 장애인복지법제-법무자료, 제122집. 법무부.

인제대학교(2003). 장애인고용부담기초액 결정을 위한 실태조사. 장애인고용개발원.

임성만(2006). 우리나라 장애인시설 정책의 문제점과 개선방안. 월간 복지동향.

임진이(2005). 장애인의 대학교육 환경을 위한 유니버설디자인 모델에 관한 연구. 홍익대학교 대학원 석사학위논문.

장비(2013). PCP의 이해-PCP의 기원과 철학(정상화 원리), 진행과정, 적용-. 2013 한국장애인복지학회 추계학술대회 워크숍 자료집.

전용호(2000). 장애인복지론. 학문사.

정무성, 노승현, 송남영, 현종철, 안홍철, 고선정, 양희택(2004). **현대장애인복지론**. 학현사.

정순둘(2005). 강점모델. 집문당.

정재호(1992). 장애인의 사회적 재활을 위한 사회행동에 관한 연구. 숭실대학교 대학
원 석사학위논문.

정창권(2005). 세상에 버릴 사람은 아무도 없다. 문학동네.

조한진(2005). 청각장애인을 위한 communication system 디자인에 관한 연구. 서울
산업대학교 IT디자인대학원 석사학위논문.

조희연(1995). 민중운동과 시민사회, 시민운동. 유팔무, 김호기 편, 시민사퇴와 시민운
동. 한울.

최복천(2014). 발달장애인지원법 제정의 의미. 함께 웃는 재단 전문가칼럼.

최복천(2015). 한국의 발달장애인 지원체계 현황과 과제.

최일섭, 류진석(1997). 지역사회복지론. 서울대학교 출판부.

한국장애인개발원(2022). 2022 장애통계연보.

한국재활재단(1996). 한국장애인복지변천사.

황나미(1996). 선천성 이상 및 저체중 출산 관련 장애현황과 관리대책. 한국보건사회
연구원.

황의경, 배광웅(2000). 심신장애인재활복지론. 홍익재.

杉原泰雄(1992). 人權の 歷史. 岩波書店.

八代英太(1992). ADAの 衝撃. 송영욱 역(1993). ADA의 충격. 한국장애인연맹 출판부.

總理府 編(2000). 障害者白書.

全國社會福祉協議會(2001). リハビリテーション論.

Baldwin, M. L., & Johnson, W. G. (1992a). The Sources of Employment
Discrimination: Prejudice or Poor Information? In D. M. Saunders (Ed.),
Advances in Employment Issues. Greenwich, CT: JAI Press.

Baldwin, M. L., & Johnson, W. G. (1995). Labor Market Discrimination against
Women with Disabilities. *Industrial Relations, 34*(4).

Barnes, C. (1991). *Disability People in Britain and Discrimination*. Hurts & Company.

Becker, G. S. (1957). *The Economics of Discrimination*. The University of Chicago
Press.

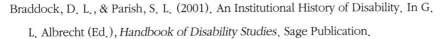

Braddock, D. L., & Parish, S. L. (2001). An Institutional History of Disability. In G. L. Albrecht (Ed.), *Handbook of Disability Studies*. Sage Publication.

Collier, P., & Early, A. (1995). A Team Approach to Geriatric Case Management. *Journal of Case Management, 4*(2), 66-70.

Dejong, G. (1981). *Environmental Accessibility and Independent Living-Directions for Disability Policy and Research*. University Center for International Rehabilitation. Michigan State University.

Dever, R. B. (1988). *Community living skills*. AAMR.

Doyle, B. (1995). *Disability, Discrimination and Equal Opportunities*. Mansell.

Drewett, A. Y. (1999). Social Rights and Disability: the language of 'rights?' in community care policies. *Disability and Society, 14*(1), 115-128.

Ely, P. W. (1991). *Quality of Life and Social Integration of Psychologically Disabled Citizens in Community Residences*. Ann Arbor, MI: University Microfilms International.

Emerson, E. et al. (2000). Quality and Costs of Community-Based Residential Supports, Village Communities and Residential Campuses in the United Kingdom. *American Journal on Mental Retardation, 105*(2).

Felix, R. H. (1957). Evolution of Community Mental Health Concepts. *American Journal of Psychiatry, Vol. 113*.

Fine, M., & Asch, A. (1988). *Women with Disabilities*. Temple University Press.

Friedmann, J. (1992). *Empowerment*. Blackwell.

Gearty, C., & Adam, T. (Eds.) (1996). *Understanding Human Rights*. Mansell.

Goodin, R. E. (1988). *Reasons for Welfare*. Princeton University Press.

Hahn, H. (1987). Advertising the Acceptable Employable Image: Disability and Capitalism. *Policy Studies Journal, 15*.

Hanna, W. J., & Rogovsky, E. (1991). Women with Disabilities: Two handicaps plus. *Disability, Handicap & Society, 6*(1).

Huber, W., & Totd, H. E. (1977). *Menschenrechte*. 주재용, 김현구 역(1992). 인권의 사상적 배경. 대한기독교서회.

Ife, J. (2001). *Human Rights and Social Work*. Cambridge University Press. 김형식,

여지영 역(2001). 사회복지실천과 인권. 인간과 복지.

Ilagan, V. M. (2002). 아태지역 장애인들의 강력한 결의와 연대를. Voice, 신년호. 도서출판 보이스.

Lachat, M. A. (1988). *The Independent Living Service Model*. Center for Resource Management.

Lister, R. (1991). *The Exclusive Society: Citizenship and the Poor*. CPAG.

Mackelprang, R. W., & Salsgiver, R. O. (1999). *Disability, A Diversity Model Approach in Human Service Practice*. Cole Publishing Company.

Marshall, T. H. (1952). *Citizenship and Social Class*. Cambridge University Press.

Marshall, T. H. (1963). *Sociology at the crossroads*. Heinemann.

Nosek, M. A. (1988). Independent Living and Rehabilitation Counseling. In S. E. Rubin & N. M. Rubin (Eds.), *Contemporary Challenges to the Rehabilitation Counseling Profession*. Paul H. Brookes Publishing Co.

OECD (2010). Sickness, Disability and Work.

Oliver, M. (1990). *The Politics of Disablement*. Macmillan.

Oliver, M. (1991). Social Work-Disabled People and Disabling Environments.

Oliver, M. (1996). *Understanding Disability*. Macmillan Press Ltd.

Priestley, M. (1995). Commonality and Difference in the Movement: An Association of Blind Asians in Leed. *Disability and Society, Vol. 10*, No. 2, 157-169. Carfax Publishing Ltd.

Public Law 102-336. (1990). *Americans with Disabilities Act of 1990 (As Amended)*.

Ridgely, M. S., & Willenbring, M. (1992). Application of case management to drug abuse treatment: Overview of models and research issues. In R. Ashery (Ed.), *Progress and issues in case management*. Rockville, MD: U.S. Department of Health and Human Services.

Rioux, M. H. (2002). Disability, Citizenship and Rights in a Changing World. In C. Barnes etc. (Eds.), *Disability Studies Today*. Polity.

Roberts-DeGennaro, M. (1993). Generalist Model of Case Management Practice. *Journal of Case Management, 2*(3), 66-70.

Sachs, A. (1996). Human Rights in the twenty first century: Real dichotomies, false antagonism. *in Human Rights in the 21st Century*. Canadian Institute for the Administration of Justice.

Scull, A. (1991). Psychiatry and Social Control in the Nineteenth and Twentieth Century. *History of Psychiatry*.

Shera, W., & Wells, L. M. (1999). *Empowerment Practice in Social Work*. Canadian Scholar-Press Inc.

Shtue, S., & Susan, H. (Eds.) (1993). *On Human Rights*. 민주주의법학연구회 역 (2000). 현대사상과 인권. 사람생각.

Test, M. (1993). Continuity of Care in Community Treatment. In L. Stein (Ed.), *Community Support Systems for the Long-term Patient* (pp. 15-23). Jossey-Bass.

Turner, B. S. (1986). *Citizenship and Capitalism*. 서용석, 박철현 역(1997). 시민권과 자본주의. 일신사.

UNESCAP (2015). *Disability at a Glance 2015*.

WHO (1980). ICIDH: International Classification of Impairment, *Disability and Handicap*. Geneva: Author.

WHO (2001). *ICF: International Classification of Functioning, Disability and Health*. Geneva: Author.

Wolfensberger, W. (1972). *The Principle of normalization in human services*. Toronto: National Institute on Mental Retardation.

법제처 http://www.moleg.go.kr

✿ 찾아보기

ㄱ

간장애 104

간접적 소득지원제도 166

개별적 모델 70

개인별 프로그램 계획 275

개인중심계획 253

거주시설 311

건강보험 154

고용장려금 192

고용평등 전략 186

고용할당제 183

교통약자의 이동편의 증진법 130

국민기초생활보장제도 156

국제기능장애건강분류 75

국제장애분류 73

기본권 36

기본권의 유형 38

ㄴ

노동권 181

뇌병변장애 89

뇌전증장애 106

ㄷ

당사자주의 27

ㅂ

발달장애인 권리보장 및 지원에 관한 법률 135

보호고용 189

부양의무제 352

ㅅ

사례관리 246

사정 266

사회적 모델 71

사회통합 25

산재보험 152

생존권 149

서비스 실천 원칙 233

세계인권선언 57

시각장애 93

시설접근권 218

신장장애 101

심장장애 102

ㅇ

안면장애 100

언어장애 98

연금보험 151

위험의 가치 291

유니버설 디자인 210

유보고용 188

이동권 219, 340

이성 19, 20

이성적 인간론 19

인간관계론 21

인간의 존엄성 15

인권 15, 18, 19, 21, 22, 29

ㅈ

자기결정권 26, 289

자립생활센터 292

자연권 16, 17

자연법 16, 17

자폐성장애 111

장루 · 요루장애 105

장애 65

장애 범주 79

장애 인구 82

장애등급제 352

장애아동 복지지원법 133

장애아동수당 164

장애여성 223

장애유형 85

장애의 개념적 모델 69

장애인 65

장애인 건강권 및 의료접근성 보장에 관한

법률 123

장애인 고용환경 개선 사업 191

장애인 권리협약 59

장애인 근로자 지원제도 194

장애인 등에 대한 특수교육법 125

장애인 운동 328

장애인 인권의 역사 41

장애인 · 노인 · 임산부 등의 편의증진 보

　장에 관한 법률 128

장애인고용촉진 및 직업재활법 127

장애인공동생활가정 314

장애인기본법 145

장애인복지관 257

장애인복지법 121

장애인연금 159

장애인차별금지 및 권리구제 등에 관한

　법률 137

접근권 209

정보접근권 219

정상화 24

정신장애 114

지원고용 189

지원주택 322

지적장애 20, 108

지체장애 86

직업재활 195

ㅊ

청각장애 95

초기면접 262

ㅌ

탈시설 353

ㅍ

평등 23

ㅎ

한국수화언어법 132

한국장애인인권헌장 58

호흡기장애 103

활동지원 301

저자 소개

유동철(Dongchul, Yu)

서울대학교 사회복지학과 졸업

서울대학교 대학원 사회복지학과 석사, 박사

사회복지연대 공동대표

열린네트워크 이사

시민이 운영하는 복지법인 우리마을 대표이사

비판과 대안을 위한 사회복지학회 부회장

한국장애인복지학회 회장

현 동의대학교 사회복지학과 교수

〈주요 저서〉

실천가를 위한 지역사회복지론(양서원, 2020)

대학생을 위한 사회봉사의 이해(양서원, 2010)

영화로 보는 사회복지(양서원, 2008)

장애와 차별(한국학술정보, 2007)

한국 장애인복지의 이해(공저, 인간과 복지, 2007)

나는 나쁜 장애인이고 싶다(공저, 삼인, 2002)

고용보험제도연구(공저, 한울, 1994) 외 다수

〈주요 논문〉

장애인 탈시설 지원을 위한 법체계 개선 방안(비판사회정책, 2021)

Achievements and challenges facing the Korean Disabled People's Movement
    (Disability & Society, 2018)

장애인의 지역사회 신뢰와 장애정체감이 주관적 건강에 미치는 영향(한국컨텐츠학회
    논문지, 2016)

영국 직접지불제도의 정책적 효과성에 대한 탐색적 연구(한국장애인복지학, 2012)

장애인 취업알선 서비스가 고용의 질에 미치는 영향(장애와 고용, 2008)

장애인차별금지법의 잠재적 비용−편익 분석(한국사회복지학, 2005) 외 다수

인권 관점에서 보는

장애인복지(3판)
Social Welfare for People with Disability (3rd ed.)

2013년 3월 15일 1판 1쇄 발행
2016년 3월 25일 1판 3쇄 발행
2017년 3월 20일 2판 1쇄 발행
2020년 2월 20일 2판 4쇄 발행
2023년 8월 20일 3판 1쇄 발행

지은이 • 유동철
펴낸이 • 김진환
펴낸곳 • ㈜ **학지사**

        04031 서울특별시 마포구 양화로 15길 20 마인드월드빌딩
대표전화 • 02-330-5114   팩스 • 02-324-2345
등록번호 • 제313-2006-000265호

홈페이지 • http://www.hakjisa.co.kr
인스타그램 • https://www.instagram.com/hakjisabook

ISBN 978-89-997-2955-3 93330

정가 21,000원

출판미디어기업 **학지사**

간호보건의학출판 **학지사메디컬** www.hakjisamd.co.kr
심리검사연구소 **인싸이트** www.inpsyt.co.kr
학술논문서비스 **뉴논문** www.newnonmun.com
교육연수원 **카운피아** www.counpia.com